인공지능과 국제정치 전환

지정학적 경쟁과 신질서의 창발

※ 이 저서는 2024-25년 서울대학교 미래전연구센터의 지원을 받아 수행된 연구임

서울대학교 미래전연구센터 총서 12

인공지능과 국제정치 전환

지정학적 경쟁과 신질서의 창발

김상배 엮음

김상배 · 이원태 · 유인태 · 이승주 · 윤정현
이종진 · 정헌주 · 윤대엽 · 이수연 · 송태은 지음

한울
아카데미

차례

제3부 인공지능과 전쟁·거버넌스·국제규범

제8장

인공지능과 미래전 윤대엽

국방 인공지능 전환과 디지털 군사혁신의 과제

제9장

인공지능 글로벌 규제 거버넌스의 국제정치 이수연

경쟁과 협력의 다층적 지형

제10장

인공지능 위험에 대한 국제규범과 다자외교 송태은

머리말

인공지능과 국제정치 전환

2022년 미국발 '챗 GPT 쇼크'에 이어 올해 2025년 초에 발생한 중국발 '딥시크 쇼크'에 이르기까지 최근 인공지능AI 기술이 몰고 온 충격이 세상을 떠들썩하게 하고 있다. 당분간 AI가 초래하는 디지털 전환DX, 즉 'AI 전환AX'이 세간의 큰 관심을 끌 것으로 보인다. AI 전환은 '국제정치 전환IRX'에도 큰 영향을 미치고 있다. 이러한 양상을 잘 보여주는 사례가 미중 AI 패권경쟁이다. 이 두 나라의 AI 경쟁은 단순한 기술과 산업의 경쟁만이 아니다. 경제뿐만 아니라 안보, 국방, 외교, 규범 등 국제정치 전반에 걸친 다차원적 패권경쟁의 성격을 띠고 있다. 그 성격을 제대로 파악하는 것은 AI 전환 시대의 국제정치 전환을 이해하는 핵심이자 미래 국가전략 수립의 전제가 아닐 수 없다.

첫째, 최근 가속화되는 미중 기술경쟁에서 AI의 비중은 점점 더 높아지고 있다. 과거 해당 시기 첨단기술의 우위를 확보한 나라가 글로벌 패권을 장악했던 것처럼, 오늘날 AI 기술은 디지털 부국강병을 달성케 하는 첨단기술 역량을 상징한다. 이러한 인식을 바탕으로 미중 양국은 모두 국가적 차원에서 AI 기술 혁신에 매진하고 있다. AI 기술 투자 면에서 미중은 선두를 겨루며 경쟁하고 있다. 다만 미국이 세계 민간 AI 투자의 3분의 2가량을 도맡고 있다면, 정부 AI 투자에서는 중국이 전 세계 국가를 모두 합친 것보다 1.5배나 많은 투자를 하고 있다.

AI 모델 개발에서도 미중은 1, 2위를 다투지만, 최근 양국의 격차는 더 벌어지고 있다. AI 모델 개발을 위한 컴퓨팅 파워를 의미하는 AI 반도체 분야에서는 미국의 엔비디아가 글로벌 시장의 80~90%를 점유하며 압도적 우위를 차지하고 있다. 기타 분야의 미중 AI 경쟁력을 평가하면, 미국이 우수한 인력과 데이터 인프라에서 앞서가고 있다면, 중국은 기술적으로 미국을 추격하는 가운데 AI 모델 개발의 기반이 되는 로컬 데이터의 규모와 가용성을 바탕으로 잠재력을 키워가고 있다.

둘째, AI 생태계의 성격 변화는 미중 AI 패권경쟁의 양상을 보여주는 좋은 사례이다. 기존에 AI는 개방형 오픈소스 생태계에서 학습되었으나, 최근 오픈AI나 구글과 같은 AI 선두 주자가 소스코드를 공개하지 않는 추세를 이끌어가고 있다. 이러한 폐쇄화의 조짐은 개방형 생태계에 편승하여 미국을 추격해 온 중국을 견제하려는 미국의 전략 변화와도 맥을 같이한다. 특히 2021년 기준으로 총 7,300만 명의 깃허브GitHub 이용자 중에서 중국 국적자가 10%나 되는 사건이 발생하면서 미국은 AI 생태계의 개방성을 재고하게 되었다.

이러한 대립의 양상은 양국의 디지털 플랫폼 경쟁에서도 나타나고 있다. 전반적으로 미국 플랫폼 기업들이 앞선 가운데 디지털 미디어와 콘텐츠 및 전자상거래 등 여러 층위에 걸쳐서 '차이나 플랫폼'이 약진하고 있다. 최근에는 기업 간 플랫폼 경쟁에 양국 정부까지 가세하면서 '플랫폼 지정학'을 들먹일 정도가 되었다. 여기에 더해서 자칫 인터넷이 둘로 쪼개지는 '분할인터넷Splinternet'이 출현할지도 모른다는 우려마저 제기된다. 한편, 이러한 미중 플랫폼 경쟁의 핵심에 추천 AI 알고리즘 개발 경쟁이 자리 잡고 있음을 놓치지 말아야 한다.

셋째, 최근 미국의 대중국 AI 수출입 제재도 양국의 패권경쟁 맥락에서 이해할 수 있는 현상이다. 중국산 AI 제품과 서비스가 지닌 데이터 안보 문제를 경계하는 미국의 제재는, AI 반도체뿐만 아니라 안면 인식 AI와 틱톡 플랫폼, 커넥티드카 부품 등으로 확장되고 있다, 미국은 2023년 8월에 발표한 'AI 행정명령'에서 특정 AI 시스템에 대한 대중국 투자를 금지했다. 또한 미 정부는 중국 AI 기업들의 미국 클라우드 서비스 사용을 금지하기도 했다. 이러한 대중국 규제의 행보는 향후 대규모언어모델LLM 모델에도 적용될 것으로 전망된다.

그런데 AI 기술의 안보 문제를 보는 미중 양국의 인식이 너무 달라서 그 자체가 갈등의 소지를 안고 있다. 미국이 '경제안보'와 '중국 견제'를 중시한다면, 중국은 '체제 안정'과 '국가 주권'을 앞세운다. 중국은 최근에 자국산 AI 제품을 수출하면서 자국의 AI 규제 표준도 함께 전파하여 개도국들의 기술 권위주의적 관행을 지원하려는 행보를 보이고 있다. 예를 들어, 중국은 미국보다 거의 두 배나 많은 국가에 AI를 수출하고 있는데, 그 품목 중에는 중국 내에서 정치적 감시에 악용된다며 논란이 일었던 중국산 안면 인식 AI가 포함되어 있다.

넷째, AI 수출입 제재 논란은 군사안보 분야로도 전이되고 있다. 전통적으로 민군겸용 첨단기술과 전략물자는 수출통제의 대상이었는데, 최근 미국은 AI를 전략 자산으로 천명하며 수출통제 목록에 군사 관련 AI도 포함했다. 특히 미 상무부가 만지작거리고 있는 LLM 모델의 수출통제 카드에 주목할 필요가 있다. 중국이 미국산 LLM을 군사적으로 활용할지도 모른다는 우려인데, 최근 메타가 자사의 오픈소스 기반 LLM 모델인 라마LLaMA의 군사적 활용을 허용하면서 중국이 미국산 AI를 군용으로 전용할지도 모른다는 우려가 더 커졌다.

이러한 AI의 군사화 추세 속에 미중 AI 군비경쟁이 본격화될 가능성이 있다. AI 기술은 특정 무기체계를 증강할 뿐만 아니라, 재래전, 핵무기전, 사이버전, 우주·전자전, 드론전, 데이터전, 인지전 등의 수행에 큰 영향을 미친다. 이러한 맥락에서 미중을 포함한 주요국들은 첨단무기 개발에 AI를 적극 활용하고 있으며, 이를 지원할 자국 기반의 첨단 방위산업 육성에 주력하고 있다. 최근 미국에서는 과거 원자탄 개발을 위해 진행했던 '맨해튼 프로젝트'에서 착안하여 'AI 맨해튼 프로젝트'라는 초거대 프로젝트를 만들어야 한다는 얘기가 나오고 있다.

끝으로, 최근 AI는 외교안보, 특히 동맹외교의 주요 안건으로 부상했다. 아직 이 분야의 국제규범이 없는 상황에서 서방국가들의 정부 간 정책 공조가 그 역할을 대신하고 있다. 그 대표적 사례는 2020년 6월 발족한 AI 전담 협의체인 GPAIGlobal Partnership on AI이다. 이 외에도 미국은 동맹·파트너 국가들과 협력하여 쿼드Quad, 오커스AUKUS, 나토NATO 등에서 AI 분야의 연대를 모색하고 있다. 서방 진영의 AI 거버넌스 구축 노력은 2023년 5월 G7 정상회의에서 '히로시마 AI 프로세스'로 결실을 보기도 했다.

이 외에도 최근 여러모로 AI 국제규범이 모색되고 있는데, 그 과정에서 주요국들의 치열한 물밑 경쟁이 벌어지고 있다. 특히 AI 무기규범 분야는 향후 미중 AI 패권경쟁의 주요 싸움터가 될 것이다. AI의 의도적 남용·오용을 규제하는 것도 필요하지만, AI의 '설명 불가능성', 즉 AI가 왜 그렇게 했는지 인간도 AI도 모두 알지 못하는 상황을 방지하려는 국가 간 상호 규제안의 필요성도 제기되었다. 이에 미중 양국은 2024년 11월 핵무기 사용에 대한 권한을 AI에 맡기지 않고 인간이 통제한다는 데 합의한 바 있다.

미중 AI 패권경쟁의 전개는 여러 가지 차원에서 국제정치의 전환을 부추기고 있다. 특히 지구화 시대의 개방형 협력 질서에서 지정학 시대의 폐쇄형 경쟁 질서로의 전환이 눈에 띈다. 이 과정에서 AI는 '오늘의 경쟁'에서 이기지 못하면 '내일의 패자'가 된다는 경각심을 불러일으키는 키워드이다. 또한 AI 패권경쟁의 가속화는 20세기 후반 핵무기를 기반으로 형성되었던 국제질서가 AI 무기를 기반으로 하여 새롭게 재편될 가능성도 엿보게 한다. 더 나아가 인간의 이성에 기반을 둔 근대 국제질서의 질적 전환까지도 거론케 하고 있다.

오늘날 AI 전환과 연동된 국제정치의 전환은 구한말 개항기 '대포와 군함'으로 대변되는 근대 과학기술 문명의 영향에 못지않은 큰 충격을 안겨줄 가능성이 있다. 단편적인 대응을 넘어서 종합적인 '국가책략statecraft'의 마련이 시급한 이유다. 국가적 차원에서 AI 역량을 기르려는 노력이 우선으로 필요함은 물론이다. 아울러 강대국들이 주도하는 국제정치 전환의 파도를 헤쳐 나갈 중견국 전략도 추구해야 한다. 특히 AI 전환이 초래하는 국제정치 전환에서 살아남기 위해 우리에게 주어진 시간이 그리 많지 않다는 사실부터 깨달아야 한다.

이상의 문제의식을 바탕으로 이 책의 총론으로 집필된, 제1장 「**인공지능 지정학과 한국: 미중 AI 패권경쟁을 중심으로**」(김상배)는 AI 기술의 발달이 초래한 변화, 즉 '인공지능 전환'이 '국제정치 전환'에도 큰 영향을 미치고 있으며, 이러한 과정에서 AI가 미래 국가전략에서 차지하는 위상도 높아지고 있다고 주장한다. 오늘날 'AI 기반의 국제정치 전환'을 보여주는 가장 대표적인 사례는 미중 AI 패권경쟁이다. 미중 AI 패권경쟁은 기술만 앞서는 게 아니라, 표준과 플랫폼, 생태계를 주도하고, 정책 차원의 규제와 안보 담론 및 국제규범의 형성을 이끌며, 더 나아가 AI 기반 외교와 전쟁에서도 승리하기 위해 벌이는 다차원의 경쟁으로 이해되어야 한다. 제1장은 미중 AI 패권경쟁의 전개와 변화를 기술·플랫폼 경쟁, 규제·담론 경쟁, 외교·군비 경쟁의 세 가지 차원에서 분석하고, 이에 대응하는 중견국 한국의 AI 국가전략 과제를 살펴보았다.

제1부 '인공지능과 국제정치경제'는 국제정치경제학의 시각에서 쟁점이 되는 인공지능 관련 주제를 기술경쟁과 수출통제, 플랫폼 경쟁을 중심으로 분석한 세 편의 글을 실었다.

제2장 「**인공지능 기술의 현황과 전망**」(이원태)은 최근 AI 기술 발전의 주요한 특징 및 지정학적 함의를 분석하고, 교량 국가로서 한국의 AI 국가책략 수립 방향을 제시하였다. 2022년 챗 GPT 출시 이후 불과 2년 반 만에 AI 기술은 멀티모달, 추론형 AI, 물리적 AI, 에이전트 AI 등으로 진화하며 산업·사회·정치 전반에 깊은 영향을 미치고 있다. 그러한 흐름과 함께 글로벌 AI 거버넌스는 '규제를 통한 위험관리'에서 '투자를 통한 기술 주도권 확보'로 급격히 전환되었고, 미중 AI 패권경쟁이 심화되는 가운데 유럽연합을 비롯한 주요 국가들도 대규모 AI 투자에 나서고 있다. 특히 중국의 오픈소스 AI 급부상, 미국의 트럼프 2기 행정부 AI 정책 전환, 일반인공지능AGI 개발 가속화, 물리적 AI 시대 도래 등은 글로벌 AI 거버넌스와 국제관계에 중대한 함의를 지닌다. AI 기술 발전의 가속화는 단순한 기술혁신을 넘어 국가 간 기술 패권경쟁의 새로운 축으로 부상하고 있으며, 특히 '소버린 AISovereign AI' 개념의 등장은 디지털 주

권론 강화와 AI의 국가안보화 현상을 더욱 뚜렷하게 만들고 있기 때문이다.

이러한 맥락에서 제2장은 'AI 인프라 주도형 전략'과 'AI 활용/응용 주도형 전략'이라는 두 가지 접근법을 비교·분석하고, 한국이 AI 강대국과 개발도상국 사이의 교량 역할을 수행할 수 있는 독특한 지정학적 위치에 있음을 강조한다. 또한 AI 기술이 핵무기처럼 취급될 정도로 국가안보에 핵심적인 요소가 되고 있는 상황에서, 국가 간 협력과 갈등 조정 메커니즘 구축의 중요성을 지적하며, 향후 AI 거버넌스 체제 형성에 있어 한국의 전략적 역할을 모색한다.

제3장 「**인공지능과 AI 반도체 경쟁**」(유인태)은 미중 전략경쟁을 미국의 AI 반도체 수출통제 정책을 중심으로, 국제 관계, 동맹국 관계, 제3국과의 관계, 기업들의 생존 전략과 국내 정치 등을 통해 입체적으로 살펴보았다. 2018년 미국 트럼프 정부 1기에 미중 전략경쟁이 공식적으로 선언되면서 미국의 수출통제 정책은 강화되었다. 이때부터 포함되기 시작한 AI 반도체 수출통제는 바이든 정부의 2022년 10월의 수출통제에서 더 명확하게 인식되며 수출통제 대상 품목으로 지정되었다. 또한 그 대상을 소수 기업이 아니라 중국 전체로 확장시켰고, AI 반도체 장비나 인적 자원도 통제 대상이 되었다. 2023년에는 규제 기준을 조정하며 더 폭넓고 촘촘하게 통제하려고 하였으며, 2025년 'AI 확산 프레임워크'를 통해서는 특정 고급 폐쇄형 AI 모델의 가중치에 대한 통제를 도입했을 뿐 아니라, 전 세계 국가들을 세 개 등급으로 나누어 글로벌 수출통제 레짐을 재편하려고 하였다.

그러나 트럼프 정부 2기가 출범한 이후 2025년 5월에는 해당 프레임워크가 이행되지 않을 것이며, 정부 간 협상 방식으로 전환할 것이라고 보도되었다. 이러한 미국의 상업적 이익으로의 전환에는 국내 산업의 로비, 행정부의 정책적 선호 등의 이유도 존재하지만, 중국의 AI 생태계 굴기도 존재한다. 2025년 1월에 딥시크의 R1 모델뿐 아니라 중국의 반도체 및 기타 AI 생태계의 성장과 국제적 확산은, 미중 관계와 국제 시스템에 새로운 동학을 야기하고 있다.

제4장 「**미중 인공지능 경쟁과 플랫폼 경제**」(이승주)는 플랫폼 산업이 몇 차

례 단계를 거치며 변화를 거듭해 왔다는 지적으로 논의를 시작한다. 기술적 측면에서 볼 때, 플랫폼 산업의 발전은 디지털 기술 혁신과 불가분의 관계에 있다. 더 나아가 플랫폼 산업의 발전은 혁신적 기술이 산업화 또는 상업화되는 데 필요한 자금의 유입이 있을 때 가능하다. 이러한 면에서 플랫폼 산업의 발전은 기술혁신 역량과 자금 동원 능력을 결합한 비즈니스 모델을 효과적으로 수립·관리할 수 있을 때 가능하다. 국가 간 경쟁이라는 측면에서 보더라도, 플랫폼 경쟁은 두 가지 역량을 모두 보유한 국가가 주도하게 된다.

플랫폼 산업이 AI와 통합되면서 미국과 중국의 AI 플랫폼 경쟁이 2020년 이후 한층 격화되고 있다. 미국과 중국은 기술개발, 자본 동원, 규제 등 많은 측면에서 매우 상이한 접근을 할 뿐 아니라, 안보화를 수반한다. 특히, 미국과 중국은 기술혁신 경쟁에서 유리한 입지를 선점하기 위한 경쟁에 돌입했다. 미국이 AI 칩을 중심으로 한 수출통제를 강화한 데 대응하여, 중국 또한 독자적인 기술혁신과 AI 생태계를 구축하고 있다. 미중 AI 플랫폼 경쟁이 미중 양국의 기술혁신 경쟁을 촉진하는 가운데, 양국이 서로 독자적인 AI 플랫폼 생태계를 구축함에 따라, 체제적 차원에서는 AI 플랫폼 생태계가 블록화되는 현상을 촉진하고 있다.

또한 미국과 중국은 AI 플랫폼 경쟁의 양상 변화에 따라, 전략을 탄력적으로 수정하고 있다. '딥시크 쇼크'로 인해 미국은 수출통제의 효과를 재검토하는 한편, 스타게이트를 통해 AI 플랫폼 생태계의 취약 지점을 보완하는 전략의 업그레이드를 추구하고 있다. 중국 또한 미국의 수출통제로 인한 강요된 혁신 단계에서 탈피하여, 독자적인 기술개발과 AI 플랫폼 모델을 확산하는 보다 공세적 전략으로의 전환을 모색하고 있다.

제2부 '인공지능과 신흥안보'는 새로운 안보론의 시각에서 본 인공지능 국제정치의 쟁점을 신흥기술 안보 일반과 사이버 안보, 우주안보의 분야에서 살펴본 세 편의 글을 실었다.

제5장 「**인공지능과 신흥기술 안보**」(윤정현)는 AI가 오늘날 일상의 미시적

수준과 국가·초국가 차원의 거시적 수준 모두에 영향을 미치는 동인이 되고 있다고 강조한다. AI는 새로운 경제적·산업적 혁신 가치를 창출함과 동시에 그 기반이 되는 데이터와 알고리즘, 제조 인프라 등 기술 주권 및 경제안보적 이슈와도 맞닿아 있다. 또한, 허위조작정보를 통한 여론 선동, 이중용도기술로서 군사적 활용 측면을 본다면 AI는 정치적 목표를 내재한 국가안보적 위협의 수단이 되기도 한다. 더 나아가 AI 기술이 가진 스스로 학습하며 진화하는 잠재력은 AGI의 등장 이후 감당할 수 없는 특이점의 탄생을 예고하고 있다.

AI는 단순한 기술적 진보를 넘어, 신흥기술로서의 속성과 범용성을 동시에 지닌 독특한 존재이다. AI는 개별적인 기술 항목으로 발전할 뿐만 아니라, 다른 신흥기술과 융합하는 메커니즘을 통해 신흥안보적 특징을 발현하며, 기존의 기술 발전 양상과는 차별화된 패턴을 보여준다. 이 과정에서 우리는 AI 기반 파괴적 기술혁신이 초래하는 양질전화의 측면뿐만 아니라 경제와 정치, 국방 분야와 접목된 이슈연계의 도전을 목도하게 된다. 또한 인류 자체를 위협하는 새로운 게임체인저 무기로의 전환 가능성은 AI 기술 발전의 창발적 현상을 보여준다고 할 수 있을 것이다. 즉, AI는 양질전화, 이슈연계, 창발의 속성을 가진 신흥기술로서 국제정치적 관점에서의 면밀한 검토 필요성을 시사한다.

실제로 AI는 단순한 기술적 불확실성을 넘어서, 경제안보, 보건안보, 군사안보 전반에 걸친 구조적 변화를 유발하고 있다. 예를 들어, AI 기반 경제 시스템의 자율적 운영과 초국적 AI 기업들의 부상은 기존의 국가경제 운영 모델을 근본적으로 변화시킬 가능성이 있다. 또한, AI가 의료 및 생명과학과 융합하면서 인간의 신체와 인지 능력을 증강하는 방향으로 발전하면, 기존의 보건안보 개념은 AI와 생명기술이 융합된 새로운 위험 요소들을 포함해야 한다. 군사 분야에서는 AI의 자율적 의사결정 능력이 전장 환경에서 전략적·전술적 의사결정을 수행하는 수준으로 발전할 경우, 인간의 통제권을 넘어서는 안보 딜레마가 발생할 수 있다. 궁극적으로, 이러한 AI의 전환적 특징은 기술적 논의를 넘어서 '트랜스휴먼'과 '포스트휴먼' 시대의 인간 정체성 자체에 대한 근본적인 질문을 제기한다. 제5장은 지금까지 논의된 AI 기술의 분야별 효과나 파편적인 해석을 넘어, 신흥안보의 분석틀을 통해 살펴보고자 한다. 이를 토대로 AI의 불확실성과 안보적 도전에 대응하기 위해 미래 정부는 어떻게 접근해야 하는지에 대해서도 제언하고자 한다.

제6장 「**인공지능과 사이버 안보: 도구와 대상 그리고 행위성**」(이종진)은 AI가 사회 전반에 확산되며 사이버 안보에 혁신과 위협을 동시에 가져오고 있다는 주장으로 시작한다. AI는 위협 탐지, 자동화된 대응, 이상 징후 분석 등 보안 체계의 효율성과 정확성을 높이며, 금융·클라우드 등 민감 분야에서 데이터 분석과 암호화로 보안을 강화한다. 그러나 공격자들 또한 AI를 악용하여 대상 맞춤형 피싱 콘텐츠, 대상의 음성이나 이미지, 영상 등을 학습시켜 제작된 딥보이스와 딥페이크, 고도화된 악성코드 등 보다 정교화된 공격 방식을 시도하고 있다. 또한 AI 시스템 자체도 데이터 편향, 중독, 센서 그리고 하드웨어 공격 등 다양한 사이버 안보 위협에 노출될 수 있다. 특히 데이터 수집·훈련 단계에서의 공격, 악성 AI의 다크웹 유통 등도 현실화되고 있다.

물론 AI는 아직 완전한 자율적 공격자로서 존재하고 있지 않지만, 최근 강화 학습과 적응형 알고리즘을 통해 스스로 공격벡터를 탐지·생성하는 등 제한적 자율성을 보이고 있다. 향후 AI 기술이 발전하면 인간의 개입 없이 장기적이고 정교한 사이버 공격이 가능해질 것으로 전망된다. AI는 도구이자 대상, 그리고 행위자로서 복합적 위치를 점하며, 이에 대한 지속적인 연구와 대응 전략은 필수적이다.

제7장 「**인공지능과 우주안보**」(정헌주)는 우주가 군사적·경제적 가치 창출의 핵심 공간으로 부상함에 따라, 각국은 첨단기술을 활용해 우주 영역에서의 전략적 우위를 확보하고자 치열하게 경쟁하고 있으며, 이 과정에서 AI는 중요한 게임체인저로 작용하고 있다고 주장한다. AI는 방대한 우주 기반 데이터를 처리하고 분석함으로써 우주상황인식SSA, 우주영역인식SDA, 자율 모빌리티, 충돌 방지, 통신 강화 등 다양한 분야에서 핵심적인 기능을 수행하며, 우주 기술

과 결합되어 새로운 부가가치를 창출하고 있다. 이러한 기술적 진보는 안보를 강화하는 동시에 안보 위협으로도 작용할 수 있지만, 이러한 AI와 우주안보 간의 상호작용은 그 복잡성과 파급력에도 불구하고 아직 충분히 분석되지 않았다. 제7장은 AI 기술이 우주안보에 미치는 영향과 함께 우주안보가 AI 기술의 발전과 운용에 미치는 영향을 심층적으로 고찰하고, 그 과정에서의 기회와 위험 요소를 식별하며, (비)의도적 공격에 대응하기 위한 사전적·사후적 대응의 필요성을 제시한다.

제3부 '인공지능과 전쟁·거버넌스·국제규범'은 외교안보의 시각에서 본 인공지능 국제정치의 쟁점인 군사혁신과 미래전, 글로벌 규제 거버넌스, 국제규범·다자외교를 분석한 세 편의 글을 실었다.

제8장 「**인공지능과 미래전: 국방 인공지능 전환과 디지털 군사혁신의 과제**」(윤대엽)는 "인공지능의 군사적 활용을 위한 디지털 군사혁신의 과제는 무엇인가?"라는 질문을 던진다. 제8장은 AI 무기화의 기원이 된 프로젝트 메이븐, 최초의 AI 전쟁으로 기록된 러-우 전쟁을 사례로 국방 AI 전환과 디지털 군사혁신의 과제를 검토했다. AI는 산업혁명, 정보혁명에 이어 전쟁 패러다임을 획기적으로 전환시키는 군사혁신 과정이다. AI 무기의 기원이 된 프로젝트 메이븐은 무인기 증가에 비례하는 병력, 비용의 증가와 정보혁신을 위해 시작되었다. 러-우 전쟁을 계기로 AI 디지털 킬체인으로 진화하고 있는 프로젝트 메이븐은 민간이 주도하는 기술혁신을 수용하기 위한 디지털 군사혁신 체계의 포괄적인 변화를 수반하고 있다.

한편, 러-우 전쟁은 최초이지만 기대 이하의 AI 전쟁이 되었다. AI의 무기화을 위해서는 알고리즘, 빅데이터, 클라우드와 이를 뒷받침하는 광범위한 디지털 기반과 기술 성단의 동시적·병렬적 혁신이 필요하기 때문이다. AI가 군사적 우위를 위한 군비경쟁과 함께 디지털 리스크를 무기화하는 AI 비대칭 전략을 수반하는 점도 중요하다. 제8장은 AI의 군사적 활용을 위해서는 민간 주도 기술혁신을 군사체계에 신속하게 수용하는 개방적·협력적 군사혁신 체계를 구축하고, 디지털 로-하이 믹스 전략에 따라 전략-비용 합리적인 국방 AI 전환 전략을 구체화할 필요가 있다고 지적한다.

제9장 「**인공지능 글로벌 규제 거버넌스의 국제정치: 경쟁과 협력의 다층적 지형**」(이수연)은 최근 일어나는 AI 기술의 급격한 발전은, '챗 GPT 대 딥시크'와 같이 이를 주도하는 국가가 패권을 차지하기 위해 경쟁 중인 미국과 중국이라는 점에서 단순히 기술적 사안으로 여겨지지 않고, 지정학적 경쟁으로 간주되는 경향이 있다고 주장한다. AI 글로벌 규제 거버넌스의 형성 과정 역시 이러한 흐름에 영향을 받고 있으며, 경쟁과 협력이 교차하는 다층적인 양상을 보인다. 제9장은 AI 글로벌 규제 거버넌스가 아직 온전한 형태를 띠지 못하고 있으며, 다양한 기준에 따라 국가 간 경쟁과 협력의 양상이 중첩적으로 나타나고 있음을 밝힌다. 이는 궁극적으로 한국이 AI 글로벌 규제 거버넌스에서 어떠한 위치와 역할을 잡아야 할지를 고민하기 위함이다. 경쟁과 협력 구도는 주요 행위자, 기술 수준, 행위자의 수, 이슈 등에 따라 다양하게 나타난다. 이러한 지형도를 그림으로써 공유하는 이익을 발견할 수 있다면, 논의가 활발하게 일어나고 있음에도 불구하고 큰 진전을 보이지 않는 AI 거버넌스 형성에 기여하는 바가 있을 것이라고 기대한다. 정리하자면, AI 글로벌 규제 거버넌스는 단순한 기술경쟁을 넘어, 국제질서 재편과 외교적 입지 구축을 둘러싼 국가 간 복합적 전략의 장으로 작동하고 있다.

제10장 「**인공지능 위험에 대한 국제규범과 다자외교**」(송태은)는 AI 기술의 불확실성과 예측 불가능성으로 초래될 수 있는 AI 위험에 대한 최근 국제사회의 규범적 논의는 완전한 합의를 이끌어 내고 있지는 못하다고 주장한다. 그러나 미중 간 기술경쟁이 격화됨에 따라 미국을 중심으로 AI 기술에 대해 과도하게 경직된 원칙과 현실성이 떨어지는 교조주의적 규제를 강요하지 않으려는 접근법이 강조되고 있다. 특히 트럼프 행정부 2기는 AI의 '안전'보다 '안보'에 초점을 두며 AI 규제를 크게 완화하며 바이든 행정부 시기 일었던 연방정부 차원에서의 광범위한 규제 움직임에 제동을 걸고 있어 국제사회의 그동안의 AI

위험관리에 대한 규범적 접근법에도 변화를 예고하고 있다. 즉 각국이 처한 서로 다른 안보 환경과 AI 기술 발전 수준으로 인해 각국의 AI 위험관리에 대한 시각과 입장은 서로 상이하고, 앞으로 국제사회에서 AI 규범을 놓고 각국이 갈등하고 충돌할 가능성은 더욱 커지고 있다. 국가가 규범 구축을 주도하는 것처럼 보이는 AI 위험관리는 궁극적으로 기술을 개발하고 소유한 민간의 참여에 의해서만 정착될 수 있다. 따라서 앞으로 AI 위험관리에 대한 국제규범은 AI 기술의 직접적인 영향을 받고 있는 시민사회의 불안을 해소하면서도 과소 규제나 과도 규제를 지양하여 AI 기술 개발을 주도하고 있는 민간의 규범 실천을 가능하게 만드는 방향, 즉 절충적 합의로 나아갈 가능성이 크다.

* * *

이 책은 2025년도 서울대학교 미래전연구센터의 총서 제12권 프로젝트의 일환으로 기획되어 진행한 연구의 결과물이다. 이 책에 실린 글들은 2024년 8월 착수 모임을 가진 후 두 차례의 공부 모임을 진행하여 집필 구상을 다듬었다. 이 책의 주제와 관련된 각 장의 구상은, 2024년 10월 25일 "인공지능과 미래 세계정치: 디지털 국가책략의 모색"이라는 주제로 개최된 정보세계정치학회 추계학술대회에서 발표되고 라운드테이블의 자리를 통해서 다양한 토론을 거쳐 구체화되었다. 이러한 연구 착수의 결과물은 11월에 서울대학교 미래전연구센터 홈페이지에 이슈브리핑 특집시리즈로 게재된 바 있다. 이 책에 담긴 논의를 발전시킨 또 하나의 계기는 2025년 1월 개최된 특별세미나, "AI 국가책략이 왜 필요한가?"를 통해서였다. 디지털 국가책략digital statecraft의 모색이라는 시각에서 각 장의 논지를 다듬고, 여기서 도출할 수 있는 실천적 함의에 대해서 중지를 모았던 세미나였다. 이후 각 장의 초고는 2025년 3월 세 차례에 걸쳐서 중간발표회를 겸해 열린 서울대학교 미래전연구센터 세미나에서 발표되고 활발한 질의와 응답 과정을 통해서 완성되어 갔으며, 5월 2일 정보세계정치학회 춘계학술대회에 최종 원고를 발표하기에 이르렀다.

이 책이 나오기까지 도움을 주신 많은 분께 드리는 감사의 말을 빼놓을 수 없다. 무엇보다도 길지 않은 시간에 아직 국제정치학계에는 생소한 주제의 연구를 수행해 주신 아홉 분의 필자들께 깊은 감사의 말을 드린다. 또한 이 책의 구상을 다듬고 원고를 발전시키던 시기 세미나에 참여해 주신 분들께 감사드린다. 특히 2024년 10월 개최된 정보세계정치학회 추계학술대회에서 "인공지능과 미래 세계정치, 무엇이 쟁점인가?"를 주제로 기조연설을 해주신 하영선 선생님께 깊은 감사의 말을 전하고 싶다. 당일 사회와 토론으로 참석하신 네 분(가나다순), 김성배(국가안보전략연구원), 민병원(이화여자대학교), 유지연(상명대학교), 장기영(경기대학교)께 감사드린다. 또한 2025년 5월 2일 정보세계정치학회 춘계학술대회에 사회자와 토론자로 참여해 주신 여러 선생님께 감사드린다. 직함과 존칭을 생략하고 가나다순으로 언급하면, 강하연(정보통신정책연구원), 문용일(서울시립대학교), 민병원(이화여자대학교), 설인효(국방대학교), 신범식(서울대학교), 신승휴(서울대학교), 양종민(정보통신정책연구원), 오일석(국가안보전략연구원), 이왕휘(아주대학교), 조동준(서울대학교), 최계영(정보통신정책연구원) 등 여러분께 감사드린다. 또한 이 책의 출판 과정에서 교정 총괄을 맡아 준 서울대학교 이수연, 김명하 두 박사과정에 대한 감사의 말도 잊을 수 없다. 끝으로 출판을 맡아주신 한울엠플러스 관계자들께도 감사의 말을 전한다.

2025년 10월 가을의 언저리에서
김상배

1 인공지능 지정학과 한국

미중 AI 패권경쟁을 중심으로

김상배 | 서울대학교

1. 머리말

최근 불어닥친 '인공지능AI 쇼크'가 만만치 않다. 벌써 먼 일처럼 느껴지는 2016년 '알파고 쇼크'에서부터 2022년 미국발 '챗 GPT 쇼크'에 이은 2025년 초 중국발 '딥시크 쇼크'에 이르기까지 최근 AI 기술이 몰고 온 충격이 세상을 떠들썩하게 하고 있다. 과거 한때 AI에 대한 기대가 달아올랐다가 식어버리면서 이른바 'AI 겨울'을 두 차례나 겪었던 때와는 사뭇 달라 보인다. 'AI 쇼크'는 기술·공학 분야뿐만 아니라 인문·사회과학 분야에도 적지 않은 충격을 주었다. 다른 분야에 비해 뒤늦은 감이 있지만 국제정치학에서도 AI 연구가 가동되었다. AI가 국제정치 분야에 미치는 영향은 권력과 국가, 경제와 산업, 외교와 규범, 안보와 전쟁, 그리고 국제질서의 변화라는 주요 개념의 프레임에 담겨 탐구되고 있다.[1]

1 최근 연구 어젠다의 발굴 차원에서 '인공지능과 국제정치' 관련 연구가 한창 진행되고 있다. 국내외 주요 연구로 Keskin and Kiggins(eds.)(2021), Tinnirello(ed.)(2022), Cristiano et al.(eds.)(2023),

AI는 지정학적 경쟁의 시대를 헤쳐 나가는 미래 국가전략의 요체라고 해도 과언이 아니다. AI는 어느 한 분야에 국한된 기술이 아니라 거의 모든 분야에서 쓰이는 '범용기술'이며, 인간의 육체적 능력뿐만 아니라 지적 능력을 높여주는 '증강 기술'인데다가, 경제와 산업 및 기타 사회 시스템 전반의 성장을 이끌어 가는 '선도 기술'이다. 이러한 AI 기술이 미치는 영향이 커지면서 'AI 전환 AX'이라는 개념까지 등장했다. 그야말로 AI 기술의 발달은 우리 삶 전반의 패러다임 변화를 촉발하고 있다. AI 전환은 국제정치 분야에 큰 영향을 미치고 있으며 미래 국가전략에서 차지하는 위상 또한 높아지고 있다. AI 분야의 승자가 미래 국제정치의 패권을 차지하리라는 인식도 확산하고 있다(Schmidt, 2023; 키신저 외, 2023).

미래 국제질서의 향배를 가늠할 'AI 기반의 국제정치 전환'을 보여주는 가장 대표적인 사례는 미중 AI 패권경쟁이다. 최근 AI 기술경쟁의 시각에서 본 미중 경쟁 연구가 진행되었다(Horowitz, 2018; Zhu and Long, 2019; Simbar and Lakani, 2021; Schmidt, 2022; Meng, 2023; Rim, 2023; Zhao, 2023; Schindler et al., 2024). AI 플랫폼 경쟁의 시각에서 진행되는 미중 경쟁 연구도 늘어나고 있다(Stallkamp and Schotter, 2021; Cioffi et al., 2022; Shen and He, 2022; Rolf and Schindler, 2023; Qiu, 2023; Schmalz, 2024). 아울러 AI 규제·거버넌스 시각에서 본 미중 경쟁 연구도 부쩍 눈에 많이 띈다(Smuha, 2021; Schmitt, 2022; Bradford, 2023; Bremmer and Suleyman, 2023; Ingersleben-Seip, 2023; Erman and Furendal, 2024).

군사나 안보 및 외교 시각의 연구는 AI의 일반적인 영향을 다룬 연구가 많고, 구체적으로 미중 경쟁에 초점을 맞춘 연구는 드물다. 그나마 일찍 시동을 건 분야는 미중 AI 군비경쟁 연구이다(Maas, 2019; Johnson, 2021; 2023; Hunter, et al., 2023; Zarrar and Kakar, 2024). 이 외에 동맹·연대·외교·평화나 윤리·규범·

Ndzendze and Tshilidzi(2023), Roumate(2024), 조현석·김상배 외 편(2018), 김상배 편(2024), 동아시아연구원(2024) 등을 들 수 있다.

담론 경쟁 연구는 반도체·사이버·우주에 곁들여 AI를 다루는 정도이다(Lin-Greenberg, 2020; Masood Alavi et al., 2022; Stahl, 2022; Varela, 2024). 거시적인 시각에서 AI 생태계를 둘러싼 국제질서 구축 경쟁을 본격적으로 다룬 연구는 아직 없다. 이렇듯 여태까지 단편적인 사례 소개를 중심으로 진행된 연구를 종합하고, 'AI 기반 국제정치 전환'의 맥락에서 미중 AI 패권경쟁의 구조와 동학을 탐구하는 작업이 필요하다.

사실 미중 AI 패권경쟁은 좁은 의미의 기술경쟁 시각에서만 볼 문제가 아니다. AI 패권경쟁이란 기술만 앞서는 게 아니라, 표준과 플랫폼, 생태계를 주도하고, 정책 차원의 규제와 안보 담론 및 국제규범의 형성도 이끌며, 더 나아가 AI 기반 외교와 전쟁에서 승리하기 위해 벌이는 다차원의 경쟁을 의미한다. 그야말로 어느 한 분야가 아니라 여러 분야에 걸친 경쟁이 복잡하게 얽히면서 진행되고 있다. 이러한 특성으로 인해 AI 분야는 전략적 함의를 지닌 첨단 부문으로 여겨지며, 이 분야에서 진행되는 경쟁의 승패는 미래 글로벌 패권경쟁 전반의 향배를 엿보게 하는 시금석이다. 이 글은 최근 전개되고 있는 미중 AI 패권경쟁이 기술·플랫폼 경쟁에서 규제·담론 경쟁과 외교·군비 경쟁으로 창발emergence하는 과정을 살펴보고, 이러한 양상이 최근 출범한 트럼프 2기 행정부에서 어떻게 변화할지를 전망한다.

미중 AI 패권경쟁에 담긴 국제정치 전환의 코드를 읽어내는 것은 미래 국가전략의 핵심 사안이 아닐 수 없다. 그런데 이러한 과정에서 한국이 중견국으로서 직면해야 할 AI 국가전략의 과제가 있음을 직시할 필요가 있다. 우선 국가역량의 '규모' 차원에서 중견국인 한국은 AI 기술혁신 전략을 추구하는 데 있어 '선도 전략'과 '틈새 전략' 중에서 무엇을 우선시할지 고민할 수밖에 없다. 둘째, 미중 사이에 '위치'한 중견국인 한국은 두 나라가 주도하는 '폐쇄형'과 '개방형' AI 생태계·플랫폼 사이에서 어느 쪽을 선택할지의 갈림길에 서 있다. 끝으로, 국제사회에서 담당할 '역할' 차원에서 중견국인 한국은 AI 안보담론의 원칙을 고민할 뿐만 아니라 글로벌 차원에서 진행되는 AI 윤리규범 형성에도 참여할 과제를 안고 있다.

이상의 문제의식을 바탕으로, 제2절은 기술·플랫폼 경쟁의 시각에서 미중이 벌이는 AI 기술 혁신과 규제완화 및 생태계·플랫폼 경쟁의 양상과 최근 변화를 살펴보았다. 제3절은 규제·담론 경쟁의 시각에서 AI 분야에서 미국의 대중국 제재 정책과 그 기저에 깔린 AI 안보담론 및 규범경쟁의 양상과 변화를 살펴보았다. 제4절은 외교·군비 경쟁의 시각에서 AI 분야와 관련된 미중의 동맹·연대 외교 및 군비 경쟁의 양상과 변화를 살펴보았다. 제5절은 한국이 안고 있는 중견국 AI 국가전략의 과제를 기술혁신 전략과 동맹·연대 전략 및 안보담론 전략의 세 가지 차원에서 살펴보았다. 끝으로, 맺음말은 'AI 기반 국제정치 전환'의 시대를 헤쳐 나갈 미래 국가전략의 방향을 요약·정리하였다.

2. 미중 AI 기술·플랫폼 경쟁

1) AI 투자 및 기술혁신 경쟁

최근 가속화되고 있는 미중 기술경쟁에서 AI의 비중은 점점 더 높아지고 있다(Schindler et al., 2024). 지난 수년 동안 미중 양국은 모두 국가전략 차원에서 AI 기술혁신을 추진해 왔다. 미국은 오바마 행정부 시절인 2016년 「AI R&D 전략 계획」을 발표한 데 이어, 트럼프 1기인 2019년에 'AI 이니셔티브' 행정명령을 발동하고, 'AI 국가안보위원회NSCAI'를 설치한 데 이어, 2020년에는 '국가 AI 이니셔티브법'을 제정했다. 중국도 AI 기술 우위의 확보를 위해 2017년에 「차세대 인공지능 발전 계획」을 발표하여 AI의 이론·기술·응용 등 모든 방면에서 선도 국가가 되겠다는 목표를 세운 데 이어, 여러 가지 정책·법·제도적 시도를 펼쳐왔으며, 2024년 3월에는 전국인민대표회의에서 「AI 플러스 행동」을 발표하기도 했다.

미중은 민간 및 공공 차원의 AI 기술 투자에서 선두를 겨루며 경쟁하고 있다(이승주, 2024: 3~4). 2013~2023년 미국의 민간투자는 3,352억 달러로, 중국의 1,037억 달러에 크게 앞섰다. 그러나 공공 AI 투자는 정부 주도의 산업정책을 채택한 중국이 미국보다 크게 앞서고 있다. 2023년 5월 기준 중국의 공공투자 규모는 전 세계 모든 국가의 공공 AI 투자를 합한 것보다 1.5배나 많다. 핵심 AI 인재의 확보 면에서는 미국이 우월적 지위를 유지하고 있다. 상위 20%의 AI 연구자 중에서 미국에서 활동하는 비율은 2019년 27%에서 2022년에는 38%로 증가했다. 최근 AI 관련 투자와 인력이 미국의 글로벌 빅테크 기업이나 최정상급 대학으로 집중되는 현상이 나타나고 있다. 미국을 글로벌 인재 네트워크의 '허브hub'에 비유한다면, 중국은 자국 내에 인재를 축적하는 '기지基地'로 비유할 수 있다.

AI 반도체나 AI 모델의 개발과 생산을 위해 미중이 벌이는 AI 기술 혁신 경쟁도 치열하게 전개되고 있다. AI 반도체는 AI 모델 개발의 기반을 이루는 컴퓨팅 파워의 핵심인데, 이 분야에서는 미국이 크게 앞서 있다. 미국 기업인 엔비디아가 글로벌 AI 반도체 시장의 80% 이상을 장악하고 있으며, 그 한참 뒤를 따르는 AMD와 인텔도 미국 기업이다. 엔비디아는 칩의 우수한 성능뿐만 아니라 쿠다CUDA라는 GPU 개발 툴을 제공해서 AI 연구자들이 편리하게 프로그램을 짤 수 있는 생태계도 구축했다(Toews, 2023). 한편 화웨이를 비롯한 중국 빅테크 기업들도 자체적으로 AI 반도체를 개발하여 다양한 형태의 대안 제품을 내놓기 위해 노력하고 있으며, 중국 정부도 국가적 차원에서 AI 반도체 개발에 많은 예산을 투입하고 있다.

대규모언어모델LLM 분야를 보면, 2024년 1월 기준으로 미국이 글로벌 시장의 50%를 점유했고, 중국이 40%를 차지하여 1~2위를 다투고 있다(Ye, 2024). 미국의 오픈 AI, 구글, MS, 메타, 아마존 등이 글로벌 LLM 시장을 주도하는 가운데, 기존에 인터넷 검색엔진을 중심으로 형성되었던 구도에 LLM 기업들이 도전함으로써 시장이 재편되는 양상이 나타나고 있다. 특히 구글의 '인터넷 검색 패권'에 오픈 AI의 챗 GPT가 도전하고, 이에 대해 구글이 제미나이 등으로 반격하며 수성하려는 모습이 나타나고 있다. 한편, 중국도 자체적인 LLM 모델을 다수 출시했다. 바이두의 어니봇, 알리바바의 퉁이첸원, 텐센트의 훈위안 에이드, 센스타임의 센스노바, 화웨이의 판구알파 등을 사례로 들 수 있다.

AI 관련 분야는 워낙 다양한 데다가 이들 분야에서 진행되는 미중 경쟁의 우열 양상도 복잡하다. 그럼에도 아직 미국이 여러 분야에서 앞서는 것으로 평가할 수 있다. 그러나 분명히 일부 분야는 이미 중국이 미국을 추월한 것으로 보인다. 이와 관련해서 AI 석학으로 평가받는 앤드루 응Andrew Ng 미 스탠퍼드 대학 교수는, "2022년 11월 챗 GPT가 처음 출시됐을 때만 해도 미국이 생성형 AI 분야에선 확실히 중국보다 훨씬 앞섰다"라고 생각했지만, "이후 2년간 중국은 무서운 속도로 미국을 추격했다"라고 평가했다. "중국 딥시크가 내놓은 AI 프로그램 R1의 경우 오픈 AI의 일부 추론 능력을 따라잡은 사실을 확인"했으며, "중국 알리바바의 AI 모델 '큐원'도 지난 1년간 빠르게 성장했다"라고 지적했다(윤주헌, 2025).

2) AI 생태계 및 플랫폼 경쟁

최근 드러난 AI 혁신 생태계 경쟁의 성격 변화도 미중 AI 패권경쟁의 양상을 잘 보여주는 사례이다. 2021년까지는 개방형 오픈소스 모델에 기반한 AI 기술 개발이 주를 이루었다면, 그 이후에는 소스코드를 공개하지 않는 추세가 나타났다. 생성형 AI를 개발하는 비용이 막대한 데다가 AI 모델이 높은 부가 가치를 창출할 것으로 예상되면서 기존 오픈소스 기반의 AI 기술들이 점차 공개되지 않게 된 것이다. 현재 이러한 '폐쇄형 AI' 전략을 채택한 측은 미국 기업인 오픈 AI와 구글인데, 오픈 AI는 챗 GPT 3.5와 챗 GPT 4를 '일반 이용자'에게 제한적으로만 공개하고, 비용을 내야만 응용 프로그래밍 인터페이스API를 공개하고 있다. 구글도 자사 AI 모델 관련 기술정보를 공개하지 않고 있다.

이러한 '폐쇄형 AI' 전략의 등장에는 중국의 기술 추격을 견제하려는 미국의 '중국 고립화 전략'이 한몫을 담당했다. 미국 기업들의 AI 모델 소스코드 공개가 중국 AI 플랫폼 기업들의 기술 추격에 유리한 조건을 제공한다는 미국의 위기 인식이 작용했다. 특히 2021년 기준 전체 7,300만 명의 깃허브GitHub 이용자 중 중국 국적이 10%를 차지하게 된 것이, 이러한 견제 전략 출현의 원인 중 하나가 되었다. 이에 대해 중국 정부는 자립적인 AI 생태계 구축으로 대응했는데, 세계 최대 오픈소스 플랫폼인 깃허브를 대체할 자체 오픈소스 플랫폼인 '기티Gitee'를 개발하기도 했다(김준연, 2023; 백서인, 2024).

이러한 연장선에서 최근 '폐쇄형 AI'에 도전하는 '개방형 AI' 진영의 반격이 본격화되고 있음에 주목할 필요가 있다(김은성, 2023). 이러한 행보는 소스코드를 공개하지 않고 있는 오픈 AI와 구글과 같은 선발 주자의 LLM 기술 독점에 대응하여, 빠르게 이용자 수를 늘려 선발 주자를 따라잡으려는 후발 주자들의 추격 전략으로 이해할 수 있다. 미국 기업 중에서는 메타가 이러한 오픈소스 전략을 채택하고 있다. 메타에 이어 중국의 최대 전자상거래 업체 알리바바도 생성형 AI의 기반이 되는 LLM을 무료로 공개하는 데 가세했다. 최근 돌풍을 일으킨 딥시크도 다른 개발자들이 자사 AI 모델인 R1의 라이선스를 자유롭게 활용하면서 문제점 개선에도 일조할 수 있도록 소스코드를 공개했다.

역사적으로 미국 기업들은 오픈소스 개발 플랫폼 및 범용 플랫폼을 제공하면서 AI 알고리즘 혁신을 위한 생태계 구축을 주도해 왔다. 이에 중국은 미국 AI 생태계가 제공하는 혜택을 누리면서 기술 추격을 벌여왔고, 다른 한편으로는 방대한 규모의 내수시장을 기반으로 생성된 로컬 데이터를 활용하여 독자적인 AI 생태계 구축에 나서는 모습이었다. 그러나 최근의 양상을 보면, 미국이 폐쇄형 전략으로 돌아선 반면, 중국이 개방형 전략을 내세워 세를 불려가고 있다. 이러한 변화에 대해서 앤드루 응은 중국이 오픈소스 AI 생태계를 기반으로 지난 2년 동안 미국을 따라잡았으며, 앞으로 "미국 기업들이 오픈소스로 개방하지 않을 경우 중국이 AI 공급망을 지배할 수도 있다"라는 전망을 내놓았다(윤주헌, 2025).

이렇게 미국과 중국이 각기 다른 AI 생태계를 구축하는 상황에서 양국의 AI 패권경쟁은 더욱 심화·확대될 가능성이 있다. 실제로 최근 미중 경쟁의 전선은 AI 기술 개발 경쟁에서 AI 생태계 경쟁으로, 더 나아가 AI를 활용한 디지털 플랫폼 경쟁으로 확장되고 있다(Schmalz, 2024). SNS나 전자상거래 및 디지털 콘텐츠 분야에서는 미국의 빅테크 기업들이 상대적으로 앞서고 있는 가운데, 여러 층위에 걸쳐서 양국의 플랫폼 경쟁이 가속화되고 있다. 최근에는 기업 간 플랫폼 경쟁에 양국 정부까지 가세하면서 '플랫폼 지정학'을 들먹일 정도가 되었다. 여기에 더해 인터넷이 둘로 쪼개지는 '분할인터넷Splinternet'이 출현할지도 모른다는 우려마저 제기되었다. 이러한 미중 플랫폼 경쟁의 핵심에 추천 AI 알고리즘 개발 경쟁이 자리 잡고 있음을 놓치지 말아야 한다(김상배, 2022: 제6장).

3) 트럼프 2기 AI 기술·플랫폼 정책 전망

AI 기술 혁신의 관점에서 볼 때, 트럼프 2기 미국의 AI 정책 기조는 트럼프 1기 시절인 2019년에 발표된 'AI 이니셔티브' 행정명령이 추구하는 바와 크게 다르지 않을 것으로 보인다. AI 투자 증대와 AI 인재 확보, 그리고 AI 반도체나 생성형 AI 분야의 경쟁력 확보 등을 위한 국가적 차원의 지원을 지속할 것이다. 특히 '기초연구는 앞섰지만, 기술개발이 부족하다'는 자성을 바탕으로 미국은 AI 기술 혁신과 산업 육성을 위한 각종 정책을 도입할 것이다. 실제로 트럼프 대통령은 취임 첫날 5,000억 달러 규모의 초대형 AI 인프라 프로젝트인 '스타게이트'를 발표했는데, 이에 따라 챗 GPT 개발사 오픈 AI, 미국 최대 데이터 센터 기업 오라클, 그리고 일본의 소프트뱅크가 합작회사를 만들어 자금을 투입하여 AI 인프라를 구축·운영하기로 했다(강경주·이상은, 2025).

한편, AI 기술 혁신을 촉진하기 위해 AI 규제를 한층 완화할 것으로 전망된다. 취임 직후 트럼프 대통령은, 2023년 바이든 대통령이 AI 규제를 목적으로 내린 'AI 행정명령'을 폐기했다. 트럼프는 바이든의 '2023년 AI 행정명령'이 미국의 AI 산업 발전을 저해한다고 지적해 왔다. 그 대신 트럼프 대통령은 취임 직후 'AI 분야 미국의 리더십을 방해하는 장벽 제거'라는 새로운 행정명령을 발표했다. 이 행정명령은 AI 분야에서 미국의 글로벌 우위를 강화하고 기술적·경제적 경쟁력을 높이는 것을 목표로 하며, AI 혁신을 방해하는 기존 정책을 검토하고 수정하라는 지시를 담았다(서혜림, 2025).

트럼프의 새로운 AI 정책으로 인해 정부 규제로부터 자유로워진 미국의 빅테크 기업들이 기술개발에 속도를 내게 된다면, 지금도 기술력이 앞서 있는 미국과 세계 다른 나라들과의 AI 기술 격차는 더욱 벌어질 것으로 예상된다. 미국의 AI 경쟁력 강화의 행보는 미국 중심의 AI 생태계 강화로도 이어질 가능성이 있는데, 향후 미국 AI 빅테크 기업들의 '폐쇄형 AI' 전략이 어떠한 변화를 겪을지는 큰 관건이다. 한편, AI 규제완화는 빅테크 기업만을 위한 것이 아니라, AI 스타트업들을 지원하는 효과도 클 것으로 예상된다. 예를 들어, J.D. 밴스 미 부통령은, 대선 캠페인 시절부터 선제적 과잉 규제 시도가 기존 빅테크 기업들의 주도권을 고착화할 가능성이 높다고 지적하면서, 규제완화를 통해서 AI 스타트업의 진입장벽을 낮추자고 주장해 왔다(장유미, 2024).

3. 미중 AI 규제·담론 경쟁

1) AI 수출입 규제 경쟁

미국의 대중국 AI 수출입 규제는 최근 벌어지는 미중 경쟁의 한 단면을 잘 보여준다(Smuha, 2021). 그 초기 사례는 AI 기반 감시 기술인 중국의 안면 인식 AI에 대한 제재에서 나타났는데, 센스타임, 메그비, 이투 등과 같은 중국 AI 기업이 블랙리스트에 포함되었다. AI 관련 제재를 보여주는 또 다른 사례는 중국계 기업 바이트댄스가 제공하는 짧은 동영상 서비스인 틱톡에 대한 제재이다. 미국 정부는 미 공공기관에 틱톡 앱의 삭제를 명령했을 뿐만 아니라 '틱톡 금지법'이 미 상하원을 통과하기에 이르렀다.

이러한 미국 정부의 대중국 제재 행보는 LLM 모델에도 적용될 것으로 예견된다. 그 이면에는 중국이 생성형 AI로 가짜 영상을 만들어 미국 대선에 영향을 미치는 등 국가안보를 위협하는 무기로 활용한다는 인식이 자리 잡고 있다. 2023년 8월에 발표한 미국의 행정명령은 중국을 '우려 대상국'으로 지정하고, 반도체·초미세 전자공학이나 양자기술 등과 함께 특정 AI 시스템에 대한 대중국 투자를 금지했다. 또한 미 정부는, 중국의 컴퓨팅 파워 확보를 위한 인프라로 활용된다는 이유로, 중국 AI 기업들의 미국 클라우드 컴퓨팅 서비스 사용을 금지하기도 했다(윤정현, 2023).

AI 무기 관련 기술의 수출통제도 쟁점으로 부상하고 있다. 전통적으로 첨단 군사기술 분야는 수출통제의 주요 대상이었는데, 최근 미국은 미중 경쟁의 맥락에서 중국에 대한 첨단기술 수출통제의 카드를 꺼내 들었다. 미국 정부는 2023년 10월 발표한 행정명령에 AI 모델이 국가안보나 경제에 위험을 초래할 경우 연방정부에 의무적으로 통지해야 한다는 내용을 담았다. 또한 바이든 대통령은 2024년 10월 미국이 AI 분야에서 선두 지위를 지키고, AI를 국가안보를 위해 책임 있게 사용하는 데 필요한 지침과 정부 기관별 이행 사항을 담은 「AI 국가안보각서」에 서명했다.

미 상무부가 검토하는 것으로 알려진 LLM 수출통제의 카드에도 주목할 필요가 있다. 미 상무부는 소스코드 비공개 AI 모델의 수출통제를 고려하는 것으로 알려졌다. 이러한 조치는 모두 중국의 군사용 첨단기술 개발을 늦추는 것을 목표로 한다. 이 카드가 발동되면 AI 모델 학습에 사용된 컴퓨팅 성능에 따라 개발자들은 미 상무부에 AI 개발 계획과 성능 테스트 결과를 제출해야 한다. 더 나아가 미 상무부는 업계의 피드백을 받지 않은 오픈소스 기반의 LLM에 대한 수출통제도 고려할 가능성이 있다. 중국이 미국산 LLM을 군사적으로 활용할 수 있다는 우려 때문인데, 최근 메타가 자사의 오픈소스 기반 LLM인 라마LLaMA의 군사적 활용을 허용하면서 중국이 미국산 AI를 군용으로 전용할지도 모른다는 우려가 더 커졌다(권혜영, 2024).

중국도 미국의 LLM을 규제하기는 마찬가지다. 중국 국가안전부는 챗 GPT가 데이터 탈취, 사이버 공격, 경제안보, 데이터 오염, 군사안보 등 다양한 방면에서 위험하다고 주장한다. AI를 통해 민감한 정보가 탈취되어 해커들이 손쉽게 특정 목표물에 대해 사이버 공격을 가할 수 있도록 돕는다는 것이다. 중국에서 챗 GPT에 대한 규제는 공익을 수호하고 사회 안정을 도모하기 위한 정부의 감시로 정당화된다. 중국 AI 기업들도 모두 중국 정부의 통제와 보안 조치에 협력하고 있다. 한편, 미국이 LLM 분야에서 중국을 제재하려고 하는 상황에서, 중국도 자국의 언어적·문화적 다양성과 주권을 수호한다는 명분으로 이른바 '소버린sovereign AI' 담론을 내세워 자체 AI 생태계를 구축하려고 한다. 또한 서방 진영에 불만을 가진 국가들을 이러한 중국 주도의 생태계에 참여시키겠다는 기치도 내세우고 있다.

2) AI 안보담론 및 규범경쟁

미중이 AI 제품과 서비스의 수출입 규제를 놓고 벌이는 갈등의 이면에, AI 기술의 안보적 성격을 이해하는 양국의 각기 상이한 담론과 이를 기반으로 진행되는 규범경쟁의 양상에도 주목해야 한다. 특히 AI 기술 안보와 관련된 데이터 안보가 제일 민감한 쟁점이다. 논란은 데이터의 수집 및 활용 역량의 핵심이라고 할 수 있는 AI 자체가 안보 위험을 내재하고 있다는 데서 출발한다. 데이터는 미래 국력의 요소이지만, 악용된다면 심각한 사회적 안전의 문제를 초래할 수 있다는 것이다. AI를 활용한 중요 데이터의 의도적·비의도적 유출 가능성이 있다는 것인데, 악의적 세력에 의한 민감한 개인정보의 유출이나, 생성형 AI의 쿼리를 통한 기밀 유출 가능성이 우려된다.

또한 AI가 정치적 탄압을 위한 감시 수단으로 사용되어 민주주의에 위협을 가할 가능성에 대한 우려도 크다. 특히 AI를 활용하여 허위조작정보나 딥페이크 등을 생성하거나 유포하는 사이버 영향력 공작도 경계의 대상이다. 더 나아가 AI가 스스로 거짓 정보와 데이터를 제공하는 이른바 '할루시네이션hallucination'도 큰 문제다. 생성형 AI의 학습 데이터가 조작 및 오염되어 잘못된 결과를 도출하거나, AI가 부정확하거나 편향된 데이터를 학습하여 AI 알고리즘의 오작동이 발생할 수 있다는 것이다. 이렇듯 AI 기술과 관련하여 제기되는 안보담론은 아주 다양하고 그 스펙트럼도 매우 넓다.

이러한 상황에서 미중 양국의 AI 안보담론과 규범 인식이 서로 다르다는 것 자체가 갈등의 소지다(Smuha, 2021). 이러한 차이는 미중 두 나라의 AI 규제를 대하는 거버넌스를 둘러싼 마찰을 유발할 가능성이 있다. 미국은 AI 기업의 자율성을 보장하는 시장 중심 접근을 취하면서, 대통령 행정명령 등을 통해 AI가 발생시킬 수 있는 부작용을 완화하기 위한 안전장치를 부과하는 거버넌스 방식을 취한다. 미중 경쟁의 맥락에서 보면, 미국은 AI 규범을 논하더라도 경제안보의 관점에서 중국의 기술 추격을 견제하는 데 주안점을 둔다. 앞서 살펴본 바와 같이, AI 반도체 수출규제 이외에도 안면 인식 AI나 클라우드, 틱톡 등에 대중 제재를 부과하고 있다. 이러한 과정에서 미국은 AI 관련 중국의 정책이나 정치체제의 성격을 문제시한다.

중국도 미국과 AI 기술경쟁을 벌이면서도 AI 규제의 주도권도 놓지 않겠다는 자세이다. 특히 중국에서 선행적으로 마련한 AI 규범을 국제화함으로써 미국에 대항하는 국제적 연대를 구축하려 한다(Ingersleben-Seip, 2023). 이러한 중국의 행보는 서방 진영과의 갈등의 소지를 안고 있다. 특히 중국의 AI 규범에 국가안보와 사회적 공익, 특히 '체제 안정'을 위협하는 '불순한' 데이터의 활용을 금지하는 조항이 담겨 있다는 것이 문제다. 이는 서방 진영의 AI 규범과 결을 달리한다. 특히 AI의 사회 안전을 강조하는 유럽연합EU의 AI 규범과 마찰을 일으킬 가능성이 거론된다(Bradford, 2023). 'EU 인공지능법'이 제시한 조항 중에서 생체인식 기술에서 AI 사용 금지라든지 개인의 특성과 행동을 데이터화하여 점수로 매기는 이른바 '소셜 스코어링'에 대한 금지 등과 충돌할 가능성이 있다. 장차 권위주의와 민주주의 진영 사이에서 발생할 AI 규범 갈등을 엿보게 하는 대목이다.

여기서 더 나아가 AI의 군사적 이용과 관련된 담론과 규범도 미중이 벌이는 AI 경쟁의 주요 쟁점이 될 것으로 예견된다. AI 무기규범에 대한 논의는 AI의 '사회 안전'이나 '경제안보,' 또는 '체제 안정'의 문제를 넘어서 AI가 야기할 '인간안보'와 관련된 문제이다. 이는 이른바 '킬러로봇'으로 상징되는 자율살상무기체계Lethal Autonomous Weapons System: LAWS의 도입이 인류에게 큰 위협이 되리라는 우려를 반영한다. 이러한 AI 무기담론과 규범 분야는 향후 미중 AI 패권경쟁의 주요 전장으로 부상할 가능성을 크다. 이러한 과정에서 자신들의 관념과 이익을 새로운 AI 규범에 반영하려는 '규범경쟁'이 벌어질 것이다.

3) 트럼프 2기 AI 규제·담론 정책 전망

트럼프 2기 미국의 AI 정책은 자국 빅테크에 대해서는 규제를 완화하지만, 대외적으로는 '안보 프레임'을 앞세워 중국의 기술 추격에 대한 견제의 고삐를 조이고, 미국에 진출한 중국 기업도 강하게 몰아세울 가능성이 크다. 이 과정에서 공급망 안보뿐만 아니라 연구안보, 우주안보, 사이버 안보 등과 연계된 이른바 'AI 안보 복합 넥서스'를 강조할 것으로 보인다. 게다가 트럼프 2기 대중국 제재는 기술을 넘어 산업과 외교, 국방으로 그 범위를 확대할 가능성이 있다. 미국 우선주의 기조를 내세우고 있는 트럼프 대통령이 중국에 대해서 첨단무기 개발에 필요한 AI 기술의 통제와 첨단 AI 반도체 등의 유출 방지에 적극 나설 것으로 보인다. 민군겸용dual-use의 함의를 강하게 지닌 AI 분야의 기초연구 분야에서도 중국을 견제할 것이다. 자국 AI와 관련된 분야에 관세 카드를 활용할 가능성도 있다. 이러한 트럼프 2기 AI 기술 수출통제의 행보는 중국에만 적용되는 것이 아니라, 동맹·파트너 국가들에도 적용될 가능성이 있다는 점이 문제로 지적된다.

딥시크 쇼크는 미중 AI 규제·담론 정책에도 큰 영향을 미칠 것이다. 미국 업계는 '제2의 스푸트니크 모멘트'라며 놀라움을 감추지 않았다. 미국 AI 업계의 주요 인사들은 딥시크 발표의 신뢰성을 의심할 뿐만 아니라 오픈 AI는 자사 데이터를 무단 사용했다는 의혹을 제기하며 마이크로소프트와 함께 조사에 나섰다. 딥시크가 중국 정부의 검열을 받는 정황을 들춰내고, 딥시크의 지나치게 광범위한 데이터 수집과 개인정보 보호의 취약성뿐만 아니라, 중국 정부로의 유출 가능성도 경계 대상이 되었다. 미국 정부 차원에서도 딥시크에 대한 우려가 제기되었는데, 트럼프 대통령은 중국에 대한 추가 제재를 검토한다는 반응을 내놓았다. 이에 가세하여 서방국가들의 정부도 이러한 우려에 공감을 표명하기도 했다.

향후 데이터 분야를 중심으로 대중국 제재가 강화될 것으로 보인다. 미국은 데이터의 초국적 자유 유통을 옹호하면서도, 자국 시장에 진출한 중국 플랫폼에 의한 자국민 데이터의 유출은 개인정보 보호와 사이버·데이터 안보를 이유로 제재하고 있다. 틱톡의 사용을 금지한 데 이어 테무, 쉬인 등 중국 이커머스 플랫폼에 대한 제재가 계속 거론될 것이다. 취임 직후 트럼프 대통령은 틱톡금지법의 시행을 75일 동안 유예하는 조치를 취해서 주목을 받았다. 이는 중국산 AI 모델인 딥시크를 둘러싸고도 비슷한 맥락에서 제기될 것이며, 이는 중국 AI 플랫폼 전반으로 확산할 가능성이 매우 크다(조준형, 2025).

반면, 효율성의 논리를 내세운 AI 담론이 득세함에 따라, 바이든 시기에 미국이 공들였던 AI 윤리규범에 대한 논의는 소홀하게 취급할 가능성이 있다. 특히 규제완화 정책을 기반으로 AI 발전의 균형추가 기술혁신 쪽으로 옮겨 가면서 사회적 안전과 국민 기본권을 위협하는 AI 기술이 출현할 가능성이 높아진 것은 사실이다. 트럼프의 미국 우선주의적 AI 정책이 AI 기술의 효율성을 강화하는 방향으로 추진되면서, 서방국가들이 벌여온 AI 규범 형성을 위한 국제 협력의 행보도 약화될 가능성이 있다.

4. 미중 AI 외교·군비 경쟁

1) AI 동맹·연대 외교 경쟁

최근 AI를 비롯한 신흥기술이 동맹외교의 중요한 이슈로 부상했다(Varela, 2024). 아직 이 분야의 국제규범이 마련되지 않은 상황에서 미국이 주도하여 동맹국들과 정책 공조를 가동하고 있다. 제일 먼저 시동을 건 분야는 사이버 안보 분야였다. 트럼프 행정부 제1기 이른바 '화웨이 사태'를 계기로 5G 이동통신 분야에서 중국산 네트워크 장비에 숨겨져 있을 백도어가 문제시되면서 대중국 수출입 규제 문제가 불거졌다. 미국 내에 수입된 장비만이 아니라 미국의 동맹국 및 파트너 국가들이 사용하는 화웨이 장비에까지 논의가 확장되면서 동맹외교의 이슈가 제기되었다. 바이든 행정부 시기에도 사이버·디지털 동맹외교의 추세는 지속되었다. 이른바 '칩4'로 알려진 반도체 동맹 이슈가 제기되어 미국은 일본, 대만, 한국 등과 함께 중국을 견제하기 위한 연대의 전선을 펼쳤다.

서방 진영의 디지털 정책 공조는 AI 분야에서도 나타났는데, 2020년 6월 세계 최초의 AI 전담 협의체인 GPAIGlobal Partnership on AI가 공식 발족했다. 흥미로운 것은 미국이 GPAI에 대한 참여를 한참 유보하는 태도를 보이다가 2020년 5월에야 이르러 GPAI에 가입했는데, 그 이면에는 중국을 견제하려는 의도가 깔린 것으로 해석된다(김상배, 2022). 이 외에도 미국은 동맹·파트너들과 협력하여 자국의 AI 정책을 국제적 프레임워크로 확대하기 위한 목적의 양자 및 소다자 외교를 다양하게 펼치고 있다. 최근 쿼드Quad, 오커스AUKUS, G7, 나토NATO, IPEFIndo-Pacific Economic Framework, 민주주의정상회의, 인터넷신질서구상 등에서

AI 분야에서의 연대와 동맹에 대한 논의가 진행되고 있다. 특히 미국을 비롯한 서방 선진국의 AI 글로벌 규제 거버넌스 구축 노력은 G7을 중심으로 진행되고 있는데, 2023년 G7 히로시마 정상회의를 계기로 이른바 '히로시마 AI 프로세스'가 가동되었다.

중국도 '일대일로 이니셔티브'나 '브릭스BRICS 플러스' 등과 같은 프레임워크를 활용하여 개도국 진영의 리더로서 미국 주도의 신흥기술 동맹외교의 행보와 차별화된 접근을 취하고 있다. 중국 외교가 보이는 특징 중 하나는 개도국의 발언권이 보장되는 전통 국제기구인 유엔 주도의 글로벌 거버넌스를 선호한다는 점이다. 중국은 2023년 10월 「글로벌 AI 거버넌스 이니셔티브」를 발표하며 보편적 AI 개발과 사용의 권리 보장을 지지하고 AI 공급망의 제한을 반대했다(최계영, 2023). 2024년 7월에는 「상하이 선언」을 통해 AI 발전 촉진, 유엔의 주도적 역할, 개도국의 대표성과 발언권 강화 등을 제안했다(Suzuki, 2024).

최근 중국이 일대일로 선상의 개도국들을 상대로 AI를 비롯한 신흥기술 외교를 펼치면서 미중 양국 간에 디지털 국제질서의 구축을 놓고 경쟁이 벌어지고 있는 양상이다. 특히 최근에 중국은 자국산 AI 제품을 수출하면서 자국의 AI 규제 표준도 함께 전파하여 개도국들의 기술 권위주의적 관행을 지원하려는 행보를 보이고 있다. 예를 들어, 중국은 미국보다 거의 두 배나 많은 국가에 AI를 수출하고 있는데, 그 품목 중에는 중국 내에서 정치적 감시에 악용된다며 논란이 일었던 중국산 안면 인식 AI가 포함되어 있다.

중국의 AI가 오픈소스 모델의 모양새를 하고 빠르게 개발·전파되어 미국의 폐쇄형 AI 모델을 뛰어넘고 글로벌 차원에서 AI 공급망을 넓혀가게 된다면, 이는 단순히 중국산 AI 제품과 서비스의 확산이라는 차원을 넘어서는 의미를 획득하게 될 것이다. 앞서 언급한 것처럼, 만약에 미국을 비롯한 서방 진영 국가들이 중국의 오픈소스 AI의 확산에 제대로 대응하지 않으면, 중국이 AI 공급망을 지배할 뿐만 아니라, 여기서 더 나아가 전 세계의 많은 AI 시스템이 중국의 가치를 반영하게 된다는 우려가 제기되고 있다. 다시 말해, 지금도 많은 권위주의 국가가 미국이 아닌 중국에서 감시 AI 시스템을 구매하고 있으며, 이러한 과정에서 미국 등 자유민주주의 국가의 가치보다 중국의 가치를 더 잘 반영한 기술 시스템을 구축하고 있다. 이를 통해 중국은 이른바 '사이버 공간의 운명 공동체'를 기치로 내걸고 미국에 대항하는 연대외교의 진영을 형성하고 있다(차정미, 2024).

2) AI 군비 및 무기규범 경쟁

AI가 미래전의 핵심 경쟁력의 이슈로 부상하면서 군사안보의 관점에서 본 AI 군비경쟁의 가속화가 예상된다(Hunter et al., 2023). AI 기술은 특정 무기체계를 증강할 뿐만 아니라, 재래전, 핵무기전, 사이버전, 우주·전자전, 드론전, 데이터전, 인지전 등의 수행에 큰 영향을 미친다. 이러한 맥락에서 미중을 포함한 주요국들은 첨단무기 개발에 AI를 적극 활용하고 있으며, 이를 지원할 자국 기반의 첨단 방위산업 육성에 주력하고 있다(Zarrar and Kakar, 2024). 이처럼 AI 기술은 특정 무기체계를 개선할 뿐만 아니라, 전쟁 수행 전반과 관련된 많은 것을 변화시키는 다차원적 기술이다. 특히 향후 AI 군비경쟁은 냉전기의 핵무기 경쟁에 못지않은 큰 영향력을 발휘하면서 국제정치 질서의 전환을 유발할 것으로 보인다(Johnson, 2023).

AI 무기를 규제하는 국제규범 수립도 국제정치 질서 전환의 중요한 변수가 될 것이다. 특히 AI 무기가 인간의 판단을 거슬러 오용되는 상황을 미연에 방지할 수 있는 규범을 수립하는 것이 관건이다. AI가 의도적으로 남용·오용될 가능성을 규제하는 것도 필요하지만, AI 작동의 '설명 불가능성', 즉 AI가 왜 그렇게 했는지 사람도 AI도 모두 모르는 상황을 염두에 둔 국가 간 상호 규제안의 필요성이 거론된다. 이에 미중 양국은 2024년 11월 핵무기 사용에 대한 권한을 AI에 맡기지 않고 인간이 통제한다는 데 합의한 바 있다(현대인, 2024).

이러한 문제의식을 반영하여 최근 'AI의 책임 있는 군사적 이용에 관한 고위급회의Responsible AI in the Military Domain Summit: REAIM'가 진행되었다. REAIM은 AI 무기가 인간의 판단을 거슬러 오용되는 상황을 미연에 방지할 수 있는 규범을 수립하자는 취지의 국제회의로 주목받았다. 이러한 사태를 예방하기 위한 기술적·법적·제도적 관리 장치를 마련하자는 것이었다. 2023년 2월 네덜란드에서 제1차 회의가 개최되어, 결과문서로 「AI의 책임 있는 군사적 이용에 관한 행동계획」을 채택했다. 2024년 9월에는 제2차 회의가 한국에서 개최되어 61개국이 지지하고 채택한 20개 항목의 「행동을 위한 청사진」을 제시했다. 제3차 회의는 'AI 행동 정상회의AI Action Summit'라는 이름으로 2025년 2월 프랑스에서 개최되었다(송진원·신재우, 2025).

이 외에도 최근 개별 국가나 정부 간 협의체뿐만 아니라 유엔, OECD, 유네스코 등 국제기구 차원에서 AI 규범을 마련하려는 노력이 활발히 진행되고 있다. 특히 유엔 차원에서는 AI 국제규범에 대한 논의가 진행 중인데, 2024년 3월 AI 관련 결의를 만장일치로 채택한 바 있다. '킬러로봇'으로 상징되는 AI 무기에 대한 규범적 논의는 일찌감치 글로벌 시민사회가 제기했고, 유엔 등 국제기구에서 수용되었다. 아직 본격적으로 출현하지 않은 AI 무기에 대한 규범적 논의가 이렇게 활발한 것은 다소 이례적이다. 통상 인도적으로 문제가 된 무기들은 전장에서 사용된 후, 그 피해의 처참함이 드러나면서 이를 규제할 규범에 대한 논의가 사후적으로 진행되었기 때문이다. 그만큼 AI 무기에 대한 인류의 경각심이 매우 높다고 볼 수 있다.

국제정치적으로도 향후 AI 무기규범에 대한 논의는, 냉전기의 핵무기 규범에 못지않은 큰 영향을 끼칠 것으로 예견된다. AI의 군사적 이용에 책임을 부과하자는 명제에는 누구도 반대하지 않는다. 다만 민간 부문의 기술혁신에 자칫 재갈을 물릴지도 모를 규범의 도입은 모두가 경계하는 눈치다. 자신들의 이해관계를 새로운 규범에 반영하려는 경쟁이 펼쳐지고 있다. 그런데 역설적으로, 최근 세계 각국이 AI 규범 마련에 분주한 와중에도, 오히려 AI를 군사 분야에 도입하려는 주요국들의 행보는 더 빨라지는 현상이 나타나고 있다.

3) 트럼프 2기 AI 외교·국방 정책 전망

다자외교보다는 양자외교를 선호하는 트럼프 2기의 대외정책 기조 아래 미국이 구축해 온 동맹 구도의 변화도 예견된다. 바이든 대통령은 다자적 진영화와 더불어 소다자 차원의 동맹·파트너 국가들과의 협력을 추진했으나, 트럼프 대통령은 동맹·파트너들과의 협력의 폭을 축소할 가능성이 있다. 트럼프 동맹외교의 추진은, 바이든 행정부 시기와 같은 '신뢰 기반 동맹'이 아니라, 미국의 이익을 우선시하는 '거래적 동맹'의 원리에 기반을 둘 것으로 예견된다. 최근 트럼프 정부는 상호성 원칙을 고수해 미국의 이익을 극대화하는 맥락에서 동맹을 재편하겠다고 공언했다(전재성, 2025).

AI 분야 국제 협력은 트럼프 동맹외교의 향배를 엿보게 하는 핵심 사안이 될 것이다. 다만 거래적 동맹의 관점에서 볼 때 미국의 동맹·파트너 국가들이 AI 분야에서 세계 선두를 달리는 국가인 미국에 무엇을 주고 무엇을 받을지가 관건이다. 상당한 비대칭성을 전제로 한 미국의 AI 동맹외교에서 오히려 미국이 AI 기술협력을 레버리지로 하여 자국의 이익을 챙길 기회로 삼을 가능성도 우려된다. 미국이 소다자 외교를 통해서 대중국 견제를 목적으로 동맹국과의 AI 협력을 추진할 가능성은 있다. 예를 들어, 트럼프 2기에도 중국을 견제하는 '쿼드 안보협력체'는 유지될 것으로 보이는데, 트럼프 대통령의 취임식 다음 날 쿼드 외교장관회의가 개최되었으며, 향후 쿼드 정상회의 개최도 유력하게 거론되었다.

국방 분야에서 AI는 트럼프 2기 미국이 추진할 군사혁신을 이끌어 갈 동력이 될 것이다. 트럼프 2기 군사혁신은 단순한 예산 증액이나 장비 현대화를 넘어서는 군사혁신의 추진을 과제로 내세우고 있는데, 그 실현 과정에 AI가 적극 활용될 것이다. 헤리티지 재단의 「프로젝트 2025」 보고서가 제시한 것처럼, AI, 극초음속 무기, 양자컴퓨팅 등 첨단기술 도입이 큰 관심을 끌고 있다. 특히 AI 분야에서는 2025년까지 100억 달러 규모의 투자를 통해 전장 인식과 의사결정 지원을 위한 기술 도입을 목표로 하며, 이러한 사업을 통해 자율무기체계 개발뿐만 아니라 AI 기술을 활용한 국방 시스템의 통합, 사이버 위협 탐지 및 대응, 조달 프로세스 간소화, 군·산·학 협력의 생태계 구축 등을 모색하려고 한다(Heritage Foundation, 2023).

최근 미국에서는 과거 원자탄 개발을 위해 진행했던 '맨해튼 프로젝트'에서 착안하여 초거대 AI 군사기술 개발 프로젝트를 만들어야 한다는 제안이 나왔다. 이른바 'AI 맨해튼 프로젝트'는 AI를 통한 국가안보 강화와 함께 중국 등 경쟁국을 압도할 수 있는 기술적 우위를 확보하려는 미국의 의도를 보여준다. '일반인공지능AGI' 개발을 위해 대규모 투자를 감행하고, AI 기술을 첨단 무기체계 개발이나 사이버 방어체계 구축, 전장 데이터 분석 등과 같은 군사 분야에 적극 활용할 목표를 세우고 있다. 이러한 구상의 바탕에는 AI를 통해서 핵무기보다 더 강력한 비대칭 우위를 확보하겠다는 미국의 의지가 깔린 것으로 보인다(김은중, 2024).

AI에 대한 국가적 차원의 막대한 투자가 예상되는 가운데, 팔란티어, 앤트로픽, 메타, 오픈 AI 등과 같은 AI 기업들의 최근 동향이 눈에 띈다. 이 와중에 진행되는 AI 분야의 스타트업들과 빅테크 기업들 간의 연대는 향후 AI 관련 방위산업 생태계의 변화를 유발할 것이며, 더 나아가 국제안보 질서 전반의 변화에도 영향을 미칠 가능성이 있다. 이러한 추세는 트럼프 2기에 더 강화될 것으로 보이는데, 이에 따라 미중 AI 군비경쟁이 가속화될 가능성이 있다.

4. 중견국 AI 국가전략의 과제

1) AI 기술 혁신 전략의 과제

AI 기술 혁신 전략을 추진하는 데 있어, 한국은 국가 역량의 '규모' 면에서 중견국이기 때문에 당면하게 되는 전략적 고민이 있다. 미국이나 중국처럼 방대한 데이터를 학습해 다양한 작업에 적용하는 '기반foundation 모델'의 개발을 추구할 것인지, 아니면 어느 특정 분야에 활용하는 '특화 모델'의 개발에 주력할 것인지의 문제다. 다시 말해, 미국이나 중국의 빅테크 기업들과 겨루어 AI 분야 '3대 강국' 반열 진입을 노리는 '선도 전략'을 채택할 것인지, 아니면 미중 빅테크 기업들의 기반 모델을 수입하여 이를 한국의 현실에 맞게 적용하여 부가가치를 창출하는 '틈새 전략'을 구사할 것인지의 문제이다.

첨단 부문인 AI 분야의 특성상 글로벌 트렌드를 따라가기 위해서는 일단 국가적 차원에서 AI 역량을 기르는 노력을 소홀히 하지 말아야 한다. 힘이 닿는 데까지 기술 개발과 인재 양성, 인프라 조성에 투자하지 않을 수 없다. 첨단 부문의 동향과 역량을 확보하지 않으면 뒤처질 수밖에 없는 것이 AI 분야의 생리다. 게다가 미중이 크게 앞서고 나머지 국가들이 아직은 옹기종기 따라가는 상황에서, 기반 모델 개발을 위한 천문학적 규모의 투자는 아니더라도, 한국은 AI 인프라와 인재에 대한 효과적인 투자를 통해 'AI 분야 G3'로 도약할 기술 역량을 기를 여지가 있다는 것이 업계의 견해다. 사실 한국은 세계 상위권의 AI 기술 역량을 보유하고 있고, 과거 여타 ICT 분야에서 나름의 성과를 거둔 경험이 있다.

그렇지만 '양질전화量質轉化'의 메커니즘을 바탕으로 한 '규모scale의 게임'인 AI 분야의 경쟁에서 한국은 태생적으로 미중과 같은 큰 나라들을 당해내기에는 역부족인 것도 엄연한 현실이다. 미국의 일개 기업의 AI 투자 규모가 한 국가로서 한국의 투자 규모를 수십 배나 능가하는 것이 현실이다. 한국이 가진 제한된 자원을 효율적으로 활용하는 국가전략의 필요성이 자주 거론되는 이유다. 결국 '선도 전략'을 추구하더라도 한국이 잘할 수 있는 분야를 공략하는 '틈새 전략'을 병행할 수밖에 없다.

이러한 상황에서 최근 중국의 딥시크가 보여준 '가성비 행보'는 미국처럼 대규모 투자가 아니어도 국내 AI 개발 경험과 기술을 정부가 효율적으로 지원한다면 '1등'을 노려볼 만하다는 기대를 갖게 했다. 글로벌 빅테크 기업들처럼 게임하기가 쉽지 않다면, 한국의 산업구조와 기술력을 살려서 한국의 고유 AI 모델을 개발하는 것이 불가능하지는 않다는 기대감이다. 미국을 추격하는 중국이 이를 해냈는데, 한국이 못할 리 없다는 자부심이기도 하다. 단순히 기술과 인재의 역량을 키우기 위해 투자의 규모만 늘리는 것이 아니라, AI 분야에서 쌓아온 경험과 성과를 반영한 새로운 개념의 AI 국가전략 수립에 관심이 늘고 있다(윤진우, 2025).

이러한 전략적 고민을 풀기 위해 필요한 것은 국가적 차원의 정책·제도 환경의 조성이다. 그런데 한국의 정책·제도 환경은 AI 기술 역량 그 자체보다도 오히려 더 낙후되었다고 지적된다. 현재 대략 10위권을 차지한 AI 기술 역량 분야에 비해서 한국의 AI 관련 법·제도와 운영 환경은 35위권에 머무는 것으로 평가된다(한국지능정보사회진흥원, 2024). 정책·제도 환경의 방향이 AI 분야의 '진흥'보다는 '규제' 쪽으로 기운 것이 문제다. 예를 들어, 2024년 12월 통과된 'AI 기본법'은 '규제'에 치중한다는 비판이 제기된 바 있다. 2024년 9월 출범한 '국가 AI 위원회'나 그 후속 사업으로 2025년 2월 발표된 '국가 AI 컴퓨팅센터 구축' 등과 같은 진흥책이 있지만, 빅테크들이 주도하는 '규모의 게임'에 대처하기에는 역부족이다.

미중 AI 패권경쟁에 대처해서 살아남기 위해서는 혁신의 싹을 자르는 섣부른 규제는 피하고, 혁신을 북돋우는 과감한 투자와 이를 지원하는 국가적 차원의 정책·제도 환경 마련이 필요하다. 결국 지금 필요한 것은 좀 더 세련되게 '규제와 육성의 균형'을 모색하는 정책 모델이며, 더 나아가 이를 미래 국가전략 차원에서 담아내는 국가 모델이다. 사실 한국은 산업화 시대의 '발전국가' 모델과 지구화 시대의 '규제국가' 모델을 넘어서 지정학 시대를 헤쳐 나갈 새로운 국가 모델을 마련하지 못하고 표류하고 있다. 과거 산업화 시대 발전국가의 동력을 잃지 않으면서도 지구화 시대를 거치면서 비대해진 시장의 위세를 적절히 규제하는 새로운 국가 모델, 굳이 이름을 붙이자면, 이른바 '포스트 발전

국가Post-developmental State' 모델에 대한 고민이 필요하다(박상영, 2012; 윤상우, 2020).

2) AI 동맹·연대 전략의 과제

AI 분야의 동맹·연대 전략을 추진하는 데 있어, 한국은 미중 사이에 '위치'한 중견국이기 때문에 겪을 수밖에 없는 전략적 고민이 있다. AI 분야에서 볼 때, 이는 '한국형 AI 모델'을 장차 미중 어느 쪽의 AI 생태계·플랫폼 위에서 구동시킬 것인지의 문제로 나타난다. 최근의 변화를 반영하면, '폐쇄형 AI' 모델을 내세우는 오픈 AI나 구글 등과 같은 미국 빅테크 기업들과 협업할 것이냐, 아니면 딥시크 등과 같은 중국 기업들이 내세우는 '개방형 AI' 모델을 적극 채택할 것이냐의 문제이다. 이는 AI 분야에서 경합하는 두 개의 네트워크 사이에서 어느 쪽을 선택하느냐, 즉 미국의 지배 플랫폼에 편승할 것이냐, 아니면 중국의 대항 플랫폼과 연대할 것이냐의 문제를 의미한다.

최근 국내적으로 중국 딥시크의 오픈소스 모델에 참여하는 데 관심이 늘어나고 있는 것이 사실이다. 그러나 만약에 중국 AI 기업들이 오픈소스 모델을 지금보다 더 적극적으로 확장하더라도 한국이 그 생태계·플랫폼에 참여하기는 쉽지 않을 것이다. 아직 중국 플랫폼에 대한 신뢰가 부족할 뿐만 아니라 미국의 견제도 만만치 않을 것이기 때문이다. 미국의 대중국 제재가 AI 모델뿐만 아니라 디지털 기술과 플랫폼 서비스 전반에 걸쳐 가동되는 상황에서, 여태까지 유지해 온 한미 관계 전반의 밀착 기조를 무시하기도 어렵다. '플랫폼 지정학'이 거론되는 시대에 이러한 선택은 단순한 AI 플랫폼이 아니라 외교·안보 플랫폼을 고르는 문제가 될 수 있다. 자칫 트럼프 2기 행정부의 '동맹 압박 외교' 차원에서 트럼프 1기의 '화웨이 사태'와 같은 사건이 AI 분야에서도 재현될 가능성도 없지 않다.

좀 더 거시적인 시각에서 보면, AI 생태계·플랫폼의 선택은 대외전략 전반에서 누구와 협력할 것이냐, 그리고 어떤 동맹·연대의 프레임워크를 활용할 것이냐의 문제로 연결된다. 사실 오늘날 한국이 당면한, 동맹·연대로 대변되는 대외전략의 제일 큰 과제는 글로벌 패권경쟁을 벌이는 미국과 중국 사이에서 '구조적 포지셔닝structural positioning'을 하는 것이다. 그런데 최근 한국 외교가 미국에 한층 밀착된 현실을 감안하면, 그 구조적 포지셔닝의 내용은 미중 사이에서의 '대칭적 선택'이 아니라 미국의 지배적 플랫폼 위에서 무엇을 할 것인지를 고민하는 '제한적 선택'일 수밖에 없다. 결국 중견국 한국은 기존의 '좌우 게임' 발상을 넘어서 '상하 게임'의 발상을 가지고 이른바 '플랫폼 위의 플랫폼' 전략을 추구해야 한다(김상배, 2023).

향후 한국의 구조적 포지셔닝은 트럼프 대통령의 '거래적 동맹관'에 기반을 둔 구체적인 문제와 연계될 가능성이 있다. 예를 들어, 트럼프 2기에도 유지될 것으로 보이는 '쿼드 플러스'에 한국이 참여하는 문제가 쟁점이 될 가능성이 있다. 쿼드 플러스의 프레임워크에서 한국의 역할, 특히 AI와 같은 신흥기술 안보와 관련된 역할을 설정하는 문제가 관건이 될 것이다. 이는 바이든 행정부 말기 제기되었던 '오커스 필라 II'에의 한국 참여 문제와도 연계하여 이해할 필요가 있다. 또한 트럼프 2기 미국은 중국의 AI 기술 접근을 제한하기 위한 수출통제를 강화할 것인데, 이 과정에서 미중 사이에 놓인 한국의 고민이 커질 가능성이 있다는 점을 유념해야 한다(전재성, 2025).

중국이 내세우는 대안적 플랫폼과의 관계를 어떻게 설정할지도 큰 고민거리다. 미국의 플랫폼에 올라가면서 상대적으로 멀어진 중국과의 관계를 어떻게 설정할 것인지의 문제이다. 중국과의 '전략적 거리 두기strategic distancing'는 중국 국내시장뿐만 아니라 중국이 세력을 넓혀가는 일대일로 선상의 동남아 지역 등으로 진출하는 문제와 관련된다는 점에서 매우 전략적인 사안이다. 중국은 일대일로를 통해서 특히 동남아 지역으로 '오픈소스 진영'을 확대하고 있는데, AI 생태계·플랫폼에서 중국과의 거리 두기는 장차 한국이 이들 지역의 국가들로 진출하는 데 제약요인으로 작용할 수 있다. 만약에 한국이 중국을 멀리

했을 경우, 호환이 잘 안 되는 AI 모델을 채택한 중국 기업이 이 지역 시장을 선점하게 되면, 이는 일종의 '표준의 장벽'으로 작용할 우려가 다분하다. 이러한 상황을 고려하면, 이제는 한국의 외교도 '이익' 마인드에 기반을 두고 '한미 동맹'과 '한중 협력'의 사이에서 나름의 균형을 모색해야 하는 '용기외교courage diplomacy'가 필요한 순간을 맞았다고 할 수 있다.

AI 분야의 동맹·연대 전략을 추진하는 데 있어 놓치지 말아야 할 또 하나의 중요한 사안은, 강대국 중심의 동맹 마인드를 넘어서 국제사회의 여타 구성원들을 염두에 둔 연대 마인드도 필요하다는 점이다. 이런 점에서 중국발 개방형 모델에 편승하는 것과 '개방형 AI 모델 일반'에 가담하는 것은 별개의 문제임을 깨닫는 것도 중요하다. 최첨단 개방형 AI 모델에 의지하면 후발 주자라도 저비용으로 유용한 응용 프로그램을 개발할 수 있다. 이러한 이점을 살리면 미중이 아닌 여타 '동지국가同志國家, like-minded countries'들이나 개도국들과 연대할 여지가 생긴다. 특히 자국 역사와 문화를 반영한 AI 모델의 개발을 지지하는 국가들과 기술 연대의 전선을 구축할 수 있다. 이 과정에서 글로벌 AI 격차 해소와 같은 보편적 가치를 주창하는 'AI 규범외교'도 펼쳐볼 수 있다. 그야말로 중견국 외교의 좋은 소재가 아닐 수 없다.

3) AI 안보담론 전략의 과제

AI 안보·국방 전략을 추진하는 데 있어, 한국은 국제사회에서 중견국의 '역할'을 담당할 것으로 기대되는 국가이기 때문에 고민해야 할 문제가 있다. 그러한 고민 중 하나가 AI 안보담론 또는 AI 윤리규범과 관련된 문제이다. 이는 구체적으로 미중 경쟁의 맥락에서 미국이 추진하는 대중국 AI 제재 정책에 동조하여 '안보화 기반의 압박'에 동참할 것이냐, 아니면 그냥 한국 나름의 AI 안전기준을 적용하여 가성비 좋은 중국 제품·서비스를 사용할 것이냐의 문제이다. 좀 더 넓은 의미에서 보면, 이는 미중으로 대변되는 강대국들의 AI 안보담론에 가세할 것이냐, 아니면 국제사회가 모색하고 있는 보편적 AI 윤리규범의 형성 과정에 참여할 것이냐의 문제로도 연결된다.

트럼프 2기에는 미국의 AI 안보담론이 기존의 사회 안전과 인간안보의 보편적 틀을 넘어서 전방위적 경제안보 담론에 군사안보 담론까지 가세한 미국 우선주의의 틀로 이행할 가능성이 있다. 원래 LLM은 내생적으로 '안전'의 문제를 지니고 있지만, 최근 미국은 부쩍 LLM의 '안보' 문제를 강조하고 있다. 그러한 'AI 안보화'의 주요 대상은 중국 기업들이다. 한국은 어디까지 이러한 미국의 행보를 따라가야 할까? 최근 틱톡, 테무 등과 같은 중국 플랫폼 서비스가 데이터·사이버 안보 논란의 대상이 되었고, 딥시크 쇼크 이후 중국 LLM도 쟁점의 대상이 되었다. 게다가 미국은 군사안보의 관점에서 민군겸용 LLM의 대중국 수출을 통제하려고 한다(이세민, 2024).

이러한 상황의 전개는 여러 가지 면에서 한국에 국가전략적 고민거리를 제공한다. 예를 들어, 미국의 눈치를 보느라 자칫 중국 LLM에 대해 '과잉 안보화' 담론을 부과하여 성능이 좋은 중국 제품을 원천적으로 배제할 수도 있다. 한국이 정 필요해서 중국 AI 제품을 규제하더라도 어떤 AI 안보담론에 기반을 둘 것이냐도 관건이다. 또 하나 염두에 둘 것은, 규제완화와 대중국 제재를 밀어붙이는 트럼프 행정부의 정책이 지난 수년 동안 국제사회가 공들여 온 AI 윤리규범 형성의 노력을 경시할 가능성이 있다는 사실이다. 트럼프 2기에 경제안보와 군사안보의 AI 담론 프레임을 동원한 미국의 대중국 견제가 더 강화되고 국내적 차원에서 기술혁신을 위한 규제완화도 대폭 이루어지면서 보편적 AI 윤리규범의 모색은 상대적으로 경시될 것으로 예상된다. 이는 역으로 트럼프 2기 미국의 AI 정책이 AI 윤리규범에 대한 인식과 관련하여 초래할 '과소 안보화'의 문제로 해석될 수 있다.

한편, 트럼프 행정부의 AI 무기규범 형성에 대한 입장도 주목해야 할 필요가 있다. 트럼프 2기의 행보를 보면, '군사 분야의 책임 있는 AI 활용을 위한 국제규범' 형성 과정에서도 한국이 미국과 보조를 맞춰야 할 필요성이 늘어날 것으로 전망된다. 이 과정에서 AI 무기규범에 대한 한국의 입장 정립이 필요할 것이다. 한국의 AI 군사안보 담론은 K-방산 수출의 맥락에서 본 AI 무기 개발 및 수출 지향인가, 아니면 AI 윤리규범을 강조하는 국제규범 형성 과정에 적극 동조하는 입장인가? 다시 말해, 강대국 AI 군비경쟁 담론의 수용인가, 아니면 국제사회와 글로벌 시민사회의 평화주의적 윤리규범 담론의 옹호인가? 이는 결국 최근 민간 AI 기업들이 국방 분야로 급속히 진출하는 트렌드 속에서 한국이 지향하는 'AI 군사기술 혁신 모델'의 내용이 무엇이냐와도 관련된다. 민군 겸용기술 개발 모델에서 한국은 국방 주도 스핀오프spin-off 모델을 지향하는가, 아니면 민간 주도 스핀온spin-on 모델을 추구하는가?

결국 미중 경쟁 과정에서 미중 양국이 설정하는 AI 안보담론의 단순 이분법이 아니라, 다양한 스펙트럼에서 제기되는 AI 안보담론을 상황에 맞추어 유연하게 채택하는 '한국형 신흥안보emerging security 담론'의 정립이 필요하다. 사실 2024년 한국은 미국, 영국, 네덜란드 등에 이어 AI의 민주주의·안전성·군사안보를 주제로 내건 큼직한 AI 규범 관련 국제회의를 개최하면서 이러한 노력을 전개해 왔다. 3월 '민주주의 정상회의'가 AI의 '민주주의 위협'을 주제로 했고, 5월 'AI 서울 정상회의'가 AI의 '사회 안전' 문제를 발전시켜 혁신·안보·포용까지 다루었다면, 9월 REAIM 회의는 '군사안보'를 의제로 다루었다. 이러한 과정에서 한국은 AI가 제기하는 '미시적 안전'과 '민주주의 위협', '거시적 안보'의 문제를 동시에 챙길 수밖에 없는 한반도의 안보 현실을 강조하며 국제사회에 중견국 규범외교의 메시지를 던졌다. 특히 'AI 서울 정상회의'에서 '혁신'과 '안보'를 넘어서 '포용'을 강조한 것이 성과로 꼽힌다(김상배, 2024).

5. 맺음말

2019년 '화웨이 사태'는 미중 패권경쟁에서 첨단기술의 국제정치적 중요성을 각인시킨 계기였다. 한국에도 영향을 미쳐 5G 이동통신 장비 도입 문제가 단순한 기술·경제적 사안이 아니라 외교·안보적 선택이 될 수도 있음을 보여 주었다. 이후 '제2의 화웨이 사태' 발생에 대비하는 논의들이 꾸준히 진행되었다. 반도체 분야에서 제기되었던 '칩4 동맹'이나 '마이크론 사태' 등이 그러한 논의를 달구었고, 경제안보 분야에서도 공급망 교란의 위기에 대한 논의가 진행되었다. 만약에 트럼프 2기에 '화웨이 사태'와 같은 도전이 다시 한 번 제기된다면 한국은 어떻게 대응해야 할까? 그리고 이 사태가 AI 분야에서 발생한다면 어떻게 할 것인가?

잠재적 'AI 사태'에 대응하기 위해서는 먼저 미중 AI 패권경쟁에 담긴 국제정치 전환의 코드를 제대로 읽어내야 한다. 현재 AI 전환이 국제정치에 투사하는 코드는 협력보다는 경쟁이다. 지구화 시대의 상호 의존과 호혜 협력을 넘어서 지정학 시대의 각자도생과 무한 경쟁이 득세하고 있다. 지구화 시대의 개방형 협력 질서에서 지정학 시대의 폐쇄형 경쟁 질서로의 전환도 눈에 띈다. 또한 AI 패권경쟁의 가속화는 20세기 후반 핵무기를 기반으로 형성되었던 국제질서가 AI 무기를 기반으로 하여 새롭게 재편될 가능성도 엿보게 한다. 더 나아가 인간의 이성에 기반을 둔 근대 국제질서의 질적 전환까지도 거론케 하고 있다. AI 기술에만 주목하는 단편적인 대응을 넘어서 국제정치 전환 전반에 걸친 복합적 변화를 읽어내고 종합적인 국가전략의 마련이 필요하다.

이러한 과정에서 한국은 중견국으로서 고민할 수밖에 없는 AI 국가전략의 과제를 안고 있다. 우선, 국가적 차원에서 AI 역량을 기르려는 노력이 필요하다. 물론 선진국의 빅테크 기업들이 주도하는 '규모의 게임'에서 한국과 같은 중견국은 태생적 한계를 안고 있다는 현실을 인식하는 것은 중요하다. 그럼에도 한국이 가진 제한된 자원을 효율적으로 활용해 글로벌 트렌드를 따라가려는 노력을 멈추지 말아야 한다. 아울러 단순히 투자의 규모만 늘리는 것이 아니라, AI 분야에서 중견국으로서 한국이 쌓아온 경험과 성과를 반영하여 틈새를 공략하는 새로운 개념의 AI 국가전략을 개발할 필요가 있다. 기술과 산업 차원의 시각을 넘어서 AI를 활용한 국방 역량의 보유 여부도 미래 전쟁의 승패를 가를 변수이자 중요한 국가전략의 사안임을 놓치지 말아야 한다.

이러한 역량을 바탕으로 미중 AI 패권경쟁의 소용돌이 속에서 한국의 역할을 극대화하는 '구조적 포지셔닝' 전략이 필요하다. 미중 사이에서 전략적으로 중요한 '위치'를 잡아 양국의 이익을 '중개'하는 전략에 대한 논의가 나오는 것은 바로 이 대목이다. 개방적 생태계를 넘어서 폐쇄적으로 독점화되는 플랫폼 경쟁에 적절하게 대응하는 전략도 세워야 한다. AI 분야의 동맹·연대 전략은 대외전략 전반의 문제의식과도 통한다. 한편, 미국의 대중국 안보화 공세가 거세지는 가운데, 한국 나름의 AI 안보담론을 모색하려는 노력도 펼쳐야 한다. 강대국들의 AI 안보담론을 그대로 따라갈 수는 없다. 또한 선진국들이 주도하는 AI 패권질서하에서 자국의 AI 주권 침해를 염려하는 동지국가들과 연대하는 전략도 필요하다. 더 나아가 AI를 둘러싼 지정학적 경쟁과 안보 일변도의 담론 구도를 넘어서 'AI 격차' 해소를 위한 국제 협력과 윤리규범 형성의 장에도 적극적으로 참여해야 할 것이다.

AI 국가전략의 효과적 추진을 위해서는 현재 다소 분산적으로 추진되고 있는 AI 정책들을 국가적 차원에서 조율하는 복합적인 거버넌스 체계의 구축이 시급하다. 특히 AI 전환의 시대적 코드를 정확히 읽어내고, 그 도전을 잘 헤쳐 나가기 위해서는 이를 총괄할 '컨트롤타워'가 바로 서야 한다. 미래 국가전략을 총괄하는 AI 시대의 국가 모델에 대한 종합적 고민도 필요하다. 우선 AI 전환이 초래하는 국제정치 전환에서 살아남기 위해 부여된 시간이 그리 많지 않다는 사실부터 깨달아야 한다. 세계 각국은 이미 앞만 보고 뛰기 시작했는데 한국만 머뭇거리다가는 뒤처질지도 모른다. 한반도 백년대계를 모색하는 차원에서 '제2의 개항기'를 맞았다는 자세로 AI 전환의 국제정치를 헤쳐 나갈 AI 국가전략을 시급히 마련해야 한다.

강경주·이상은. 2025. “트럼프 ‘700兆 AI 프로젝트’ 가동”. ≪한국경제≫(1월 22일).
권혜영. 2024. “‘챗GPT도 금지’ 美, 반도체 이어 AI 기술도 中 수출 통제”. ≪아시아경제≫(5월 9일).
김상배. 2022.『미중 디지털 패권경쟁: 기술·안보·권력의 복합지정학』. 한울엠플러스.
______. 2023.「플랫폼 지정학 시대의 중견국 전략: 한국의 디지털 플랫폼 전략이 주는 함의」. ≪국가전략≫, 제29권 4호, 33~64쪽.
______. 2024. “AI 무기 규범 서울회의와 안보 리더십”. ≪문화일보≫(8월 22일).
김상배 편. 2024.『인공지능과 국제정치: 연구 어젠다의 발굴』. 사회평론.
김은성. 2023. “생성형 AI, 폐쇄형 대 개방형 ‘맞불’”. ≪경향신문≫(8월 14일).
김은중. 2024. “트럼프 측, AI 분야 ‘맨해튼 프로젝트’ 구상”. ≪조선일보≫(7월 17일).
김준연. 2023.「AI 패러다임과 미중 기술패권의 구조와 동학」. 서울대학교 국제문제연구소 세미나 발표문(6월 15일).
동아시아연구원. 2024. ≪EAI 스페셜리포트: AI와 신문명 표준≫.
박상영. 2012.「한국 ‘포스트발전국가론’의 발전과 전개: 90년대 이후 한국 발전국가 연구 경향과 향후 연구 과제」. ≪현대정치연구≫, 제5권 1호, 63~90쪽.
백서인. 2024.「글로벌 AI 경쟁과 중국의 AI 재굴기 전략」. 한국국제정치학회 ‘찾아가는 국제정세 설명회’ 발표문(7월 3일).
서혜림. 2025. “[트럼프 취임] 바이든의 ‘AI 안전규제’ 폐기…개발기업에 간섭 않을 듯”. ≪연합뉴스≫(1월 21일).
송진원·신재우. 2025. “미중 경쟁 속 AI 정상회의 개막…‘AI 통제·개발’ 모색”. ≪연합뉴스≫(2월 11일).
윤상우. 2020.「포스트 발전국가로의 전환: 한국·일본·대만의 경험」. ≪아시아리뷰≫, 제9권 2호, 159~189쪽.
윤정현. 2023.「국가전략기술 측면에서 본 ‘美 우려국가 투자제한 행정명령’의 의미와 시사점」. ≪Issue Brief≫, 제458호(8월 21일). 국가안보전략연구원.
윤주헌. 2025. “AI 석학 앤드루 응 ‘中, 오픈소스로 무장… 글로벌 AI 지배할 것’”. ≪조선일보≫(2월 21일).
윤진우. 2025. “Interview: 차상균 서울대 데이터사이언스대학원 초대원장, ‘LLM 저비용 경쟁으론 美·中 못 이겨…제조 AI 등 특화 모델 필요’”. ≪Economy Chosun≫(3월 5일).
이세민. 2024. “美, 중국 군사기술에 쓰일 반도체·AI 수출통제 추가 조치”. ≪엠투데이≫(12월 3일).
이승주. 2024.「미중 인공지능 생태계 디커플링」. ≪EAI 스페셜리포트: AI와 신문명 표준≫. 동아시아연구원.
장유미. 2024. “돌아온 트럼프, 美 빅테크만 웃는다…글로벌 AI 시장 찬바람 예고”. ≪지디넷코리아≫(11월 7일).
전재성. 2025.「트럼프주의 외교 전략과 세계질서의 미래, 한미관계」. ≪신년기획 특별논평 시리즈≫. 동아시아연구원.
조준형. 2025. “트럼프 ‘틱톡금지법 시행 75일 추가 유예…中과 협력 희망’”. ≪연합뉴스≫(4월 25일).

조현석·김상배 외 편. 2018.『인공지능, 권력변환과 세계정치』. 삼인.

차정미. 2024.「중국의 사이버 안보 외교: 중국은 어떻게 사이버 공간 운명공동체를 만들어 가고 있는가?」. 김상배 편.『주변4망(網)의 사이버 국제관계: 미·일·중·러의 네트워크와 한국의 전략』. 사회평론. 275~302쪽.

최계영. 2023. "중국의 글로벌 인공지능 거버넌스 이니셔티브: 글로벌 사우스(Global South)를 향한 리더십 경쟁". ≪중앙일보≫(11월 9일).

키신저, 헨리·에릭 슈미트·대니얼 허튼로커. 2023.『AI 이후의 세계: 챗GPT는 시작일 뿐이다, 세계 질서 대전환에 대비하라』. 윌북.

한국지능정보사회진흥원. 2024.「2024년 글로벌AI인덱스 결과 분석」. ≪NIA The AI Report≫(10월 17일).

현대인. 2024. "美-中, '핵무기 사용 결정, AI 아닌 인간이 내려야'". ≪전자신문≫(11월 17일).

Bradford, Anu. 2023. "The Race to Regulate Artificial Intelligence: Why Europe Has an Edge Over America and China." *Foreign Affairs*, June.

Bremmer, Ian and Mustafa Suleyman. 2023. "The AI Power Paradox: Can States learn to govern Artificial Intelligence before it's too late?" *Foreign Affairs*, Vol.102, No.5, pp.26~43.

Cioffi, John W., Martin F. Kenney, and John Zysman. 2022. "Platform Power and Regulatory Politics: Polanyi for the Twenty-First Century." *New Political Economy*, Vol.27, No.5, pp.820~836.

Cristiano, Fabio et al. (eds.). 2023. *Artificial Intelligence and International Conflict in Cyberspace*. London: Routledge.

Erman, Eva and Markus Furendal. 2024. "Artificial Intelligence and the Political Legitimacy of Global Governance." *Political Studies*, Vol.72, No.2, pp.421~441.

Heritage Foundation. 2023. "Project 2025." February 6.

Horowitz, Michael C. 2018. "Artificial Intelligence, International Competition, and the Balance of Power." *Texas National Security Review*, Vol.1, No.3, pp.1~22.

Hunter, Lance Y., Craig D. Albert, Christopher Henningan, and Josh Rutland. 2023. "The Military Application of Artificial Intelligence Technology in the United States, China, and Russia and the Implications for Global Security." *Defense and Security Analysis*, Vol.39, No.2, pp.207~232.

Ingersleben-Seip, Nora von. 2023. "Competition and Cooperation in Artificial Intelligence Standard Setting: Explaining Emergent Patterns." *Review of Policy Research*, Vol.40, No.5, pp.781~ 810.

Johnson, Jamaes. 2021. "'Catalytic Nuclear War' in the Age of Artificial Intelligence and Autonomy: Emerging Military Technology and Escalation Risk between Nuclear-armed States." *Journal of Strategic Studies*, DOI: 10.1080/01402390.2020.1867541

_____. 2023. *AI and the Bomb: Nuclear Strategy and Risk in the Digital Age*. Oxford Oxford

University Press.

Keskin, Tugrul and Ryan David Kiggins. (eds.). 2021. *Towards an International Political Economy of Artificial Intelligence*. Switzerland: Plagrave.

Lin-Greenberg, Erik. 2020. "Allies and Artificial Intelligence: Obstacles to Operations and Decision-making." *Texas National Security Review*, Vol.3, No.2, pp.56~76

Maas, Matthijs M. 2019. "How viable is International Arms Control for Military Artificial Intelligence? Three Lessons from Nuclear Weapons." *Contemporary Security Policy*, Vol.40, No.3, pp.285~311.

Masood Alavi, Daanish, Martin Wählisch, Colin Irwin, and Andrew Konya. 2022. "Using Artificial Intelligence for Peacebuilding." *Journal of Peacebuilding and Development*, Vol.17, No.2, pp.239~243.

Meng, Bingchun. 2023. "'This is China's Sputnik Moment': The Politics and Poetics of Artificial Intelligence." *Interventions*, Vol.25, No.3, 351~369.

Ndzendze, Bhaso and Tshilidzi Marwala. 2023. *Artificial Intelligence and International Relations Theories*. Beach Road, Singapore: Palgave.

Qiu, Jack Linchuan. 2023. "The Return of Billiard Balls? US-China Tech War and China's State-Directed Digital Capitalism." *Journal of the European Institute for Communication and Culture*, Vol.30, No.2, pp.197~217.

Rim, Hyun Ji. 2023. "The US-China Strategic Competition and Emerging Technologies in the Indo-Pacific Region: Strategies for Building, Dominating, and Managing Networks." *Asian Perspective*, Vol.47, No.1, pp.1~25.

Rolf, Steve and Seth Schindler. 2023. "The US-China Rivalry and the Emergence of State Platform Capitalism." *Environment and Planning A: Economy and Space*, Vol.55, No.5, pp.1255~1280.

Roumate, Fatima. 2024. *Artificial Intelligence and the New World Order*. Switzerland: Springer.

Schindler, Seth, Ilias Alami, Jessica DiCarlo, Nicholas Jepson, Steve Rolf, Mustafa Kemal Bayırbağ, Louis Cyuzuzo. 2024. "The Second Cold War: US-China Competition for Centrality in Infrastructure, Digital, Production, and Finance Networks." *Geopolitics*, Vol.29, No.4, pp.1083~1120.

Schmalz, Stefan. 2024. "Varieties of Digital Capitalism and the US-China Rivalry: The Rise of Competing Technological Spheres." *Critical Sociology*, pp.1~20.

Schmidt, Eric. 2022. "AI, Great Power Competition and National Security." *Daedalus*, Vol.151, No.2, pp.288~298.

_____. 2023. "Innovation Power: Why Technology Will Define the Future of Geopolitics." *Foreign Affairs*, Vol.102, No.2, pp.38~52.

Schmitt, Lewin. 2022. "Mapping Global AI Governance: a Nascent Regime in a Fragmented Landscape." *AI Ethics*, Vol.2, pp.303~314.

Shen, Hong and Yujia He. 2022. "The Geopolitics of Infrastructuralized Platforms: The Case of Alibaba." *Information, Communication and Society,* Vol.25, No.16, pp.2363~2380.

Simbar, Reza and Samereh Fasihi Moghadam Lakani. 2021. "Changes in the Balance of International Power in the Light of China's Artificial Intelligence." *Journal of World Sociopolitical Studies,* Vol.5, No.4, pp.833~863.

Smuha, Nathalie A. 2021. "From a 'Race to AI' to a 'Race to AI Regulation': Regulatory Competition for Artificial Intelligence." *Law, Innovation and Technology,* Vol.13, No.1, pp.57~84.

Stahl, B.C. 2022. "From Computer Ethics and the Ethics of AI towards an Ethics of Digital Ecosystems." *AI Ethics,* Vol.2, pp.65~77.

Stallkamp, Maximilian and Andreas P. J. Schotter. 2021. "Platforms without Borders? The International Strategies of Digital Platform Firms." *Global Strategy Journal,* Vol.11, No.1, pp.58~80.

Suzuki, Wataru. 2024. "China showcases AI prowess at Shanghai forum." *Nikkei Asia.* July, 4.

Tinnirello, Maurizio. (ed.). 2022. *The Global Politics of Artificial Intelligence.* Boca Raton, FL: CRC Press.

Toews, Rob. 2023. "The Geopolitics of AI Chips will Define the Future of AI." *Horizons: Journal of International Relations and Sustainable Development.* 24, pp.126~138.

Varela, Damián Tuset. 2024. "Diplomacy in the Age of AI: Challenges and Opportunities." *Journal of Artificial Intelligence General Science,* Vol.2, No.1, pp.101~128.

Ye, Josh. 2024. "China approves over 40 AI models for public use in past six months." *Reuters.* January 29.

Zarrar, Hananah, and Sher Ali Kakar. 2024. "Generative Artificial Intelligence and Its Military Applications by the US and China: Lessons for South Asia." *Journal of Computing and Biomedical Informatics,* April.

Zhao, Minghao. 2023. "Infrastructure Statecraft and Sino-U.S. Strategic Competition in the Indo-Pacific." *China Review,* Vol.23, No.1, pp.45~77.

Zhu, Qichao, and Kun Long. 2019. "How will Artificial Intelligence Impact Sino-US Relations?" *China International Strategy Review,* Vol.1, pp.139~151.

제1부 인공지능과 국제정치경제

Artificial Intelligence and the Transformation of International Relations
Geopolitical Competition and the Emergence of a New Order

2 인공지능 기술의 현황과 전망

이원태 | 국민대학교

1. 머리말

컴퓨터 발명 이후 지난 70년의 인터넷 역사 동안 인공지능AI 기술은 '두 차례의 AI 겨울'과 같은 위기를 맞기도 했지만 연구자들의 끊임없는 노력으로 지속적으로 성장해 왔다. 이제 AI 기술은 하루가 다르게 너무도 빠른 속도로 확산하고 인간과 사회 깊숙이 스며드는 기술로 진화를 거듭하고 있는데, 앞으로도 어떤 방향과 속도로 발전할지 가늠하기 어려울 정도로 AI 기술의 발전 과정은 가히 혁명적이라고 부를 만하다. 지난 2022년 11월 30일, 오픈 AI가 챗 GPT를 공개한 이후 2025년 초 '딥시크 쇼크DeepSeek Shock', 그리고 더욱 빨라진 일반인공지능AGI의 현실화에 이르기까지 약 2년 6개월의 짧은 기간 동안 전 세계 AI 기술은 그야말로 폭발적 성장과 함께 산업, 정치, 외교 등 모든 분야에서 엄청난 파급력을 보여주었다.

대규모언어모델LLM 및 생성형 AI란 말이 익숙해질 정도로 AI의 대중화가 사실상 본격화되었다고 해도 과언이 아니다. 과거의 인터넷 검색은 키워드 기반으로 웹페이지를 찾아 사용자가 직접 정보를 선별하는 방식이었는데, 이제는 챗 GPTChatGPT, 클로드Claude, 제미나이Gemini 같은 생성형 AI가 단순 사실 검색을 넘어 복잡한 개념 설명과 문제 해결, 추론 능력을 통해 사용자 의도를 파악하여 관련 정보를 능동적으로 제안하는 상호작용 방식이 점차 일반화되고 있다. 또한 AI는 텍스트 기반의 언어모델에 그치지 않고 이미지 생성, 음성합성 등 다양한 분야에서도 혁신을 가져오고 있다. 텍스트, 이미지, 음성, 비디오 등 다양한 형태의 데이터를 동시에 처리할 수 있는 이른바 '멀티모달Multi-modal AI' 모델들이 개발되면서 AI의 응용 범위를 크게 확장시켰고, 그에 따라 교육, 의료, 엔터테인먼트 등 다양한 분야에서 AI를 활용한 개인화 서비스가 더욱 보편화되기 시작한 것이다.

한편, AI 기술의 급격한 발전은 윤리적 문제와 규제의 필요성에 대한 논의를 수반하면서 국가 간의 중요한 협력 어젠다로 급부상했고, AI의 안전성과 책임성에 대한 글로벌 논의를 활성화하기도 했다. AI의 윤리적·사회적 영향에 대한 논의가 활발해지면서 각국 및 주요 국제기구에서 AI 규제 프레임워크가 구체화된 것이다. 몇몇 국가는 AI 규제에 대한 법안을 제정하기 시작했는데, 2024년 EU의 인공지능법AI Act 시행과 한국의 AI 기본법 제정은 가장 대표적인 대응 사례다. 또한 '소버린 AISoverein AI' 개념의 등장에서 보듯이 미국-중국 간의 AI 패권경쟁을 넘어 주요 경쟁국들 차원에서는 '디지털 주권론의 강화'와 더불어 이른바 'AI의 국가안보화' 현상도 매우 뚜렷해졌다. AI를 국가전략산업 또는 국가안보 자산의 인프라로 간주하기 시작한 것이다. 그야말로 우리는 AI가 개발자의 실험실을 넘어 실제 전 세계에 광범위하게 영향을 미치기 시작하는 전환점에 서 있다.

그런데 2025년 초에 들어 글로벌 AI 거버넌스 지형 변화에 중요한 영향을 미칠 만한 두 가지 사건이 일어났다. 하나는 트럼프 2기 행정부의 새로운 AI 정책이고, 다른 하나는 중국의 가성비 좋은 AI '딥시크DeepSeek 쇼크'였다. 트럼프의 새로운 AI 정책은 바이든 행정부의 AI 행정명령 등 'AI 안전'이라는 가치 하에서 AI 위험을 체계적으로 관리하기 위한 각종 AI 규제 정책들을 한꺼번에 무효화했고, 그 대신에 5,000억 달러(한화 약 700조 원)의 대규모 자본을 투입하는 '스타게이트 프로젝트'를 내세워 중국 AI에 대한 전면적 견제를 시작했다. 뒤이은 중국 AI 스타트업이 만든 '딥시크DeepSeek'의 등장은 엔비디아 시가총액 5,890억 달러(한화 약 850조 원)가 증발하는 등 미국 AI 업계를 충격에 빠트렸고, 미국-중국 간의 물러설 수 없는 AI 패권경쟁을 더욱 촉발시킴과 동시에, 전 세계적으로는 오픈소스 AI의 가치가 새롭게 주목받으면서 주요국들이 앞다퉈 AI 개발 경쟁에 뛰어들게 만드는 효과를 발휘했다.

이 두 사건의 영향은 바로 나타났다. 지난 2월 초 프랑스 파리에서 개최된 'AI 행동 정상회의AI Action Summit'에서 AI 안전의 가치에 대한 국제적 합의를 포함한 '지속가능·포용적 AI'를 위한 공동선언에 대해 미국과 영국이 서명을 거부했고, 당시 개최국이었던 프랑스가 AI 인프라에 약 1,000억 유로를 투자한다고 밝힌 데 이어, 오랫동안 AI 규제 레짐의 본산이었던 EU마저 'ePriavcy 규정'과 'AI 책임지침'을 철회함과 동시에 '유로스택Euro-Stack'이라는 프로젝트하에 AI 인프라 투자에만 약 2,000억 유로를 쏟아붇겠다는 발표를 잇달아 한 것이다.

심지어 지난 2023년 말 'AI 안전 정상회의AI Safety Summit'를 처음 개최하면서 AI 안전의 가치를 부각한 「블레츨리 선언Bletchley declaration」을 이끌어 내는 등 세계 최초로 'AI 안전연구소'까지 출범시킨 영국 정부는 지난 2월 파리 AI 행동 정상회의 직후 기존의 'AI 안전연구소AI Safety Institute'를 'AI 보안연구소AI Security Institute'로 개칭하겠다고 발표하기도 했다. 단순한 기술 안정성 검증을 넘어 국가안보 및 범죄 대응 기능을 강화하겠다는 이유에서였는데, 2025년 4월 18일 영국 과학혁신기술부DSIT의 발표에 따르면, 2025년 회계연도 기준으로 AI 보안연구소에 6,600만 파운드(한화 약 1236억 원)의 예산을 배정한 것으로 밝혀졌다.

이처럼 2025년의 글로벌 AI 거버넌스 환경은 '규제를 통한 위험관리'에서 '투자를 통한 기술 주도권 확보'로 급격히 전환되고 있다. 그러나 이러한 경쟁 중심의 패러다임은 장기적으로 AI 안전 문제를 소홀히 할 위험이 있다. 그래서 AI 기술경쟁의 가속화와 더불어, AI의 잠재적 위험에 대한 관리체계를 포함하는 AI 규제 레짐의 위상이 약화될 수도 있다는 전망이 나오고 있다. 이러한 흐름은 AI 기술 개발 가속화와 국가경쟁력 확보가 안전 우려보다 더 우선시되는 경향을 보여준다. 이는 세계 각국이 AI를 국가안보와 경제적 우위를 결정짓는 핵심 요소로 인식하는 관점이 강화되었음을 보여주는 것이기도 하다. 이러한 변화는 AI 기술 발전과 국제관계가 복잡하게 얽혀 있는 현대 기술정치학의 전형적인 사례를 보여주며, 국가들이 자국의 기술 주권과 경쟁력 확보를 최우선시하는 '기술 민족주의' 경향이 강화되고 있음을 함축한다. AI 혁명이 산업 영역에서 본격화함과 동시에 국가 간의 AI 전쟁도 시작하면서 글로벌 AI 거버넌스는 또 한 차례 큰 격변을 예고하고 있는 셈이다.

2. 인공지능 기술의 역사적 발전 과정 및 최근 동향

1) AI의 개념 정의

먼저 AI를 AI 시스템의 개념적 구조에 입각해서 정의한다면 '인간의 인지 능력(대규모 데이터 수집 등), 인간의 추론 능력(모델, 알고리즘) 등을 기술적으로 구현하는 것'을 의미한다(Russell et al., 2023). 간략히 말하면, 인공지능은 '인간의 학습, 추론, 지각, 이해 능력을 컴퓨팅 파워로 구현한 기술'이다. 그러나 이 같은 기본 정의는 AI 시스템과 AI 모델을 구분조차 하지 못한다는 '과잉 단순화'의 문제[1]를 오랫동안 지적받아 왔음에도, 여러 나라의 규정이나 논의에서

1 AI 시스템과 모델의 구별을 무시한 법적 정의가 기술 발전의 복잡성을 충분히 반영하지 못한다는 지적에 대해서는 컴퓨터 과학자 스튜어트 러셀(Stuart Russell) 교수를 비롯한 캘리포니아대학 인간친화 AI 센터(Center for Human-Compatible AI) 소속의 연구자들이 쓴 다음 논문에 잘 나타나 있

표 2-1 EU 인공지능법(AI Act)의 인공지능(AI)에 대한 법적 정의

용어	정의
AI 시스템	다양한 수준의 자율성을 가지고 작동하도록 설계되고 배포 후 적응력을 발휘할 수 있으며 명시적 또는 암묵적 목적을 위해 수신한 입력으로부터 물리적 또는 가상환경에 영향을 미칠 수 있는 예측, 콘텐츠, 추천 또는 결정과 같은 산출물을 생성하는 방법을 추론하는 기계 기반 시스템
범용 AI 모델	자기 감독을 사용하여 대규모 데이터로 학습된 경우를 포함하여 일반성을 가지며 다양한 고유의 작업을 유능하게 수행할 수 있고 다양한 시스템이나 애플리케이션에 통합될 수 있는 AI 모델(단, 시장에 출시되기 전에 연구, 개발 및 프로토타이핑 활동에 사용되는 AI 모델은 제외)
범용 AI 시스템	범용 AI 모델을 기반으로 직접 사용하는 것은 물론 다른 AI 시스템과의 통합을 통하여 다양한 목적을 달성할 수 있는 기능을 갖춘 AI 시스템

자료: 저자 작성(EU 인공지능법의 Article 3 및 Recital 조항들을 재구성함)

이 같은 정의가 빈번하게 사용되고 있다.[2] 그런 점에서 최근 시행된 EU의 인공지능법AI Act에서 위험 기반 접근risk-based approach 시각에서 정의한 AI 시스템의 복합적 정의를 참고할 필요가 있다(**표 2-1**).

그런데 **그림 2-1**에서 보는 바와 같이, 최근 들어 AI 기술의 거듭된 발전으로 AI의 개념 정의는 더욱 복잡해졌다. 과거에는 인간의 두뇌 구조를 모방한 신경망에 주로 초점을 맞추었지만, 최근에는 AI가 더 넓은 기술 생태계를 포함하게 되었다는 것이다. 사전 학습pre-training에 중점을 두는 단계에서 AI 시스템은 레이블이 붙은 답변이 있는 방대한 데이터세트에서 패턴을 학습하여 논리적 구조를 개발했었지만, 최근에는 사후 학습post-training 측면, 특히 '강화 학습Reinforcement Learning'에 더 많은 초점이 맞춰지고 있다.

다(Judge et al., 2024).

2 그러나 이 같은 인공지능의 기본적 정의가 지나치게 단순화한 것이라는 문제점 때문에 보다 복합적인 정의가 필요하다는 지적이 꾸준히 제기되어 왔다. 왜냐하면 AI 기술이 고도화되면서 AI 시스템이라는 작동 방식(형식)의 변화뿐만 아니라 AI의 전 주기에 근본적인 영향을 미칠 수도 있는 AI 모델의 끊임없는 혁신이 일어나면서 AI 기술이 더욱 복잡하고 새로운 차원의 문제, 즉 인간의 능력을 넘어서는 '일반인공지능(AGI)' 또는 '범용인공지능(GPAI)'의 이슈는 기존의 단순한 개념 정의로는 포괄하기가 쉽지 않기 때문이다.

그림 2-1 AI 시스템 정의의 복잡성

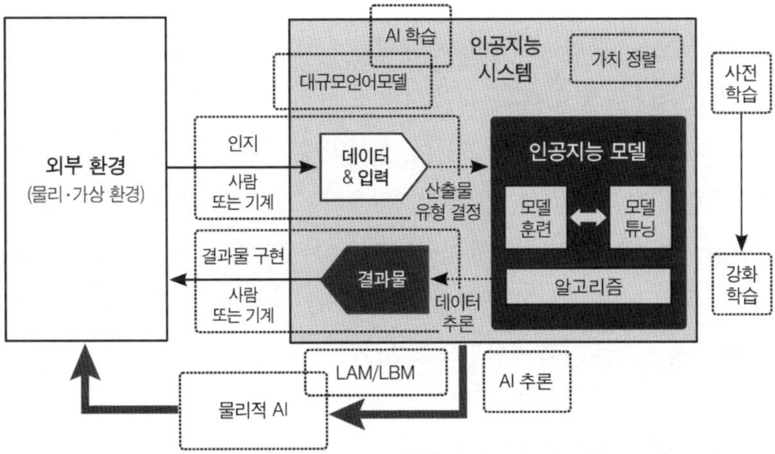

자료: 저자 작성

이러한 변화는 AI 시스템이 초기 학습 후 능력을 어떻게 '정제fine-tuning' 또는 '정렬alignment'하는지가 사전 학습 자체만큼 중요하거나 잠재적으로 더 중요할 수 있다는 인식을 반영한다. 더욱이 최근에는 단일 AI 모델을 넘어 목표 지향적인 'AI 에이전트AI Agent'가 주목받고 있다. 이들 AI 에이전트는 외부 도구를 활용하고, 복잡한 의사결정을 내리며, 환경과 지속적으로 상호작용하는 자율적 시스템으로 발전하고 있다. 이러한 모습은 대규모 데이터세트에 대한 초기 모델 학습에서 점차 모델 조정 및 알고리즘 개선, 강화 학습 및 추론의 역할이 더 중요해지고, 더 나아가 실제 환경과 연결되는 '대규모 행위모델Large Action Model' 또는 '물리적 AIphysical AI'의 중요성이 증대하는 등 AI 개발이 단순한 선형 과정이 아니라 복잡한 사이클임을 보여준다.

특히 주목할 만한 최근의 AI 혁신은 'MCPModel Context Protocol'와 'A2AAgent-to-Agent' 통신 기술이다. 이 기술들은 다수의 AI 에이전트가 서로 통신하고 협업하여 복잡한 문제를 해결하는 생태계를 구축할 수 있게 한다. MCP는 여러 에

이전트 간 표준화된 통신 프로토콜을 제공하며, A2A는 에이전트들이 인간의 개입 없이도 직접 정보를 교환하고 작업을 조율할 수 있게 한다. 이러한 에이전트 네트워크는 단일 AI 시스템이 해결하기 어려운 복합적 과제를 분산 처리하며 집단 지능을 형성한다.

AI 에이전트의 급부상에서 보듯이, AI는 단순히 격리되어 훈련된 신경망이 아닌, 물리적 및 가상 컨텍스트와 상호작용하는 통합 시스템으로 발전하고 있으며, 더 나아가 다수의 협업 에이전트로 구성된 복합적 네트워크로 진화하고 있다. 이처럼 AI 개념은 개별 모델에서 상호 연결된 에이전트 생태계로 확장되면서 더욱 유동적이고 복합적으로 변화하고 있는 것이다.

2) AI 기술의 발전 과정 및 최근 동향

AI 기술의 발전 과정은 수십 년간 다양한 단계를 거쳐 이루어졌으며, 각 시기마다 중대한 이정표가 있었다. 먼저 1940~1950년대에는 앨런 튜링Alan Turing과 워런 매컬록Warren McCulloch 등의 초기 연구를 통해 신경망 등 AI의 기본 개념이 형성되었고, 1956년 다트머스 회의에서는 존 매카시John McCarthy가 'AI'라는 용어를 처음 사용했는데, 이 회의는 AI 연구의 역사적 출발점으로 간주된다. 그 이후 1950~1960년대에 AI 연구자들은 '규칙 기반 시스템'과 '심볼릭 AI'를 개발하면서 문제 해결, 추론, 자연어 처리의 초기 단계를 연구했으나, 복잡한 문제에 직면했을 때 이 AI 시스템들의 한계가 드러났고, 결국 1970년대 이후부터는 AI의 과도한 기대와 결과 간의 차이로 인해 연구 자금이 급격히 줄어드는 등 AI 연구 정체기를 겪게 되었는데, 이를 'AI 겨울AI winter'이라고 불렀다.

그러다가 1980년대에 이르러 특정 영역에서 전문가 수준의 문제 해결 능력을 제공하는 규칙 기반 프로그램인 '전문가 시스템Expert Systems'을 통해 AI가 다시 주목받았고, 1980년대 말에는 다층 퍼셉트론과 같은 '인공신경망ANN'이 발전하면서 AI 연구는 다시 활기를 찾았다. 그러나 1980년대 후반과 1990년대 초 전문가 시스템의 한계를 인식하면서 '또 한 차례의 AI 겨울'을 맞이하게 되었다.

그 후 1997년에 IBM의 '딥블루Deep Blue'가 세계 체스 챔피언 가리 카스파로프Garry Kasparov를 이기며 AI의 잠재력이 널리 알려졌고, 2000년대 인터넷의 발전과 함께 대량의 데이터가 생성되면서 '기계학습Machine Learning'이 급격히 발전하게 되었다. 특히 지도 학습과 비지도 학습을 통해 AI 모델이 더 많은 데이터를 학습할 수 있게 된 것은 2010년대 '딥러닝Deep Learning'으로 AI 기술이 한 단계 발전하는 데 중요한 돌파구였다. 2012년 제프리 힌턴Geoffrey Hinton의 연구 팀이 합성곱신경망Convolutional Neural Networks: CNN을 이용해 이미지 인식 대회인 이미지넷ImageNet에서 혁신적인 성과를 냈는데, 이때부터 딥러닝이 AI의 주요 기술로 자리 잡게 되었다.

그리고 2016년에 AI 연구의 방향을 크게 바꾸는 중요한 사건이 일어났다. 구글 딥마인드의 알파고AlphaGo가 당시 바둑 세계 챔피언 이세돌을 이기면서 딥러닝의 한계를 뛰어넘은 사례로 많은 주목을 받았기 때문이다. 알파고는 단순한 딥러닝을 넘어 '강화 학습Reinforcement Learning'과 '몽테카를로 트리 탐색MCTS' 알고리즘을 결합했는데, 이 방법을 통해 알파고는 스스로 경기를 학습하며 점점 더 강력한 플레이를 할 수 있었다. 이는 당시 AI가 단순한 데이터 학습을 넘어 자율적인 학습 능력을 보여준 첫 사례였다. AI가 단순히 데이터를 따라가는 것이 아니라 창의적인 방식으로 문제를 해결할 수 있다는 것을 보여준 혁신적인 사건이었던 것이다.

그 이후 2020년대에 AI는 자연어 처리NLP와 생성형 AI에서 큰 발전을 이루었다. GPT-3, GPT-4와 같은 대규모언어모델LLM은 인간 수준의 텍스트 생성 능력을 보여주며, 대화형 AI 시스템의 성능을 극적으로 향상시켰다. 이처럼 AI는 기계학습ML, 신경망Neural Network, 딥러닝Deep Learning으로 지속적으로 발전해 왔는데, 합성곱신경망CNN을 계기로 딥러닝이 AI 연구의 중요한 기반이 되었고, 생성적적대신경망Generative Adversarial Network: GAN의 등장으로 생성형 AIGenerative AI의 급격한 발전이 가능해졌으며, 트랜스포머Transformer모델의 개발로 언어 처리의 혁신적 발전이 이루어졌던 것이다. 물론 이 같은 AI의 발전 과정은 컴퓨팅 파워의 증가, 데이터의 가용성 증대, 그리고 알고리즘의 지속적인 개선이 복합적으로 작용한 결과이기도 하다.

그러면 최근 AI 기술의 발전 현황은 어떠한가? 무엇보다 2022년 11월 30일 오픈 AI에서 내놓은 챗 GPT의 등장은 생성형 AI의 태동기를 형성하는 중요한 사건이었다. 챗 GPT는 2022년 11월 출시된 후 두 달 만에 1억 명의 활성 사용자 수를 기록했는데, 이는 다른 인기 앱보다 훨씬 빠른 확산 속도로, 틱톡이 1억 명을 달성하는 데 약 9개월, 인스타그램은 약 2년이 걸렸던 것과 비교된다. 이 같은 챗 GPT의 확산 속도는 전 세계적으로 AI 도구에 대한 수요와 기대가 얼마나 높은지를 잘 보여주었다. 그만큼 챗 GPT가 AI 기술의 대중화에서 매우 중요한 전환점이었음을 말해준다. 챗 GPT의 등장을 '아이폰의 순간iPhone Moment'이라고 부르는 이유이기도 하다.[3] 아이폰이 스마트폰 시장에 미친 혁신적 영향과 비슷하게 챗 GPT는 AI와 인간의 상호작용 방식에 근본적인 변화를 가져왔기 때문이다.

챗 GPT의 출시 이후 오픈 AI는 GPT-4, GPT-5V, 그리고 DALL-E 시리즈를 연이어 선보였다. 이와 동시에 구글의 PaLM 2와 제미나이Gemini, 메타의 라마LLaMA 시리즈, 앤트로픽의 클로드Claude 시리즈, 알리바바의 큐웬Qwen 시리즈와 같은 첨단 생성형 AI 모델들이 혁신적으로 발표되었다. 이러한 AI 모델들은 각 기업의 기술력을 과시하며 경쟁적으로 등장했고, 그에 기반한 새로운 서비스들, 예를 들어 챗 GPT 플러그인, GPTs, 구글 바드Google Bard, 마이크로소프트 코파일럿Microsoft Copilot, 그리고 라마LLaMA와 같은 오픈소스 생성형 AI를 활용한 애플리케이션들이 일상생활과 업무 방식을 근본적으로 변화시킬 가능성

3 https://www.techspot.com/news/97584-nvidia-boss-jensen-huang-calls-chatgpt-greatest-thing.html

그림 2-2 대규모언어모델(LLM)의 성장 과정

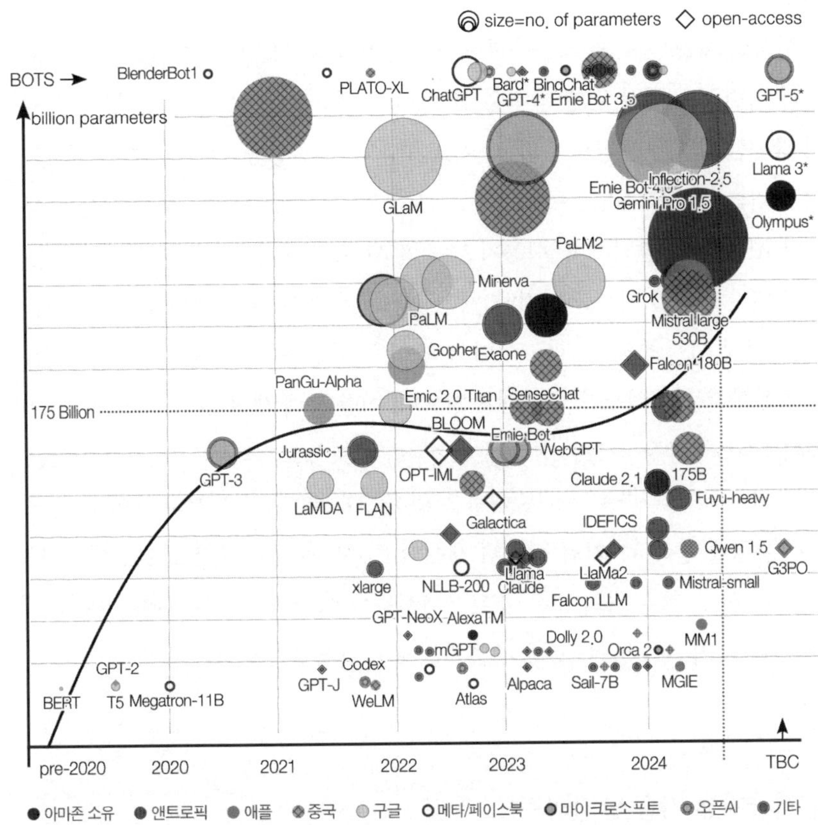

자료: https://informationisbeautiful.net/visualizations/the-rise-of-generative-ai-large-language-models-llms-like-chatgpt/

을 보여주었다.

그 이후에는 텍스트를 영상으로 자동 변환하는 소라Sora, Gen-3 알파, 루마 AILuma AI와 같은 기술들이 등장하면서 다시 한 번 전 세계에 혁신의 물결을 일으켰다. 특히 코드명 'Strawberry'로 알려진 오픈 AI의 'o1 모델'은 복잡한 수리적·논리적 문제를 박사급 연구자 수준으로 해결하는 능력을 보여주며, 이제

AI 기술이 AGIArtificial General Intelligence 시대에 성큼 다가섰다는 인식을 강화하기도 했다.

이처럼 2023년 이후 최근까지 빅테크를 비롯해 AI 기업들이 출시한 AI 모델과 서비스의 혁신 경쟁 과정은 한 마디로 '대규모언어모델LLM과 생성형 AI의 급속한 발전을 중심으로 한 AI 에코 시스템 구축 경쟁'으로 요약할 수 있다. 이 시기는 빅테크 기업들이 GPT-4, PaLM 2, Claude, LLaMA 등 강력한 LLM 기반 AI 모델을 출시하며, 사용자 맞춤형 AI 도구와 상호작용형 서비스를 통해 소비자와 기업 시장을 선점하려는 경쟁이 치열해진 시기였다는 것이다. 특히, 생성형 AI를 통해 텍스트, 이미지, 음성 등 다양한 미디어를 생성하고 작업을 자동화하는 서비스가 주목받고 있으며, 이를 통해 생산성 도구, 교육, 헬스케어, 고객 지원 등 다양한 산업에서 혁신을 주도하고 있다. 이 같은 AI 기업들 간의 혁신 경쟁은 단순히 기술개발을 넘어, AI 인프라의 확장과 클라우드 서비스 통합을 통해 각 기업들이 AI 생태계를 주도하려는 과정으로도 볼 수 있다. 이러한 진전은 거의 모든 소프트웨어들이 어떤 형태로든 AI와 연동하는 상황, 즉 AI가 사실상의 OS의 지위를 넘보는 단계로까지 발전할 수도 있다.

3. 인공지능 기술 발전의 주요 특징

그러면 최근 AI 기술 발전 과정에서 포착할 수 있는 주요한 트렌드 및 특징을 살펴보자. AI 기술은 기업들 간의 치열한 성능 혁신 경쟁으로 인해 AI 모델의 성능이 추론형 AI로까지 더욱 고도화되는 한편, AI 모델을 운용하는 비용 관리의 문제로 인해 소형화·경량화 등의 수요에 따라 AI 모델 및 서비스의 유형도 다변화·다원화하고 있다. 이러한 AI의 발전 과정은 AI가 단순한 언어 처리를 넘어 다양한 입력을 처리하고 상징적 추론을 수행하는 등 더 포괄적인 도구로 발전하고 있음을 보여준다. 이른바 AGI 시대의 본격화를 논외로 하더라도, 그만큼 AI 기술이 더욱 적응력 있고 능력 있는 방향으로 진화하고 있음을 의미한다는 것이다.

첫째, AI 모델의 성능 경쟁 가속화가 '멀티모달 AImult-modal AI'의 등장을 가져왔다는 점이다. 멀티모달 AI는 글뿐만 아니라 음성, 사진, 영상 등을 입력으로 받아 다양한 형태의 콘텐츠나 데이터를 생성할 수 있는 AI를 의미한다. 멀티모달 AI의 등장은 대규모언어모델LLM이라는 개념이 점차 더 세분화하는 데서 비롯된다. 그만큼 AI 모델의 크기와 능력이 다양해졌기 때문이다. 이러한 텍스트 기반의 언어모델은 다중 모드 또는 멀티모달 모델로 진화했는데, AI 모델은 텍스트뿐만 아니라 이미지, 오디오, 비디오 등 다양한 형식의 데이터를 처리할 수 있게 되었다.

최근에는 대규모언어모델Large Language Model: LLM에 시각, 청각 등의 멀티모달 정보를 통합하여 학습한 거대 인공지능 모델인 '대형 멀티모달 모델Large Multi-modal Model: LMM'이 주목받고 있다. LMM은 LLM의 강력한 언어 이해와 생성 능력을 바탕으로 멀티모달 데이터를 대규모로 학습함으로써 다중 감각을 아우르는 이해와 생성 능력을 갖추고 있다. LMM은 GPT-3, PaLM 등의 LLM처럼 수십억~수백억 개의 파라미터를 가진 거대 모델로서 방대한 양의 다중 감각 결합 데이터를 사전 학습하고, 명령어 조정Instruction Tuning이나 맥락 내 학습In-Context Learning 등의 기법을 통해 활용된다. LMM은 다중 감각 정보를 포함한 데이터를 대상으로 다양한 과업을 수행할 수 있다. 예를 들어, LMM의 대다수를 차지하는 시각-언어모델Vision Language Model: VLM이 수행할 수 있는 과업은 광범위한 분야를 대상으로 한 시각 질의응답Visual Question Answering, 이미지 캡서닝Image Captioning, 비디오 요약Video Summary, 텍스트 기반 이미지 생성Text-to-Image Generation 등을 포함한다.

둘째, AI 기술의 급격한 발전과 함께 오픈소스 AI 생태계의 활성화가 눈에 띈다는 점이다. 특히 2023년 2월 메타가 라마 1LLaMA 1 모델을 발표하면서 오픈소스 AI 분야의 발전이 가속화되었다. LLaMA 1은 70억에서 700억 개의 매개변수를 가진 다양한 크기로 출시되었고, 이를 바탕으로 등장한 알파카Alpaca와 비쿠냐Vicuña 같은 모델들은 비교적 작은 크기에도 불구하고 공개 벤치마크 테스트에서 GPT-3.5 이상의 성능을 보여주었다. 이후, 2023년 7월 공개된 라마 2LLaMA 2와 2024년 5월에 출시된 라마 3LLaMA 3는 더 많은 데이터를 학습하고, GPT-4 및 다른 최신 모델과 견줄 만한 성능을 보였다. 특히 LLaMA 3는 15조 개의 토큰으로 사전 학습되었으며, 이를 통해 다양한 벤치마크에서 뛰어난 성과를 나타냈다. 2024년 9월, 메타는 라마 3.2LLaMA 3.2를 발표하며 AI의 멀티모달 기능을 강조했다. 이 모델은 이미지 처리 능력을 갖춘 110억 및 900억 개 매개변수의 멀티모달 모델과 함께, 온디바이스on-device 사용을 위한 10억, 30억 개 매개변수의 소형언어모델도 공개하여 '에이전트 AI'와 '멀티모달 AI'의 중요성을 부각했다(오순영·하정우, 2024: 58).

메타의 오픈소스 AI 모델이 주목받기 시작하자, 여타 경쟁기업들도 빠르게 오픈소스 AI 모델을 발표했다. 최근 구글과 마이크로소프트는 각각 젬마Gemma와 파이Phi 시리즈를 오픈소스 소형언어모델sLM 형태로 공개하면서, 오픈소스 AI 생태계에 발을 들였다. 특히 프랑스의 미스트랄Mistral은 정부의 적극적 지원을 받아 70억 개 매개변수를 가진 언어모델 미스트랄 LMMistral LM을 자체적으로 개발해 주목받았으며, 전문가 모델을 결합한 믹스트랄Mixtral을 발표하여 이 분야에서 새로운 강자로 떠오르고 있다. 이러한 경쟁은 유럽 시장에서도 활발하게 진행되고 있다. 독일의 알레프 알파Aleph Alpha는 루미너스Luminous 모델을 지속적으로 업그레이드하며 유럽 시장을 공략하고 있으며, 중국의 알리바바는 큐웬Qwen이라는 오픈소스 sLM을 선보여 세계시장에서 경쟁력을 높이고 있다.

오픈소스 AI의 파괴력은 2025년 초 중국의 '딥시크DeepSeek 쇼크'에서 절정에 달했다. 중국 딥시크가 MIT 라이선스로 공개한 딥시크DeepSeek R1은 o1급 추론 성능·128 K 토큰 컨텍스트·세분화된 추론 단계(logit "콜드-스타트" + RL)까지 전면 공개하며 '소스까지 열어 둔 상위권 모델' 시대를 개막했다. 그로 인해 클라우드-GPU 요금이 즉시 인하 압력을 받았고, 엔터프라이즈 벤더들은 '오픈 대 폐쇄' 선택지를 다시 검토해야 했다. 학계에서는 재현·감사 가능한 소스코드 덕분에 실험 복제 논문이 급증하였고, 정책 측면에서는 중국발 오픈소스 혁신이 수출통제의 효과를 약화시킨다는 논의까지 촉발되기도 하였다. 또한 2025년 4월 말 네이버 클라우드는 '하이퍼클로바 X Seed'라는 한국어 특화 및 멀티모달 경량 모델을 허깅페이스에 공개했는데, 한국어·한글 데이터에 최적화된 최초의 범용 오픈 모델이라는 점에서 '언어적 데이터 주권'을 부각하기도 하였다.

개방형 AI 모델과 폐쇄형 AI 모델을 역사적으로 비교해 본 결과, 성능 측면에서 오픈소스 AI와 폐쇄형 프런티어 AI 모델의 차이가 크게 좁혀지고 있음을 알 수 있다. 특히 메타의 LLM 기반의 오픈소스 AI 모델 라마 3.1 405B, 그리고 최근 엄청난 주목을 받은 중국의 딥시크는 오픈소스 AI의 우수한 성능을 잘 보여주었다. CB 인사이트CB Insights에 따르면, MMLUMassive Multitask Language Understanding[4]로 테스트한 결과, 개방형 LLM이 성능 면에서 폐쇄형 LLM을 바짝 따라잡은 것으로 나타났다. 이처럼 다양한 기업들이 오픈소스 AI 모델을 발표하면서 글로벌 AI 생태계 내의 경쟁이 더욱 치열해지고 있다.

이 같은 오픈소스 AI 생태계의 활성화는 AI 기술의 진입장벽을 낮춰 연구자, 개발자, 중소기업 및 스타트업들이 최신 AI 기술에 쉽게 접근하고 활용할 수 있도록 만든다는 점에서 AI 기술의 민주화와 혁신을 촉진하고, 더 나은 AI 기술과 응용의 발전을 이끄는 측면이 있다. 지금까지 대형 테크기업들이 AI 기술의 대부분을 독점해 왔지만, 오픈소스 AI의 증가로 더 많은 사람들이 AI 연구와 개발에 참여할 수 있는 기회가 늘어났기 때문이다.

셋째, AI 기술의 발전 과정에서 사회적·윤리적 가치 정렬의 중요성이 증대

4 MMLU는 STEM(과학, 기술, 공학, 수학), 인문학, 사회과학 등 분야에서 출제한 57개 질문으로 구성된 지표를 말한다.

그림 2-3 폐쇄형 vs. 오픈소스 AI 모델의 성능 추이

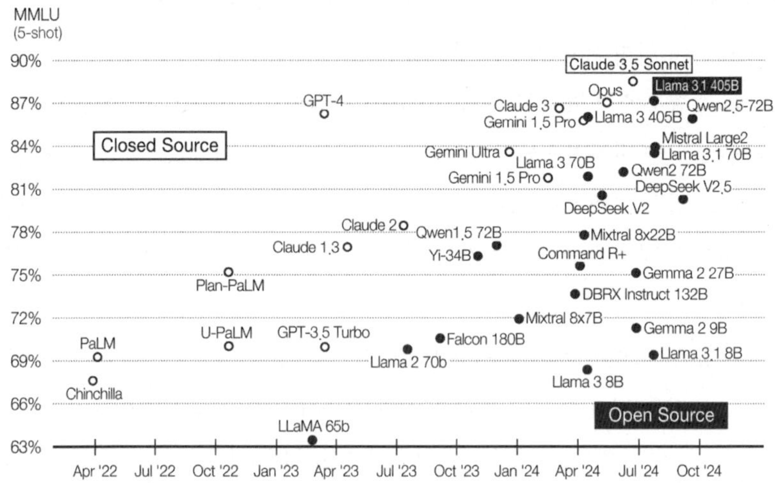

자료: https://www.cbinsights.com/research/enterprise-adoption-closed-source-open-source-ai-models

하고 있다는 점이다. 즉 AI 기술의 발전 과정에서는 기술적 문제뿐만 아니라 사회적 문제도 해결하려는 노력이 지속되고 있다는 것이다. 예를 들어, AI 모델에서 발생하는 '할루시네이션hallucination(환각; 잘못된 정보 생성)'과 같은 문제에는 윤리적 가치와 규제 준수를 포함하는 소위 '가치 정렬alignment'을 통해 해결하려는 방법론이 중요한데, 이 과정은 AI 시스템이 사회적 가치를 반영하고 책임 있는 AI를 구현하는 데 중요한 역할을 한다. AI 모델의 사회적 가치 내면화를 위한 대표적인 기술적 방법에는, ▲ AI 모델이 특정 작업에서 더 정확한 답변을 하도록 입력 프롬프트를 최적화하는 '프롬프트 엔지니어링Prompt Engineering', ▲ AI 모델이 단순히 학습된 정보에 의존하는 대신, 검색을 통해 실시간으로 정보를 가져와 결합한 후 답변을 생성하는 '검색 증강 생성Retrieval-Augmented Generation: RAG', ▲ 기존의 사전 훈련된 모델을 특정 작업이나 데이터세트에 맞게 추가 학습시켜 성능을 개선하는 '파인튜닝Fine-Tuning', ▲ AI 모델이 사

그림 2-4 LLM의 한계 극복 방법

자료: 김성우(2024)

용자로부터의 피드백을 바탕으로 성능을 향상하는 학습 방법인 '사용자 피드백 기반 강화 학습Reinforcement Learning from Human Feedback: RLHF', ▲ AI 모델이 한 번에 처리할 수 있는 콘텍스트 길이context length를 늘려서 더 많은 정보와 문맥을 반영할 수 있게 하는 '장문맥 이해Long-context understanding' 등이 있다.[5]

이 같은 방식들은 AI 기술 개발에서 기술적 측면뿐 아니라 사회적·윤리적 가치도 중요하게 고려한다는 점에서 사회기술적 접근socio-technic approach의 한 방식이라 볼 수 있다. AI 시스템이 단순히 기술적으로 우수한 결과를 내놓는 것을 넘어, 사회적 가치와 규범을 반영하도록 설계하고 발전하는 과정에 주목해야 한다는 것이다. AI 기술의 추론이 고도화될 경우에는 AI 모델 스스로 '자기정정self-correction' 또는 '자기혁신self-innovation' 과정을 통해 AI가 지속적으로

5 최근 앤트로픽은 기존의 RAG(Retrieval-Augmented Generation)가 문서를 작은 청크로 나누는 과정에서 맥락이 손실되는 한계점을 개선하기 위해 소위 '컨텍스트 검색(Contextual Retrieval)'이라는 방법을 개발하여, RAG 검색 오류율을 67%나 감소시키는 성과를 달성하기도 했다(https://www.anthropic.com/news/contextual-retrieval).

개선되며 사회적 가치를 내재화할 수도 있다. 물론 이 과정에서 인간의 피드백과 사회적 요구를 반영하여 AI가 보다 윤리적이고 책임감 있는 방식으로 발전하도록 만드는 것이 중요하다.

그래서 최근 AI 개발방법론은 광범위한 언어적 기반을 제공하는 사전 학습보다는 LLM에 대한 지식을 정제하고, 추론을 개선하고, 사실적 정확성을 향상하고, 사용자 의도와 윤리적 고려 사항에 더 효과적으로 맞추기 위한 사후 학습 방법을 더 중시한다. 사후 학습 기술로서 미세 조정, 강화 학습 및 테스트 시간 확장test-time scaling이 LLM 성능을 최적화하고, 견고성을 보장하고, 다양한 실제 작업에서 적응성을 개선하기 위한 중요한 전략으로 부상한 것이다(Kumar et al., 2025).

넷째, AI 기술 발전이 단순히 큰 모델(대규모언어모델)을 개발하는 것을 넘어 이제는 AI 모델이 '스스로 생각하고 추론할 수 있는 능력'을 강화하는 방향으로 전환되고 있다는 점이다. 이러한 변화를 상징적으로 보여주는 예가 바로 2024년 5월에 발표된 오픈 AIOpenAI의 o1 모델(코드명: Strawberry)이다. 오픈 AI의 o1 모델은 고급 추론reasoning 기능에 중점을 둔 새로운 AI 모델로, 복잡한 문제를 해결하는 데 특화되어 있다. 이 모델은 기존 GPT-4와는 다르게, 단순한 텍스트 생성보다는 논리적인 사고 과정을 거쳐 문제를 해결하는 능력을 강화했다. 그래서 o1 모델은 특히 수학, 코딩, 과학 분야에서 복잡한 문제를 단계별로 해결하는 '체인 오브 소트Chain of Thought'와 강화 학습의 방식을 사용하여, 문제를 더 깊이 분석하고 정교한 답변을 제공하는 것으로 평가받는다.[6]

그래서 유명 벤처캐피털인 미국의 세콰이어 캐피털은 "지난 2년 동안 생성형 AI 혁명이 응답을 빠르게 생성하는 '빠르게 사고하기'에서 추론을 하는 '느린 사고'로 발전하고 있다"라고 분석한 바 있다.[7] 즉 생성형 AI가 '사전 학습된

6 https://openai.com/index/introducing-openai-o1-preview/

본능적 반응(시스템 1)'에서 '더 깊고 신중한 추론(시스템 2)'으로 도약하고 있다는 것이다. 그런 점에서 기존의 모델들이 미리 학습한 패턴을 바탕으로 즉각적으로 응답을 생성했지만, o1 모델은 실시간으로 '생각'하는 능력을 가지고 있다고 본다. AI의 응용에서는 정확성이 매우 중요한데, 마치 그럴싸한 빠른 대답보다는 조금 침착하고 느리더라도 정확한 답변이 더욱 중요해지고 있다는 뜻이다. 이는 마치 여러 가능성을 고려한 후 가장 적합한 해결책을 선택하는 과정을 거치는 방식과 같다. 이러한 방식은 알파고AlphaGo가 바둑을 둘 때 수를 계산하는 방식과 비슷한데, o1 모델은 다양한 시나리오를 분석하고 그중에서 가장 효과적인 답변을 제공한다는 것이다.

o1 모델 출시 이후 추론형 AI의 출시 속도는 2025년 초에는 더욱 빨라졌다. 2025년 1월에는 중국의 딥시크가 딥시크-R1DeepSeek-R1을 MIT 라이선스로 풀어 'o1급 오픈소스 추론'을 실현했고, 2월에는 xAI의 그록 3 베타Grok 3 Beta와 앤트로픽Anthropic의 클로드 3.7 소네트Claude 3.7 Sonnet가, 2~3월에는 구글이 제미나이 2.0 플래시라이트Gemini 2.0 Flash-Lite와 100만~200만 토큰 컨텍스트의 제미나이 2.5 프로Gemini 2.5 Pro를, 오픈 AI는 4월 중순에 o3 및 저가형 o4-mini를 배치하며 '이미지를 생각에 포함하는Thinking with Images' 기능을 공개한 바 있다.

이처럼 새로운 사고하는 AI 모델의 출시 경쟁의 빠른 발전은 AI 모델-교체 주기를 마치 '소프트웨어 버전업' 수준으로 단축하게 만들었다. 이러한 추세는 AI 산업이 '훈련 클러스터 경쟁'에서 '추론 생태계 경쟁'으로 본격 전환되고 있음을 보여주는 것이고, AI 가치사슬의 중심이 '훈련 클러스터'에서 '추론-서비스 네트워크'로 옮겨감을 함축한다. 또한 추론형 AI 모델의 등장과 확산은 AI 기술의 발전이 복잡한 문제를 해결하는 데 있어 기존보다 더 정교한 추론 과정을 포함하게 되었다는 점에서 중요한 기술적 진전이라 할 수 있다. 이제 AI 애

7 https://www.sequoiacap.com/article/generative-ais-act-o1/

플리케이션은 단순한 자동화 도구를 넘어, 특정 작업이나 문제 해결을 위해 인간의 사고방식을 모방하는 수준으로 발전하고 있으며, 이는 다양한 산업 분야에서 효율성을 높이는 데 기여할 수 있을 것이다. 그런 점에서 추론형 AI 모델은 완전한 AI 에이전트는 아니지만 '에이전트적 특성'을 지닌다고 볼 수 있는데, 이는 AI의 추론 모델이 점점 더 에이전트적 특성을 갖추어 갈 가능성이 높다는 뜻이다. AI모델이 구조화된 해석 가능한 추론형으로 진화하면서 그만큼 AI 시스템의 자율성이 더욱 향상되었다는 것이다.

다섯째, AI 기술이 발전하면서 기존의 클라우드 기반 방식의 AI가 온디바이스 AI로 확장하고 있다는 점이다. 온디바이스 AIOn-device AI는 AI 모델을 클라우드 서버가 아닌 기기 자체에서 학습과 추론, 서비스를 수행할 수 있는 기술로, 실시간 처리, 데이터 보안 및 전력 효율성을 가능하게 한다는 점에서 소형언어 모델Small Language Model: sLM과 함께 크게 주목받고 있다. 예컨대 2023년 12월에 구글이 발표한 제미나이 모델은 울트라, 프로, 나노 1, 나노 2 등 네 가지로 나뉘는데, 이 중 나노 1은 18억 개, 나노 2는 3억 개의 매개변수를 가진 작은 AI 모델이다. 구글이 이렇게 작은 모델을 개발한 이유는 픽셀 스마트폰과 같은 모바일 기기에 탑재하려는 목적이 있는 것으로 보인다(오순영·하정우, 2024: 40). 그 이후 2024년 4월에 마이크로소프트가 '파이Phi'라는 sLM 기반의 소형 AI 모델을 지속적으로 발표했고, 2024년 6월에는 애플이 애플 인텔리전스Apple Intelligence와 애플 파운데이션 모델Apple Foundation Model을 공개하며 본격적으로 온디바이스 AI 시장에 진출했다. 이 외에도 애플의 뉴럴엔진Neural Engine과 한국의 LG 엑사원EXAONE 및 믿음7B 같은 모델들도 온디바이스 AI 기술을 통해 효율성을 극대화하려고 개발되었는데, 특히 스마트폰뿐만 아니라 가전제품, 자동차, 각종 IoT 기기 등 다양한 분야에 핵심적으로 적용될 전망이다.[8]

8 온디바이스 AI의 경량화에는 일정한 모델 크기의 한계가 있다. AI 모델의 크기는 '모델 파라미터'라는 단위로 구분되는데, 이는 AI 모델이 보유한 지식을 저장하는 단위를 말한다. GPT-4, 클로드, 코

여섯째, 멀티모달 생성형 AI와 경량화, 온디바이스 AI 기술의 발전으로 'AI 에이전트AI agent' 또는 '에이전트 AIAgentic AI'가 급부상하고 있다는 점이다.[9] AI 에이전트 또는 에이전트 AI는 "사람을 대신해 미션을 해결하거나 주요 과업을 자동화해 돕는 AI, 즉 주어진 미션에 대해 데이터 수집·분석, 문제 해결, 계획 수립과 실행, 평가 등 일련의 절차 전부 혹은 일부를 자동으로 수행할 수 있는 AI"를 말한다(오순영·하정우, 2024: 45).

물론 이전에는 AI 스피커 중심의 AI 비서AI assistant가 있었다. 2010년 애플의 시리Siri 출시 이후 2014년 아마존의 알렉사Alexa, SKT의 '누구', KT의 '기가지니', 네이버의 '클로바' 등이 대표적이다. 그러나 AI 스피커만으로는 사용자 기대에 미치지 못하는 부분이 있었고, 2020년 이후로 에이전트형 AI의 역할이 점차 부각되었다. 특히, 챗 GPT의 등장으로 AI 비서에서 AI 에이전트 시대로 전환될 가능성이 커졌다. AI 기술이 단순한 비서 역할을 넘어 더 복잡한 작업을 수행하는 에이전트로 발전하고 있는 것이다. AI 에이전트의 가장 중요한 특징은 자율적 의사결정 능력을 가지고 최소한의 인간 개입으로 복잡한 작업을 수행하고, 더 나아가 다른 시스템 및 사람들과도 협업할 수 있다는 점이다. 따라서 AI 에이전트라는 새로운 형태의 비인간 '디지털 워커'는 기존의 AI 시스템보다 더 높은 수준의 자율성과 적응력을 가지고 있어, 제조, 고객 서비스,

파일럿 등 클라우드 기반 AI 모델은 보통 2,000억 개 이상의 파라미터를 가지고 있으나, 그 AI 모델을 스마트폰에 탑재하려면 모델 파라미터의 크기를 40억 개 이하로 줄여야 한다. 따라서 AI 개발사들은 성능은 유지하면서도 사이즈를 줄이는 방법에 골몰하고 있는데, 현재로서는 온디바이스 AI가 하드웨어적 제약을 극복하는 데에 많은 한계가 존재해 보인다. 그래서 나온 대안이 스마트폰 온디바이스 AI로 처리 불가능한 기능을 클라우드 AI에 맡기는 하이브리드 방식이 모색되는데, 대표적인 예가 바로 온디바이스 AI와 클라우드 AI의 결합을 지향하는 애플 인텔리전스(Apple Intelligence)이다(장동인, 2024).

9 Agentic AI는 모델인 AI에 집중한 것이고, AI Agent는 실행하는 Agent에 집중한 개념이다. 이 글에서는 Agentic AI 또는 AI Agent를 생각에 그치지 않고 실제로 실행·행동 가능한 AI라고 규정하고자 한다.

의료와 같은 분야에서 기업의 운영 방식과 가치 창출 방식을 근본적으로 변화시킬 수 있는 잠재력이 있다.

또한 최근에는 AI 에이전트의 복잡한 작업 수행 과정을 제대로 평가하기가 어렵기 때문에 전문화된 역할을 수행하는 AI 에이전트, 즉 '판사로서의 에이전트Agent-as-a-Judge'라는 새로운 AI 에이전트 프레임워크가 주목받기도 했다. 이는 AI 에이전트를 사용하여 다른 AI 에이전트를 평가하는 방식인데, AI 에이전트가 매우 모호하고 복잡한 작업을 하위 작업으로 분해하고 순차적으로 실행하는 방식으로 개발되고 있음을 의미한다. 기존 평가 방법은 AI 에이전트가 사용하는 프로세스보다 최종 답변에 너무 집중하기 때문에 이러한 시스템을 평가하기에 부족한 점이 있었다. AI 에이전트가 발전함에 따라 에이전트 시스템의 전체 에코 시스템에는 결과뿐만 아니라 계획, 작업 분해 및 순차적 실행을 추적하는 평가 방법이 필요해졌다. 그래서 이 방법이 사전 학습된 언어 패턴에 기반한 응답 생성에 한정된 기존의 '판사로서의 LLMLLM-as-a-Judge'보다도 맥락적 이해 능력이 더 뛰어나다는 연구 결과가 발표되기도 했다.[10]

한편, 2025년은 'AI 에이전트의 해'라고 불릴 정도로 글로벌 AI 기업들의 AI 에이전트 출시 경쟁이 치열해지고 있다. 2025년 1월, 오픈 AI는 웹브라우저를 직접 조작해 복합 업무를 처리하는 범용 에이전트 '오퍼레이터Operator'를 공개하며 에이전트 경쟁의 포문을 열었다. 오퍼레이터는 코드 작성부터 여행 일정 예약까지 클릭·입력 과정을 자동화해 '디지털 사무 보조' 개념을 실물화하였

10 메타 AI(Meta AI)와 사우디아라비아의 킹압둘라과학기술대학교(KAUST)는 'Agent-as-a-Judge'라는 새로운 연구를 발표했는데, 이는 기존의 'LLM-as-a-Judge'에 관한 연구(Zhuge et al., NeurIPS 2024)를 확장한 것으로, 코딩 에이전트의 작업을 평가하는 새로운 프레임워크이다. 기존 코드 평가 시스템이 최종 결과만 검증하는 반면, 이 프레임워크는 절차적 검증을 통해 코딩 작업의 복잡한 특성을 반영한다. 이 연구에서는 메타지피티(MetaGPT), 지피티-파일럿(GPT-Pilot), 오픈핸즈(OpenHands)를 대상으로 테스트했고, 인간 평가자와 비교했는데 Agent-as-a-Judge가 더 나은 평가 정확도와 태스크 성공률을 보였다고 한다. Zhuge et al. (2024), "Agent-as-a-Judge: Evaluate Agents with Agents", https://arxiv.org/abs/2410.10934

다. 같은 달, 앤트로픽은 개발자를 겨냥한 '클로드 코드Claude Code' 에이전트를 내놓아 코드 검색·리팩토링·테스트를 일괄 지원하며 생산성 도구 시장에 도전장을 던졌다. 구글은 ADKAgent Development Kit를 기반으로 지메일·안드로이드 전반에 연동되는 '제미나이 에이전트Gemini Agent' 프리뷰를 발표해 생태계 확장을 노렸다. 오픈소스 진영에서는 오토 GPT 3.0AutoGPT 3.0, 크루 AICrewAI, 랭체인LangChain 등 다중 에이전트 프레임워크가 3.0 세대로 진화하며 에이전트 제작 난이도를 크게 낮추었다.

이처럼 '에이전트 퍼스트' 흐름이 가속화하는 배경에는 두 가지의 핵심 표준이 자리하고 있다. 하나는 모델 컨텍스트 프로토콜MCP인데, 이는 모든 에이전트가 동일한 JSON 포맷으로 도구·데이터·서비스에 접근하도록 규격화해 '플러그-앤-플레이' 통합을 가능케 했다. 다른 하나는 구글이 주도한 A2AAgent-to-Agent 프로토콜로서, 에이전트 간 신뢰·권한·작업 토큰을 교환하는 메시징 계층을 정의해 사실상 '에이전트 인터넷'을 구현했다. MCP가 도구 연결의 전원 소켓이라면 A2A는 AI 에이전트 간 고속도로로서 병목을 해소해 줄 수 있게 했다. 포브스는 2025년을 "에이전트와 물리 AI가 얽히는 3조 달러 신경제의 원년"으로 규정하며, MCP·A2A가 스마트폰 생태계에서 HTTP·TCP가 한 역할을 재현할 것이라고 분석하기도 했다. 그야말로 2025년은 챗봇의 시대를 넘어, 에이전트들이 서로 요청을 주고받고 도구-데이터-작업을 실시간 교환하는 '인공지능 고속도로'가 상용화된 첫해로 기록될 가능성이 높을 것으로 보인다(Shaver, 2025).

일곱째, 엔비디아의 CEO 젠슨 황은 2025년 초 CES 기조연설에서 '물리적 AIPhysical AI'를 클라우드 속 생성 AI를 현실 세계로 끌어내리는 새로운 패러다임이라고 규정한 바 있다 그에 따르면, 이제 AI가 화면 속에서 말만 하는 시대를 넘어, '훈련용 DGX 서버 → 가상 공장을 만드는 옴니버스Omniverse·코스모스Cosmos → 현장에서 돌리는 AGX 컴퓨터'라는 세 단계를 한 번에 갖춰 로봇·자율주행차가 스스로 보고(센서) → 배우고(시뮬레이션) → 생각해(추론) → 움직일(행동) 수 있게 되었다고 한다.[11] 이른바 '세계 모델'을 갖춘 로봇과 자율주행 시스템이 센서-시뮬레이션-추론-행동을 연결해 인간의 손발을 대신해 줄 거라는 것이다. 그는 "전 세계 CCTV에 쌓이는 7조 시간짜리 영상을 AI가 즉시 파악해 대응해야 할 만큼, AI는 이제 글자LLM를 넘어 실제 영상·공간 데이터를 직접 다루는 새 시대로 들어섰다"라고 강조했다.

물리적 AI가 적용된 AI 로봇 시장은 2024년 3.5억대에서 2050년 41억대로 연 36% 성장할 것으로 전망되며, 제조·물류·건설·농업에서 완전 자율 공정(폭스콘·알랏)과 AI-네이티브 창고(KION Group) 구축을 가속화할 것으로 예측된다. AI 가치사슬도 센서-에지컴퓨팅-월드모델-로봇까지 수직 통합되면서, GPU만 보유한 클라우드 사업자보다는 시뮬레이션 데이터·로봇 플랫폼을 가진 기업이 주도권을 갖게 되는 생태계로 전환될 것으로 전망된다. 이러한 물리적 AI 시대로의 진전은 산업용 로봇·물류·제조 현장을 'AI-네이티브 공장'으로 재구성하고, 데이터 규모가 아닌 시뮬레이션·제어 정밀도가 경쟁력을 가르는 시대로 기술 질서를 재편한다는 것을 함축한다. 이제 AI 기업의 가치는 '데이터 확보량'이 아니라 '시뮬레이션-제어 파이프라인 완성도'로 재편될 것이라는 뜻이다. 결국 물리적 AI의 시대는 AI가 언어에서 공간·동작으로, 클라우드에서 현장으로, 가상에서 실물로 이동하는 100년 만의 패러다임 전환을 공식 선언한 것으로 볼 수 있다. 그런 점에서 젠슨 황의 메시지는 디지털 혁명 이후 AI 기술 발전사가 '물리적 존재'를 획득한 전환점이자, 인간·기계·데이터 삼위일체의 '홀리스틱 인텔리전스' 시대의 개막을 알린 역사적 이정표로 평가할 수 있다.

11 그런 점에서 'AI 에이전트'가 웹과 데이터를 읽어 '무엇을 할지' 계획을 짜는 '디지털 두뇌'라면, '물리적 AI'는 센서와 로봇 몸체로 '어떻게 할지'를 실제로 수행하는 팔다리라고 비교할 수 있다. 양자가 유기적으로 결합된다면 컴퓨터 속 계획이 곧바로 현실 동작으로 이어지는 '완전 자동화'가 구현되는 것이라 할 수 있다.

4. 인공지능 기술의 향후 전망 및 국제정치적 함의

국내외 AI 기업들 간의 고성능 AI 모델 및 서비스 출시 경쟁이 한층 더 치열해지는 가운데, 앞에서 논의한 AI 기술 발전의 일곱 가지 특징은 당분간 향후의 AI 기술 발전 과정을 특징짓는 주요한 요인으로 지속·강화될 것으로 보인다. 이러한 특징들이 상호 결합하면서 AI 기술의 지속적 발전은 결국 AI의 활용이 모든 영역에서 이루어지는 것, 즉 AI가 점차 일반목적기술General Purpose Technology화하는 방향으로 전개될 가능성이 매우 높다. 즉, AI는 데이터가 있는 곳이라면 어디든지 스며들어 일상, 일하는 방식 및 산업현장 등을 지원하며 생산력을 높이는 배태된/스며든 AIEmbedded AI가 될 것이라는 뜻이다. 따라서 최근 LLM 기반의 생성형 AI 이용의 확산, 물리적 AI로의 급격한 전환, 그리고 AI 플랫폼을 둘러싼 치열한 경쟁의 가속화 등으로 인해 혁신적 AI 서비스의 범람은 점차 인간의 능력과 대등하거나 뛰어난 인공지능, 즉 일반인공지능Artificial General Intelligence: AGI의 시대가 한 발짝 더 가까이 다가올 것이라는 전망을 촉발하게 만든다. 그만큼 고도화된 AI 기술은 국가의 중요한 전략 자산으로 간주되면서 국가 간의 AI 개발 경쟁을 더욱 치열하게 만들 것이다. 그러면 AI 기술의 국가 전략 자산으로의 전환, 그리고 일반인공지능AGI 및 물리적 AI 시대로의 전환이라는 전망과 관련하여 AI 국가책략의 방향 설정과 관련해서 검토해야 할 이슈는 무엇이고 그것의 국제정치적 함의는 무엇인가?

첫째, 글로벌 AI 거버넌스에서 우리나라의 AI 국가책략을 어떤 방향에서 수립해야 할 것인가 하는 점이다. 오늘날 글로벌 AI 거버넌스 지형에서 한국이 차지하는 독특한 위치, 즉 대외적 경쟁력 확보와 대내적 수요 대응을 동시에 고려해야 하는 '교량 국가bridge state적 역할'이라는 지정학적 위상을 고려해야 할 필요가 있다. 이는 한국 AI의 지정학적 위상을 미국, 중국 등 AI 강대국을 추격해야 하는 발전전략(수직적 추격전략), 영국·싱가포르·캐나다·일본 등 AI 경쟁국들과의 비교우위에서 경쟁력을 확보하기 위한 전략(수평적 경쟁전략), 그

그림 2-5 글로벌 거버넌스 지형에서 대한민국 AI의 지정학적 위상

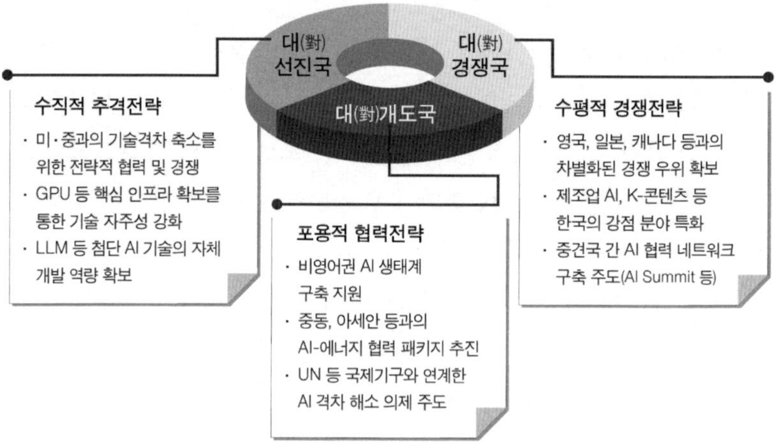

자료: 저자 작성

리고 'AI 격차 해소'라는 글로벌 어젠다(즉 포용적 AI)를 매개로 한 국제기구(UN 등) 및 글로벌 다수 국가global majorities들과의 협력 주도(포용적 협력전략) 등 세 가지의 AI 전략을 동시에 추구해야 하는 복합적 위치에 놓고 볼 수 있다는 뜻이다. 달리 말하면, 한국 AI의 지정학적 위상은 AI 최상위 계층(미국, 중국)과 중간 계층(영국, 일본 등), 그리고 발전 단계 국가(개도국 또는 글로벌 사우스)들을 연결하는 독특한 교량적 위치에 있으며, 이는 선진국의 기술혁신과 개발도상국의 기술 수요를 동시에 이해하고 중개할 수 있는 전략적 입지의 가능성을 시사한다.

이렇게 글로벌 AI 거버넌스의 관점에서 AI 국가책략의 방향을 설정할 경우, 국내 AI 분야의 전문가들 사이에서는 두 가지 접근법(관점)이 경쟁하는 것으로 보인다. 전자는 미국, 중국 등 주요국들의 AI 무한 경쟁 속에서 단순한 기술 추격의 틀에서 벗어나 대한민국의 강점을 살린 발전 경로를 제시하며 글로벌 AI 생태계에서 한국의 독자적 위상을 확립할 수 있는 AI 발전전략을 추구하려는

요구에서 출발한다. 예컨대 미국, 중국에 이은 명실상부한 세계 3위 AI 강국으로의 전환(국가경쟁력 강화)을 위한 초격차 전략의 일환으로, '세계 최고 수준의 독자적인 국가 AI 인프라 구축'이라는 AI 국가책략을 적극 제기한다는 것이다. 그 이유는 AI를 핵심 동인으로 하는 국가 간 무한 경쟁 속에서 AI를 단순한 기술 영역이 아니라 국가 핵심 전략으로 인식하고, 이에 입각한 포괄적이고 통합적인 정책을 마련하는 것이 시급해졌기 때문이다. GPU 등 컴퓨팅 자원의 확보가 AI 발전의 핵심 요소로 부상하는 등 AI 모델의 경쟁력은 바로 강력한 인프라에서 비롯하며, 이를 국가전략 인프라로 구축함으로써 국가경쟁력을 유지, 확충할 수 있다고 보는 것이다.

반면에 후자는 최근 ① LLM 등 기반 모델 경쟁력, 자금, 데이터, 유통망 등에서 빅테크 기업들의 글로벌 시장 우위 지속 전망, ② 글로벌 빅테크의 AI 독점에 대한 규제 레짐 강화(브뤼셀 효과, 다자간 규제 거버넌스)의 흐름, ③ 학습 데이터의 고갈[12] 및 에너지 문제로 인한 AI 모델 발전의 한계(스케일링 법칙의 한계), 그리고 ④ 트럼프 2기 행정부의 기술보호주의 강화, ⑤ 최근 환율 변동에 따른 GPU 가격 폭등 등의 이슈로 인해 무리하게 AI 인프라에 투자하기보다는 우리나라가 잘하는 영역의 AI를 특화해 발전시켜 해외에 수출하거나, 전 세계에서 AI를 가장 잘 활용하는 국민적 역량(인재 양성 등)을 활용해 AI 경쟁력을 확보하자는 관점이다. 따라서 한국이 AI 기술 선도국이 되기 위해 LLM과 같은 대규모 투자에 집중하기보다는 특화된 sLM 개발이나 제조업, 의료, 스마트시티 등 한국의 주력 산업에 적합한 AI 솔루션 개발 등 틈새시장을 공략하는 전략을 모색해야 한다고 본다.[13] 어쩌면 단순한 AI 기술 선도가 아닌 AI 기술

12 테슬라 CEO 일론 머스크는 "작년에 기본적으로 AI 훈련에서 누적된 인간 지식의 총합을 고갈시켰다"라면서, AI 학습 데이터 고갈 문제를 해결하는 대안으로 AI가 스스로를 평가하는 자체 학습 과정을 거치기 위한 '합성 데이터(Synthetic Data)'를 언급한 바 있다(https://www.aipostkorea.com/news/articleView.html?idxno=5630).

13 이러한 주장을 전개하는 한국의 대표적인 전문가들로는 장병탁 서울대학교 AI 연구원장("한국은 반

의 광범위한 확산을 위한 제도적 역량, 즉 AI 확산을 위한 숙련 인프라skill infrastructure 구축(교육 시스템을 통한 엔지니어링 기술 보급 등)과 같은 제도적 요인, 글로벌 AI 생태계와의 협력(AI 외교 역량) 등이 더 중요하다고 보는 시각이다.

둘째, 국가 간의 AI 기술경쟁이 가속화할수록 AI 기술 개발 방식이 더욱 위험해져 AI를 마치 핵무기처럼 다루어야 할 필요성이 높아질 수도 있다는 점이다. 지금까지 대부분의 AI 연구 및 개발방법론은 위험성을 지속 평가하며 점진적으로 개발 규모를 확대해 가는 '점진적이고 예방적인 안전 중심의 개발 방식precautionary incrementalism'을 선호해 왔다. 그러나 AI 개발 경쟁이 가열되면서 AI 기술 개발 초기부터 안전성을 제쳐두고 성능 극대화 또는 기술적 돌파구 달성을 목표로 하는, '극단적 위험 우선 접근법Extreme Risk-First Approach' 또는 '고위험 고수익high-risk high-reward' 접근법을 선호할 가능성이 높아진다는 것이다. 현실적으로 국가 간의 AI 경쟁 심화로 인해 성능과 속도 중심의 개발 방식이 지배적이 될 가능성이 높다. 이 같은 접근 방식은 규제 및 윤리적 한계가 최소화된 환경에서 개발을 추구하기 때문에, 안전사고나 부작용, 윤리적·사회적·경제적 피해를 사전에 고려하지 않고, 사고가 발생하더라도 사후에 관리하면 된다는 사고방식을 특징으로 한다. 처음부터 매우 강력하면서 위험 가능성이 큰 AI 기술 개발을 우선적으로 추진하는 것을 의미한다. 이러한 개발 방식은 자칫 국제적 AI 군비경쟁AI Arms Race을 가져와 결국 인간의 통제권이 상실된 '파국적 위험Catastrophic Risks'을 증대시킬 수 있다.

그래서 AI를 핵무기처럼 다루어야 한다는 요구가 제기된다. 여기에는 핵무기 개발 경쟁이 결국 비확산 체제로 이어진 것처럼, AI 개발 경쟁도 결국에는

도체, 배터리, 바이오 등 제조업 강점을 활용한 산업 특화 AI 개발에 집중해야 한다"), 임춘성 연세대학교 산업공학과 교수("한국형 AI 경쟁력은 제조업 디지털 전환, 특히 산업 특화된 sLM에서 찾아야 한다"), 박성준 두나무 DX 연구소장("한국은 금융, 의료 등 특화 분야 AI 개발에 주력해야 한다"), 이상훈 현대자동차 AI 연구소장(자동차 산업과 AI 결합을 통한 특화 모델 개발 주장) 등이 있다.

표 2-2 AI 인프라 주도형 전략과 AI 활용/응용 주도형 전략의 차이점 비교

	AI 인프라 주도형 전략	AI 활용/응용 주도형 전략
지향점	• 기반 모델(Foundation Model) 경쟁력 강화 전략 • '미국, 중국에 이은 명실상부한 세계 3위 AI 강국 지향'(AI Big 3) • 글로벌 빅테크와 적극적으로 AI 모델 개발 경쟁을 추진 ※ 당장 미국 AI 기업과 대등한 수준의 AI 모델 경쟁이 어렵다면 중장기적으로 트랜스포머(Transformer) 이후의 차세대 AI 모델 개발에 집중 투자하자는 의견도 존재(swarm intelligence)	• 응용 분야(appliaction)에서의 선택과 집중 전략 • '세계에서 AI를 가장 잘 활용하는 국가'라는 AI 서비스 강국 지향 • 글로벌 빅테크와의 AI 모델 경쟁 무의미, 그들이 놓치고 있는 틈새시장을 개척하거나, 빅테크들이 내놓은 AI 모델을 재조합해 혁신적인 AI 서비스를 만드는 것이 낫다는 전략 ※ 한국 AI 시장 규모는 2024년 기준 32억 1,000만 달러(한화 약 5조 원)로, 글로벌 시장 규모의 약 1.78%에 불과
장점	• 독자적 AI 모델 개발 및 AI 주권 확보 • 글로벌 AI 표준화/규제 논의에서 발언권 확보 • 반도체 등 기존 제조 강점과의 시너지 효과 기대 • 국가안보 측면에서 자주권 확보	• 상대적으로 적은 초기 투자 비용 • 빠른 시장 진입과 성과 창출 가능 • 기존 산업과의 융합 용이 • 실용적인 AI 응용 사례 창출 가능 • 리스크 분산 효과
단점	• 막대한 초기 투자 비용 • 높은 운영/유지보수 비용 • 투자 대비 수익성 불확실 • 미중 기술 패권경쟁 속 리스크 증가 • 전력 등 에너지 인프라 부담 가중	• 핵심 AI 기술 의존성 심화 • 글로벌 AI 생태계에서 기술 종속 고착화 • 장기적 국가경쟁력 약화 우려 • AI 인재 유출 가능성 • 국가안보 측면의 취약성
비용 및 시간	• 인프라 구축: 초기 5~6조원+ 연간 5,000억 원의 운영비 • 3~5년 소요	• 활용/응용: 초기 1~2조원+ 연간 2,000억 원의 운영비 예상 • 1~2년 내 성과 창출 가능
대표적 연구자 및 CEO, 개발자	• 샘 올트만(Sam Altman, 오픈 AI CEO): 기반 모델의 독자적 개발과 AI 인프라 구축의 중요성 강조 → 국가 차원의 대규모 컴퓨팅 자원 확보 필요성 주장 • 젠슨 황(Jensen Huang, 엔비디아 CEO): AI 슈퍼컴퓨터 인프라의 국가경쟁력 연관성 강조 → GPU 등 컴퓨팅 자원의 전략적 중요성 역설 • 대표적인 국내 인물로는 김병운(ETRI 인공지능연구소장), 장병탁(서울대학교 AI 연구원장), 하정우(네이버 AI 랩 소장) 등	• 얀 르쿤(Yann LeCun, 메타 AI 수석 과학자): 기존의 기반 모델을 활용한 특화 응용 개발의 중요성 강조 → 실용적이고 효율적인 AI 활용에 초점 • 앤드루 응(Andrew Ng, DeepLearning.AI 설립자): 산업별 특화AI 응용 개발의 중요성 강조 → 실용적인 AI 솔루션 개발에 더 집중하는 것이 낫다고 주장 • 제프리 딩(Jeffrey Ding) 교수의 저서 『기술과 강대국의 부상(Technology and the Rise of Great Powers)』(2024) 참조 • 대표적인 국내 인물로는 이상훈(업스테이지 대표), 김범수(KAIST 인공지능대학원 교수) 등이 "한국의 강점 분야에서 AI 응용 서비스 개발 주력"을 강조

자료: 저자 작성

공통의 안전을 위한 국제적 협력 체제로의 발전을 모색하지 않을 수 없다는 문제의식이 깔려 있다. 그런 점에서 댄 핸드릭스Dan Hendrycks, 에릭 슈미트Eric Schmidt, 알렉산더 왕Alexandr Wang 등이 저술한 「슈퍼인텔리전스 전략Superintelligence Strategy」이라는 연구에 주목할 필요가 있다. 이들은 AI의 발전이 가져올 수 있는 글로벌 안보 위협 및 이에 대응하는 전략적 접근 방법을 제시했는데, AGI 또는 ASI라는 '슈퍼무기Superweapon' 경쟁이 가져올 전략적 불안정을 해결하기 위한 세 가지 전략, 즉 억지/억제Deterrence, 비확산Nonproliferation, 경쟁력Competitiveness을 제시한다. 특히 이 연구에서 'MAIMMutual Assured AI Malfunction' 개념이 인상적인데, 핵무기 시대의 상호확증파괴Mutual Assured Destruction: MAD와 유사하게, 어느 국가가 일방적 AI 우위를 추구할 경우 경쟁국들이 이를 방해하기 위한 예방적 파괴(사이버 공격부터 데이터 센터에 대한 물리적 공격까지)를 가할 수 있다는 억제 체제를 제시하기도 했다.

셋째, 중국의 오픈소스 AI가 지니는 지정학적 함의에 주목해야 한다는 점이다. 중국의 AI 기술경쟁력은 '딥시크DeepSeek' 사례를 통해 예상보다 높은 수준임이 확인되었으며, 이는 앞으로 글로벌 AI 생태계뿐만 아니라 국제정치 전반에도 큰 영향을 미칠 것으로 보인다. 중국의 오픈소스 AI 플랫폼 확산은 세계 기업과 개발자들의 중국 기술 활용도를 높일 것인데, 이에 따라 미국을 포함한 주요국들은 AI 안보 및 기술 보호 전략을 더욱 강화할 것이기 때문이다. 즉 중국 AI 기술의 글로벌 확산으로 각국의 AI 주권 경쟁이 심화되어 EU, 한국, 일본 등이 AI 기술 독립성 제고와 자국 중심 생태계 육성에 주력하게 될 것이다. 결국 중국의 AI 경쟁력 강화는 세계 AI 기술 환경의 재편을 가져오며, 글로벌 차원의 전략적 경쟁과 협력을 동시에 촉진할 것으로 보인다.

문제는 중국의 딥시크를 비롯해 오픈소스 AI의 글로벌 확산에 대해 어떻게 전략적 대응을 할 것인가이다. 오픈소스 AI 모델은 기술적 진보 가속화, 투명성 증가, 권력 분산이라는 장점이 있지만, 다른 한편으로는 오픈소스 AI 모델에 의도적으로 '백도어Backdoor'를 심어 정보를 탈취하거나 미국의 뛰어난 오픈

그림 2-6 '중국의 AI 실크로드': 최근 신흥 강자로 떠오른 중국의 주요 AI 서비스

자료: 저자 작성

소스 AI가 중국에 의해 군사적 용도로 오용될 수 있다는 지정학적 위험도 제기되기 때문이다. 그렇다고 해서 모든 오픈소스 AI 모델에 대해 광범위한 수출통제를 적용할 경우 혁신을 방해하는 등의 역효과가 클 것이다. 그래서 AI 모델별로 개발자가 출시하기 전에 위험 평가를 수행하고 독립적인 기관의 감사를 거치도록 의무화하는 제도적 방안을 검토하기도 한다.[14]

넷째, 사람의 지능을 모방하는 단계를 넘어 사람의 지능과 능력을 능가하는 AI의 등장, 즉 AGI의 출현은 AI의 윤리적 문제를 포함해 AI 규제를 둘러싼 국제규범 및 AI 규제 거버넌스 형성 과정을 누가 주도하고 관리하느냐의 국가 간

14 미국 예일대학 디지털윤리센터(DIgital Ethics Center)와 AI 정책센터(Center for AI Policy)가 공동으로 발표한 「U.S. Open-Source AI Governance」 보고서에 따르면, 중국이 오픈소스 AI에 악성코드나 취약점을 심어두고 이를 미국 내 시스템에 침투시키는 이른바 '백도어 공격'을 막기 위해 미국 정부가 사용하는 오픈소스 AI 모델에 대한 보안감사를 의무화하는 방안, 예컨대 '소스 파악(Know Your Source: KYS)', 공개적으로 접근 가능한 감사 보고서 제공 등의 감사 절차를 제안한 바 있다(Wilson and Hine, 2025).

치열한 경쟁을 예고한다는 점이다. 주지하다시피 AI 기술의 급격한 발전과 함께 AI 기술의 윤리적 문제와 규제에 대한 논의의 중요성이 부각되고 있다. 알고리즘의 편향성, 개인정보 보호 문제, 일자리 대체 등 사회적 영향에 대한 우려가 제기되면서, 책임 있는 AI 개발과 활용을 위한 국제적 가이드라인과 정책 수립이 요구되고 있다. 각국에서도 AI 기본법을 비롯해 AI 규제 입법 및 관련 제도를 수립하기 위해 노력하고 있으나, 글로벌 차원에서 보면 각국의 AI 규제 체계의 상이함이 반영된 AI 거버넌스의 파편화 또는 블록화 현상을 목도하게 된다. 생성형 AI의 급속한 확산에 따른 부작용이나 역기능에 대응하려는 논의가 처음에는 개별 국가 차원에서, 동맹국like-minded countries 중심의 소다자 기구를 중심으로 AI 규제 또는 AI 안전 등의 거버넌스를 모색했으나, 최근 들어서는 UN, OECD, G20 등 기존의 전통적인 다자간 국제기구들이 AI 규제에 적극 관여하기 시작하면서, 글로벌 AI 거버넌스의 지형이 점차 파편화·다극화되는 양상을 보이고 있다는 것이다. 더구나 AI 경쟁력을 갖춘 주요국들마다 디지털 주권 또는 데이터 주권 담론의 증가, 특히 '소버린 AISovereign AI'의 급부상으로 인해 그러한 양상은 더욱 심화할 것으로 보인다.

다섯째, 일반인공지능AGI을 둘러싼 국가와 기업 간의 관계는 점차 복잡하게 얽혀가고 있는데, 국가와 국가, 기업과 기업뿐만 아니라 국가와 기업 사이의 복합적인 상호작용에도 더욱 주목할 필요가 있다는 점이다. 왜냐하면 AGI는 기존 AI와 달리 경제발전과 국가안보에 지대한 영향을 미치는 중요한 자원이므로, 국가와 기업 간의 경쟁이 더욱 치열해질 수밖에 없기 때문이다. AGI는 단순한 데이터 처리뿐 아니라 인간과 유사한 수준의 추론과 문제 해결 능력을 갖춘 시스템으로, 국가 차원에서 경제적 효율성을 크게 높이고, 안보 위협에 대응하는 데 있어 중요한 역할을 할 수 있다. 따라서 AGI는 엄청난 비용이 들고 고도의 컴퓨팅 자원과 인력을 필요로 하기 때문에 단일국가나 기업이 독자적으로 감당하기 어렵기 때문에, 기업 간 파트너십 등 다각적인 협력이 요구된다. 그런 점에서 향후 AI 기술의 발전은 단일국가의 생태계를 넘어, 정부, 기업, 전문가, 시민사회 등 다양한 이해관계자들이 협력하고 경쟁하는 새로운 국제정치 무대를 형성하게 될 것이다. 이 과정에서 정부와 기업 간의 협력뿐만 아니라, 상이한 국가와 기업들 간의 교차 협력과 복잡한 갈등 양상 역시 매우 중요한 관전 포인트로 등장하고 있다.

AI 기술은 첨단기술이자 경제적·정치적 자산으로, 국가 및 기업 간에 치열한 경쟁을 촉발시킨다. 하지만 동시에 기술 공유와 공동 개발이 필수적인 분야이기 때문에 협력도 활발하게 일어난다. 특히, 특정 기술을 선도하는 국가나 기업이 다른 국가나 기업과 파트너십을 맺어 상호 이익을 창출하는 경우가 많다. 예를 들어, 미국의 기술 기업들이 유럽의 규제 기준을 맞추기 위해 협력하거나, 아시아 국가들이 AI 연구를 위해 공동 펀드를 설립한 사례가 있다.

그러나 AI 기술을 둘러싼 국가와 기업 간의 갈등이 복잡하게 발생하기도 한다. 기술 표준, 데이터 주권, AI 윤리 기준 등에 관한 이견이 발생하면 협력 관계가 갈등으로 언제든지 전환될 수 있다. 이는 국제적인 기술규제 논의, 또는 특정 국가의 AI 개발 우선 정책이 다른 국가들의 기술경쟁력에 영향을 미치는 방식으로 나타나고 있다. 예컨대 유럽연합EU이 자국 내 기업을 보호하고, 미국의 빅테크 기업을 견제하기 위해 도입한 '디지털 시장법Digital Markets Act: DMA'과 '디지털 서비스법Digital Services Act: DSA' 등이 대표적이다. 이 법들은 주로 구글, 애플, 메타 등 미국의 대기업들이 유럽 시장에서 독점적인 지위를 남용하지 못하도록 규제하는 데 초점을 맞추고 있다.

또한 2023년 12월 6일, EU가 인공지능법을 승인하려 할 당시, 프랑스를 포함한 일부 유럽 국가들의 반대에 부딪히자 범용 생성형 AI 모델에 대한 규제 기준으로 컴퓨팅 사용량 1025 FLOP이라는 항목을 추가했는데, 이는 EU가 미국 빅테크 AI 기업을 견제하는 동시에 유럽 AI 기업들에게는 AI 성장 기회를 보장하려는 지정학적 의도가 담긴 결정이었다. 이와 맞물려 출시된 메타의 오픈소스 AI 모델 라마 3.1LLaMA 3.1 405B는 4,050억 개의 매개변수를 갖추고 있는데, 이는 유럽의 규제 기준인 3.8 × 1025 FLOP을 훨씬 초과하는 성능을 보였다.

또한, 미국 AI 기업들이 중동 국가에 진출하거나 기술을 수출할 때 미국 정부가 제재를 가한 사례가 있다. 특히 트럼프 행정부는 화웨이와 같은 중국 기업들이 중동 국가들과 밀접한 기술 교류를 진행하던 것을 막기 위해 AI 기술 수출을 제한한 적이 있다. 이는 중국과의 기술 패권경쟁에서 미국의 AI 기술이 악용될 가능성을 차단하려는 조치였는데, 중동 및 기타 국가에도 유사한 제재가 적용되었던 것이다.

여섯째, AI가 국가 간 갈등의 핵심 요소임에는 틀림없으나 그럼에도 불구하고 AI 협력의 비전을 계속 그려나가야 한다는 것이다. AGI 시대의 본격화에 대비하여 AI 기술 발전에 따른 국가 간 협력 및 갈등 조정 메커니즘 구축에도 주목하자는 것이다. AI 기술의 글로벌 확산은 국가 간 상호 의존성을 증대하는 동시에 새로운 형태의 갈등을 야기할 수 있기 때문이다. 예컨대 기술 독점, 데이터 주권 문제, AI의 군사적 사용 등으로 인한 국가 간 갈등을 조정할 수 있는 국제적 협력 및 해결 방안을 연구해야 한다. 특히 국제 협상을 통한 AI 사용 가이드라인 설정과 이행 감독 체계 구축 방안에 주목할 필요가 있다. 이를 위해 AI 기술의 윤리적 사용, 데이터 공유, 표준화된 규제 등을 위한 국제적 협력 체계 구축 방안, 국가 간의 기술격차를 줄이기 위한 공동의 기술개발 프로젝트 추진 방안도 모색해야 할 것이다. 지난 REAIM 2024에서도 심층 논의되었듯이, AI의 군사적 활용 가능성에 따른 국제 안보 체계의 변화를 분석하고, AI 무기 시스템의 확산을 막기 위한 규제 방안도 아울러 연구해야 한다. AI 기술을 이용한 군비경쟁을 억제하고 국제 평화를 유지하기 위한 협력 방안 모색이 그 어느 때보다 필요하기 때문이다.

앞으로 AI의 발전은 단순한 기술혁신을 넘어, 국제관계와 경제질서를 재편하는 중요한 요소로 작용할 것이며, 이러한 복잡한 양상을 지속적으로 관찰하고 분석하는 것은 필수적이다. AI 기술은 이제 국제정치적 의미가 더욱 명확해지고 있으며, 단순한 빅테크 간의 경쟁을 넘어, 국가 간 기술 패권경쟁 및 안보 갈등의 중심에 놓여 있기 때문이다.

그러나 현재 국제정치학계는 AI 기술의 특성과 흐름을 피상적으로 이해하는 경향이 있다. 기술의 심층적 측면까지 완벽하게 이해하지는 않더라도, AI를 둘러싼 기술적·사회적 맥락을 통합적으로 이해하는 것은 매우 중요하다. 이러한 이유로, 국제정치학에서 AI에 대한 기술적 이해는 필수적이라고 생각한다. 그렇다고 해서 기술결정론의 함정에 빠져서는 안 될 것이다. 기술결정론적 시각을 넘어, AI 기술이 초래할 복합적인 사회-기술적 변화를 종합적으로 이해하고 대응하는 관점에서 기술적 이해가 필요하다는 뜻이다.

그런 점에서 AI 기술에 대한 심도 있는 이해는 오늘날 국제관계의 복잡성을 파악하고, 효과적으로 대응하는 데 필수적인 도구가 될 수 있다. 이는 기술과 정치의 상호작용을 종합적으로 이해하는 출발점이기도 하다. 특히 각국의 AI 기술 수준과 발전 가능성을 평가하는 것은 국제관계의 역학 구조를 파악하는 데 유용하며, AI 기술의 군사적 응용 가능성까지 고려할 경우, 새로운 형태의 안보 위협을 식별하고 효과적인 대응책을 마련할 수도 있는 중요한 테마이기도 하다. 또한, AI 기술을 둘러싼 국가 간의 복합적 경쟁과 협력을 기반으로 한 기술외교 전략을 구축하는 데에도 기여할 수 있을 것이다. 앞으로 AI 기술은 오늘날의 국제 정세를 이해하고, 더 나아가 국가 간 관계와 안보 환경을 재정의하는 중요한 자원으로 자리매김해야 할 것이다.

김성우. 2024. "Retrieval-Augmented Generation(RAG): Paradigm, Technologies, and Trends". https://www.linkedin.com/posts/%EC%84%B1%EC%9A%B0-%EA%B9%80-58448045_ssam-retrieval-augmented-generation-rag-activity-7246734773266628609-E2hB (검색일: 2024.10.27)

김영희. 2023. 「생성형 인공지능(Generative AI) 산업 현황 보고서」. 한국저작권위원회.

박나연·전보경. 2024. 「AI의 온디바이스화에 따른 무선통신기기 및 부품산업의 영향과 과제」. ≪월간 KIET 산업경제≫(2024.9).

박태웅. 2024. 『박태웅의 AI 강의 2025: 인공지능의 출현부터 일상으로의 침투까지 우리와 미래를 함께할 새로운 지능의 모든 것』. 한빛비즈.
오순영·하정수. 2024. 『2025 AI 대전환: 주도권을 선점하라: 국가대표 AI 전문가 2인이 제안하는 AI 주도권 확보 전략』. 한빛비즈.
장동인. 2024. "스마트폰과 온디바이스 AI의 미래". https://news.skhynix.co.kr/post/all-around-ai-5
한국지능정보사회진흥원. 2024. 「대형 멀티모달 모델(LMM) 벤치마크 동향 조사」. ≪AI@Data Report≫, 2024년 제4호, 한국지능정보사회진흥원.

Hendrycks, Dan, Eric Schmidt, and Alexandr Wang. 2025. "Superintelligence Strategy." https://www.nationalsecurity.ai/
https://www.centeraipolicy.org/work/us-open-source-ai-governance
Huang, Sonya and Pat Grady. 2024. "Generative AI's Act o1." https://www.sequoiacap.com/article/generative-ais-act-o1/
Judge, Brian, Mark Nitzberg, and Stuart Russell. 2024. "When code isn't law: rethinking regulation for artificial intelligence." *Policy and Society*, May 2024. https://doi.org/10.1093/polsoc/puae020
Kumar, Komal et al. 2025. "LLM Post-Training: A Deep Dive into Reasoning Large Language Models." https://arxiv.org/abs/2502.21321
Mostrous, Alexi, Joe White, and Serena Cesareo. 2024. "The Global Artificial Intelligence Index 2024." Tortoise(2024.9.19). https://www.tortoisemedia.com/2024/09/19/the-global-artificial-intelligence-index-2024/
OpenAI. 2024. "Introducing OpenAI o1-preview." https://openai.com/index/introducing-openai-o1-preview/
Russell, Stuart, Karine Perset and Marko Grobelnik. 2023. "Updates to the OECD's definition of an AI system explained." https://oecd.ai/en/wonk/ai-system-definition-update
Shaver, Nicola. 2025. "Agents, Agents Everywhere: The State of Agentic AI in 2025." https://www.legaltechnologyhub.com/contents/agents-agents-everywhere-the-state-of-agentic-ai-in-2025/
Thubron, Rob. 2024. "Nvidia boss Jensen Huang calls ChatGPT the greatest thing to ever happen to the computing industry: The 'iPhone moment' for AI." Techspot, https://www.techspot.com/news/97584-nvidia-boss-jensen-huang-calls-chatgpt-greatest-thing.html
Wilson, Claudia and Emmie Hine. 2025. "US Open-Source AI Governance: Balancing Ideological and Geopolitical Considerations with China Competition."
Zhuge, Mingchen et al. 2024. "Agent-as-a-Judge: Evaluate Agents with Agents." https://arxiv.org/abs/2410.10934

3 인공지능과 AI 반도체 경쟁*

유인태 | 단국대학교

1. 서론

2025년 1월 13일, 미국 조 바이든Joe Biden 정부는 퇴임하기 불과 수일을 앞두고 인공지능 기술의 글로벌 확산을 규제하기 위한 정책, 「인공지능 확산을 위한 프레임워크Framework for Artificial Intelligence Diffusion, or AI Diffusion Framework」를 전격적으로 발표했다(Bureau of Industry and Security, 2025a). 바이든 정부는 임기 중 미국 대외경제 정책에 있어 혁명적 변화를 수반하는 여러 수출통제 정책을 도입했는데, 마지막 외교정책 또한 AI와 관련된 대對중국 반도체 수출에 초점을 두었다. 동년 1월 20일, 4년 만에 두 번째 임기를 시작한 도널드 트럼프Donald Trump는 취임하고 얼마 되지 않은 23일에 행정명령Executive Order 14179 「미국의 인공지능 리더십 유지를 위한 장애물 제거하기Removing Barriers to American Leadership in Artificial Intelligence」에 서명했다. 이전 정부의 AI 관련 행정명령 14110 「안

* 이 원고는 「인공지능과 미중 전략 경쟁의 국제정치: 글로벌 AI 반도체 공급망과 미국의 경제적 강압을 중심으로」, ≪국제정치논총≫, 제65권 1호(2025)에 실린 논문을 수정 및 보완하였다.

전하고 신뢰할 수 있는 인공지능 개발 및 사용Safe, Secure, and Trustworthy Development and Use of AI」의 내용을 철회하고, 실행계획Developing on Artificial Intelligence Action Plan을 세우라는 것이 행정명령 14179의 골자이기는 하나, 수출통제의 변화에 대한 직접적인 언급은 없었다. 오히려 20일에 발표한 「미국 우선 무역 정책 지침America First Trade Policy directive」을 보면, 기존 수출통제 시스템을 재점검하고 허점loopholes을 제거하도록 국무부와 상무부에 지시하고 있다(The White House, 2025). 2025년 5월에는 더 구체적인 움직임이 있었는데, 이전 정부의 「AI 확산 프레임워크」의 시행을 하지 않고, 정부 간 협상을 통해서 AI 칩의 이동을 결정하겠다는 방침을 내놓았다. 이러한 변화는 미국이 안보 중심의 동맹국 간 협력보다는 미국의 상업적 이익에 중점을 둔 수출통제 체제로 선회할 단초가 될 수 있다.

인공지능Artificial Intelligence: AI이라는 용어는 선진국과 개도국을 망라하여 전 세계의 정치·경제·사회·군사·외교 등 모든 분야에서 화두가 되었다. AI라는 용어가 어떤 기술을 의미하는지, 어떤 측면을 의미하는지는 종종 명확하게 정의되지 않은 채 사용된다. 심지어 전통적 데이터 분석 기법들과 AI 머신러닝machine learning이 구분 없이 사용되고 있는 경우나, AI 관련 정책 분석에서 방대한 AI 생태계의 구성 요소들을 구분하지 않고 'AI'라는 용어로 통칭하여 분석하는 경우가 흔하다(Mueller, 2025). 그러나 연구에서 명확한 정의 없이는 장님이 코끼리를 만지고 논의할 때와 같은 혼란을 피할 수 없다. 왜냐하면 AI 생태계만 보더라도 매우 복합적인 환경을 지칭하기 때문이다. AI 생태계란, AI 기술의 개발·배포·활용을 위해 구성 요소들이 상호 연결된 복합적 환경을 의미하는데, 여기에는 하드웨어 인프라, 소프트웨어 플랫폼, 데이터, AI 모델, 애플리케이션, 인적 자원, 제도와 거버넌스 등이 포함된다.

본 연구는 'AI 생태계'보다는 좀 더 작게 AI 자체로 연구 범위를 한정한다. 그리고 AI를 구성하는 세 가지 요소—컴퓨팅 장치, 훈련용 데이터 그리고 알고리즘/모델—중에서도, 특히 'AI 반도체'라는 컴퓨팅 장치의 핵심에 집중한다. 물론, 논의는 자연스럽게 나머지 요소들이나 생태계 전반으로 확장될 수 있다. AI 반도체란, 복잡한 AI 워크로드를 처리할 수 있는 강력한 연산 능력을 제공하는 반도체로, 'AI 작업에 최적화된 특수 프로세서'라고 정의할 수 있다(Aleksandar, 2024). 따라서, 이 글에서는 인공지능과 반도체에 대한 논의가 중첩되며, 해당 구성 요소가 개발, 생산 그리고 국경을 넘어 이동하는 단계들을 함께 고려할 것이다.

2. 미국의 AI 반도체 수출통제 정책

미국의 대중국 반도체 수출통제의 시발은 2018년 미중 전략경쟁이 본격화되면서 중국의 디지털 네트워크 장비업체인 화웨이를 겨냥하며 정책적 도구를 모색하던 데에서 비롯되었다.

1) 트럼프 1.0 정부에서의 수출통제

첫 번째 조치는 미국 내 수출통제 제도의 개혁 맥락에서 2019년 5월 21일에 도입된 수출관리규정Export Administration Regulations: EAR이다. EAR은 미국 원산지 품목, 미국에서 수출되는 품목, 그리고 일정 기준 이상의 미국 원산지 통제 콘텐츠를 포함한 외국산 품목에 적용된다. 이에 따라 EAR에 해당하는 품목들은 수출 전에 미 당국의 인가를 받아야 한다. 상무부Department of Commerce하의 산업보안국Bureau of Industry and Security: BIS은 EAR에 따라 「수출통제 대상자 목록Entity List: EL」을 작성하는데, 여기에 화웨이와 화웨이의 해외 계열사, 68개 기업을 포함했다.[1] 이 조치로 인해, 미국의 사기업들은 당국의 허가 없이는 EAR에 속하는 모든 품목을 화웨이에 수출, 재수출, 그리고 이전할 수 없게 되었다. 화웨이에 대한 수출통제 범위에 속하는 품목은 주로 전자, 컴퓨터, 전기통신, 정보 보안과 관련된 미국산 소프트웨어나 기술을 사용하여 제조된 물품들, 예를 들어 정보통신, 반도체, 디스플레이 제품들이다.[2] 이 때문에 중국의 해당 물품의 생산과 수출은 지장을 받게 되었으며, 화웨이의 경우 2019년 인텔과 퀄컴 등 주요 반도체 기업들의 화웨이로의 수출 라이선스가 취소되면서 노트북과 스마트폰용 칩 공급에 차질이 생겼고, 영업손실이 발생했다(Whalen, 2021).

유의해야 할 점은, EAR에 내포된 역외적용 가능성extraterritorial applicability의 특성 때문에 중국뿐 아니라, 동맹 및 파트너 국가와 여러 다른 나라들에도 적용되었다는 것이다. EAR의 제재 효과는 상당하다. 이를 위반할 경우, 위반 건당 최대 약 11억 원의 벌금 및 최소 약 3억 원의 과태료 처분 대상이 될 수 있기 때문이다. 게다가, EL에도 포함될 수 있기 때문에 위반에 따른 리스크가 크다. 따라서 한국의 기업들 또한 군수산업, 항공산업, 우주산업, 통신산업, 전자산업 등과 관련된 (첨단)기술 제품을 제조 또는 생산하여 판매, 수출하는 경우, 국내 제품이 EAR을 위반하지 않도록 노력해야 할 필요가 생겼다. 동시에 제도적으로 준법 감시 체계를 만들고, 기업들의 준수를 지원할 체계의 도입도 필요해졌다.[3]

두 번째, 미국 수출통제 정책의 발전에 있어 괄목할 만한 조치는, 2020년 5월 15일에 도입된 '외국산 직접제품 규정개정Foreign-Produced Direct Product Rule Amendment: FDPR'이다. EAR 개정으로 미국의 수출통제 체제에 대한 변화가 지속되는

1 EL에는 수많은 기업들이 포함되어 있고, 화웨이와 그 계열사들은 일부에 불과하다. 또한 중국은 BIS의 사전 허가를 받아야 하는지 여부를 분류해 놓은 「사전허가분류 국가차트(Commerce Country Chart: CCC)」에 명시된 200여 개가 넘는 국가들 중 한 국가일 뿐이다.

2 이러한 물품들은 미국이 10개 분류로 정하고 있는 「상업통제목록(Commercial Control List: CCL)」에 등재된 품목들의 일부이다. 품목(item)에는 상품(commodity), 기술 및 소프트웨어가 포함된다.

3 미국산 품목을 사용하거나 미국산 품목이 포함된 국내 제품이 EAR의 적용을 받는지 여부는 '최소편입비율규정(De Minimis Rule)'과 '직접생산품규정(Direct Product Rule)'으로 판단이 가능하다. 만일 국내 제품이 EAR의 적용 대상이 될 경우, CCL, EL, CCC를 종합적으로 검토하여 BIS의 사전 허가를 받아야 하는지 혹은 특정 허가 면제 조건이 적용되는지 여부를 확인해야 한다.

중에 도입된 FDPR은 중국 기술 산업의 성장을 막기 위한 것이라는 명확한 목표와 국가안보 도모 그리고 전략경쟁 승리라는 사활적 국가이익을 염두에 두고 이행되었다. FDPR은 EAR의 일부로, 특정 미국 기술, 소프트웨어, 장비가 미국 외에서 직접 생산된 품목에 사용된 경우에 적용된다. 또한 FDPR에 따라 BIS는 외국산 품목의 재수출이나 이전을 규제할 수 있게 되었다. 즉, EAR이 통제되어야 할 기술, 소프트웨어, 장비가 무엇인지를 정의한다면, FDPR은 미국 기술의 간접적 사용을 통제함으로써 EAR의 적용 범위를 확장하는 역할을 한다.

FDPR이 도입된 배경에는 미국 국경 밖에서 제조되는 EAR의 범위를 넘어서는 제품들, 특히 반도체가 존재했으며, 이로 인해 화웨이의 EL 지정이 별 영향을 발휘하지 못할 수 있다는 우려가 있었다.[4] 따라서 FDPR을 통해 화웨이나 화웨이와 관계를 맺고 있는 회사에 대해서도, 미국 기술과 관련된 외국산 품목의 경우에는 해당 품목의 재수출뿐 아니라 이전까지 통제하고자 했다. 규칙의 적용 품목 범위가 광범위해서, 미국 기술이 제품의 생산이나 개발의 어떠한 부분에라도, 또는 부품이나 장비에 사용되었을 경우에도 규칙의 적용 대상이 된다. 즉, FDPR에 근거하여, 설령 제품이 해외에서 제조되었다고 하더라도 미국 기술을 사용해서 만들어졌다면, 미국 정부가 그 판매를 금지할 수 있는 권한을 소유하게 된다. 예를 들어, 화웨이 장비가 미국 기술을 사용한 반도체를 사용하는 경우 해당 규칙이 적용된다.

2020년 8월 17일의 FDPR의 추가 개정은, 같은 해 5월에 시행된 규정의 허점을 보완하기 위해서였다. 따라서 BIS가 미국 공급자들이 제공한 핵심 장비들이나 부품을 사용하는 대부분의 중국 반도체 회사들을 성공적으로 파악할 수 있게 된 후에 이루어졌다.

FDPR 확장이 사적 행위자들에게 미치는 함의는 결코 작지 않았다. 몇몇 유

4 규정은 화웨이를 직접 언급하지 않으나, 규정의 각주 1의 규제 대상 기준에 부합하는 주체는 화웨이뿐이었다(Bureau of Industry and Security, 2025b).

에 조치들이 있었지만, 대부분 즉시 시행되었다. 해당 조치는 특히 중국과의 공급망 연결을 보유하고 있던 반도체 회사들에게 큰 도전이 되었다. 예를 들어 대만반도체제조회사Taiwan Semiconductor Manufacturing Company: TSMC 같은 경우, 화웨이가 두 번째로 큰 고객이었다. 해당 조치로 인해 화웨이에 서버용, PC용, 모바일용 메모리 반도체(DRAM 및 NAND 플래시)를 공급하고 있던 삼성, SK 하이닉스와 같은 기업들도 연간 10조 원 규모의 매출에 타격을 입으면서 단기적으로 부정적 영향을 피할 수 없었다(*Global Times*, 2020). 따라서 반도체 기업들은 막대한 불이익을 입지 않기 위해서라도 라이선스를 구하지 않을 수 없게 되었다. 물론, 미국의 수출통제 정책에 대한 중국의 비판은 거셌다.

요약하자면, 2020년의 FDPR은 다음과 같은 측면에서 이전 버전과 확연히 달랐다. 첫째, 이전보다 더 낮은 수위의, 그리고 덜 민감한 기술들에도 FDPR을 적용할 수 있게 되었다. 둘째, FDPR의 타깃이 매우 구체적이다. 이러한 변화된 FDPR이 국제정치에 시사하는 바는 세 가지이다. 첫째, FDPR의 적용 범위가 넓다는 것은, 미국이 중국에 대해 철저한 경쟁 태세를 취하겠다는 것을 의미한다. 동시에 BIS의 조직과 역할이 계속 확장해 나가는 모습은 기술의 진보에 따른 경제적 강압 정책의 발전과 국제정치의 공진을 잘 보여준다. 둘째, FDPR을 통해 규제할 대상이 구체적이라는 것은, 미국이 자국의 핵심 이익이 향후 반도체와 같은 신흥기술의 주도권에 있음을 인식했다는 것을 의미한다. 셋째, 규제할 대상이 중국 공산당과 연루되어 있다고 여겨지는 중국 기업이라는 것은, 적어도 신흥기술 분야에 있어서는 중국을 더 이상 협력 대상자가 아니라, 전략적 경쟁자로 명확하게 규정했음을 반영한다.

2) 바이든 정부에서의 수출통제

바이든 정부는 상기한 반도체를 포함한 첨단기술 관련 수출통제를 계승했을 뿐 아니라 더 정교화해 나갔다. 첫 번째로 주목할 바이든 정부의 조치는

2022년 10월 7일에 이루어졌는데, 이는 기존의 미국 통상정책의 기조를 완전히 벗어나는 것이었으며, 또한 AI 반도체가 처음으로 명확하게 인식되어 포함된 조치였다.[5] 상무부 BIS에 의해 발표된 해당 수출통제 조치는 통제 대상을 추가하고, 수출관리규정EAR을 확대 적용하였으며, 새로운 FDPR을 도입하여 역외적용extraterritorial applicability의 범위를 넓혔다. 한편으로는 첨단 컴퓨팅 칩이나 슈퍼컴퓨터의 개발·유지를 위한 기술을 통제하는 데 초점을 맞추었으며, 다른 한편으로는 첨단 반도체 제조를 막기 위한 통제에 중점을 두었다. 이러한 통제 조치들을 통해 첨단 반도체 칩의 기술 노하우와 제조 장비를 획득하기 위한 중국의 능력을 사전에 배제하고자 했다(BIS, 2022).

자세히 분석하자면, 2022년 10월의 조치는 첫째, 통제 품목에 변화가 있었다. BIS는 「상업통제목록CCL」에 새로운 수출통제분류번호ECCN를 추가했다.[6] 특히 새롭게 추가된 수출통제 대상 중에 중요한 것들로는 중국으로 수출되는 첨단 컴퓨팅 칩과 반도체 제조 장비를 들 수 있다. 이러한 변화는 EAR에 '첨단 컴퓨팅 FDP 규칙' 그리고 '슈퍼컴퓨터 FDP 규칙'이 포함된 것에도 보인다[EAR 734.9(h); (i)](BIS, 2025b). 품목별로 보자면, ECCN 3A090[특정 고급 집적회로(IC)]와 4A090(특정 컴퓨터, 전자 조립체 및 IC 포함 부품)을 신설하여, 특정 고성능 집적회로와 이를 포함한 컴퓨터, 전자 어셈블리, 부품 등을 포함했다. 그리고 특정 반도체 제조 장비를 통제하기 위해 ECCN 3B090(반도체 제조 장비 및 관련 품목)도 신설했다. 4D090도 신설되었는데, 4A090에 해당하는 품목의 개발 또는 생산을 위한 소프트웨어를 의미한다. 그리고 관련 소프트웨어 및 기술(ECCNs 3D001,

5 2022년 10월 이전, 2월 24일에 '러시아/벨라루스 FDPP 규칙'이 추가되었다. 러시아가 우크라이나를 침략하고 24시간이 채 되지 않은 상황에서 발표되었다. 해당 규칙은 덜 민감한 제품도 포함한 폭넓은 규제였으며, 2019년에 있었던 '화웨이 규칙(Huawei Rule)'과 유사하게, 러시아나 벨라루스 군대와 같은 특정한 행위자들에게 적용되었다.

6 미국의 군수물자목록(U.S. Munitions Lis: ML)과 상업통제목록(CCL)의 차이와 국제정치적 함의에 대해서는 다음을 참조(유인태, 2024).

3E001, 4D001, 4E001)도 CCL에 추가되었다. 3D001과 3E001은 반도체 제조 장비와 고성능 IC에 대한 통제를, 4D001, 4E001은 첨단 컴퓨팅 칩과 관련된 컴퓨터 및 전자 조립체를 포함한 항목에 대한 통제를 강화하기 위한 것이다. 이러한 품목들의 중국 수출에는 라이선스가 필요하며, 대부분 거부 추정presumption of denial 정책이 적용된다. 거부 추정 정책이 적용되는 기업/단체에 대한 수출은 매우 제한적으로만 허용될 것이며 특별한 사유가 없는 한 거부될 가능성이 높다.

여기서 한 가지 주목할 것은 반도체 제조를 위한 장비가 통제목록에 포함되었다는 것이다. 2022년 10월의 이 조치로 인해 반도체 제조 장비의 선두 기업인 네덜란드의 ASML이 본사 장비를 중국에 판매할 수 없게 되었다. 회사는 네덜란드에 본부가 있지만, 제조 장비 디자인에 미국 기술을 사용하기 때문이다. 따라서 장비뿐 아니라 해당 장비가 만드는 칩도 미국의 수출통제 대상이 되었다. 이러한 국제정치적 함의는 아래에서 상술한다.

상기한 품목 외에도 로직 칩, NAND 메모리, DRAM 관련 수출제한 규정도 도입되었다. 로직 칩과 관련해서는 16/14nm 이하 로직 칩의 생산을 위한 장비 및 기술의 수출이 제한되었다. NAND 메모리와 관련해서는 128층 이상 NAND 메모리 집적회로를 생산하는 데 필요한 장비와 기술, 그리고 18nm 이하 DRAM 집적회로를 생산하는 데 필요한 장비와 기술을 중국으로 수출하는 것이 금지되었다. 이는 중국 내에서 상기의 고급 직접회로를 자체적으로 생산하려는 시도를 방지하고, 나아가 미국 기술이 군사적 또는 기타 민감한 용도로 사용되는 것을 막기 위함이다.

둘째, 새로운 인적 자원 제한의 도입이다. 통제 대상의 확대와 관련한 새로운 금지 조치 중에는 미국인의 중국 내 IC 개발 또는 생산의 지원을 금지하는 내용도 포함되었다. 셋째, 최종 사용에 대한 새로운 통제도 부과되었다. 특히 슈퍼컴퓨터에 대해 중국 내 또는 중국으로 향하는 슈퍼컴퓨터의 개발·생산·사용·운영·설치·유지 보수·수리·정비 등에 사용되는 품목에 대해 라이선스 요구

사항이 부과되었다. 이 통제는 직접적인 사용뿐만 아니라 슈퍼컴퓨터에 사용될 부품이나 장비의 개발, 생산에도 적용된다. 앞에서 언급했듯, 중국으로의 첨단 컴퓨팅 칩(3A090, 4A090 등) 수출에 대해 대부분의 라이선스 예외가 제거된 것처럼, 슈퍼컴퓨터 최종 사용 통제에 대해서는 어떤 라이선스 예외도 적용되지 않게 되었다.

바이든 정부의 두 번째 통제 조치는 2023년 10월에 이루어졌다. 2022년 10월의 조치를 업데이트한 것인데, 우선, 기술적 특수성을 고려하여, 그리고 통제의 실효성을 위해, ECCN 3A090.a를 개정했다. 즉, 상호 연결 속도 대신 성능 밀도를 새로운 파라미터로 규제 기준을 조정했다. 이는 단순히 데이터 전송 속도를 나타내는 상호 연결 대역폭보다 성능 밀도 임계값이 칩의 실제 연산 능력을 더 정확하게 반영하기 때문이다. 이 새로운 파라미터 도입으로 더 넓은 범위의 고성능 칩을 규제 대상에 포함할 수 있게 되었고, 이를 통해 규제의 실효성이 향상될 것이라 예상되었다. 그리고 향후 새로운 반도체 기술에도 더 유연하게 적용될 수 있을 것이라 생각되었다.

새로운 통제 기준도 신설되었다. 사실, 일부 반도체 업체들은 2022년 수출 통제 조치 이후 고성능 AI 칩의 중국 수출이 막힘에 따라, 사양을 약간 낮추어 중국으로 수출했다. 예를 들어 엔비디아Nvidia는 고성능 AI 칩을 포함하는 그래픽처리 장치 A100, H100 등의 대중국 수출이 어려워지자, 성능을 낮춘 A800, H800을 판매했다. 이에 바이든 정부는 새로운 기준 ECCN 3A090.b를 신설하여 저성능 AI 칩에 대해서도 국가안보 위협 가능성이 있는 경우 통제할 수 있게 했다. 즉, 통제 범위가 저성능 AI 칩도 포함하며 더 넓어졌다.

그리고 반도체 제조 장비 규칙도 조정하여, 통제 품목의 범위를 확대했다. 최첨단 AI 칩 제조에 필요한 장비뿐 아니라, 16nm 이하 로직 칩 제조에 사용되는 노광, 식각, 증착, 세정 등 12개 카테고리의 장비도 추가되었다(3B090 삭제, 3B001 및 3B002 개정).[7] 특히 심좌외선Deep Ultraviolet: DUV 장비의 경우, 기존보다 낮은 수준의 DUV 장비도 통제 대상에 포함되었고, 일부 고사양 DUV 장비는 최소 기준de-minis 0%를 적용했다. 이는 통제되는 미국산 부품이 일부라도 포함되는 경우, 모두 통제 대상에 포함됨을 의미한다. 이러한 제조 장비에 대한 접근제한으로, 향후 기술격차를 더욱 벌릴 것으로 기대되었다.

또한 2023년 10월 조치는 첨단 AI 칩의 우회 수출 방지를 위해 통제 적용 대상 및 지역을 확대했다. 중국을 포함한 미국 수출통제 관리 규정 D 그룹, 즉 안보 우려국 40여 개국으로 허가 대상 수출 국가를 확대했을 뿐 아니라, 수출 상대방 및 최종 모회사의 본사가 중국, 마카오 및 미국 무기 금수국에 소재했음을 인지한 경우에도 미국의 수출 허가가 필요하게 되었다. 상기한 반도체 장비 수출통제 또한 중국, 마카오 외 21개 미국 무기 금수국으로 적용 범위가 확대되었다. EL도 확대되어 중국의 첨단 컴퓨팅 칩 개발과 관련된 설계 회사 총 13개 기업이 목록에 추가되었다.

바이든 정부는 임기 종료를 불과 수일 앞둔 2025년 1월 13일 「AI 확산을 위한 프레임워크Framework for Artificial Intelligence Diffusion, or AI Diffusion Framework」를 발표했다. 적성국들이 AI 반도체 및 AI 반도체 제조 장비, 그리고 AI 칩을 활용해 훈련된 첨단 AI 모델 등과 같은 첨단 AI 역량에 접근하지 못하도록 하는 동시에, 동맹 및 파트너 국가들과의 협력을 촉진하기 위한 것이었다.

해당 프레임워크에 따라 전 세계 국가들을 3개 등급Tier, 즉 T1, T2, T3로 분류하고, T1에는 미국, 일본, 한국 등 19개 신뢰할 수 있는 국가를, T2에는 기타 대부분의 국가, 그리고 T3에는 중국, 북한, 이란, 쿠바 등 22개 무기 금수 대상국 및 마카오를 포함했다. 통제 품목과 관련해서 주목해야 할 점도 하나 있다. BIS가 최초로 특정 고급 폐쇄형 AI 모델의 가중치에 대한 통제(ECCN 4E091)를 도입한 것이다. FDPR에 의해 미국 기술로 생산된 해외 모델 가중치도 EAR의 적용을 받으며, 미국 외에서 훈련된 모델에도 적용될 수 있다. 공개된 오픈소

7 16nm(나노미터) 이하 로직 칩은 AI와 슈퍼컴퓨터 개발에 활용될 수 있기 때문이며, 또한 16nm 공정은 중국 반도체 기업들이 도달한 기술 수준과도 일치한다.

스 모델 가중치는 통제 대상에서 제외된다.

요약하자면, 바이든 정부에서의 수출통제 정책의 주요 타깃은 중국이었으며, 특히 (군사용) 첨단 AI 칩 통제가 목적이었다. 그리고 AI 반도체 수출통제는 국가안보 이익의 보호와 미중 전략경쟁에서의 승리라는 핵심 이익의 실현을 위한 주요 정책 수단이었다. 이러한 정책의 발전은 기술의 발전에 따라, 그리고 정책입안자들의 점진적 학습과 정보 업데이트에 따라 이루어져 왔음을 볼 수 있다. 정책의 발전 방향은, 점차 세세한 품목 설정과 광범위한 범위 적용이라는 특징을 보이는데, 이러한 정책은 미국이 첨단 AI 반도체를 국가이익의 핵심으로 보고 있다는 것과, 중국과의 전략경쟁이 치열하게 전개되고 있음을 방증하는 것이기도 하다.

3) 트럼프 2.0 정부에서의 수출통제

딥시크DeepSeek의 R1 모델이 때마침 트럼프 취임일인 2025년 1월 20일에 공개되었다. 어떤 이들이 '스푸트니크 모멘트Sputnik moment'라고도 명명한 이 사건은, 트럼프를 비롯한 미국 의원들에게뿐 아니라 전 세계적으로 충격파를 일으켰다(Carrillo et al., 2025). 트럼프 2.0 행정부는 이에 대응하여, 앞으로 AI 반도체 수출통제 정책을 형성해 나갈 것이다. 향방에 대해 아직 구체적으로 알려진 바는 많지 않으나, 크게 두 가지 방향성을 생각해 볼 수 있다.

첫째, 기존 AI 반도체 수출통제가 트럼프 2.0 행정부에서도 지속될 뿐 아니라 더 강화될 가능성이 커 보인다. 취임 날 발표한 「미국 우선 무역 정책 지침」은 국무부와 상무부로 하여금 기존 수출통제 시스템의 허점을 제거할 수 있도록 재점검을 요구하고 있다. 이는 AI 반도체 수출통제 조치가, 기존 정책 재검토, AI 칩 수출제한 기준 하향 조정, 중국 시장용 AI 칩에 대한 추가 제한 등을 통해 더욱 강화될 수 있음을 보여준다.

둘째, 반대로 기존 바이든 정부의 AI 수출통제와 다른 노선을 갈 수 있다.

트럼프는 출범 초기부터 바이든 행정부의 AI 위험 완화risk mitigation를 중심으로 한 행정명령을 폐기하고, 좀 더 혁신 친화적이고 시장 주도적인 접근을 취하겠다는 의지를 보여왔다. 게다가 딥시크가 보인 중국의 AI 역량 발전은, 미국의 기존 수출통제 제한이 중국의 기술 진보를 늦추는 데 실패했다는 비판을 면할 수 없게 했다. 나아가 수출통제가 미국의 AI 역량과 생태계의 전 지구적 경쟁력마저도 해쳤다는 비판으로부터도 자유롭지 못하게 했다. 따라서 미국 회사를 글로벌 시장으로부터 분리시킨 바이든 정부의 AI 제한을 폐지하고, 탈규제와 인센티브를 통해 미국 내 AI와 반도체 성장을 우선시하는 방향으로 선회할 가능성이 있다. 그리고 수출통제도 폭넓은 제한보다는 국가안보 위협에 정밀 표적화된 형태로 개선될 수 있다. 그리고 동맹국들과는 규제의 조화보다는 미국의 경쟁력을 확실하게 하기 위한 상호 의존의 무기화와 경제적 강압을 우선시할 수 있다.

미국의 AI 반도체 수출통제 정책은, 그 전략적 목적과 목적합리성에 대한 믿음을 바탕으로 추구되어 왔다. 그러나 수출통제가 미국 반도체에 대한 글로벌 수요를 감소시켰을 뿐 아니라 미국 AI 생태계가 아닌 대체 생태계를 모색하도록 만들어, 민간과 국가의 이익을 오히려 해쳤다는 비판이 존재한다(Lewis, 2023; Schleich and Denamiel, 2024; Farrell, 2024). 실제로 미국의 수출통제 조치들은 후술하는 바와 같이, 민간의 행동이나 중국의 우회 전략 그리고 동맹국을 통제하기 위한 많은 어려움을 수반하기도 했다. 이하에서는 지금까지의 대외경제정책적 관점보다는, 국제정치 및 국내정치(경제)의 관점에서 미국의 AI 반도체 수출통제와 공급망 재편에 대해 살펴본다.

3. 미국 AI 반도체 수출통제에 대한 기업의 대응

이 절에서는 국가 중심적 관점을 잠시 벗어나, 기업 행위자에 초점을 둔다. AI 반도체 관련 민간 행위자들이 정부의 수출규제에 어떻게 대응했는가를 중심으로 살핀다.

1) 미국 AI 반도체 기업의 대응

미국의 AI 반도체 기업들의 정부 수출통제 조치에 대한 반응은 크게 둘로 나누어 볼 수 있다. 첫째, 정부 수출통제 규제에 대한 개별 기업 차원의 자구책들이다. 민간의 자구책의 요체는 대안 기술의 개발이었다. 예를 들어, 2022년 10월 유례없이 AI 반도체에 대해 강도 높게 도입된 수출통제에 대해 미국의 반도체 기업들은 새로운 규정에 적응하기 위해 기술개발 중심의 사업 결정들을 취했다. 예를 들어, 엔비디아는 중국 시장용 새로운 고급 칩을 2022년 10월 수출통제 발표 후 약 한 달 만에 개발했다. A800이라는 이 새로운 칩은 기존 A100 GPU의 대안으로 설계되었는데, 일부 고급 AI 및 고성능 컴퓨터에서의 성능 저하 가능성을 제외하고는 A100과 동일한 컴퓨팅 성능을 제공한다고 선전했다.[8] 게다가 미국 정부의 새로운 수출통제 기준을 충족하도록 설계되었다. A800은 상호 연결 기능이 수정된 것으로, 상호 연결 대역폭이 초당 400GB에서 600GB로 제한되어, 데이터 전송 속도를 낮춘 것이다. 이를 통해 미국 정부가 설정한 수출통제 기준인 초당 600GB 이하의 상호 연결 속도를 충족했다. AMD와 인텔Intel도 규제에 순응하면서도 중국과의 거래를 지속하기 위해 기술 사양을 바꾸어 나갔다(Mann, 2023). 이런 사업 전략을 통해, 반도체 기업

8 새로운 통제에 적응하고 있음에도 엔비디아는 수출제한으로 인해 회사의 수익이 수백만 달러 감소할 수 있다고 밝혔다(Lee, 2022).

들은 한편으로는 새로운 라이선스 요구 사항을 충족하는 형태로 미국 정부의 규제를 준수하려 노력하면서도, 다른 한편으로는 중국 시장에서의 입지를 유지하고자 하고 있다. 기술적 혁신을 통해 규제를 준수하면서도, 주요 시장에서 경쟁력을 유지하고자 하는 기업들의 처절한 노력이다. 하지만, 앞 절에서 서술했다시피, 이러한 기업의 움직임조차 규제하기 위해, 미국 BIS는 2023년 10월에 통제 조치를 업데이트하며, 상호 연결 대역폭을 성능 밀도 임계값으로 대체하는 새로운 기준을 도입했다.

둘째, 미국 정부의 수출통제 조치에 대한 AI 반도체 기업들의 반응은, 이익단체로서의 단체활동이 있다. 대표적인 것이 반도체산업협회Semiconductor Industry Association: SIA를 통한 활동이다. SIA는 수익으로 따졌을 때 미국 반도체 산업의 99%를 차지하고 있기 때문에, 해당 부문의 행위자들을 대표한다고 할 수 있다. 미 정부가 2022년 10월 7일 유례없는 수출통제 조치를 내놓았을 때, SIA는 공식성명을 통해 자신들의 선호를 명확하게 전달했다. 공식성명에는 SIA가 수출통제의 영향을 평가하겠다는 것과, 국가안보를 위하면서 상업적 혁신을 과도하게 해치지 않는 수출통제 정책을 오랫동안 지지해 왔다는 내용이 포함되었다. 또한 성명서에서는 "공정한 경쟁의 장을 조성하고 미국의 혁신에 대한 의도치 않은 피해를 완화하는 데 도움이 되기를 바란다"라고 언급하였다(Semiconductor Industry Association, 2022). SIA가 해당 조치로 인해 생기는 부정적 영향, 즉 혁신을 저해할 가능성을 명확하게 우려하고 있음을 드러낸 것이다. 혁신이란 투자에 견인되는데, 투자 재원은 판매와 수익 창출에 의해 마련되기 때문에, 기업들은 중국 및 글로벌 시장에서 규제 없이 자유롭게 거래할 수 있는 환경을 선호한다. 따라서 SIA 성명은 국가안보의 핵심이기도 한 민간의 기술혁신을 위해 정부의 신중한 접근을 요구하고 있는 것으로 볼 수 있다.

SIA는 정책입안자들에게 과도한 수출통제에 대한 우려를 전하는 한편, 미국의 동맹국 그리고 파트너국들과의 관계에도 영향을 미치고자 했다. 특히, 기업 입장에서 수출통제와 관련해 우려하는 것은, 수출통제가 국제적으로 조율되지 않을 경우, 미국 기업들이 빠진 글로벌 시장에 다른 국가의 경쟁사들이 들어가는 경우이다. 이러한 미국 기업들의 우려는 2023년 4월 26일 한미 정상회담이 열리기 전, 미국의 주류 경제 언론매체를 통해 실제로 드러난 바 있다(Sevastopulo, 2023). 4월 23일 마치 한미 정상회담에서 정부 대 정부 간 압박을 노린 듯, 미국 AI 반도체 기업들이 바이든 행정부에 요구한 내용이 드러났다. 즉, 한국 기업들이 중국 내에 첨단 칩 공장을 건설하는 것을 막아달라고 바이든 정부에 로비를 벌인 것이다. 또한 SIA는 상무부에 삼성전자나 SK 하이닉스 같은 한국 기업들의 중국 내 첨단 칩 생산을 제한하도록 요청하기도 했다. SIA는 이러한 요청이 국가안보를 위한 것이라고 대의를 내세웠지만, 글로벌 기업들 간 경쟁 제한 시도임은 명약관화이다.

이러한 SIA의 반응을 통해 미국의 대중국 수출통제 정책과 관련하여 적어도 두 개의 정책적 난제가 드러났다. 첫째, 미중 기술경쟁의 복합성이다. 정부 행위자들에게 있어서 국가안보가 중요하며, 따라서 대중국 수출통제는 핵심 정책 수단일 수 있으나, SIA가 요구하는 '신중한 태도'가 의미하는 바는, 기업들에게 있어서 중국(시장)은 자신들의 이윤, 혁신 그리고 경쟁력을 위해 여전히 중요하다는 것이다. 미중 간의 관계가 단순하지 않고 복합적일 수밖에 없는 것은 미국 자신의 안보적 이익과 상업적 이익 간의 충돌 때문이다. 미국은 이러한 내적 갈등을 중국에 대한 초당적 위협 인식을 굳히는 양상으로 극복해 왔다. 미국 상무부가 꾸준히 미국 기업들에게 중국의 위협을 상기시키고 대승적 차원에서 동참을 요구한 것도 같은 맥락이다. 그러나 미국과 같은 안보적 이익과 상업적 이익의 충돌 지점을 공유하는 국가들 중에는 미국과 같은 대중국 위협 인식을 공유하지 않는 국가도 있다. 이러한 나라들은 어떻게 상반된 국가이익의 충돌을 극복해 나갈 것인가, 그리고 미국과 대중국 공동전선을 조율해 나갈 것인가 하는 복합적 문제가 존재한다.

둘째, 기술 우위 유지의 딜레마이다. 기술 우위를 유지하기 위해 수출통제를 도입하지만, 해당 정책이 오히려 미국 기업들의 경쟁력을 약화할 수 있다는 딜레마가 존재한다. 상기했다시피, 글로벌 시장의 축소로 인한 수익 감소, 그에 따른 투자 재원 축소는 혁신의 저하로 이어질 수 있기 때문이다. 더욱이 미국이 차지해 온 시장을 다른 나라의 경쟁자들에게 빼긴다면 우월한 지위는 더욱 위험에 처할 수 있다.

2) 중국(AI 반도체 관련 기업)의 대응

미국의 수출통제에 대한 중국의 대응은 어떠한가? 이 항의 초점은 중국 정부의 대응, 중국 정부의 AI 반도체 개발을 위한 전략적 노력, 통상·산업·금융 정책에 있지 않다. 오히려 여기서는 AI 기술 역량을 지속적으로 개발하기 위해 중국이 취했던 미국의 수출통제를 우회하는 방법들에 주목한다. 이는 앞에서 언급한, 중국으로의 우회로를 차단하고자 했던 미국의 수출통제 정책의 발전을 분석한 내용과 조응하기 때문이다. 또한 이를 통해 수출통제 관련 정책입안자들이 어떤 문제에 직면했는지를 알 수 있다.

중국은 미국과의 AI 기술격차를 좁히기 위해 자체 AI 역량을 지속적으로 개발할 필요가 있었다. 이를 위해 가장 중요한 요소는 단연코 미국으로부터 고성능 AI 반도체를 지속적으로 확보하는 것이었다. 그러나 미국은 수출통제 정책을 입안하여 중국의 필요를 차단하고자 했다. 이에 대해 중국은 미국의 수출통제를 우회할 수 있는 수단들을 발전시켜 왔다.[9] 최근의 수단들을 크게 두 가지로 나누어 볼 수 있다.

첫째, 해외 위탁생산이다. 중국 AI 반도체 설계 기업들은 미국의 반도체 수출 제재를 피하고, 안정적인 반도체 공급망을 마련하기 위해 해외에서 고사양 반도체를 생산하는 우회 전략을 취했다. 예를 들어, 미국의 반도체 규제를 피

9 중국의 국가와 기업 간의 특수한 관계를 고려하여 이 연구에서는 두 행위자 간의 구분을 엄밀히 행하지 않는다(Pearson et al., 2023).

하기 위해 중국의 반도체 설계 기업들은 첨단 패키징 공정을 말레이시아 기업에 맡기기도 했다.[10] 중국이 이를 말레이시아에 맡긴 것은, 미국 수출규제 확대와 AI 붐으로 인해 소규모 중국 반도체 설계 회사가 현지에서 최첨단 반도체 패키징 서비스를 충분하게 공급하기 힘든 상황이었기 때문이기도 하고, 말레이시아가 공급망의 주요 허브로 부상하고 있었기 때문이기도 하다(Potkin and Ngui, 2023). 말레이시아는 전 세계 반도체 패키징, 조립, 테스트 시장의 13%를 차지하는데, 대표적인 기업으로 유니셈Unisem, 말레이시아태평양산업Malaysian Pacific Industries Berhad: MPI, 이나리아메트론Inari Amertron 등이 있다. 물론, 이러한 해외 위탁생산 이전에 해외 데이터 센터에 있는 첨단 AI 반도체 성능을 활용하는 방법도 있다(Lahiri, 2024).

둘째, 회색시장의 이용이다. 중국의 군사 관련 기업, 연구소, 대학들이 엔비디아의 고급 AI 칩을 회색시장을 통해 획득했다(Baptista, 2024). 일부 중국 기업들의 경우, 제3국에 유령회사를 설립하여 소규모로 칩을 주문한 후 이를 중국으로 전환하는 방식으로 우회하고 있었다(Pao, 2024). 가장 충격적인 방식은 해외에 데이터 센터를 설립해서 대량 주문 후에 밀수하는 방식이다. 중국 밖에 데이터 센터를 건설하고, 첨단 AI 반도체 칩을 대량으로 구매하고 설치한 후에, 생산 기업의 감사가 끝난 이후에 반도체 칩은 빼가고 건물은 버리는 식으로 이루어졌다(Liu, 2024). 정당한 최종사용자인 것처럼, 철저한 눈속임을 한 후에 중국으로 밀수하는 방식이다. 이 방식으로는 단순히 학생이나 기업인이 소수의 AI 칩을 가지고 들어가는 것과는 차원이 다른 수량이 중국으로 유입된다. 이는 중국이 해외에서 합법적으로 구매한 뒤 현지에서 데이터 센터를 만들어 중국인들을 훈련하는 방법과도 질적으로 다르다. 파격적인 2022년 미국의

10 패키징은 웨이퍼를 자르고 각 칩을 포장하는 후공정 기술로, 칩렛(Chiplets) 등 첨단 패키징이 반도체 성능을 크게 향상할 수 있는 기술로 떠오르고 있다. 칩렛은 여러 기능의 칩을 따로 제조해 하나로 결합하는 기술이다.

수출통제 이후, 중국은 이러한 교묘한 수법을 통해 최첨단 AI 반도체를 대량으로 입수하고 축적할 수 있었다. 2023년에도 이런 방식으로 수천 개의 통제 대상인 AI 반도체가 중국으로 밀수되었다(Fist and Grunewald, 2023).

이처럼 중국의 미국 수출통제 우회 방식은 진화하고 있다(*The Economist*, 2024). 일부 비평가들이 미국의 수출통제 정책에 회의적 견해를 표하는 이유이다. 만일 수출통제 정책에 의해 중국과 중국 밖에서의 AI 반도체의 기술격차가 벌어질 것으로 예상된다면, 이러한 밀수 행위는 하나의 산업으로 발전할 정도로 조직화될 것이다. 그렇게 된다면 애초에 수출통제를 통해서, 중국과의 기술격차를 벌이거나 기술격차의 축소를 지연시키겠다는 전략적 목적은 달성하기 어려워진다.

4. AI 반도체 수출통제와 국제 협력

상기한 수출통제 정책에 대한 도전들에 직면해 미국의 해결책은 크게 두 지향성을 보였다. 한편으로는 미국 내 수출통제 정책을 더욱 발전시키는 방법이었다.[11] 또 다른 한편으로는 국제 협력을 강화하는 방안의 모색이었다. 즉, 국제적인 수출통제 정책의 조율이다. 이하에서는 일본과 네덜란드의 사례를 통해, 어떠한 쟁점들이 있었는지 살펴본다.

1) 네덜란드의 AI 반도체 수출통제 조율

세계적 반도체 노광 장비 기업인 ASML이 있는 네덜란드는 일찍이 2019년

11 또한 미국 내 생산업체들의 해외 반도체 사용에 대해 정기 또는 불시 감시와 점검을 지원하는 방법이 고려되기도 했다.

부터 미 트럼프 정부의 요청을 받았으며, 최첨단 반도체 생산에 필요한 극자외선EUV 노광 장비의 중국 수출을 금지해 달라는 요청을 따랐다. 2018년에 네덜란드가 중국으로부터 EUV 스캐너 수출 주문을 받은 일이 계기가 되어, 미국 정부가 그때부터 네덜란드 정부에 수출하지 못하도록 압박을 가하기 시작한 것이다. 당시 미국은 바세나르 협정을 근거로 네덜란드 정부로 하여금 EUV 스캐너 장비의 수출을 보류할 것을 성공적으로 설득할 수 있었다(van Gerven, 2020). EUV 자체는 바세나르 협정의 이중용도 제품이나 기술에 포함되어 있지 않지만, 수출하려는 특정 나노 이하의 빛을 방출하는 노광 장비는 이에 해당했다. 미국은 중국이 이 기술을 사용해서 (군사적) 인공지능 활용을 위한 첨단 반도체를 생산할 수 있다는 우려를 나타냈다(Casey, 2023). 네덜란드는 이러한 미국의 요구에 순응했으며, 수출통제 협력을 하기로 했다.

그러나 네덜란드의 미국 수출통제 체제와의 조율은 국제적으로뿐 아니라 국내적으로도 쉽지 않은 사안이었다. 정부 간 층위에서 미국과 네덜란드 간 수출통제의 국제적 조율에서 갈등이 존재했고, 정부와 기업 간 층위에서도 주권 침해나 해당 기업의 이윤 침해 문제가 지속적으로 존재했다. 네덜란드 기업 입장에서는 막대한 수익을 얻을 수 있는 시장이 외국 정부에 의해 닫히게 되는 것이었고, 네덜란드 정부 입장에서는 자국 기업의 이익을 보호해야 하는 한편, 수출통제를 요구하는 미국과 공조를 추구해야 하는 딜레마에 놓이게 되었다.

정부 간 층위에서는 미국으로부터의 수출통제 참여 압박이 있었다. 예를 들어, 2022년부터 미국 상무부는 AI 반도체 관련 새 규제를 발표하며, 실무자 레벨에서 동맹국에 동참을 요청했다. 여기에 더해 미국 정부는 같은 해 11월에 한층 더 구체적으로 일본과 네덜란드를 지목하고 제재 동참을 요청했고, 지속적으로 실무진뿐 아니라 고위급 선출직에도 동참을 요구했다. 2023년 1월 13일에는 기시다 일본 총리에게 제재 동참을 직접 요청했고, 17일에는 네덜란드 총리에게 요청했다. 이후 같은 달 27일에는 워싱턴에서 미국, 일본, 네덜란드의 고위 정부 관료들 간에 새로운 수출통제 규제를 부과하기로 합의했다(Haeck and Moens, 2023; Haeck et al., 2023). 합의에 따라 2023년 9월 1일부터 일부 첨단 반도체 노광 장비, 예를 들어 신형 DUV 장비에 속하는 NXT 2000i 이상급 모델에 대해서도 정부 수출 허가제가 실시되었다.

그리고 미국이 2023년 10월 17일 수출통제 조치를 업그레이드함에 따라 네덜란드도 변화의 압박을 받았다. EUV 노광 장비는 첨단 AI 반도체를 생산하기 위한 핵심 장비이기 때문에 미국의 대중국 수출통제 목록에서 가장 높은 위치를 차지한다. 당연히 해당 기술의 통제 여부는 미국 규제 당국의 초미의 관심사가 되었다. 이 때문에 2024년 1월 네덜란드 정부는 ASML의 중국으로의 장비(NXT:2050i and NXT:2100i lithography systems) 수출 라이선스를 부분적으로 취소하며, 일부 품목에 대한 대중국 수출을 제한하기로 결정하게 되었다(Reuters, 2024). 2024년 9월부터는 네덜란드 정부가 반도체 제조 기계들의 수출통제를 더욱 확장했으며, 수출통제 체제 변화에 따라 ASML은 수출 라이선스를 미국 정부가 아니라 네덜란드 정부에 직접적으로 신청할 수 있게 되었다(van Ouwerkerk, 2024). 2024년 9월부터는 ASML의 구형 DUV 노광 장비인 트윈스캔Twinscan NXT:1970i와 1980i 모델에 대해서도 정부 수출 허가를 요구하기로 했다. 이는 기존에 고성능 액침 DUV 장비에만 적용되었던 수출규제를 구형 장비로 확대한 것이다. 사실 2024년 9월 이전까지는 이전 모델인 NXT 1970i와 NXT 1980i 두 장비는 적용 대상에서 제외되었었다. 그러나 2023년 10월부터 FDPR을 근거로 이들 두 장비 수출을 자체 통제하기 시작한 것이다.

상기했듯이, FDPR은 다른 나라에서 만든 제품이라도 미국산 소프트웨어나 장비·기술 등을 조금이라도 사용했으면 수출 시 미국 정부의 허가를 받도록 규정한 규칙이다. 이러한 압박에 네덜란드 의회는 주권 침해를 들며, 양국 간에 불화가 빚어지기도 했다. 딕 스호프Dick Schoof 네덜란드 총리는 2024년 9월 30일 수출통제 확대와 관련, ASML의 경제적 이익을 고려해 결정하겠다는 입장을 밝히기도 했다. 레이네트 클레이버르 통상개발협력 장관도 "정부는 제품별로 수출 허가 여부를 결정할 것이며 (전면적인) 수출 금지는 없다"라고 강조했다. 그런데 "DUV 장비는 다른 국가의 기술과 결합해 첨단 반도체 생산이 가능하다"라며, "결과적으로 첨단 군사적 장비에서 중요한 역할을 할 수 있으며 이는 네덜란드 안보에 영향을 끼친다"라고 언급했다(van Ouwerkerk, 2024). 네덜란드 정부는 미국의 요구에 순응하는 과정에서, 자국의 상업적 이익이 어느 정도 보장되는 것과 중국의 위협을 거론하며 국민과 기업을 설득하고자 했다.

네덜란드의 수출통제 조치는 미국 및 일본과 함께 중국에 대항하는 국제적인 노력에 동참하는 일환이기도 하지만, 자국의 주권을 확보하기 위해 정부의 자체 규제 역량을 확대해 나가는 과정이기도 했다. 예를 들어, 미국의 FDPR을 동원한 규제를 받기보다, 자국의 수출통제 레짐을 확대하여, 자국의 조치로 직접 관리하기로 한 모습에서 그러한 과정을 볼 수 있다. 네덜란드는 2024년 9월 ASML의 구형 장비 수출통제 권한을 미국에서 자국 정부로 이관했다. 게다가 정밀한 규제를 통해 무역 흐름과 글로벌 공급망에 미치는 영향을 최소화하며 자국의 상업적 이익을 최대한 보장하고자 했다. 네덜란드는 수출통제 대상 품목을 특정 기술, 특히 DUV 노광 장비에 국한하려 했으며, 2024년 9월의 새로운 수출통제 규제에서도 제품별 수출 허가 여부 결정 방침을 택했다(Robinson, 2024). 또한 네덜란드는 중국을 거론하며 국가안보의 이유를 적극 들었다. 이 점은 일본과 대비되는 모습이다(Perozo, 2024).

2) 일본의 AI 반도체 수출통제 조율

2023년 7월 23일부터 일본 경제산업성은 첨단 반도체 분야 23개 품목을 수출규제 대상에 추가한 '외환 및 외국 무역법' 성령(시행령)을 시행했다. 이는 미국의 2022년 10월 FDPR 조치에 정책적 조율을 취하기 위함이었다. 수출규제 대상은 섬세한 회로 패턴을 기판에 기록하는 노광 장치 및 검사에 사용하는 장비 등 23개 품목이었다. 이들 품목 중에는 폭이 14나노 이하인 첨단 반도체를 만드는 데 필요한 핵심 장비들 또한 포함되어 있었다. 시행령 개정에 따르면,

한국·미국과 같은 우방국 등 바세나르 협정에 가입한 42개 국가·지역을 제외하고는 품목마다 수출할 때 개별 허가를 받아야 한다. 중국에 수출하게 되는 경우에는 절차가 상당히 길어지거나 수출이 아예 불가능하게 된다.

해당 수출통제 규제로 인해 도쿄일렉트론, 스크린홀딩스, 니콘 등 약 10개 기업의 제품이 영향을 받게 되었다. 또한 일본 반도체 장비 기업들은 반도체 제조 라인을 첨단에서 레거시 반도체용으로 전환할 수밖에 없게 되었다. 자동차와 가전 등에 쓰이는 기존 반도체 제조 장비는 수출이 가능하기 때문이다. 일본 국제무역센터에 따르면, 중국은 일본으로부터 반도체 장비를 많이 수입하고 있는데, 대략 관련 수입의 30%는 일본, 15%는 미국, 13%는 한국, 12%는 싱가포르, 8%는 대만, 8%는 네덜란드, 그리고 기타로 이루어져 있다(변효선, 2023). 따라서 일본의 수출규제가 적어도 당분간은 중국의 첨단 반도체 생산을 어렵게 할 것으로 예상되었다. 하지만 동시에 이러한 큰 비중은 일본 기업의 영업적 손실과 일본 정부의 정치적 부담을 의미하는 것이기도 했다.

중국은 미국의 반도체 제재 조치에 맞대응했다. 중국은 2023년 8월부터 반도체 재료 등에 쓰이는 갈륨·게르마늄의 수출통제를 내렸다. 같은 해 12월에는 배터리 음극재 핵심 소재인 흑연에 대해서도 수출을 통제했다. 앞서 5월에는 미국 반도체 기업 마이크론을 상대로 "안보 심사를 통과하지 못했다"라며 중요 정보 인프라 운영자에게 이 회사의 제품 구매를 중지하도록 했다. 또한 중국은 일본의 추가 제재에 대해 보복을 경고하기도 했다. 일본이 반도체 장비 판매·유지 보수를 추가 제한할 경우 경제보복을 가하겠다는 입장을 여러 차례 밝혔다. 일본 기업인들은 자국 정부에 도요타를 비롯한 자동차 제조에 필수적인 핵심 광물 공급을 차단하는 방안 등이 우려된다고 전했다(≪VOA 뉴스≫, 2024). 도요타는 일본 최대 자동차 제조사이자, 대만 TSMC의 일본 공장에 투자사로 참여하는 등 일본의 반도체 자급 체제 구축 노력에서도 중요한 역할을 차지한다. 이에 중국은 도요타를 정조준하려는 듯, 자동차와 반도체 등에 사용되는 여러 희귀 광물 및 금속 공급망을 제재 대상으로 언급했다. 지난 2010년에는 양국 간 동중국해 영유권 분쟁이 고조되었을 당시, 중국이 희토류 수출을 막아 도요타와 일본 전자산업의 피해를 야기한 전례가 있다.

따라서 일본 정부에 있어서도 자국 기업의 손실을 감안했을 때, 미국 정부의 수출통제 조율 요구에 응하는 일이 쉬운 일은 아니었다. 하지만 미국 정부는 일본 정부를 향해, 도쿄일렉트론 등이 중국에 첨단 반도체 제조 기기를 판매하는 데 추가 제한을 두라고 압박했다(Kelly et al., 2023). 이에 일본은 대중국 추가 제한을 하려면 미국이 중요 광물의 적절한 공급을 보장해야 한다고 요구했으며, 특히 중국이 2023년에 갈륨, 게르마늄, 흑연의 수출에 제한을 가한 이후로는 미국의 보장을 더욱 강하게 요청하기도 했다(≪VOA 뉴스≫, 2024).

이러한 과정 중에도 일본을 향한 미국의 수출통제 참여 압박은 지속되었다. 2024년 10월에는 미국 의회가 나서서 일본 정부에 대중국 반도체 장비 수출통제 조치에 적극 동참하라고 압박했다. 미 하원의 중국특별위원회가 10월 15일 주미 일본 대사관에 발송한 서한에는 일본 정부, 특히 일본 기업에 대한 경고가 담겨 있다(Hawkins, 2024). 일본 기업들이 미 대선 이후 상황을 지켜보고자 소극적으로 대응하자, 미국은 수출규제를 위반하는 일본 기업에게 자체 제재를 가하거나 미 정부의 반도체 보조금을 지급하지 않겠다고 했다. 중국특위는 서한을 통해 미국의 수출규제가 도쿄일렉트론과 같은 일본 반도체 장비업체에 부정적인 영향을 미쳤다는 주장을 일축했다. 오히려 도쿄일렉트론을 비롯한 글로벌 반도체 장비업체의 주가는 상승했고, 이들의 고객사인 인텔이나 삼성전자 등이 미 정부의 보조금을 받으면서 반도체 장비업체들도 함께 혜택을 누렸다고 보았다. 그러면서 중국의 반도체 야망을 꺾으려면 세계 5대 장비업체의 본국인 미국, 일본, 네덜란드의 협력이 매우 중요하다는 점을 거듭 강조했다.

미국 바이든 행정부는 2022년 10월 반도체 장비의 대중국 수출통제 조치를 시행하면서, 동맹국이자 반도체 장비 강국인 일본, 네덜란드 정부와 기업에도 동참을 촉구해 왔다. 양국 정부는 미국의 요구대로 대중국 수출규제에 협력하고 있지만 이미 중국에 반입된 반도체 장비에 대한 유지·보수 서비스는 계속 제공하고 있었다. 2023년 조치와 함께 미국 정부는 중국의 첨단 반도체뿐 아니라 범용 반도체 개발 역시 막으려 하며 일본, 네덜란드 기업에 중국에 대한 반도체 장비 유지·보수 서비스 제공 중단까지 요구했다.

2024년 9월 ASML의 특정 장비 수출 통제를 강화하며 미국 정책과 보조를 맞췄던 네덜란드는, 2024년 미국 대선 후 트럼프 재선(2025년 1월 취임)으로 인해 초기에는 수출 통제 완화 기대가 있었다. 하지만 실제로는 미국의 대중국 정책이 여전히 강경하게 유지되면서 ASML의 중국 사업이 압박을 받고 있다. 대신, 트럼프의 '미국 우선' 정책으로 인해 ASML은 미국 내 생산 확대(예: 애리조나 공장 투자)를 우선시하며, 중국 의존도를 줄이고 있다. 일본에는 반도체 장비 분야에서 강자로, Tokyo Electron(식각/증착 장비), Advantest(테스트 장비), Screen Holdings(세정/코팅 장비) 등이 AI 반도체 공급망에 핵심으로 존재하며, 2024년 대선 후 트럼프 재선으로 초기 관망 분위기였으나, 미국의 압박에 2025년 2월 칩 및 양자 컴퓨팅 기술 수출을 추가로 억제하는 규제를 도입했다. 중국 수요 둔화를 대만과 한국의 고객 확보 또는 동남아와 인도 시장으로의 이전으로 대응하고 있다. 트럼프 2기의 추가 정책 변화는, 무역(관세) 협상과 동반되기도 하며, 지속적으로 있을 것이다.

5. 결론: 중국의 AI 반도체 기술 굴기와 생태계 확장

2024년 딥시크DeepSeek의 V3 모델 그리고 2025년 1월의 R1 모델은 고성능·고비용의 공식을 깨고, 고성능·저비용 모델의 실현 가능성을 실재화하였다. 이것이 갖는 국제정치적 함의를 여럿 꼽을 수 있다. 첫째, 중국 딥시크의 이러한 성공의 이면에는 블랙웰이나 A100, H100와 같은 비록 최상은 아니지만, 미국 엔비디아의 H800 GPU 활용이 있었고, 이를 통해 훈련 비용을 기존 대비

100분의 1로 줄이면서 수학 문제 해결 정확도 90%를 달성할 수 있었다. 2023년 10월 조치 이후에는 H20을 활용했는데, H20은 고대역폭 메모리HBM가 탑재되어 합법적으로 중국에 판매 가능한 최고 성능의 AI 가속기였기 때문이다. 그런데 딥시크와 중국인민해방군PLA과의 연결이 트럼프 대통령에게 보고되며 H20에 대한 추가 제재가 2025년 4월 도입되었다. 미국 정부가 더 낮은 사양의 AI 반도체 통제로 움직였다는 사실을 미루어 보아, 적어도 중국에 대해서 기존 수출통제의 방향성과 일관성 있는 정책을 취할 가능성이 크다. 이러한 방향성과 낮은 기술까지도 국경 간 이동 통제를 수반하는 것은 그만큼 적대적 경쟁의 분위기가 고조되었다는 것과 기술격차가 그만큼 줄어들었다는 것을 동시에 의미한다.

한편으로는 이러한 제재의 효과성에 의문이 제기되기도 한다. 미국은 과거 AI 반도체에 대한 명확한 인식을 바탕으로 시행한 2022년 수출규제 조치로 A100, H100을 통제했고, 해당 규제의 틈을 노리고 A800, H800가 개발되자, 2023년 추가적인 수출통제 조치를 도입했다. 그러나 이러한 규제의 도입에 대한 틈은 여러 방법으로 악용되었는데, 앞에서 언급한 미국 기업들에 의한 새로운 AI 반도체 모델 개발이나 중국의 회색시장 이용이나, 규제 계획 발표와 이행 간의 시간적 차이를 이용한 사재기이다. 예를 들어 딥시크 이후 H20 규제가 이행되기 전까지 해당 칩의 대량 주문이 이미 이루어지기도 했다(Potkin and Pan, 2025).

더 주목해야 할 것은, 수출통제 조치가 중국의 밀수 행위에 미치는 영향보다, 중국 자체의 AI 생태계 발전에 미치는 함의이다.[12] 예를 들어, H20의 통제

12 해당 수출통제로 인해 중국으로의 수출 비중이 전체 매출의 10%였던 엔비디아의 회계연도 1분기(2~4월)에 55억 달러(약 7조 8500억 원)의 손실이 예상되었다. 해당 통제는 한국의 기업에도 영향을 미치는데, H20에 SK 하이닉스와 삼성전자의 HBM이 들어가며 많은 수익을 거두고 있었기 때문이다. 중국의 희토류 제재도 비록 미국을 향한 것이지만, 미국 반도체 생태계의 일부인 한국에게도 불안 요소가 되었다.

는 미국의 AI 생태계와 분리된 중국의 자생적 생태계의 성장을 촉진하게 되었다. 화웨이가 자체 설계한 AI 반도체 어센드Ascend 910 시리즈는 자국 파운드리인 SMIC 7나노 공정에서 제작된 칩이며, 엔비디아의 A100의 80% 성능을 갖춘 것으로 알려져 있다. 그 외에도 캠브리콘(MLU-M8) 그리고 알리바바(한광 800)도 고성능·저비용 AI 칩을 개발했다. 또한 역설적이게도 미국의 수출통제는 바이트댄스나 텐센트와 같은 중국 빅테크들로 하여금 화웨이 AI 칩 사용을 종용하는 양상이 되었다.

이로 인해 화웨이의 칩 설계와 소프트웨어 역량이 더 빠르게 발전할 수 있는 환경이 마련되었으며, SMIC 나아가 딥시크와 같은 기업들과의 연계도 더 강해질 가능성이 높아졌다. 이에 따라 빅테크들의 당장 2025년의 AI 데이터 센터 확장 계획에는 차질이 생길 수 있으나, 중장기적으로 별 영향이 없을 것이라는 예측이 나오고 있다. 중국의 자체적 AI 생태계가 조성되어 가고 있기 때문이다.

이러한 중국의 AI 반도체 생태계 발전의 요인을 미국 수출통제 정책의 미흡과 실패에서 찾을 수도 있겠지만, 중국 자체 내의 시도들에서 성공 요인을 찾을 수도 있다. 중국은 '중국제조 2025' 전략의 일환으로 AI 반도체 분야에 대한 대규모 투자와 세제 지원을 확대해 왔다. 동시에 국내 기업의 연구개발R&D을 촉진하기 위해 2024년 상반기까지 AI 반도체 스타트업에 2조 200억 원 이상의 자금을 유치하기도 했다. 이러한 맥락에서 화웨이는 어센드 910C 칩 수율을 40%까지 향상시키는 등 생산 효율성을 개선하기도 했다(강나훔·김평화, 2025).

중국의 '국가기술전략National Technology Strategy'의 역할이 또 하나의 성공 요인으로 꼽히기도 한다. AI 반도체 장비 시장에서도 중국의 글로벌 점유율 40%가 전망되기도 한다(Li, 2025). 이러한 노력의 일환으로 세미콘 차이나 반도체 전시회 2025SEMICON China 2025와 같은 행사들이 개최되었다. 흥미롭게도 2025년 3월에 열린 해당 행사에는 미국의 어플라이드 머티어리얼즈Applied Materials나 네덜란드의 ASML은 전시에 참가하지 않았다. 대신, 나우라 테크놀로지Naura Technology, AMECAdvanced Micro-Fabrication Equipment, Acm 리서치Acm Research(Shanghai) Inc.와 같은 중국 장비 제조업체가 그 공백을 메웠다. 이들 회사들은 중국의 국내 수입대체로 세계시장에서 점차 추동력을 얻고 있었다. 그 외에도 AI 반도체 설계부터 양산까지 자체 생태계를 구축하기 위해 해외 인재 양성 및 유치를 확대하고 있고, 기업 인수합병M&A도 적극적으로 진행 중에 있다.[13]

AI 칩 시장에서의 경쟁은 단순 미중 간 기술경쟁을 넘어 글로벌 생태계 구축 경쟁으로 확장되고 있다. 이러한 맥락에서 미중은 글로벌 시장에서의 지배력을 점차 확대해 가고자 한다. 중국의 AI 반도체 산업이 2025~2030년 연평균 31.06% 성장할 전망 가운데(Research and Markets, 2025), 중국은 2024년 아시아-태평양 지역 반도체 시장 성장률 7.6%를 주도한 바 있다(Pamir Consulting, 2025). 이러한 성장세를 바탕으로 중국은 SMIC·화웨이 하이실리콘을 중심으로 28nm 이상 레거시 칩 생산에 집중하고 있으며, TSMC의 파운드리 시장점유율 61.7%에 대항해 나가고자 한다.

특히 중국 AI 반도체 수요는 동남아시아, 아프리카, 중동, 라틴아메리카 등 신흥 시장을 중심으로 빠르게 영향력을 확대하고 있다. 그중에서도 가장 큰 수요처는 동남아시아인데, 2025년 기준 지역 내 AI 투자의 50% 이상을 차지한다(AIbase, 2025). 싱가포르, 베트남, 말레이시아를 중심으로 중국 기업들이 데이터 센터 구축과 스마트 제조 솔루션 공급에 집중하고 있으며, 알리바바의 한광 800 NPU는 베트남의 삼성전자 공장에 적용되어 생산 라인 자동화 효율을 40% 향상시켰으며, 화웨이의 어센드 910C는 태국의 스마트시티 프로젝트에 10만 개 이상 공급되었다(Tech Collective, 2025).

아프리카에서의 확장에는 중국의 '디지털 실크로드DSR' 프로젝트의 영향력도 있다. 2025년 현재 52개 아프리카 국가가 화웨이·ZTE와 협력해 5G 기지국

13 글로벌 최상급 AI 연구자의 47%가 중국에서 태어났거나 중국에서 교육받고 있다는 보고도 있다(한국지능정보사회진흥원, 2025).

12만 개를 구축했으며, 이 중 40%에 어센드 시리즈 AI 칩이 탑재되었다(Chen, 2025). 중동에서도 화웨이의 칩이 태양광 인버터에 탑재되어 에너지 변환 효율의 상승에 기여하거나, 두바이의 스마트그리드도 알리바바 클라우드 AI 예측 모델을 결합시키며 전력 낭비를 감소하고자 했다. 2025년 1분기에는 사우디아라비아의 AI 서버 수입량 중 35%가 중국산 NPU로 대체되기도 했다. 라틴아메리카에서도 중국의 AI 생태계가 확장되고 있는 모습이 보인다. 중국의 생성형 AI 모델 딥시크 R1이 GPT-4 대비 10분의 1의 비용으로 현지화되어 빠르게 보급되고 있다(Yeyati and Guilera, 2025).

이러한 중국의 공격적 AI 생태계 확산 구축의 움직임은, 2025년 5월에 발표된 미 트럼프 2기 정부의 움직임과 무관하다고 보기 어렵다. 트럼프 2기 정부는 바이든 정부에서 발표된 「AI 확산 프레임워크」, 즉 국가 등급tier별 통제 레짐을 철회하고, 정부 간 협상 방식으로 전환할 계획이다. 이러한 변화에는 미국 내 산업계의 목소리도 반영되었을 것이고, 안보적 통제보다는 상업적 이익을 더 앞세우는 트럼프 2기 정부의 선호도 있었을 것이다. 미국의 수출통제라는 정책도구의 양상이 미중 전략경쟁이라는 국제 구조의 역학 때문만이 아니라 미국 국내정치의 영향을 받으며 역동적으로 변화하고 있다. 그리고 이것이 글로벌 AI 경쟁에 결과적으로 어떤 영향을 미쳤는지는 향후에 판단해 봐야 할 것이다.

강나훔·김평화. 2025. "中반도체가 韓 앞섰다고?…"최소 10년은 뒤처졌다"". ≪아시아경제≫, https://www.asiae.co.kr/visual-news/article/2025031814531389801 (검색일: 2025.3.6)

변효선. 2023. "일본, 대중 반도체 수출 규제 개시…중국 맞불 조치에 주목". ≪이투데이≫, https://www.etoday.co.kr/news/view/2268564 (검색일: 2025.3.6)

유인태. 2024.「글로벌 첨단기술 공급망과 수출통제의 국제정치: 우주기술 부문을 중심으로」. ≪국제정치논총≫, 제64집 1호, 95~127쪽.

한국지능정보사회진흥원. 2025. "중국의 인공지능(AI) 정책·전략 현황과 변화 방향". https://nia.or.kr/site/nia_kor/ex/bbs/View.do?cbIdx=82618andbcIdx=27801andparentSeq=27801 (검색일: 2025.3.2)

≪VOA 뉴스≫. 2024. ""중국, 일본에 '반도체 추가 통제시 보복' 경고"". https://www.voakorea.com/a/7768270.html (검색일: 2025.3.6)

AIbase. 2025. "IDC: China's AI Investment to Exceed $100 Billion by 2028." https://www.aibase.com/news/16891 (검색일: 2025.3.2)

Aleksandar. 2024. "The Impact of AI on the Semiconductor Industry." AGS Devices. https://www.agsdevices.com/ai-in-semiconductor-industry (검색일: 2025.3.2)

Baptista, Eduardo. 2024. "China's military and government acquire Nvidia chips despite US ban." Reuters. https://www.reuters.com/technology/chinas-military-government-acquire-nvidia-chips-despite-us-ban-2024-01-14 (검색일: 2025.3.2)

Bureau of Industry and Security. 2022. "Implementation of Additional Export Controls: Certain Advanced Computing and Semiconductor Manufacturing Items; Supercomputer and Semiconductor End Use; Entity List Modification." U.S. Department of Commerce. https://www.federalregister.gov/documents/2022/10/13/2022-21658/implementation-of-additional-export-controls-certain-advanced-computing-and-semiconductor (검색일: 2025.3.2)

______. 2025a. "Framework for Artificial Intelligence Diffusion." U.S. Department of Commerce. https://www.federalregister.gov/documents/2025/01/15/2025-00636/framework-for-artificial-intelligence-diffusion (검색일: 2025.3.2)

______. 2025b. "15 CFR 734.9 Foreign-Direct Product (FDP) Rules." U.S. Department of Commerce. https://www.ecfr.gov/current/title-15/subtitle-B/chapter-VII/subchapter-C/part-734/section-734.9 (검색일: 2025.3.2)

Carrillo, Pablo E., Martin J. Mackowski, Beth L. Goldstein, and David Naylor. 2025. "U.S. AI Export Controls and Strategic Shifts Under the Trump Administration." The National Law Review. https://natlawreview.com/article/us-ai-export-controls-and-strategic-shifts-under-trump-administration (검색일: 2025.3.2)

Casey, Christopher A. 2023. "Export Controls—International Coordination: Issues for Congress." Congressional Research Service. https://crsreports.congress.gov/product/pdf/R/R47684 (검색일: 2025.3.2)

Chen, Fan. 2025. "As Africa races towards its AI revolution, China is with it each step of the way." *South China Morning Post*. https://www.scmp.com/news/china/diplomacy/article/3300312/africa-races-towards-its-ai-revolution-china-it-each-step-way (검색일: 2025.3.2)

Farrell, Henry. 2024. "The Rise and Fall of Economic Statecraft: Overreach and Incoherence Hobble America's Most Powerful Weapon." *Foreign Affairs*, 104-1. https://www.foreignaffairs.com/reviews/rise-and-fall-economic-statecraft (검색일: 2025.3.2)

Fist, Tim, and Erich Grunewald. 2023. "Preventing AI Chip Smuggling to China." Center for a New American Security. https://www.cnas.org/publications/reports/preventing-ai-chip-smuggling-to-china (검색일: 2025.3.2)

Global Times. 2020. "Samsung, SK Hynix would suffer from cut in supply to Huawei: analyst Samsung." https://www.globaltimes.cn/page/202009/1200561.shtml

Haeck, Pieter, and Barbara Moens. 2023. "Dutch cozy up to US with controls on exporting microchip kit to China." Politico. https://www.politico.eu/article/the-netherlands-limits-chinese-access-to-chips-tools-asml (검색일: 2025.3.6)

Haeck, Pieter, Brendan Bordelon, and Mark Scott. 2023. "US, Netherlands strike deal on blocking chip exports to China." Politico. https://www.politico.eu/article/us-dutch-officials- meet-to-hammer-out-chips-control-deal-export-blocks-china (검색일: 2025.3.6)

Hawkins, Mackenzie. 2024. "Japan Pressed by US Lawmakers to Strengthen Chip Curbs on China." Bloomberg. https://www.bloomberg.com/news/articles/2024-10-18/japan-pressed-by-us-lawmakers-to-strengthen-chip-curbs-on-china (검색일: 2025.3.6)

Kelly, Tim, Karen Freifeld, and Kentaro Sugiyama. 2023. "As Japan aligns with U.S. chip curbs on China, some in Tokyo feel uneasy." Reuters. https://www.reuters.com/technology/space/japan-aligns-with-us-chip-curbs-china-some-tokyo-feel-uneasy-2023-07-24 (검색일: 2025.3.6)

Lahiri, Anusuya. 2024. "Nvidia Tech Fuels Chinese AI Growth Overseas, Alibaba Ramps Up $7B Investment." Benzinga. https://www.benzinga.com/news/24/08/40550305/nvidia-tech-fuels-chinese-ai-growth-overseas-alibaba-ramps-up-7b-investment (검색일: 2025.3.2)

Lee, Jane. 2022. "Exclusive: Nvidia offers new advanced chip for China that meets U.S. export controls." Reuters. https://www.reuters.com/technology/exclusive-nvidia-offers-new-advanced-chip-china-that-meets-us-export-controls-2022-11-08 (검색일: 2025.3.2)

Levy Yeyati, Eduardo, and Soledad Guilera. 2025. "DeepSeek Reveals Latin America's AI Crossroads." Americas Quarterly. https://americasquarterly.org/article/deepseek-reveals-latin-americas-ai-crossroads (검색일: 2025.3.2)

Lewis, James Andrew. 2023. "The End of Export Controls." Center for Strategic and International Studies. https://www.csis.org/analysis/end-export-controls (검색일: 2025.3.2)

Li, Levi. 2025. "AI or bust: China chip sector to stage comeback at SEMICON China." DIGITIMES Asia. https://www.digitimes.com/news/a20250324PD203/2025-equipment-semicon-china-growth-demand.html (검색일: 2025.3.2)

Liu, Qianer. 2024. "Nvidia AI Chip Smuggling to China Becomes an Industry." The Information. https://www.theinformation.com/articles/nvidia-ai-chip-smuggling-to-china-becomes-an-industry (검색일: 2025.3.2)

Mann, Tobias. 2023. "AMD says it'll jump through Uncle Sam's hoops to sell AI chips to China." The Register. https://www.theregister.com/2023/08/03/amd_chips_china_export (검

색일: 2025.3.2)

Mueller, Milton L. 2025. "It's Just Distributed Computing: Rethinking AI Governance." *Telecommunications Policy,* Vol.49, No.3, 102917.

Pamir Consulting. 2025. "Asia is set to power the global semiconductor market for the foreseeable future." https://pamirllc.com/blog/asia-is-set-to-power-the-global-semiconductor-market-for-the-foreseeable-future (검색일: 2025.3.2)

Pao, Jeff. 2024. "China gets banned Nvidia AI chips via gray markets." *Asia Times.* https://asiatimes.com/2024/01/china-gets-banned-nvidia-ai-chips-via-gray-markets (검색일: 2025.3.2)

Pearson, Margaret M., Meg Rithmire, and Kellee S. Tsai. 2023. *The State and Capitalism in China.* New York: Cambridge University Press.

Perozo, Eugenia. 2024. "Netherlands expands chip export restrictions, following Japan and the US." Investment Monitor. https://www.investmentmonitor.ai/news/netherlands-expands-chip-export-restrictions-following-japan-and-the-us (검색일: 2025.3.6)

Potkin, Fanny, and Che Pan. 2025. "Exclusive: Nvidia's H20 chip orders jump as Chinese firms adopt DeepSeek's AI models, sources say." Reuters. https://www.reuters.com/technology/artificial-intelligence/nvidias-h20-chip-orders-jump-chinese-firms-adopt-deepseeks-ai-models-sources-say-2025-02-25 (검색일: 2025.3.2)

Potkin, Fanny, and Yantoultra Ngui. 2023. "Exclusive: Chinese firms look to Malaysia for assembly of high-end chips, sources say." Reuters. https://www.reuters.com/technology/chinese-firms-look-malaysia-assembly-high-end-chips-sources-say-2023-12-17 (검색일: 2025. 3.2)

Research and Markets. 2025. "AI Chip Market Global Outlook and Forecasts Report 2024-2029 Featuring Prominent Vendors - AMD, Intel, NVIDIA, QUALCOMM, and Taiwan Semiconductor Manufacturing Co." GlobeNewswire. https://www.globenewswire.com/news-release/2025/02/27/3033948/0/en/AI-Chip-Market-Global-Outlook-Forecasts-Report-2024-2029-Featuring-Prominent-Vendors-AMD-Intel-NVIDIA-QUALCOMM-and-Taiwan-Semiconductor-Manufacturing-Co.html (검색일: 2025.3.2)

Reuters. 2024. "Beijing criticises Netherlands' move to block ASML exports to China." Reuters. https://www.reuters.com/technology/asml-says-dutch-government-revoked-some-export-license-2024-01-01 (검색일: 2025.3.2)

Robinson, Dan. 2024. "Dutch government takes ASML export measures off Uncle Sam's hands." The Register. https://www.theregister.com/2024/09/06/dutch_asml_export_controls (검색일: 2025.3.6)

Schleich, Matthew, and Thibault Denamiel. 2024. "Why US Semiconductor Export Controls Backfire." The Diplomat. https://thediplomat.com/2024/05/why-us-semiconductor-export-controls-backfire (검색일: 2025.3.2)

Semiconductor Industry Association. 2022. "SIA Statement on New Export Controls." https://www.semiconductors.org/sia-statement-on-new-export-controls (검색일: 2025.3.2)

Sevastopulo, Demetri. 2023. “US urges South Korea not to fill China shortfalls if Beijing bans Micron chips.” *Financial Times*. https://www.ft.com/content/64c58ee2-a604-4d31-84f4-bc0aa6d8343a (검색일: 2025.3.2)

Tech Collective. 2025. “How will the rise of China's new GenAI tools impact AI adoption in Southeast Asia?” https://techcollectivesea.com/2025/03/03/china-genai-tools-ai-southeast-asia (검색일: 2025.3.2)

The Economist. 2024. “China's AI firms are cleverly innovating around chip bans.” https://www.economist.com/science-and-technology/2024/09/19/chinas-ai-firms-are-cleverly-innovating-around-chip-bans (검색일: 2025.3.2)

The Korea Times. 2020. “US sanctions on Huawei feared to hit Korean chip exports to China.” https://www.koreatimes.co.kr/www/tech/2025/01/129_296041.html (검색일: 2025.3.2)

The White House. 2025. “America First Trade Policy.” https://www.whitehouse.gov/presidential-actions/2025/01/america-first-trade-policy (검색일: 2025.3.2)

van Gerven, Paul. 2020. ““ASML forced to put Chinese EUV order on hold after US pressure”.” BitsandChips. https://bits-chips.com/article/asml-forced-to-put-chinese-euv-order-on-hold-after-us-pressure (검색일: 2025.3.2)

van Ouwerkerk, Charlotte. 2024. “Dutch match US export curbs on semiconductor machines.” Tech Xplore. https://techxplore.com/news/2024-09-dutch-export-curbs-semiconductor-bmachines.html (검색일: 2025.3.6)

Whalen, Jeanne. 2021. “U.S. campaign against Huawei appears to be working, as Chinese tech giant loses sales outside its home market.” *The Washington Post*. https://www.washingtonpost.com/technology/2021/03/31/impact-us-campaign-against-huawei (검색일: 2025.3.2)

4 미중 인공지능 경쟁과 플랫폼 경제

이승주 | 중앙대학교

1. 디지털 기술 혁신과 플랫폼 경쟁의 진화 단계

플랫폼 산업은 몇 차례 단계를 거치며 변화를 거듭해 왔다. 기술적 측면에서 볼 때, 플랫폼 산업의 발전은 디지털 기술 혁신과 불가분의 관계에 있다. 더 나아가 플랫폼 산업의 발전은 혁신적 기술이 산업화 또는 상업화되는 데 필요한 자금의 유입이 있을 때 가능하다. 이러한 면에서 플랫폼 산업의 발전은 기술혁신 역량과 자금 동원 능력을 결합한 비즈니스 모델을 효과적으로 수립·관리할 수 있을 때 가능하다. 국가 간 경쟁이라는 측면에서 보더라도, 플랫폼 경쟁은 두 가지 역량을 모두 보유한 국가가 주도하게 된다.

1) 디지타이제이션(Digitization)과 플랫폼 산업

플랫폼 산업 초기 단계의 발전은 1900년 중반 대두된 디지털 기술 혁신이 직접적인 촉발 요인이 되었다. 디지털 기술의 경이로운 발전 속도는 디지털 기술의 산업화 또는 상업화에 대한 낙관적인 전망으로 이어져 대규모 자금이 유입되기에 이르렀다. 플랫폼 산업도 예외는 아니어서, 수익을 실현하기 어려운 상황임에도 불구하고 대규모 민간투자를 유치할 수 있었다. 비록 2000년대 초까지 '닷컴버블dot-com bubble'이 붕괴하면서 소강상태에 들어가기는 했으나, 디지털 기술과 자금 동원이 결합한 실리콘밸리Silicon Valley 비즈니스 모델은 이후에도 플랫폼 산업의 발전을 위한 초석이 되었을 뿐 아니라, 더 나아가 쇠퇴 일로에 있는 것으로 인식되었던 미국의 산업과 경제를 부활시키는 핵심 요인이 되었다(O'Mara, 2019).

실제로 2000년대 초 테크기업들이 디지털 기술을 활용한 서비스를 대거 출시하고, 기업의 관리 방식을 디지털 기반으로 변경하면서 플랫폼 경쟁이 본격화되었다. 당시 플랫폼 경쟁은 대체로 두 가지 방향에서 이루어졌다. 아날로그 방식으로 이루어지던 기업 경영 및 조직 관리를 디지털화digitization하는 것과 초기 형태의 플랫폼 서비스를 제공하는 것이 그것이다.[1] 디지털화는 디지털 기술과 데이터를 활용하여 기업 인프라와 작업을 혁신하는 것으로, 전체 기업 차원에서 통합된 디지털 생태계를 구축하려는 것이었다. 데이터의 중앙집중형 관리, 작업 시스템과 프로세스의 통합, 자동화와 최적화 등을 통해 효율성, 협업, 혁신을 촉진하는 데에 디지털화의 목표가 있었다.

이 시기 일부 기업들은 디지털 기술을 활용하여 고객 편의를 위한 아날로그 데이터의 디지털화, 데이터 분석을 통한 공급망 최적화, 자동화 등을 적극 추구하면서 초기 플랫폼 비즈니스를 선도했다. 특히, 당시 플랫폼 산업은 중국의 플랫폼 산업이 활성화되기 이전이었기 때문에, 미국 빅테크들의 독무대였다. 온라인 도서 구매 서비스를 제공한 아마존Amazon, 웹 포털 및 검색엔진 서비스의 야후Yahoo, 팝업 광고를 최초로 도입한 온라인 포털 서비스 아메리카 온라인America Oline: AOL, 온라인 경매 서비스를 제공한 이베이eBay 등이 대표적

1 Digitization, digitalization, digital transformation에 대해서는 다음을 참조. https://www.gartner.com/en/information-technology/topics/digital-transformation

이다. 미국의 플랫폼 기업들은 이후 지속적인 인수합병을 거치기는 했으나, 디지털 기술에 대한 경쟁 우위를 바탕으로 초국적 서비스를 제공하는 플랫폼 비즈니스로의 확장을 위한 경험과 자산을 빠르게 축적할 수 있었다.

2) 디지털라이제이션(Digitalization)과 플랫폼 산업의 변화

2010년대 중반 플랫폼 산업은 한 차례 커다란 변화를 겪는다. 새로운 유형의 디지털라이제이션digitalization이 플랫폼 산업이 한 차례 더 업그레이드할 수 있는 기술적 요소로 작용했다. 디지털라이제이션은 단순히 아날로그 데이터를 디지털 데이터로 전환하는 데 그치지 않고, 디지털 기술을 활용하여 새로운 매출과 가치를 창출할 수 있는 디지털 비즈니스라고 할 수 있다(Bloomberg, 2018).

디지털라이제이션이 새롭게 조명된 것은 2017년 클라우스 슈왑Klause Schwab이 4차 산업혁명4th Industrial Revolution을 주창하면서 정보와 데이터를 디지털 포맷으로 통합하는 것이 4차 산업혁명의 핵심 동력이 될 것이라고 전망한 데서 비롯되었다. 구체적으로 슈왑은 자동화와 로보틱스, 데이터 수집과 분석, 스마트 제조, 사물인터넷IoT, 사이버-물리 시스템Cyber-Physical Systems 등이 4차 산업혁명을 주도하는 새로운 산업 트렌드가 될 것이라고 주장하였다(Schwab, 2016).

4차 산업혁명은 플랫폼 산업이 새로운 단계로 나아가는 계기가 되었다. 스마트 팩토리smart factories의 사례에서 나타나듯이, 데이터의 디지털화와 작업 관리 방식의 효율화에 초점을 맞추었던 디지타이제이션digitization과 달리, 디지털라이제이션digitalization은 제조업과의 연계 강화가 현실화되었기 때문이다. 특히, 이 시기 플랫폼 산업은 지구적 가치사슬global value chains: GVCs을 기반으로 한 제조업과 연계를 강화하면서 온-오프라인을 아우르는 변화를 보였다(Lundquist and Kang, 2021). 플랫폼 산업은 디지털 기술과 연결되면서 세계경제를 견인하는 추동력이 될 것으로 전망되었다. 더 나아가 이는 전통 제조업, 에너지 기업,

또는 금융업체를 중심으로 구성되어 온 세계경제의 전환을 의미하는 것이었다. 또한 이 시기에는 중국이 GVCs에서 상향 이동하면서 허브의 위치를 확보하는 동시에, 거대한 중국 내수시장을 바탕으로 한 토착 플랫폼이 빠르게 성장했다. 미중 플랫폼 경쟁이 형성기에 진입했다.

3) 디지털 전환(Digital transformation)과 플랫폼 산업

2020년 코로나19의 세계적 확산은 플랫폼 산업이 다시 한 번 도약하는 결정적 계기가 되었다. GVCs를 기반으로 생산을 최적화하는 데 목표를 두었던 제조업이 코로나19로 인해 일제히 공급망 교란을 겪으면서 디지털 전환digital transformation: DX의 필요성이 급증했기 때문이다. 디지털 전환은 기업들이 디지털 기술을 사업의 특정 영역이 아니라, 전 영역에 내재화함으로써 효율성 향상, 기민성 증가, 근로자, 고객, 주주를 위한 새로운 가치 창출의 기회를 발굴하는 것을 말한다(Accenture, 2024).

이 시기의 특징은 코로나19로 인한 공급망 교란이 미중 첨단기술 경쟁과 동시에 진행되면서 플랫폼 경쟁이 안보화되는 과정을 거치게 되었다는 점이다(U.S.-China Economic and Security Review Commission, 2024). 2단계 플랫폼 발전 단계에서 진행된 미중 경쟁은 데이터의 자유로운 초국적 이동과 테크기업의 자유를 보장하는 데 초점을 맞춘 미국과 인터넷 주권을 표방하며 플랫폼 산업에 대한 통제에 우선순위를 둔 중국 사이에 전개된 모델 경쟁의 성격이 강했다. 반면, 3단계 미중 경쟁은 플랫폼 산업이 AI 기반으로 다시 한 번 변화를 겪는 과정에서 발화되었다. 플랫폼 경쟁이 모델 또는 패러다임 경쟁을 넘어, 기술경쟁과 연계가 본격화되기 시작한 것은 미국과 중국이 벌이는 AI 기술 혁신 경쟁의 결과이기도 하다. 5G와 반도체를 필두로 첨단기술 경쟁에 돌입한 미국과 중국은 AI로 전선을 확대했다. 플랫폼 경쟁의 성격이 변화한 것이다(Wheeler, 2021).

2. AI 기반 플랫폼 산업 생태계의 대두

플랫폼 산업이 AI와 통합되면서 이용자가 스마트폰 등 기기와 상호작용하는 방식을 포함하여 획기적인 변화가 발생했다. 플랫폼 기업들이 AI를 통하여 데이터 수집·분석·활용이 더욱 용이해지면서 개인화된 경험에 밀착된 서비스 제공뿐 아니라, 기업용 서비스가 가능해진 것이다. 이는 AI 기반 플랫폼 산업의 지형 변화로 이어졌다. 전통적인 테크기업들은 물론, AI 기술에 특화된 기업들도 플랫폼화하는 변화가 동시에 진행된 것이다.

그 결과 미국의 경우, AI 플랫폼 기업들이 매출 규모, 서비스, 기업전략 면에서 매우 커다란 차이를 보이기는 하나, 크게 나누어 보면, AI 기반 플랫폼 생태계의 형성은 네 가지 방향에서 진행되었다. 첫째, 전통적인 빅테크 기업들이 기존 플랫폼의 이점을 적극 활용하여 독자 개발한 AI 기술을 접목하는 방식이다. 구글Google, 마이크로소프트Microsoft, 아마존Amazon 등이 이러한 유형에 해당한다. 둘째, 대규모언어모델LLMs 등 AI 기술에 대한 경쟁력을 바탕으로 플랫폼화하는 기업이 출현했다. 오픈 AIOpenAI, 앤트로픽Anthropic이 여기에 해당한다. 셋째, 하드웨어의 강점을 활용하여 플랫폼 서비스를 제공하는 유형으로, 엔비디아Nvidia(쿠다CUDA)가 이에 해당한다(**표 4-1** 참조).

네 번째 유형은 하나의 기업이 아니라, 수백 또는 수천의 기업들이 오픈소스 기반의 협력을 하면서 'AI 플랫폼 생태계'를 형성하는 방식이다. **표 4-1**에서 나타나듯이, AI 플랫폼 기업들은 기업규모와 매출 면에서 비교하기 어려울 정도의 차이를 보이는 것은 사실이다. 근로자 수가 30만 명이 넘는 전통적인 빅테크에서 1,000명에 불과한 신생 AI 기업에 이르기까지 AI 플랫폼의 규모와 그들이 제공하는 서비스는 천차만별이다. 매출 면에서도 3,830억 달러가 넘는 애플과 8억 5,000만 달러에 불과한 앤트로픽을 동일한 수준의 AI 플랫폼이라고 하기 어려울 정도이다.

플랫폼 생태계는 특정 기업을 중심으로 독자적인 플랫폼이 형성되는 경우

표 4-1 미국의 AI 플랫폼 기업 간 비교

기업 및 AI 모델	매출	근로자 수	창업 연도
Google's Gemini AI	$307.39bn	182,000+	1998
Apple's Core ML	$383.2bn(2023)	164,000+	1976
Amazon SageMakerAWS)	$574.79bn	130,000+	2006
Microsoft Azure AI	$211.92 billion	221,000(2023)	1975
OpenAI's ChatGPT	$3.4bn	3,400+	2015
IBM Watson	$62bn	310,000+	1911
NVIDIA AI	$3.34bn	26,000+	1993
Adobe Sensei	$19.41bn(2023)	29,000+	1982
Anthropic's Claude	$850m	1,000+	2021
TensorFlow	$307.39bn(Alphabet)	182,000+	1998

자료: Jackson(2024)

도 있으나, 플랫폼 생태계 내에서 요구되는 가치와 기능을 부분적으로 제공하는 방식을 통해서도 형성된다. **그림 4-1**에 나타나듯이, 구글, AWS, 애저Azure, IBM은 클라우드 컴퓨팅 플랫폼을 제공하고, 다른 기업들은 이용자 또는 이용기업들에 특화된 서비스를 제공하는 방식이다. 이 과정에서 최근에는 네 번째 유형인 엔터프라이즈 AI 및 IoT 애플리케이션 설계 및 개발과 아울러 솔루션을 제공하는 '오픈소스 AI 플랫폼'이 빠르게 증가하고 있다. AI 기반의 새로운 플랫폼 생태계에서는 오픈소스 방식을 기반으로 개별 행위자들이 저마다의 가치를 제공하는 것이다. 이 생태계에 참여하는 기업들은 AWS, 애저, IBM, 구글이 제공하는 클라우드 컴퓨팅 서비스를 기반으로 데이터 집적, 데이터 스트리밍, 머신러닝 서비스, 데이터 시각화 등과 같은 혁신적인 서비스를 제공하는 군집을 형성한다(**그림 4-1** 참조).

이 유형의 플랫폼은 기존 플랫폼과 비교할 때, 성장 속도가 매우 빠르다는 특징이 있다. 플랫폼 서비스의 확산 속도를 측정하는 지표 가운데 하나는 활성 이용자active users 1억 명 확보에 도달하는 기간이다. 1990년대 초 월드와이드웹world wide web이 출시된 이후 1억 명의 활성 이용자를 확보하기까지 7년이 소요

그림 4-1 AI 플랫폼 생태계

자료: Awash in "AI Platform"." https://c3.ai/what-is-enterprise-ai/awash-in-ai-platforms/

되었다. 이후 플랫폼 서비스의 확장 속도가 빨라지기 시작하여, 페이스북 4년 6개월, 유투브 4년 1개월로 기간이 단축되었다. 이후 왓츠앱WhatsApp이 3년 6개월로 서비스 확장 속도를 더욱 높였고, 인스타그램Instagram은 이를 2년 6개월까지 단축했다. 틱톡TikTok은 9개월 만에 1억 명의 활성 이용자를 확보하여, 플랫폼 서비스 확산의 새로운 시대를 열었다(Rao, 2023). 그러나 오픈 AI의 챗 GPT ChatGPT는 출시한 지 불과 2개월 만에 활성 이용자 수 1억 명을 달성했다.

이와 같이 AI 기반 플랫폼 생태계는 질적·양적으로 확대되고 있다. 맥킨지 McKinsey에 따르면, 기업들은 이러한 신기술을 통해 2030년까지 연간 13조 달러 이상의 부가가치를 창출할 것으로 예상된다. AI를 선도하는 기업들은 경쟁자에 비해 커다란 격차로 우수한 성과를 내고 있을 뿐 아니라, 경제적 부가가치도 더 많이 창출한다는 것이다. 구체적으로 보면, AI를 도입한 공장의 경우, 10~15%의 생산 증대 효과가 있었으며, 이자, 법인세, 감가상각비 차감 전 영업이익Earnings Before Interest, Taxes, Depreciation and Amortization 또한 4~5% 증가한 것으로 나타났다(McKisney and Company, 2023). 이처럼 AI 도입에 따른 효과가 명확한 만큼, AI를 도입하는 데서 더 나아가, AI 생태계를 구축하려는 기업 간 경쟁이 가속화될 것으로 전망된다.

3. 플랫폼 경쟁 '틀'의 변화

1) 미중 AI 기술경쟁

미국과 중국의 AI 플랫폼 경쟁이 본격화된 것은 2020년 이후이다. 미중 AI 플랫폼 경쟁은 파라미터parameter의 수를 중심으로 전개되었다. 미국에서는 2023년 오픈 AI가 파라미터 경쟁에서 선두로 나서기 시작했고, 중국에서는 바이두(Ernie), 화웨이(PanGu-Sigma), 베이징 인공지능학원(WuDao) 등이 파라미터 경쟁에 가세했다(**그림 4-2** 참조).

그림 4-2 AI LLMs 경쟁 현황

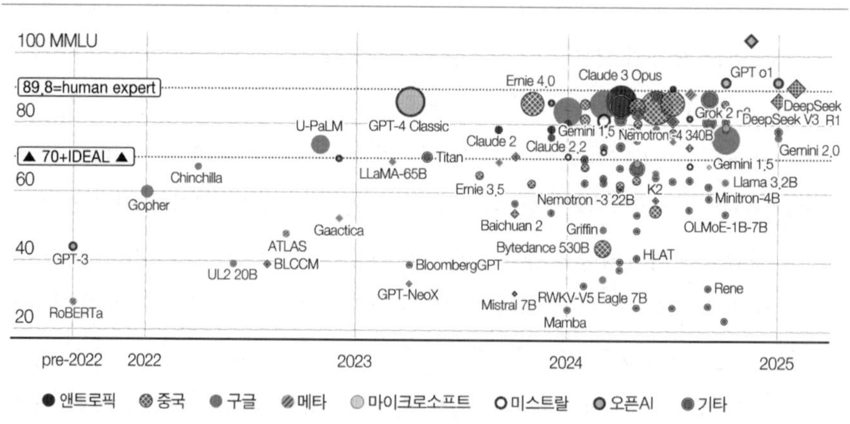

자료: McCandless et al. (2024)

2) 미중 경쟁의 세 차원

미국과 중국의 AI 플랫폼 경쟁은 단순히 기술력 경쟁에 그치지 않는다. 실행implementation, 혁신innovation, 투자investment는 AI의 3대 경쟁 영역으로 알려져 있다. 실행은 인재, 인프라, 작동 환경, 혁신은 연구와 개발, 투자는 정부 전략, 민간의 스타트업, 투자로 구분된다. 미국과 중국에 이어 싱가포르, 영국(투자), 독일 등이 미국 및 중국과 커다란 격차를 둔 3위 그룹을 형성하고 있다(**표 4-2** 참조).

표 4-2 주요국 AI 플랫폼 경쟁력 비교

	전체	인재	인프라	작동 환경	연구	개발	정부 전략	상업 전략	규모	강도
미국	1	1	1	28	1	1	8	1	1	5
중국	2	20	2	3	2	2	3	2	2	21
싱가포르	3	4	3	22	3	5	16	4	10	1
영국	4	5	24	40	5	8	10	5	4	10
캐나다	5	6	23	9	7	11	5	7	7	7
한국	6	12	7	11	12	3	6	18	8	6
이스라엘	7	7	28	23	11	7	47	3	17	2
독일	8	3	12	13	8	9	2	11	3	15
스위스	9	9	13	30	4	4	56	9	16	3
핀란드	10	13	8	4	9	14	15	12	13	4
네덜란드	11	8	16	15	10	13	28	20	11	8
일본	12	11	5	10	20	6	18	23	6	25
프랑스	13	10	11	25	15	18	13	10	9	20
인도	14	2	59	12	30	21	38	13	5	51
호주	15	14	44	62	6	16	14	22	15	14
덴마크	16	19	15	1	18	19	21	17	18	11
스웨덴	17	15	21	2	13	17	44	16	19	12
룩셈부르크	18	31	6	14	19	22	31	14	33	9
아일랜드	19	17	26	19	27	10	29	15	28	13
오스트리아	20	25	34	5	16	23	33	27	22	18
스페인	21	18	18	16	24	26	4	32	12	28
벨기에	22	26	43	24	14	25	36	25	23	19
이탈리아	23	22	35	6	21	28	9	35	14	33
노르웨이	24	24	22	29	22	20	39	21	30	16

자료: Tortoise Media, "The Global AI Index."

경쟁 양상을 미국과 중국으로 좁힐 경우, 미국은 인재, 인프라, 연구개발 등 상업 투자 영역에서 고르게 우위를 보인다. 민간투자에서 미국 우위가 특히 두드러진다. 2013년에서 2023년 기간 중 미국의 민간투자가 3,352억 달러로, 중국의 민간투자 1,037억 달러를 압도한다(Bomey, 2024). 미국은 또한 AI 핵심 인재의 확보 면에서도 우월적 지위를 유지하고 있다. 미국 기관에서 활동하는 상위 20% AI 연구자의 비중이 27%(2019)에서 38%(2022)로 증가한 사실이 이를 뒷받침한다.

3) AI 기술경쟁의 안보화

미중 전략경쟁은 초기부터 첨단기술을 중심으로 전개되었다는 특징이 있다. 미국과 중국 모두 첨단기술을 미래 경쟁력과 군사적 우위를 선제적으로 확보하는 데 관건으로 보고, 혁신 경쟁에 돌입한 것이다(Kennedy and Lim, 2018). 미국과 중국이 첨단기술 경쟁을 기술 또는 산업 차원을 넘어 국가안보에 대한 고려를 통합한 전략을 추구함에 따라, 첨단기술의 안보화가 진행되었다.

미국과 중국이 벌이는 AI 플랫폼 경쟁은 단순한 기술경쟁을 넘어, 산업이 성숙기에 도달하기 전부터 안보화되었다는 특징이 있다. AI는 그 자체로 엄청난 경제적 효과를 창출할 수 있을 뿐 아니라, 다른 산업과 연계될 때 그 효과가 배가될 수 있는 잠재력을 갖고 있다. 또한 AI의 효과는 기존 생산과 소비의 패러다임을 근본적으로 바꾸는 시장 교란적 변화를 초래할 수 있다는 점에서 이슈연계의 효과가 지대하다. 이슈연계는 양질전화로 이어진다. 특히, 전략경쟁에 돌입한 미국과 중국의 관점에서 볼 때, 이슈연계의 효과가 클수록 AI를 안보적 관점에서 접근하는 안보화 과정을 거치게 된다.

미국과 중국이 추구하는 AI 패러다임의 차이는 안보화를 더욱 촉진하는 결과를 초래한다. 미국과 중국은 기술개발, 자본 동원, 규제 등 많은 측면에서 매우 상이한 접근을 한다. 바이든 행정부가 2023년 10월 「안전하고, 안정적이며, 신뢰할 수 있는 인공지능 개발과 활용을 위한 행정명령Executive Order on Safe, Secure, and Trustworthy Development and Use of Artificial Intelligence」을 발표하고 자국 AI를 활용하도록 하는 동시에 개별 산업 부문에서 AI 규제를 업데이트하도록 한 것은 다분히 중국과의 경쟁을 염두에 둔 결정이었다(Executive Office of the President, 2023). 중국 또한 2023년 6월 중앙 사이버안보와 정보화위원회 판공실国家互联网信息办公室을 포함한 여섯 개 기관이 AI 알고리즘, 딥페이크, 콘텐츠의 활용에 대한 엄격한 규제를 골자로 하는 생성형 AI에 대한 임시 조치를 발표했다(KIEP 북경사무소, 2024). 이로써 중국 정부는 독자적인 AI 개발과 활용을 지속할 것임을 명확히 했다고 할 수 있다.

광범위한 가치사슬로 구성된 AI 산업의 구조적 특성 또한 안보화를 촉진하는 경향이 있다. AI 가치사슬은 대체로 컴퓨팅 파워, 인재, 데이터, 인프라로 구분된다. 이 가운데 컴퓨팅 파워와 인재의 병목현상이 특히 심화되고 있다. 문제는 미국과 중국이 AI 기술 혁신을 선도하고 있음에도, 자기 완결적인 AI 가치사슬을 구성하는 데에는 역부족이라는 공통점이 있다는 것이다. 이 경우, AI 가치사슬의 병목이 지정학적 목표의 실현을 위한 초크포인트chokepoint로 전환될 가능성을 배제하기 어렵게 된다. 미국은 엔비디아Nvidia가 개발한 AI 전용 칩 H100, H200에 이어 최신 AI 칩인 블랙웰Blackwell의 개발에 성공함으로써 AI 가치사슬에서 핵심 위치를 차지할 수 있게 되었다. 미국은 AI 칩의 수출통제를 활용하여 중국의 AI 추격을 지연시키는 전략을 추구하고 있다.

중국은 미국의 수출통제 강화와 확대에 직면하여 단기적으로는 AI 칩의 재고를 확충하는 전략을 구사하면서도, 중장기적으로는 독자적인 AI 생태계를 구성하기 위해 노력을 배가하고 있다. 중국 정부가 자국 기업들에게 AI 모델의 개발과 운용에 사용되는 엔비디아의 H20 칩을 구매하지 않도록 지침을 내린 데서 알 수 있듯이, 저사양 AI 칩에 대해서도 미국에 대한 의존도를 낮추는 전략적 전환도 추구하고 있다. AI가 안보화되는 복합지정학의 부상이 여기에서도 확인된다. 더 나아가 중국은 미국의 견제 수위가 높아진 데 대응하여 자발적 선택이라기보다는 강요된 혁신을 추구한다(Huang et al., 2024; Lin et al., 2025).

AI의 안보화는 세 가지 결과를 초래했다. 첫째, 미국의 수출통제에서 나타나듯이, 미중 양국은 상대국에 대한 견제의 효과를 제고하기 위한 수단을 총동원하는 데 주력했다. AI 분야의 경우, 미국은 반도체 산업의 가치사슬에 대한 장악력을 지렛대로 중국을 압박했다. LLMs 개발과 운영에 필수적인 것으로 알려진 고성능 AI 칩의 대중국 수출통제를 통해 중국 AI 플랫폼의 발전(더 나아가 확산)을 지연시키고, 기술격차를 더욱 확대하려는 전략이었다.

둘째, 미국은 국내적 차원에서 혁신 역량을 제고하기 위한 AI 생태계 재편에 착수했다. AI 가치사슬에서 상대적으로 취약한 단계를 보완하는 데 초점이 맞추어졌다. 트럼프 대통령이 취임과 동시에 5,000억 달러 규모의 '스타게이트Stargate 프로젝트'를 발표한 것도 이러한 배경이다(The White House, 2025). 트럼프 행정부는 동맹 및 파트너들과 협력하여 스타게이트를 통해 미국의 AI 가치사슬에서 기술격차를 더욱 확대하는 동시에 상대적으로 낙후된 분야를 보완하는 두 가지 목표를 추구한 것이다.

셋째, AI 산업의 지배력은 미중 군사적 균형에도 커다란 영향을 미친다. 전략경쟁의 성격을 고려할 때, 미국과 중국은 경제와 산업 분야의 경쟁이 군사 분야에 미치는 안보 외부효과를 의식하지 않을 수 없다. AI는 위성통신 등과 결합될 때, 군사적 균형에 근본적 변화를 초래하는 게임체인저game changer가 될 잠재력을 갖고 있다. AI와 위성통신의 긴밀한 통합은 상대국 공격에 대한 조기 탐지 또는 경보 능력을 획기적으로 향상시킬 수 있기 때문이다. 이는 기존 군사전략의 전제인 억제deterrence의 한계를 의미할 수 있다. 이 경우, 미국과 중국은 이처럼 새로운 군사적 경쟁의 관점에서 현재 기술·산업·경제적 차원의 AI 플랫폼 경쟁을 추구하게 된다.

4. AI 생태계의 블록화

미중 AI 플랫폼 경쟁의 안보화는 지구적 차원에서 AI 생태계의 블록화를 촉진하고 있다. **그림 4-3**에서 나타나듯이, 오픈소스 기반의 기술혁신을 특징으로 했던 AI 생태계에서 2023년 이후 폐쇄형 모델이 출현하는 변화가 나타났다. 이를 좀 더 구체적으로 살펴보면, 2021년 이전까지 오픈소스에 기반한 AI 기술경쟁과 협력이 주를 이루었는데, 2021년 이후 폐쇄형 모델의 출현 빈도가 높아지기 시작한 것이다(**그림 4-3** 참조).

폐쇄형 모델의 출현은 AI 기반 플랫폼 기술경쟁이 산업적 차원에서 진행된 것과 미중 AI 플랫폼 경쟁이 상호작용한 결과이다. 우선, 미중 첨단기술 경쟁 또한 폐쇄적 모델로의 이동을 촉진했다. 오픈소스 모델을 고수하는 것이 중국 AI 플랫폼 기업들의 기술 추격을 단축할 수 있는 유력한 통로가 된다는 위기의

그림 4-3 유형별 파운데이션 모델(2019~2023)

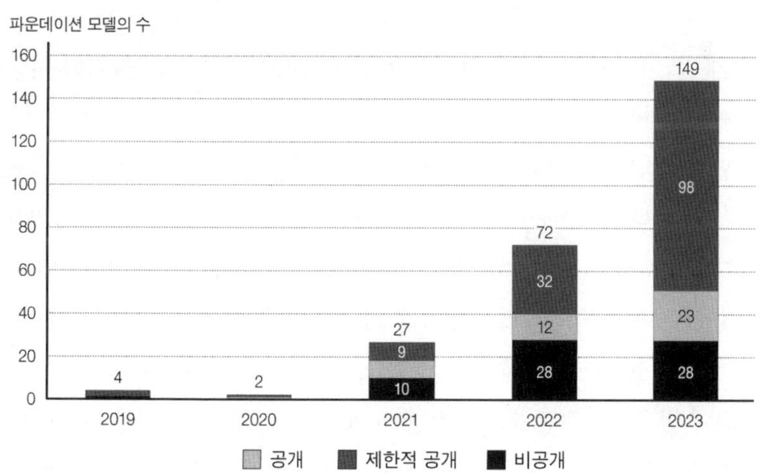

자료: HAI(2024)

그림 4-4 AI 특허의 국가별 비중

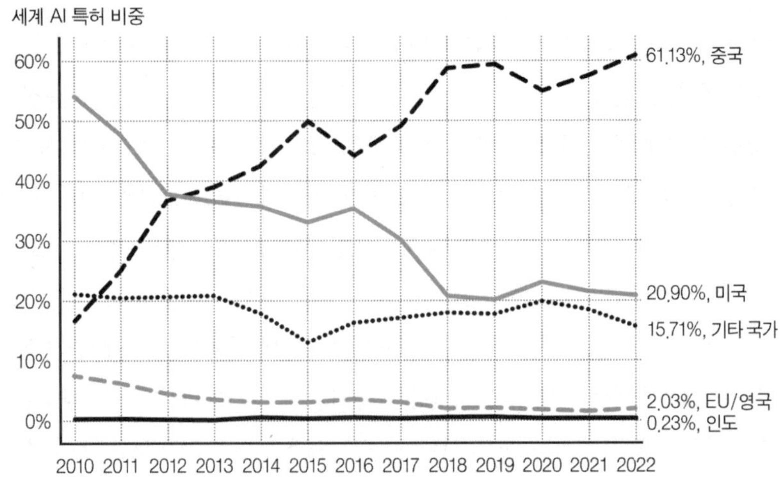

자료: HAI(2024)

식이 작용한 것이다. 기술적 측면에서 미중 AI 플랫폼 경쟁은 **그림 4-4**에서 확인된다. 중국은 이미 2012년 AI 특허에서 미국을 앞서기 시작하여, 2022년 기준 세계 AI 특허의 61.3%를 차지하고 있다. 반면, 미국의 AI 특허의 비중은 20.9%에 불과하다.

한편, **그림 4-5**에 나타나듯이, 2020년대에 들어서면서 기술혁신의 원천이 산업 또는 산학으로 이동하는 변화는 미중 AI 플랫폼 경쟁을 새로운 국면으로 나아가도록 했다. AI 플랫폼 기업들이 단순한 기술경쟁을 넘어 수익모델을 모색하지 않을 수 없는 상황에 직면하게 된 것이다. 산업 차원에서 AI 플랫폼 경쟁은 미국이 유리한 위치를 점하고 있다. 기술경쟁력뿐 아니라, AI 플랫폼의 산업화에 필수적인 자본 투입 규모 면에서 미국이 상대적 우위를 점하고 있기 때문이다. **그림 4-6**에서 알 수 있듯이, 미국에서 AI 플랫폼 산업에 투입된 민간 자금의 총규모가 672억 달러인 반면, 중국은 77억 달러에 불과하다. 중국 정부

그림 4-5 부문별 기계학습 모델(2003~2023)

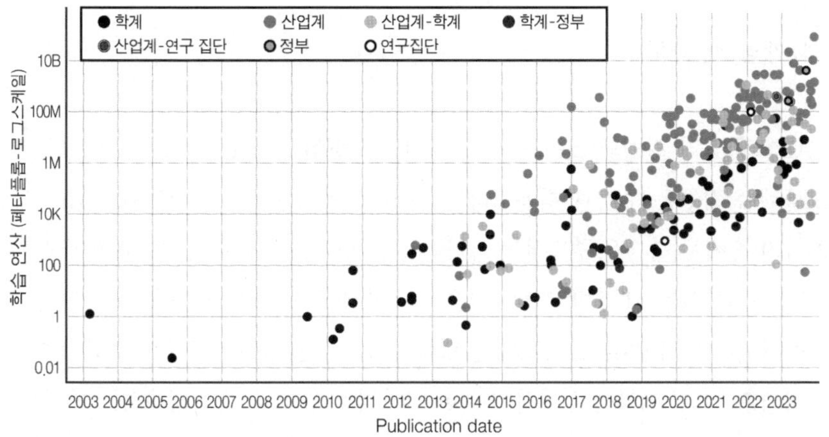

자료: HAI(2024)

그림 4-6 AI 분야 민간자금 투입(단위: 억 달러)

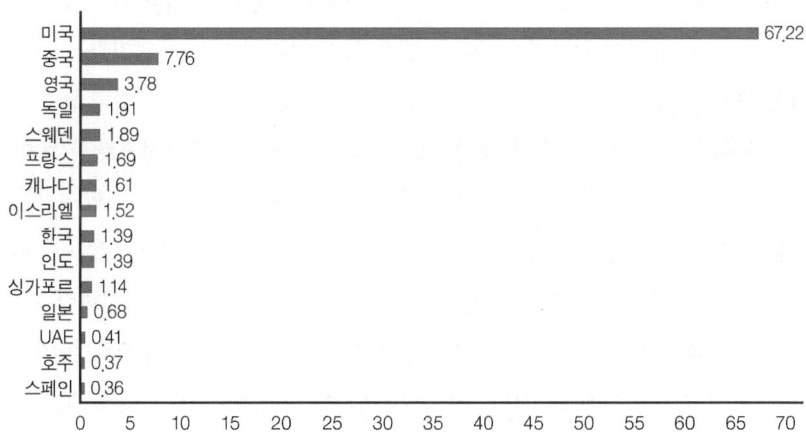

자료: HAI(2024)

는 이러한 열세를 극복하기 위해 대규모 공공자금을 투입하고 있다. 이렇듯 미중 AI 플랫폼 경쟁은 자본 투입 방식에서도 명확한 차이를 보인다.

5. AI 플랫폼 경쟁의 새로운 국면

1) 개발 vs. 활용

AI가 국가 간 경쟁의 불을 당기고, 세계질서 변화의 핵으로 떠오르고 있다. AI 플랫폼 경쟁은 개발 대 활용이라는 두 가지 축을 중심으로 진행되고 있다. 두 가지 축에서 경쟁을 주도하는 국가는 물론 미국과 중국이다. 첫째, 미국과 중국은 물론 일부 AI 선발국들은 기술혁신 경쟁에서 유리한 입지를 선점하기 위한 경쟁에 돌입했다. 이 과정에서 세계 주요국들은 경쟁에서 우위를 확보하기 위해 토착 AI 역량을 강화하기 위한 국가적 차원의 노력을 경주하는 한편, 국제 협력을 동시에 추구하는 일견 상충적인 전략을 추구하고 있다. 이는 개별 국가들이 AI 가치사슬의 모든 단계에서 자기 완결적 역량을 갖추기 어렵다는 점과 밀접한 관련이 있다. AI 가치사슬에서 경쟁 우위를 갖춘 분야의 경쟁력을 더욱 제고하는 동시에, 취약한 분야의 경쟁력을 보완하기 위해 선별적 협력을 추구한다. 자립적 역량의 구축과 선별적 국제 협력의 동시 추진이라는 현상이 발생하고 있는 것이다. 그 결과 AI 선발국들을 중심으로 국제 협력을 추구하는 추세가 확산되는 가운데, 전통적인 국제 협력과 달리 단기적으로 특정 이슈 중심으로 선택적 협력을 추구하는 경향이 있기 때문에 국가 간 이합집산의 유동성이 매우 높아지고 있다. 이는 궁극적으로 글로벌 AI 거버넌스의 수립 과정에서 불확실성이 증대하는 결과로 이어질 가능성이 높음을 의미한다.

AI 플랫폼 경쟁은 기술혁신 경쟁을 넘어 비즈니스 모델의 경쟁으로 확대되고 있다. 기술혁신이 궁극적으로 수익성을 담보한 상업적 서비스의 확대로 연결되지 않을 경우, 기술혁신의 동력이 현저하게 약화될 가능성이 있기 때문이다. 'AI 겨울AI winter' 또는 'AI 캐즘chasm'과 같은 과거의 경험을 되풀이하지 않기 위해서는 수익 실현이 가능한 비즈니스 모델의 개발과 확산이 필수적이다. 이를 위해서는 AI 국가전략 차원에서 세계 AI 시장의 선제적 확보 전제 조건을 충족해야 한다. 다양한 논란이 있으나, AI 기술 혁신에는 강력한 선발 효과가 있음을 감안할 때, 세계시장을 가능한 한 조기에 선점할 수 있는 전략이 필요하다.

그러나 이러한 도전은 세계 AI가 분절화되어 있을 경우, 매우 지난한 작업이 된다. 2023년 'AI 국가전략'을 발표한 국가는 무려 72개국에 달한다. 여기에 14개국이 AI 국가전략을 개발 중이라는 점을 감안하면, 세계 주요국 대부분이 독자적인 AI 국가전략을 추진하고 있는 셈이다. 그만큼 AI 개발경쟁이 치열하게 전개되고 있음을 의미한다. 문제는 개별 국가들이 AI 개발에 많은 자원과 시간을 투입하는 경쟁이 불가피하다는 점을 인정하더라도, 그 체제적 결과가 AI 산업의 분절화를 초래할 가능성을 높인다는 점이다. 수익성 제고를 위해서 지구적 차원에서 통합된 하나의 AI 시장을 필요로 하는 AI 선도기업과 선발국에게는 달갑지 않은 상황이다.

둘째, 앞의 문제는 궁극적으로 AI 활용의 문제로 이어진다. 프라이스워터하우스쿠퍼스PwC의 연구에 따르면, AI의 활용에 수반되는 경제적 효과가 2030년까지 15조 7,000억 달러에 달할 것으로 추산된다. AI가 생산성 향상에 커다란 영향을 미치는 것은 물론, 개별화된 서비스의 제공으로 소비자 수요를 촉진하는 효과를 낳을 것으로 기대된다. AI 기술 혁신을 선도하는 국가들이 AI 서비스의 활용에서도 유리한 위치를 점하고 있다. 2030년까지 AI로 인해 발생하는 경제적 효과의 약 70%인 10.7조 달러의 경제적 효과를 미국과 중국이 누릴 것으로 예상된다. 이 전망에 따르면, 미국과 중국의 GDP가 각각 14.5%, 26.0% 증가하게 된다. 미국과 중국은 AI 기술 혁신 경쟁에 이어 AI 활용과 그에 따른 경제적 효과의 극대화에서도 경쟁에 돌입하고 있는 것이다.

AI 기술 혁신을 독자적으로 주도하는 데 어려움이 있는 대다수 국가들은 개발과 활용 중에서 활용에 더 높은 우선순위를 두게 된다. 이 국가들은 AI 활용을 위한 국가전략의 수립, 거버넌스의 변화, 국제 협력 전략을 추구한다. 결국 미국과 중국은 이 국가들을 상대로 자국의 AI 모델을 도입·배치·활용하도록 경쟁을 전개하는 것이 불가피하다. 미국은 구글, 마이크로소프트와 같은 기존 빅테크와 오픈 AI와 같은 선도적인 AI 기업들을 중심으로 AI 서비스는 물론, 클라우딩과 같은 다른 서비스와 결합하는 전략을 추구한다. 중국은 국내적으로 AI 개발과 활용에 대한 규제 정비를 일단락하고, 디지털 실크로드Digital Silk Road와 같은 국가 차원의 이니셔티브를 통해 통신 인프라, 금융 지원 등 다양한 인센티브와 결합한 중국 AI 모델의 확대를 추구하고 있다.

2) 딥시크(DeepSeek) 쇼크

딥시크의 AI 모델 공개는 전 세계 AI 업계에 커다란 파장을 일으켰다. '딥시크 쇼크DeepSeek shock'라고 불리는 데서 알 수 있듯이, 딥시크가 중국과 전략경쟁을 벌이는 미국에 일으킨 충격파는 더욱 클 수밖에 없었다. 미국에서 주목하는 딥시크 쇼크의 핵심은 크게 두 가지이다. 첫째, AI 기술 혁신을 둘러싼 혁신 경쟁이다. 미국은 오픈소스 기반의 기술개발을 추구함으로써 AI 혁신을 주도했으나, AI 서비스의 상업화 단계로의 이동 및 중국의 추격에 직면하여 폐쇄형 모델로 점차 선회했다. 미국에서 AI 개발을 선도하는 대학, 연구소, 기업들이 연구 성과를 적극적으로 공유하고, 이와 동시에 깃허브Github 개발자들이 코드를 저장·관리·공유하는 협력 플랫폼을 발전시킨 사례가 대표적이다. 반면, 딥시크가 오픈소스를 활용한 저비용 모델을 출시함으로써 AI 경쟁이 새로운 국면에 진입하게 된 것이다. 딥시크 쇼크는 미국이 고비용·폐쇄적 접근에 기반한 AI 전략을 지속할 것인지 여부에 대하여 근본적인 문제를 제기했다. 이와 함께 딥시크가 라마LLaMA의 오픈소스를 활용했다는 점을 보면, 딥시크의 등장이 미국 AI 전략의 딜레마가 되었음은 명확하다.

둘째, 딥시크 쇼크는 미국의 수출통제 효과에 대한 재평가의 계기가 되었다. 미국은 AI가 미래산업 경쟁력을 확보하는 데 관건이 될 뿐 아니라, 군사적 함의가 지대할 것으로 판단하고, 중국에 대한 견제의 범위를 지속적으로 확대해 왔다. 이는 수출통제가 중국의 AI 추격을 지연시킴으로써 기술격차를 유지·확대하는 데 효과를 발휘할 것이라는 전망에 기초한 것이었다. 그러나 딥시크는 지속적인 견제 강화에도 불구하고 중국의 AI 추격의 단초를 보여주었다는 것이 미국의 딜레마다. 이전에도 알리바바의 큐웬Qwen이 이미 미국 AI 모델에 근접한 능력을 가지고 있다는 평가를 받은 바 있다. 그럼에도 딥시크가 충격으로 받아들여지는 것은 개발 비용을 대폭 절감함으로써 상업화의 가능성을 보여주었기 때문이다. 딥시크의 개발 비용에 대한 다양한 추측이 있으나, 비용 면을 차치하더라도 딥시크는 기존 미국의 접근법 또는 AI 개발 모델에 중대한 의문을 제기했다.

미국의 수출통제가 중국의 '강요된 혁신'을 촉진했다는 평가가 확산되면서 기존 수출통제 시스템에 대한 재평가가 이루어지기 시작했다. 그만큼 딥시크는 AI 혁신과 관련해 매우 혁신적인 해결책을 제시했다. 이와 동시에 딥시크 쇼크는 역설적으로 미국의 대중국 수출통제 조치로 인해 중국 AI 기업들이 혁신을 하지 않을 수 없었다는 점이 다시 주목받기도 했다(Zhang, 2025). 이러한 주장에 대한 평가는 차치하더라도, 미국의 수출통제 효과에 대한 보다 객관적이고 체계적인 검토가 필요하다는 지적은 타당해 보인다.

물론, 수출통제에 대한 평가는 양면적이다. 수출통제에 허점이 존재한다는 평가와 함께, 딥시크의 설립자 량원펑이 고백하듯, 개발 과정에서 최대의 도전은 미국의 촘촘한 수출통제망을 벗어나 엔비디아의 AI 칩을 확보하는 것이었다는 점은 수출통제가 중국 AI 기업에 상당한 장애 요인임 시사하기도 한다.

3) 스타게이트 프로젝트(Stargate Project)

딥시크 쇼크는 미국의 AI 전략에 상당한 변화를 초래했다. 딥시크 쇼크가 미국과 중국의 AI 상업화를 위한 경쟁을 새로운 차원으로 이끌었다는 평가가 지배적이다. 미국은 AI 관련 기술 개발과 규제 사이의 균형을 추구하던 기존 접근에서 벗어나, 개발 중심의 접근을 한층 강화하는 한편, 스타게이트 프로젝트(이하 '스타게이트')를 새로운 전략으로 추진하고 있다.

첫째, 트럼프 행정부가 스타게이트의 추진을 공식화한 것은 이러한 맥락이다. 스타게이트는 중장기적으로 미국의 AI 연구개발 역량과 고성능 AI 시스템의 실행을 가속화할 것으로 기대된다. 이를 위해서는 AI 개발과 규제에 대한 균형적 접근에서 개발 중심의 접근으로의 변화가 불가피하다. 바이든 행정부는 AI 관련 윤리, 보안, 프라이버시에 대한 규제를 강화하려는 움직임을 보였으나, 트럼프 행정부는 'AI 규제에 대한 가벼운 접근light-handed approach'으로 선회할 것으로 보인다(Friesen, 2025). 이는 규제가 AI 기술 혁신의 속도를 저하시킴에 따라, 중국과의 AI 경쟁에서 우위를 지속적으로 확보하기 위해서는 규제 완화가 시급하다는 판단에 따른 것이다. 트럼프 행정부는 특히 에너지의 원활한 공급과 기타 규제 장벽을 완화하는 데 속도를 낼 것으로 예상된다.

둘째, 스타게이트는 미국 전역에 AI 데이터 센터 20개를 건설하기 위해 최초 투자 규모 1,000억 달러에서 시작하여, 2029년까지 5,000억 달러를 투입하는 다국적 프로젝트이다. 10개의 데이터 센터 구축을 목표로 하는 1단계는 텍사스 애빌린Abilene시의 데이터 센터 건설을 필두로 이미 시작되었다. 트럼프 행정부가 스타게이트를 통해 AI 인프라에 대한 해외 의존을 감소시켜 중국에 대한 경쟁 우위와 미국의 AI 리더십을 확고히 하겠다는 목표를 지향하고 있음은 명확하다. 특히, AI 인프라는 사이버 안보의 향상, 자율 군사 시스템, AI 기반 정찰 능력의 향상에 필요한 핵심적 토대를 제공한다는 점에서 국가안보적 함의가 지대하다. AI 인프라는 공급망 교란을 예방하는 데에도 긴요한 역할을 할 것으로 기대된다.

트럼프 행정부는 스타게이트를 통해 AI 클라우드, GPU 클라우드, 연구개발 플랫폼의 역할을 동시에 수행하는 AI 인프라를 구축할 것으로 예상된다. 프로젝트의 세부 내용은 아직 구체화되지 않았으나, AI 리더십을 유지·확대하겠다는 미국의 의지가 명확하게 드러난다(Smith-Goodson, 2025). 스타게이트는 단기적으로는 미국의 AI 리더십과 그에 부수된 경제적 효과를 창출하는 한편, 중장기적으로는 트럼프 행정부가 강조하는 리쇼어링reshoring을 통한 미국 제조업의 부활과 국가안보의 향상과 같은 전략적 함의를 내포한다. AI, 특히 일반 인공지능AGI이 군사안보에 미치는 영향을 감안할 때, 데이터 분석, 정찰, 사이버 안보 능력은 미국이 직면한 전략적 위협에 대처하는 데 필수적인 요소가 되고 있다.

트럼프 행정부는 미국 업계와 긴밀한 논의와 조정을 거치며 스타게이트를 추진했는데, 이는 미국의 AI 리더십의 필요성이 정부와 기업 사이에 광범위하게 공유된 결과라고 보는 것이 타당하다. 스타게이트에 참여하는 주요 기업들의 구성을 보더라도, 민간기업들 사이의 기존 협력 관계를 활용하려는 미국 정부의 의도가 읽힌다. 구체적으로 2024년 4월 마이크로소프트와 오픈 AI는 차세대 AI 모델의 개발을 위해 코드명 스타게이트를 2028년 출범시킬 계획을 발표한 바 있다. 마이크로소프트가 이 프로젝트에서 인프라 구축과 자본 조달을 담당할 것으로 알려진 것처럼, 계획은 어느 정도 구체화된 수준까지 이르렀다 (Mah, 2024).

이러한 면에서 스타게이트는 민간 차원에서 진행되어 온 차세대 AI 전략을 미국 정부가 국가적 프로젝트로 확대한 것이라고 할 수 있다. 오픈 AI, 오라클, 소프트뱅크가 스타게이트를 주도하는 가운데, 오픈 AI와 소프트뱅크는 핵심 파트너로서 업무 책임자와 재무 책임자의 역할을 각각 수행하고, 오라클은 데이터 인프라 구축 경험을 다수 보유하고 있기 때문에, 시너지를 만들어낼 수 있을 것으로 보인다. 이 외에도 마이크로소트프, 엔비디아, Arm이 프로젝트에 참여하고, UAE 정부가 관리하는 투자 펀드 MGX 또한 지분투자자로 참여하기로 했다. 마이크로소프트는 프로젝트 진행 과정을 조율하는 역할을 할 것으로 예상된다. 마이크로소프트는 오픈 AI의 후원자 역할을 해왔을 뿐 아니라, 애저Azure 데이터 센터를 구축하는 과정에서 엔비디아와도 협력 관계를 강화하고 있다.

스타게이트는 딥시크 쇼크를 어느 정도 완화하는 역할을 한다. 미국 정부는 물론, AI 기업들이 스타게이트에 적극 호응하는 이유이다. 오픈 AI는 자사 홈페이지를 통해 스타게이트가 미국의 AI 리더십을 확고하게 할 것으로 전망했다(OpenAI, 2025). 물론 투자자금 조달, 전력, 인재 등 예상되는 장애요인이 적지 않기 때문에, 스타게이트 프로젝트가 완공될지 또는 얼마나 빠른 속도로 진행될지에 대해서는 단언하기 어렵다. 최초 투입될 1,000억 달러가 아직 확보되지 않은 점을 감안할 때, 이러한 우려에 근거가 없는 것은 아니다.

AI의 안보화라는 측면에서 볼 때, 트럼프 행정부는 경제안보 또는 국가안보 논리를 오히려 더욱 강화하여 이러한 문제의 해결을 모색할 가능성이 있다. 미국이 AI 데이터 센터를 건설할 때마다 직면해 온 만성적인 문제는 전력 수요의 급증과 규제였다. AI 트레이닝과 활용에 필수적인 데이터 센터의 건설과 유지를 위해서는 막대한 에너지가 소요된다. 챗 GPTChatGPT 검색에는 구글 검색에 비해 10배 이상의 에너지가 소비될 뿐 아니라, 2029년까지 데이터 센터의 전력 수요가 160% 증가할 것으로 예상된다. 이러한 추산에 근거하면, 2024년 기준 전 세계 전력 소비의 1~2%를 차지하는 데이터 센터의 전력 소비가 향후 3~4%까지 증가할 것으로 예상된다(Goldman Sachs, 2024).

더 나아가 스타게이트는 정부는 물론 빅테크와 스타트업이 보유한 자원을 공유함으로써 공동의 목표 실현을 위하여 미국의 역량을 결집하는 효과를 낳을 수 있다(Weatherford, 2025). 이러한 접근을 통해 미국 정부는 좁게는 차세대 AI 모델 개발에서 리더십을 유지하고, 넓게는 보건, 에너지, 금융에서 국방에 이르기까지 AI 효과의 확산을 가능하게 할 것으로 기대된다. 이러한 면에서 딥시크 쇼크는 중국의 추격에 대한 우려를 낳아 AI 연구·개발·활용을 위한 미국 정부의 지원을 확대하는 계기가 될 수 있다.

셋째, 딥시크 쇼크는 미국에서 정부와 민간 부문 사이의 협력과 조정을 촉진하는 AI 추진 체계와 거버넌스의 변화를 초래할 것으로 예상된다. 이러한 면에서 스타게이트는 인프라를 매개로 정부와 테크기업 사이에 국가안보와 경제적 이해관계가 일치한 결과이다. 오픈 AI가 발표한 「경제 청사진Economic Blueprint」에서 미국이 AI의 혜택을 극대화하고, 국가안보를 지탱하며, 경제성장을 촉진하기 위해서는 미국의 AI 리더십을 확고히 할 필요가 있다고 역설한 데서 정부와 기업 사이의 이해관계 일치가 확인된다(OpenAI, 2024). 트럼프 행정부가 AI에 대한 가벼운 규제로 선회한 것 역시 중국에 대한 경쟁 우위 확보와 AI 기업의 경제적 이익 요구가 합치된 결과라 할 수 있다.

트럼프 행정부의 AI 규제에 대한 정책 선회는 미국과 EU 사이의 협력을 재조정해야 하는 문제를 초래했다. 바이든 행정부 시절에는 미국과 EU 사이에 위험 기반 접근risk-based approach에 대한 공감대가 형성되었다. 더욱이 트럼프 행정부가 AI 국제 협력에 상대적으로 낮은 우선순위를 부여하고 있기 때문에, AI 규제완화와 미국 우선주의에 직면한 EU는 미국과 연합을 재조정해야 하는 도전에 직면한 것이다. 또한, 미국과 중국이 모두 참여한 「블레츨리 선언Bletchley Declaration」을 주도하고 AI 안전연구소AI Safety Institute를 출범하는 등 AI 안전에 대한 리더십을 확보하기 위해 노력해 온 영국 역시 미국과의 협력을 새롭게 재편해야 하는 상황에 직면했다.

KIEP 북경사무소. 2024.「중국의 인공지능 관련 최근 정책 동향 및 전망」. KIEP 북경사무소 브리핑.

Accenture. 2024. "What is digital transformation?" https://www.accenture.com/ie-en/insights/digital-transformation-index#:~:text=Digital%20transformation%20is%20the%20process,for%20employees%2C%20customers%20and%20shareholders

"Awash in "AI Platform"." https://c3.ai/what-is-enterprise-ai/awash-in-ai-platforms/

Bloomberg, Jason. 2018. "Digitization, Digitalization, And Digital Transformation: Confuse Them At Your Peril." *Forbes*. April 19. https://www.forbes.com/sites/jasonbloomberg/2018/04/29/digitization-digitalization-and-digital-transformation-confuse-them-at-your-peril/

Bomey, Nathan. 2024. "Charted: U.S. is the private sector AI leader." July 9. https://www.axios.com/2024/07/09/us-ai-global-leader-private-sector

Executive Office of the President. 2023. "Safe, Secure, and Trustworthy Development and Use of Artificial Intelligence." https://www.federalregister.gov/documents/2023/11/01/2023-24283/safe-secure-and-trustworthy-development-and-use-of-artificial-intelligence

Friesen, Garth 2025. "Trump's AI Push: Understanding The $500 Billion Stargate Initiative." *Forbes*. January 23. https://www.forbes.com/sites/garthfriesen/2025/01/23/trumps-ai-push-understanding-the-500-billion-stargate-initiative/

Goldman Sachs. 2024. "AI is poised to drive 160% increase in data center power demand." May 14. https://www.goldmansachs.com/insights/articles/AI-poised-to-drive-160-increase-in-power-demand

HAI. 2024. "AI Intelligence Index Report. Stanford University." https://hai.stanford.edu/ai-index/2025-ai-index-report

Huang, Kenneth, Ran Jia, and Yeyanran Ge. 2024. "Forced to innovate? Consequences of United States' anti-dumping sanctions on innovations of Chinese exporters." *Research Policy*, Vol.53, No.1.

Human Centered Artificial Intelligence(HAI). 2024. "HAI Index. Stanford University." https://hai.stanford.edu/ai-index

Jackson, Amber. 2024. "Top 10 AI Platforms." October 30. https://mobile-magazine.com/top10/top-10-ai-platforms

Kennedy, Andrew B. and Darren J. Lim. 2018. "The innovation imperative: technology and US-China rivalry in the twenty-first century." *International Affairs*, Vol.94, No.3, pp.553~572.

Lin, Xiaowei et al. 2025. "US sanctions and corporate innovation: Evidence from Chinese listed firms." *International Review of Economics and Finance*, Vol.98, https://doi.org/10.1016/j.iref.2025.103935

Lundquist. Kathryn and Jong Woo Kang. 2021. "Digital Platforms and Global Value Chains." World Trade Organization. Global Value Chain Development Report: Beyond Production.

Mah, Paul. 2024. "Microsoft, Open AI Planning USD100B AI Supercomputer." https://www.cdotrends.com/story/3909/microsoft-openai-planning-usd100b-ai-supercomputer#:~:text=Microsoft%20and%20OpenAI%20are%20planning,the%20capabilities%20of%20its%20AI

McCandless, David et al. 2024. "Major Large Language Models: LLMs." https://informationisbeautiful.net/visualizations/the-rise-of-generative-ai-large-language-models-llms-like-chatgpt/

McKisney and Company. 2023. "AI: The Next Frontier of Performance in Industrial Processign Plants." https://www.mckinsey.com/industries/metals-and-mining/our-insights/ai-the-next-frontier-of-performance-in-industrial-processing-plants

O'Mara, Magaret. 2019. *The Code: Silicon Valley and the Remaking of America*. Penguin Books.

OpenAI. 2024. "OpenAI's Economic Blueprint." January 13. https://openai.com/global-affairs/openais-economic-blueprint/

_____. 2025. “Announcing the Stargate Project.” https://openai.com/index/announcing-the-stargate-project/

Rao, Pallavi. 2023. “How Long it Took for Popular Apps to Reach 100 Million Users?” https://www.visualcapitalist.com/threads-100-million-users/

Romero, Luis E. 2025. “ChatGPT, DeepSeek, Or Llama? Meta’s LeCun Says Open-Source Is The Key.” *Forbes*. January 27. https://www.forbes.com/sites/luisromero/2025/01/27/chatgpt-deepseek-or-llama-metas-lecun-says-open-source-is-the-key/

Schwab, Klaus. 2016. “The Fourth Industrial Revolution.” World Eoconomic Forum.

Smith-Goodson, Paul. 2025. “The Stargate Project: Trump Touts $500 Billion Bid For AI Dominance.” *Forbes*. January 30 https://www.forbes.com/sites/moorinsights/2025/01/30/the-stargate-project-trump-touts-500-billion-bid-for-ai-dominance/

The White House. 2025. “TRUMP EFFECT: A Running List of New U.S. Investment in President Trump’s Second Term.” May 16. https://www.whitehouse.gov/articles/2025/05/trump-effect-a-running-list-of-new-u-s-investment-in-president-trumps-second-term/

Tortoise Media. “The Global AI Index.” https://www.tortoisemedia.com/data/global-ai

U.S.-China Economic and Security Review Commission. 2024. 2024 Report to Congress. https://www.uscc.gov/sites/default/files/2024-11/2024_Annual_Report_to_Congress.pdf

Weatherford, Mark. 2025. “The DeepSeek, Stargate AI Race Offers 3 Lessons For Government And Business Leaders.” *Forbes*. February 5. https://www.forbes.com/sites/markweatherford/2025/02/04/big-bets-bigger-rivalries-the-race-for-ai-leadership/

Wheeler, Tom. 2021. “Commentary: China’s new regulation of platforms: a message for American policymakers - Tom Wheeler.” Brookings Institution. https://www.brookings.edu/articles/chinas-new-regulation-of-platforms-a-message-for-american-policymakers/

Wilkinson, Isabella. 2025. “Trump, Stargage, DeepSeek: A new, more unpredictable era for AI?” Chatham House. March 7. https://www.chathamhouse.org/2025/02/trump-stargate-deepseek-new-more-unpredictable-era-ai

Zhang, Angela. 2025. “U.S. export control have forced Chinese companies to be more innovative.” *Financial Times*. January 23. https://www.ft.com/content/c99d86f0-2d17-49d0-8dc6-9662ed34c831

제2부 인공지능과 신흥안보

제5장 인공지능과 신흥기술 안보 _윤정현

제6장 인공지능과 사이버 안보
도구와 대상 그리고 행위성 _이종진

제7장 인공지능과 우주안보 _정헌주

Artificial Intelligence and the Transformation of International Relations
Geopolitical Competition and the Emergence of a New Order

5 인공지능과 신흥기술 안보

윤정현 | 국가안보전략연구원

1. 들어가며

오늘날 인공지능AI은 특정 기술 품목을 넘어 디지털화된 현대사회의 발전 동력이 되는 핵심 기반으로 자리매김했다. 경제·산업·사회 전반에 다양하게 적용되고 있으며, 직간접적인 연계 부문의 혁신을 촉발, 새로운 발전을 주도하고 있기 때문이다. 실제로 AI는 '침투성pervasiveness'과 '향상성improvement', 혁신 창출성innovation spawning'의 공통 속성을 내재하고 있으며, CES가 2년 연속 AI를 핵심 테마로 한 미래 청사진에서 보여준 바와 같이 오늘날 거의 대부분의 신흥기술들은 AI를 매개로 융합되고 있다. AI와의 융합을 통해 비로소 의미 있는 혁신의 가치를 창출하는 이른바 '인공지능 기반의 디지털 대전환AX'의 시대가 도래한 것이다. 반도체, 바이오, 통신, 양자정보 과학 기술 등 디지털 사회의 근간이 되는 첨단산업 분야는 더 이상 AI를 거치지 않고는 기술적 돌파구를 마련하기 어려운 환경으로 변모했다.

일상에 스며든 AI의 활용 혁신은 어떠한가? 오픈 AI의 '챗 GPTChatGPT'를 필두로, 구글의 '제미나이Gemini', 메타의 '라마LLaMA', 네이버의 '클로바 XClova X' 등 생성형 AI 모델이 등장했으며, 2025년 1월 출시된 중국의 고효율 생성형 AI인 '딥시크 R1DeepSeek R1' 모델이 가져온 충격은 본격화된 미중 AI 패권경쟁의 서막의 신호로 읽히기도 했다. 누구나 손쉽게 접근할 수 있는 혁신적 인터페이스들이 연이어 등장하면서 일상에서 AI로의 진입장벽은 낮아지는 한편, 활용 범위는 대폭 증대하고 있는 것이다. 이는 인간의 육체적·지적 노동의 대체를 이룸과 동시에 악의적 오용의 가능성 또한 증대시켰으며, 실제로 고도화된 사이버 공격 무기로의 진화, 허위정보의 제작과 유포 등 사회적·국가안보적 차원의 위협으로 전환되는 역기능 또한 낳고 있는 실정이다.

특히, AI는 첨단화·체계화된 군사혁신의 원동력으로 기능하는 대표적인 '신흥·파괴적 기술emerging and disruptive technology'로 간주되고 있다(NATO Science and Technology Organization, 2020.3: 6). 미래전의 패러다임을 변모시킬 수 있는 잠재력을 보유하고 있기 때문이다. 러-우 전쟁에서 목도한 바와 같이, 무인화·지능화된 신무기의 등장은 전투의 주체와 전장의 속성을 바꾸고 있으며, 나아가 극초음속 미사일, 초정밀 무기체계에 접목되어 전략무기들의 진화를 야기하고 있는 상황이다. '전략적 비핵무기 체계Non Nuclear Weapon System: NNWS'의 등장은 AI를 대표로 한 신흥기술들의 게임체인저로서의 파급력을 상징할 뿐만 아니라 이에 부합하는 거버넌스 논의의 필요성도 제기할 만큼, 기술과 제도, 전략적 차원의 첨예한 쟁점 사안으로 변모하고 있다.

다시 말해, AI는 오늘날 일상의 미시적 수준과 국가·초국가 차원의 거시적 수준 모두에 영향을 미치는 동인으로 자리매김했다. 부문별 파급 효과를 볼 때, 새로운 경제·산업적 혁신 가치를 창출함과 동시에 그 기반이 되는 데이터와 알고리즘, 제조 인프라 등 기술 주권 및 경제안보적 이슈와도 맞닿아 있다. 또한, 허위조작정보를 통한 여론 선동, 이중용도기술로서 군사적 활용 측면을 본다면 AI는 정치적 목표를 내재한 국가안보적 위협의 수단이 되기도 한다. 더 나아가 AI 기술이 가진 스스로 학습하며 진화하는 잠재력은 AGI의 등장 이후 감당할 수 없는 특이점을 창출할 수 있으며, 트랜스휴먼, 포스트휴먼 시대의 인류 존재론적 의미에 물음표를 던질 수도 있을 것이다.

이처럼 신흥기술로서 AI가 내재한 다층적이고 복합적인 파급력은 또 다른 신흥기술들과의 융합을 통해 구현되고 있다. 이 과정에서 우리는 AI 기반 파괴적 기술혁신이 초래하는 양질전화의 측면뿐만 아니라 경제와 정치, 국방 분야와 접목된 이슈연계의 도전을 목도하고 있는 것이다. 또한 인류 자체를 위협하는 새로운 게임체인저 무기로의 전환 가능성은 AI 기술 발전의 창발적 현상을 보여준다고 할 수 있을 것이다. 즉, AI는 양질전화, 이슈연계, 창발의 속성을 가진 신흥기술로서, 국제정치적 관점에서의 면밀한 검토가 필요하다. 따라서 본고는 지금까지 논의된 AI 기술의 분야별 효과나 파편적인 해석을 넘어, 신흥안보의 분석틀을 통해 살펴보고자 한다. 이를 토대로 AI의 불확실성과 안보적 도전에 대응하기 위해 미래 정부가 어떻게 접근해야 하는지에 대해서도 제언하고자 한다.

2. 인공지능의 범용적 파급력과 주요국의 인식

1차·2차 산업혁명이 내연기관 등을 이용한 물리적 노동의 대체·효율화였다면, 3차·4차 산업혁명은 정신적 노동의 대체·효율화로 볼 수 있으며, 여기서 AI는 4차 산업혁명의 핵심인 '초지능화hyper-intelligent'를 이끌고 있다(윤정현·홍건식, 2022: 97). 즉, AI는 산업 전반에 막대한 영향을 미치는 '범용기술general purpose technology'로 평가되고 있으며, 활용 장벽을 낮추면서도 종합적 추론과 판단이 가능한 형태로 진화하고 있다. '디지털 전환digital transformation: DX'이 디지털 기술을 활용하여 기존 업무와 생활양식을 개선하는 것을 의미한다면, '인공지능 전환artificial intelligence transformation: AX'은 AI 기술을 통해 업무 방식을 근본적으로 혁신하는 것을 의미한다. 즉, DX는 기존 프로세스의 디지털화를 통해 효율성을 높이는 데 중점을 두지만, AX는 AI의 기능을 활용하여 작업을 자동화하고, 데이터를 분석하며, 의사결정 과정을 지원함으로써 혁신을 주도하고, 효율성을 기반으로 한 고성장 촉진에 주목한다. 즉, AI를 활용하여 새로운 비즈니스 모델과 서비스를 창출하고, 기업의 전반적인 운영 방식을 재구성하는 것이다.[1]

그러나 범용기술로서 AI는 다양한 분야에 걸쳐 광범위한 응용이 가능하기 때문에 그 장기적 파급력을 명확하게 예상하기 어려우며, 융합 과정에서 발생할 수 있는 부작용에 대한 고려가 요구된다. 이미 AI의 직접적 도입 분야의 양적 확대에 따른 일자리 대체, 윤리적·사회적 함의의 문제들은 끊임없이 제기된 바 있다. 이제는 간접적 연계 분야에도 활용할 경우 초래될 불확실성에 대해서도 논의가 필요해지고 있다(Valdenegro-Toro and Stoykova, 2024). 당장 AI는 사회 전방위적 혁신을 주도할 수 있는 잠재력을 가지고 있지만, 특정 기업과 국가가 주도하는 생태계가 구축된다면 첨단 AI 역량을 보유한 기업이나 국가가 다양한 산업을 지배할 수 있기 때문에 AX 시대의 시장독점으로 이어질 수도 있다. 글로벌 차원에서 소버린 AISovereign AI 논의가 심각하게 제기되는 것도 이 때문이다.

또한, AI 시스템이 보다 자율적으로, 고차원의 추론형·연상형 모델로 발전함에 따라 결과물이 인간의 보편적 가치들과 부합하도록 통제하는 일이 점점 어려워지고 있다. 범용성을 갖는 AI 시스템이 사회적 규범과 일치하지 않는 목표를 추구할 가능성은 그것이 접목되는 광범위한 영역에서의 의도하지 않은 위험이나 악의적 활용에 따른 체제 위협으로 이어질 수 있다. 딥페이크 제작, 사이버 공격, 자율무기체계의 개발 등 악의적인 목적으로 행하는 일들이

1 사실 AX라는 용어는 '가속화된 경험(Accelerated Experience)', '에이전트 경험(Agent Experience)', '인공 경험 디자인(Artificial Experience Design)' 등 다양한 맥락에서 사용되어 왔으며, 각 맥락은 AI 기술 발전이 초래하는 다면적인 경험의 측면들을 반영한다(https://www.theax.ai/blog/ushering-in-the-new-age-of-accelerated-experience-%28ax%29-driven-by-ai; https://biilmann.blog/articles/introducing-ax/; https://ax.dev/docs/why-ax/).

표 5-1 국가안보 관점에서 추진된 미국의 주요 AI 정책(2020~2024)

시기	법안	주요 목표
2021.1	국가 AI 이니셔티브법 (National AI Initiative Act)	미국 AI 연구 및 정책을 조정하는 프레임워크를 구축하고, 국가 AI 연구소의 네트워크를 설립하는 내용을 포함
2021.3	AI 자문위원회(NAIAC) 보고서 (National Security Commission on AI)	미국이 AI 기술경쟁에서 우위를 점하기 위해 필요한 열 가지 정책 방향 및 AI가 사회·경제·과학 등 다양한 분야에 미치는 영향을 고려한 전략을 권고
2022.8	반도체 및 과학법 (Chips and Science Act)	AI 기술의 핵심 부품인 반도체의 안정적인 공급망을 확보하고, 이를 통해 AI 기술 발전과 국가안보 강화
2024.9	미국-EU AI 협약	최초의 법적 구속력이 있는 국제 AI 조약으로 AI 기술이 인권, 윤리, 민주주의, 법치주의와 부합하게 사용되도록 보장
2024.4	미국-EU 무역기술위원회(TTC)	AI 기술의 발전과 규제에 대한 협력을 강화 및 안전한 개발과 활용을 위한 공동의 가이드라인 마련, 유럽 AI 사무국과 미국 AI 안전연구소 간의 대화채널 구축
2024.11	국제 AI 안정성 연구소 네트워크 설립	국제 AI 안전성 연구소 네트워크(AISIS) 회의 개최 및 미국, EU, 일본, 호주 등 9개국과 EU 집행위원회가 참여하는 AI 안전성에 대한 국제 협력 논의

자료: ≪AI 타임스≫(2025.1.15); *TIME* (2024.11.20); Reuter(2024.9.19).

그것이다. 즉, 범용기술로서 AI는 이중용도적이고 민군겸용기술로서의 속성을 내재하고 있으며, 이는 개발 단계에서 위해 AI의 조정 및 제어 메커니즘에 대한 논의의 필요성이 제기되는 대목이다(Walsh, 2025.3.15).

이 때문에 일찍이 미국 AI 국가안보위원회NSCAI에서는 자국민의 이익 보호를 위해 AI 기술을 선두에서 책임감 있게 개발하고 활용해야 한다고 주장했으며, 국가안보 및 국방 분야에서 활용을 확대하고 중국과의 기술경쟁에서 승리하기 위해서 AI 혁신이 필수적이라 강조한 바 있다. 나아가, AI의 범용성과 이중용도적 특성을 고려하여, 미국이 AI 분야에서의 리더십을 유지하고 국가안보를 강화하기 위한 주요 정책들을 발표했는데, 여기에는 국내 AI 산업 육성뿐만 아니라 국제적 차원에서의 협력, 우려국가로의 기술 유출 방지를 위한 규제안들이 다수 포함되기도 했다(**표 5-1** 참조).

미국과 치열하게 경쟁하고 있는 중국 또한 AI를 국가안보와 전방위적 기술·

산업 발전에 필수적인 범용기술로 인식하고 지원 정책을 추진해 왔다. 안보적 고려 사항에 부합하도록 AI 개발의 촉진뿐만 아니라 '통제'하는 다수의 정책들을 시행해 왔다는 특징이 있다. 대표적으로 '생성형 인공지능 서비스 관리를 위한 임시 조치'(2023)는 중국 사이버관리국CAC과 여섯 개 유관 규제 기관이 중국 대중을 대상으로 설정한 생성형 AI 서비스 규제 가이드라인이라 할 수 있다(*Fortune*, 2023.6.24; *CNBC*, 2023.6.13). 세부 내용을 보면, '핵심 사회주의 가치와의 연계'(AI로 생성된 콘텐츠는 중국공산당의 이념을 지지해야 하며, 핵심 사회주의 원칙을 반영할 것), '콘텐츠 제한'(생성형 AI 서비스는 국가권력의 전복을 조장하거나, 국가적 단결을 훼손하거나, 테러, 차별, 폭력 또는 음란물을 조장하는 콘텐츠를 생성하는 것이 금지됨), '데이터 품질 및 지식재산권 규제'(AI 공급업체는 교육 데이터를 고품질이고 정확하며 다양하고 합법적으로 수집해야 하며, 지식재산권과 사용자 개인정보를 존중해야 함), '보안 평가 의무'(여론에 영향을 미치는 AI 서비스는 보안 평가와 알고리즘 신고 절차를 거쳐 규제 표준을 준수할 것) 등이 대표적이다. 이러한 조치는 AI 개발을 국가안보 우선순위에 통합하는 중국식 접근 방식을 반영함과 동시에 기술 발전이 중국공산당의 이념 및 안보 프레임워크에 부합하도록 한 것이라 할 수 있다.

이 외에도 중국은 국가안보를 강화하기 위해 AI 거버넌스를 지속적으로 개선해 왔는데, 'AI 안전 거버넌스 프레임워크'(2024)는 결함, 데이터 오염, 적대적 공격 등을 통한 악용과 같은 AI 시스템의 내재적 위험을 식별하고 국익 수호를 위한 강력한 안전 조치의 필요성을 강조한 조치이다. 또한, 혁신적인 AI 기술의 수출을 규제하는 조치를 시행해 왔는데, 이들은 모두 중국의 국가안보와 발전 목표에 필수적인 범용기술로서 AI를 활용하려는 중국의 전략적 이니셔티브의 다면적 속성을 보여준다고 할 수 있다.

EU의 경우, AI의 범용적 특징으로서 산업·경제적 활용뿐만 아니라 신흥기술로서의 군사적 사용 위험을 염두에 두고 이에 대한 보편적 국제 원칙과 규범 수립을 지지해 온 바 있다.[2] 2025년 2월 26일 비엔나에서 개최된 제1099차 안보협력포럼Forum for Security Co-operation에서 EU가 신흥기술의 책임 있는 군사적 사용에 관한 성명을 발표한 것이 대표적이다. EU는 신흥기술의 군사적 사용에 따른 기회와 위험 인식 및 국제법과 윤리 등 책임 있는 사용을 보장하기 위한 입장을 표명했는데, 특히 AI 및 자율무기시스템LAWS의 개발과 사용은 국제법, 특히 국제인도법IHL을 준수해야 하며, 무력 사용 결정에는 인간의 통제가 필수적이라는 점을 강조한 바 있다.[3] 무력 사용에 대한 결정은 인간이 내려야 하며, 이러한 결정에 대한 책임은 무기 시스템의 전체 수명주기 동안 인간이 관리한다는 책임성의 원칙이 그것이다. 다만, 군사 AI에 대한 EU의 전략적 자율성 보존 역시 강조했는데, 이는 윤리적·규범적 통제의 필요성에도 불구하고 군사 AI의 발전이 국가안보의 전략적 자율성 유지에 중요하다고 판단, 각 회원국들이 안보적 맥락에서 유연하게 대응할 수 있는 해석적 여지를 제공한 것이라 볼 수 있다.

EU는 2024년 보편적 AI 규제 방향을 담은 'EU 인공지능법EU AI Act'을 통과시킨 강력한 규범체계를 갖고 있다. 세계 최초로 제정된 인공지능 규제법인 EU 인공지능법은 활용 AI에 대한 위험 기반 접근법을 채택, 고위험 AI 시스템에 대한 엄격한 규제 가이드라인을 제시한 바 있다.[4] 인공지능법은 위험의 위계적 분류, 차등 의무 적용을 통해 개인, 사회적 약자 등 광범위한 사용자의 기본권 보호 및 윤리적 AI 개발에 초점을 두고 있다. 그러나 EU는 동법에 '국방, 대테러 위협 등 국가안보 목적의 AI 시스템에는 적용되지 않으며, 이는 회원국

2 "EU Statement on Responsible Military Use of New and Emerging Technologies", 1099th Forum for Security Co-operation, OSCE(Feb 26, 2025) https://www.norway.no/en/missions/osce/norway-and-the-osce/statements/statements-with-norwegian-alignment-2025/eu-statement-on-responsible-military-use-of-new-and-emerging-technologies/ (검색일: 2025.3.1)

3 AI의 위험도를 4단계 등급별로 분류함으로써 위험도에 따른 차등 규제안을 제시, 규제와 진흥의 균형을 모색하고 있다(윤정현, 2024.3.25).

4 https://www.softwareimprovementgroup.com/eu-ai-act-summary/

들의 민감한 국가안보 위협 대응에 과도한 제약을 주지 않기 위한 조치'라는 문구를 덧붙임으로써 국가안보적 해석의 유연성을 남겨둔 바 있다(Greene, 2024.1.23).

3. 인공지능의 신흥안보화: 양질전화의 측면

신흥안보 이론에서 '양질전화量質轉化'는 위험 요소가 점진적으로 발전하면서 특정 임계점tipping point을 넘어 질적으로 새로운 안보 환경을 형성하는 과정을 의미한다(김상배, 2016a). 이를 신흥기술인 AI에 적용해 보면, AI가 단순한 자동화 기술에서 벗어나 자율적이고 예측 불가능한 형태로 발전하면서 궁극적으로 국가안보 및 국제질서를 변화시키는 동태적 과정이라 할 수 있다. AI의 양질전화 과정에서 가장 두드러지는 특징은 자율성의 강화이다. 초기 AI는 인간의 결정을 보조하는 역할에 그쳤지만, 점차 자율적인 의사결정을 수행할 수 있는 수준으로 발전했다. 예를 들어, AI 기반 정찰 및 감시 기술은 인간이 직접 정보를 분석하는 단계에서 AI가 스스로 패턴을 인식하고 예측하는 수준으로 진화해 왔다.

현재 AI는 물류, 제조, 금융, 유통 등 다양한 시장 부문에서 자동화를 가속화하고 있다. '아마존 고Amazon Go'와 같은 무인점포, 'AI 트레이딩'과 같은 자동화된 투자 알고리즘, 스마트 제조 공장 시스템은 기존의 인간 노동력을 대체하면서 효율성을 극대화하는 방식으로 지난 수년간 발전해 왔다. 그러나 이러한 변화가 점진적 과정을 지나 임계점을 초과하면, 단순한 자동화가 아닌 시장의 본질적인 재구성, 즉, 양질전화가 발생한다. 자율 결제 시스템, AI 물류 최적화, 로봇 기반 생산 등 노동력을 보조하는 역할에서 완전 무인화된 경제 시스템이 등장한다면, 모든 상거래가 AI 기반 플랫폼과 자동화된 공급망을 통해 운영되게 된다. 이는 기존의 노동 개념을 바꾸며, 인정 중심 노동시장에 대규모 실업을 야기할 것이다. 소비자 계층이 축소되면서 경제적 불균형이 심화될 수도 있다. 나아가 노동력 대신 AI와 자본이 시장의 주요 생산 요소가 되며, 기술 패권을 가진 소수 기업과 국가가 경제를 지배하는 구조로 변화될 것이다. 다시 말해, AI의 양적 도입 증대는 어느 순간 단순한 생산성 향상이 아니라, 시장과 노동의 역할 자체를 변화시키는 질적 전환으로 이어지는 것이다. 이는 AI 시대의 새로운 경제안보적 위협이 될 수 있으며, 기존의 노동 기반 복지 시스템과 경제구조의 위기를 시사한다.

군사 AI의 도입 증대도 마찬가지이다. 군사 영역에서도 AI 기반 자동화 기술이 빠르게 도입되고 있다. 자율무기시스템AWS, 전투 드론, AI 기반 지휘 통제 시스템C4ISR 등이 발전하고 있는데, 이러한 자동화가 임계점을 초과하면, 전쟁의 성격 자체가 변하는 양질전화적 현상이 발생하게 된다. 드론, 로봇, 자동화된 방어 시스템이 전장 환경에서 병사들을 지원하는 역할에서 나아가 주력 전투 수단이 되며, 군사 분석과 의사결정을 보조하는 AI가 아닌, 인간의 개입 없이 AI가 직접 전투 수행 및 전략적 의사결정을 내리는 단계로 전환될 수 있기 때문이다. 이는 전투 방식의 비대칭화, 다시 말해 강대국이 AI 기반 무인 전력으로 군사력을 지배하면서, 약소국과의 전력 격차가 극대화되는 현상을 낳을 수도 있다. 동시에 AI의 비인도적 공격과 비의도적 학살이 발생하면서 책임 소재가 불분명해지는 전쟁 윤리의 붕괴 현상도 예상할 수 있다. 즉, 전쟁의 방식과 원칙, 윤리의 패러다임 자체를 변화시키는 군사 AI의 양질전화적 전환이 일어나는 것이다. AI의 자동화가 무인 시장과 전장을 변화시키는 과정에서 발생하는 양질전화적 변화는 기존의 안보 개념을 근본적으로 재구성해야 함을 시사한다.

AI의 발전은 또한 비대칭적 위협을 확대하는 결과를 초래한다. 전통적으로 군사력은 국가 간 균형에 의해 조정되었으나, AI는 비교적 낮은 비용으로 강력한 사이버 공격 및 자동화된 전술을 가능하게 함으로써 비국가 행위자들도 강대국 수준의 위협을 가하는 것이 가능해졌다. 최근 머신러닝을 적용한 자동

해킹 기술과 악성코드 생성이 확산되면서 사이버전에서 AI 대 인간이 아닌 AI 간의 대결 구도가 형성되고 있다(Carlini et al., 2022). 예를 들어 IBM이 개발한 '딥로커DeepLocker'는 AI가 탐지되지 않도록 악성코드를 위장할 수 있는 기술을 제공하여 AI 기반 사이버 공격의 새로운 가능성을 보여주었다. 이는 단순한 해킹 공격에서 나아가 AI를 활용하고, AI를 표적화한 국가 간 정보전 및 사이버전의 핵심 표적과 목표의 질적 변화를 반영한다. 최근 미국 국방부의 '프로젝트 메이븐Project Maven'은 AI가 영상 분석을 수행하는 프로젝트로 출발했지만, 점차 AI가 전투 목표를 식별하고 타격을 보조하는 자율무기체계AWS의 심층적 연구로 확장되었다(Defense Innovation Unit, 2023). 즉, AI가 보조 역할을 넘어서 독자적인 전투 수행이 가능하도록 발전하면서 전쟁의 주체와 전장의 양상이 새로운 국면으로 전환되었고, 거시적인 군사안보 개념 자체를 변화시키게 된 것이다.

이와 함께 AI는 전통적인 전쟁 공간의 개념을 변화시키고 있다. 과거 안보 개념은 물리적 국경을 중심으로 한 군사적 충돌에 초점이 맞춰져 있었으나, AI의 발전은 사이버 공간과 정보전을 핵심 요소로 만들었다. 예를 들어, AI 기반 여론 조작 기술은 SNS 플랫폼에서 가짜뉴스를 대량 생성하고 특정 정치적 목적에 맞추어 여론을 조작하는 데 활용되고 있다. 러시아의 '트롤팜'이 AI를 활용하여 미국 대선에서 여론을 조작했다는 보고는 AI가 국제정치에서 전략적 도구로 활용되는 현실을 보여준다(Jamieson, 2018). 이처럼 AI는 전통적인 군사 충돌 없이도 특정 국가의 정치 및 사회적 안정을 위협할 수 있는 도구로 변모하고 있다.

안보 주체의 다변화 또한 AI 양질전화의 중요한 특징이다. 과거 국가안보는 정부 및 군사 기관 중심으로 운영되었으나, 현재는 민간기업, 연구소, 빅테크 기업들이 핵심적인 역할을 수행하고 있다. 오픈 AIOpenAI, 구글 딥마인드Google DeepMind, 마이크로소프트Microsoft와 같은 기업들이 AI 기술 개발을 주도하고 있으며, 일부는 국방 계약을 통해 AI의 군사적 활용을 연구하고 있다(OpenAI,

2024). 이로 인해 AI 기술의 발전이 더 이상 정부의 통제만으로 관리할 수 없는 새로운 안보 환경이 조성되고 있다.

이와 같이, AI의 신흥안보적 양질전화는 전통적인 산업과 경제 구조를 변화시키며, 나아가 안보에도 영향을 미치고 있다. 이는 미래의 국제질서에서 핵심 변수로 작용할 것을 시사한다. 즉, AI 기술의 발전은 그 자체의 발전에 그치지 않고 연계 가능한 신흥기술과 융합함으로써 새로운 혁신적 가치뿐만 아니라 불확실성도 야기한다. 그러한 결과는 예기치 못한 위험의 질적 변화를 수반하기도 한다. 이처럼 AI는 기술 자체뿐만 아니라 군사, 정보, 경제 등 다양한 분야에서 새로운 안보 패러다임을 형성할 것으로 예상된다. 이러한 변화는 국가 간 기술 패권경쟁을 더욱 심화시키고, AI를 둘러싼 글로벌 전략 환경을 더욱 복합적으로 변모시키고 있다.

4. 인공지능의 신흥안보화: 이슈연계의 측면

신흥안보 연구에서 '이슈연계'는 특정 기술이나 이슈가 단일한 정책 영역에 국한되지 않고 여러 신흥안보 분야와 상호작용하면서 복합적인 안보 위협을 형성하는 과정을 의미한다(김상배, 2016b). AI를 비롯한 신흥기술이 기존 안보 영역을 재구성하고, 또 다른 신흥기술과 융합함으로써 다양한 영역에서 새로운 안보 프레임워크를 형성하는 과정은 신흥안보의 이슈연계 메커니즘을 투영한다(윤정현, 2023). 특히, 군사안보, 경제안보, 보건안보, 기술안보 이슈는 AI의 이슈연계가 현실화되는 대표적인 분야라 할 수 있다.

1) AI 신흥기술 융합의 군사안보화

최근 군사안보 분야에서 AI는 '전략적 비핵무기Strategic Non-Nuclear Weapons:

SNNW'의 핵심 요소로 부상하고 있다. SNNW는 핵무기를 사용하지 않고도 적국의 군사·전략적 역량을 무력화할 수 있는 공격 수단으로, AI가 극초음속 무기, 자율 드론, 전자전 및 사이버전과 결합하면서 기존의 억지 체계를 변화시키고 있다(Acton et al., 2018). AI는 특히 드론과 미사일 시스템의 발전과 이에 기반한 전술·전략 체계 진화의 원동력으로 기능한다. AI로 제어되는 드론 군집swarm은 자율적으로 목표를 식별하고 공격할 수 있으며, 이는 전통적인 무기 체계보다 훨씬 신속하고 효과적인 작전 수행이 가능하다. 미국과 중국 간의 군사적 이중용도기술로서의 잠재력을 고려한 드론 산업 경쟁은 더욱 심화되고 있으며, 이는 산업 기반·플랫폼과 연계된 글로벌 군비경쟁의 새로운 양상을 보여준다.

특히, 최근 AI 기반 SNNW는 군사 균형과 전쟁 수행 방식 역시 재구성하고 있다. AI를 탑재한 극초음속 무기체계가 비핵무기이면서도 물리적·심리적 파괴력 때문에 핵무기에 버금가는 대안적 전략 공격 수단으로 간주되고 있는 사례가 대표적이다. 실제로 AI는 극초음속 미사일의 비행궤적 최적화, 회피기동, 실시간 표적 변경 역시 가능한 방향으로 발전하고 있다(Lindsay and Gartzke, 2019). 현재 이를 가장 적극적으로 전통적 무기 자산에 접목하고 있는 국가는 미국, 중국, 러시아 등 전통적 핵보유국들이다. 이들은 AI가 통합된 전략적 비핵무기는 핵 없이도 전략적 억지력을 제공할 수 있는 잠재력을 보유하고 있음을 이해하고 있기 때문이다. 실제로 미국은 2021년부터 AI가 통합된 극초음속 비핵 미사일 개발을 적극 추진해 왔다. 미국 국방고등연구계획국DARPA의 '오파이어스Operational Fires: OpFires' 프로그램은 초정밀 타격 능력과 함께 목표물의 움직임을 실시간으로 추적·예측하는 AI를 결합한 무기체계를 선보인 바 있다. 2022년 미군은 태평양 지역 훈련에서 오파이어스OpFires 미사일 실험을 성공적으로 수행했으며, 중국, 러시아 등 전략적 경쟁자들에게 AI 기반의 정밀 비핵 타격 역량을 과시했다. 이에 맞선 러시아와 중국은 각각 '아방가르드Avangard', '둥펑-17DF-17'과 같이 AI 기반 동적 경로 수정 기술을 활용하여 요격 회피 능력을 극대화한 극초음속 미사일을 개발했으며, 이 같은 AI가 결합된 극초음속 무기 경쟁은 군사안보 분야의 핵무기 균형에도 변화를 초래할 가능성을 시사한다(Kofman and Fink, 2020.6.23).

그러나, AI 기반 SNNW의 등장이 핵무기가 수행하는 전략적 억지력을 제공함으로써 전쟁 발발의 압력을 완화할 수 있다는 주장 역시 제기되었다. AI의 탐지·분석 역량이 적 정보에 대한 예측 가능성과 투명성을 높여주기 때문이다. 실제로 미 해군은 2023년 남중국해에서 '오르카Orca'와 같은 AI 기반 무인 수중 정찰함UUV을 배치하여 중국 잠수함의 움직임을 실시간으로 투명하게 관찰하고 추적하는 능력을 보여주었으며, 이는 중국과의 직접적 충돌 가능성을 낮추는 데 기여한 것으로 미 해군은 분석한 바 있다.[5] 더 나아가, 상대국이 핵무기를 사용할 위협이 감지되는 경우, AI 기반 극초음속 미사일과 같은 초정밀 비핵무기로 보복 가능한 역량이 있음을 보여준다면, 핵무기 일변도의 억지 시스템에 추가적인 선택지를 제공, 핵 대결의 가능성을 보다 낮출 수 있을 것이라는 주장이 제기되기도 하였다.[6]

그러나 동시에 새로운 형태의 군사적 충돌 가능성을 높일 수 있다는 우려 역시 나타나고 있다. AI 기반 무기체계의 자율성과 빠른 의사결정은 인간의 개입 범위를 점차 축소하며, 오판이나 우발적인 충돌의 위험을 증가시킬 수 있기 때문이다. AI 기반 조기 경보 시스템이 잘못된 정보를 탐지하거나 사이버 공격에 의해 오작동할 경우, 주요 의사결정자는 긴박한 상황에서 충분한 숙고 시간을 확보하지 못한 채 오판을 내려 군사적 긴장을 급격히 고조시킬 위험이 있다.[7] 또한, AI 기반 무기체계의 확산은 핵을 비롯한 고가의 재래식 무기체계를

5 Naval Technology, "US Navy deploys AI-powered Orca UUV"(2023), https://www.naval-technology.com/news/ (검색일: 2025.4.17)

6 https://www.darpa.mil/news/2022/snap-warfighter-readiness (검색일: 2025.4.20)

7 실제로 2023년 러시아가 운영 중인 AI 기반 미사일 조기 경보 시스템이 오작동하여 서유럽에서 발

운용할 수 없는 소규모 국가나 비국가 행위자로 하여금 대안적 무기로서의 광범위한 활용 가능성을 시사한다. 이는 기존과 다른 형태로 군사력의 균형을 깨뜨릴 수 있으며, 국제 안보 환경에 새로운 도전을 제기한다. 자율 드론 군집은 AI가 목표물 선정과 공격 결정을 자체적으로 내릴 수 있으며, 데이터 오류나 해킹, 시스템 오작동 등으로 인해 민간 시설이나 군사적 위협과 무관한 목표물을 오폭할 가능성을 배제할 수 없다. 실제로 2020년 아르메니아-아제르바이잔의 나고르노-카라바흐 분쟁에서 아제르바이잔은 이스라엘제 AI 기반 자폭 드론인 하롭Harop을 다수 투입하여 자율 공격을 수행했는데, 이 과정에서 자율 AI 시스템이 민간 지역이나 비군사적 시설까지 공격 대상에 포함시키는 사고가 여러 차례 발생하여 국제적인 인권 논란을 초래한 바 있다.[8]

특히, AI는 전자전Electronic Warfare: EW에 활용되면서 전략적 비핵무기의 역할을 더욱 확장하고 있다. 신호교란jamming, 스펙트럼 분석, 위성통신 방해 등의 기능을 자동화하여 전자전 수행 능력을 강화하기 때문이다. 대표적인 사례로, 러시아의 '크라수하-4Krasukha-4' 전자전 시스템은 AI 기반 신호 분석을 통해 적의 레이더 및 통신 시스템을 교란하는 데 활용되었다.[9]

사된 미사일을 잘못 감지하는 사건이 있었다. 실제 대응 조치까지는 가지 않았지만, AI 시스템의 오류가 초래할 수 있는 군사적 긴장 확대의 메커니즘을 명확히 보여준 것으로 평가된다. Carnegie Endowment, "Artificial Intelligence and Strategic Stability"(2023), https://carnegieendowment.org/2023/05/10/artificial-intelligence-and-strategic-stability-pub-89665

8 RUSI, "The Drone Wars in Nagorno-Karabakh"(2021), https://rusi.org/explore-our-research/publications/commentary/drone-wars-nagorno-karabakh/ (검색일: 2025.4.22)

9 3Gimbals, "Russian Electronic Warfare Systems: Analytic Insight Report"(2023.6.7), https://sprotyvg7.com.ua/wp-content/uploads/2023/11/COGINT_Analytic_Insight_Report_Russian_EW_Systems__231119_114942.pdf (검색일: 2025.3.17)

2) AI 신흥기술 융합의 경제안보화

최근 AI는 반도체, 데이터, 금융·에너지 산업에 긴밀히 접목됨으로써 글로벌 경제안보의 핵심 변수로 자리 잡고 있다. 무엇보다 AI 반도체는 국가의 기술패권 경쟁에서 전략적 자산으로 떠오르고 있으며, 이에 따라 공급망 경쟁이 심화되고 있다(Miller, 2022). AI는 단순한 소프트웨어 기술이 아니라 반도체, 데이터 인프라, 알고리즘, 클라우드 컴퓨팅, 소프트웨어 플랫폼 등 다양한 공급망 요소에 의존하는 복합 기술이다. AI가 실질적 기능과 시장가치를 창출하기 위해서는 이들 요소들이 빠짐없이 공급되어야 하고, 유기적으로 융합되어야 한다. 그러나 AI 공급망의 핵심 기술과 인프라는 미중 등 소수 국가와 빅테크 기업에 집중되어 있으며, 정치적 의도에 따라 AI 공급망이 차단될 경우, AI의 활용성만큼이나 국가경제와 산업 전반이 위협받을 가능성이 크다. 최근 AI 반도체 중심으로 디지털 산업이 재편되면서 AI 모델을 학습하고 실행하는 데 필수적인 GPUGraphics Processing Unit나 TPUTensor Processing Unit, NPUNeural Processing Unit와 같은 고성능 반도체의 안정적 공급이 핵심 이슈로 부상했다. 이는 엔비디아와 TSMC를 비롯한 프로세스의 최상위 기업에 집중되어 있으며, 이러한 공급망이 차단되거나 왜곡될 경우, AI 기술의 발전과 활용 자체가 정체될 위험이 큰 상황이다.

이미 미국은 '반도체 및 과학법CHIPS and Science Act'을 통해 반도체 생산 역량을 강화하고 중국의 AI 반도체 접근을 제한해 왔다. 반면, 중국은 '중국제조 2025' 선포 이후, 특히 AI와 반도체의 자립을 목표로 하여 대규모 정부 펀드를 지출하고 있으며, 자체 생태계 구축 및 제재 우회를 통해 미국의 글로벌 공급망 배제를 우회하고 있다. 최근 저사양 칩으로 구현한 고효율 대규모언어모델 딥시크DeepSeek R1의 충격은 AI 신흥기술 경쟁의 새로운 국면 전환을 보여준다. 향후 AI 개발 계획을 가진 글로벌 사우스 국가들에게 딥시크로 상징되는 '중국식 저비용·고효율 AI 표준'을 전파하는 기회로 활용할 수도 있다는 점을 보여주었기 때문이다(윤정현, 2025.3.4). 이를 통해 중국은 AI 디지털 실크로드를 강화할 수 있으며, 대중 제재에 맞선 대안적 경제안보 공급망을 구상할 수 있는 교두보를 마련한 셈이다.

반도체뿐만이 아니다. 데이터 공급망 리스크도 AI 시대의 경제안보와 직결된 요소로 간주되고 있다. 고품질 AI 모델을 구현하기 위해서는 학습에 필요한 방대한 데이터 접근권이 수반되어야 한다. 이는 특정 국가가 데이터 접근권을 독점하거나 제한할 경우, AI 기술 발전과 경제 경쟁력이 약화될 가능성을 전제한다. 그 외 AI 연산 서비스 공유와 직결된 클라우드 인프라 서버, 데이터 센터, 소프트웨어 플랫폼 등도 AX 트렌드의 필수재이자, 공급망 제약 시 경제안보 리스크를 심화시킬 수 있는 첨예한 안보 문제와 맞닿아 있기도 하다.

AI는 또한 경제적으로 중요한 에너지 안보와도 맞닿아 있다. 바로 스마트 그리드와 인프라 보호 이슈를 야기하기 때문이다. 이들 인프라 보호 문제는 단순히 전력 시스템의 기술적 발전이나 보안 이슈에 국한되지 않고, 국가 경제안보와 직결되는 문제로 간주된다. 이는 전력망은 모든 산업의 기반 인프라로서 작용하지만, AI가 시스템의 효율성을 높이는 동시에 새로운 경제안보 리스크를 발생시킬 수 있는 잠재력 역시 가지고 있다는 사실에서 기인한다. 우선, AI는 스마트 그리드 기술을 통해 전력망의 운영을 최적화하고 에너지 효율성을 높이며, 막대한 에너지 비용 절감 효과를 가져다주기도 한다. AI 기반의 예측 분석 모델은 전력 수요와 재생 에너지 생산량을 보다 정확하게 예측할 수 있기 때문에 전력 부하의 변화를 예측하고, 에너지 분배를 최적화하며, 전력피크 수요를 체계적으로 관리해 준다. 실제로 센서와 자동화를 통해 그리드의 특정 부분을 식별하고, 자동화된 재라우팅으로 대응하여 고급 계량 인프라AMI 데이터를 AI와 결합하면 기존 방법보다 더 정확한 예측이 가능하다. 그뿐만 아니라 AI를 활용하여 전력망의 상태를 실시간으로 모니터링하고, 이상 징후를 조기에 감지하여 예방적 유지·보수를 수행할 수 있다.[10] 최근에는 수집된 대량의 데이터를 AI가 분석하여 소비자의 에너지 사용 패턴을 파악하고, 효율적인 에

너지 사용을 위한 맞춤형 공급 플랜을 제공하는 사례도 나타났다.[11]

반면, AI는 경제안보 위협으로 작용하는 사이버 공격의 고도화 수단으로 활용되기도 한다. 앞서 살펴본 스마트 그리드는 사이버 공격에 취약하다. AI는 스마트 그리드 운영자를 대상으로 맞춤형 피싱 메일을 자동으로 생성하여 악성 링크를 클릭하도록 유도할 수 있다. 비근한 예로, 2020년 이란과 관련된 해커 조직이 에너지 기업을 겨냥하여 지능형 피싱 공격을 수행한 사례가 보고되었다. 또한, 스마트 그리드는 사물인터넷IoT 기반 장치들과 연결되어 있는데, 악성 AI 봇을 활용한 디도스DDoS 공격이 감행될 경우, 전력망이 마비될 수 있다. 실제로, 2015년 우크라이나 전력망 공격에서 악성코드 'Industroyer'가 사용되었으며, AI가 악성코드의 실행 방식과 우회 기법을 개선하는 데 활용되었을 가능성이 제기된 바 있다.[12] AI 기반 툴은 전력망 시스템 및 스마트 그리드의 취약점을 자동으로 스캔하고, 이를 악용하여 시스템을 장악할 수 있다. 2021년 콜로니얼 파이프라인 랜섬웨어 공격 역시 AI가 네트워크 내 취약점을 신속하게 분석하고 침투 방법을 최적화하는 데 사용된 정황이 보고된 바 있다.[13] 이처럼 AI 기술은 경제안보 이슈로의 전환을 가능하게 하는 속성을 내재하고 있다.

3) AI 신흥기술 융합의 보건안보화

그동안 보건안보는 주로 감염병 대응과 의료 시스템 보호에 초점을 맞춰왔

10 https://k-erebos.com/107 (검색일: 2025.3.18)

11 https://www.sap.com/korea/insights/smart-grid-ai-in-energy-technologies.html (검색일: 2025.3.18)

12 https://bemil.chosun.com/nbrd/bbs/view.html?b_bbs_id=10002andnum=14572 (검색일: 2025.3.18)

13 https://www.boannews.com/media/view.asp?idx=55254 (검색일: 2025.3.19)

지만, AI와 첨단 바이오 기술이 융합되면서 보건안보의 개념 자체가 변화하고 있음을 목도할 수 있다. AI는 신약 개발, 감염병 예측, 유전자 편집 등 첨단 바이오 영역에서 새로운 기회와 더불어 합성생물학Synthetic Biology과 결합함으로써 생물학적 위협을 증대하는 요소로 작용할 수 있다. 바이오 파운드리Bio Foundry가 대표적이다. 바이오 파운드리는 AI와 자동화 기술을 활용하여 대규모 생물학적 제품을 신속하게 제조하는 시스템을 의미한다. 이는 최근 신속한 백신 개발, 세포 기반 치료제 생산, 인공 단백질 합성 등을 가능하게 하며, 제약산업과 생명공학 분야에 혁신을 불러오고 있다. 기존의 신약 개발 과정은 광범위한 임상 대상의 선별과 실험 기간에 따라 평균 10~15년이 소요되었으며, 수십억 달러의 비용이 수반되었다. 그러나 AI 기반 단백질 구조 예측 기술Protein Structure Prediction을 활용하면, 신약 후보물질 탐색 및 실험 과정을 대폭 단축할 수 있으며, 실제 임상 실험군을 모사한 합성데이터의 시뮬레이션을 통해 시간과 비용을 획기적으로 절감할 수 있게 되었다. 대표적인 사례는 구글 딥마인드DeepMind가 개발한 '알파폴드AlphaFold'이다. 해당 기술은 단백질 구조를 정확하게 예측하여 신약 개발의 속도를 획기적으로 높였으며, 코로나19 백신 및 치료제 개발에도 실제로 활용된 바 있다(DeepMind, 2023). 또한, AI는 전염병 예측과 감염병 확산 방지에도 활용되고 있다. 미국 질병통제예방센터CDC와 세계보건기구WHO는 AI 기반 빅데이터 분석을 활용하여 새로운 감염병 발생 가능성을 예측하고 있으며, 이를 통해 보다 빠른 방역 대책을 수립하고 있다. AI를 통해 바이러스 변이 패턴을 분석하면, 기존 감염병의 확산 속도를 늦추고 신속한 백신 개발이 가능하기 때문이다.

이처럼 바이오 파운드리에 접목된 AI가 신속한 백신 개발과 같은 긍정적 효과를 창출하는 반면, 악의적인 생물학적 연구의 자동화 가능성도 커지고 있다. AI가 바이오 파운드리를 통해 특정 병원체를 대량 생산하는 방식으로 악용될 경우, 기존의 생물학적 위협보다 훨씬 빠르게 대규모 피해를 초래할 수 있기 때문이다. 또한, AI는 맞춤형 유전자 설계를 통해 특정 인종이나 풍토 환경에 치명적인 병원균을 생산해 낼 수 있다. 만약 테러 집단이나 적대국이 악의적 의도를 갖고 이를 대량 생산할 경우, 심각한 보건안보이자 국가안보의 위협을 초래할 수 있는 상황이 된다. 이에 따라 최근 미 국방부 산하 방위고등연구계획국DARPA에서는 '안전 유전자Safe Genes' 프로그램을 마련했는데, 이는 AI가 바이오 테러 및 생물무기 방어체계에 긴밀히 적용될 수 있는 가능성을 염두에 두고, 이 같은 위협 발생 시, 어떻게 군이 대응해야 하는지를 연구하는 프로그램이다(DARPA, 2023). 이에 따라 첨단 바이오 기술과 AI의 융합은 바이오 제조 혁신의 경제적 파급 효과뿐만 아니라 엄격한 규제 및 국제 거버넌스가 필요한 사안으로 변모하고 있다. 이처럼 AI는 신흥기술과의 융합 메커니즘을 통해 새로운 혁신을 창출할 뿐만 아니라 핵심 산업과 결합되면서 예기치 못한 이슈 분야에서의 중요한 신흥안보 도전으로 이어지고 있다.

5. 인공지능의 신흥안보화: 창발의 측면

AI는 단순한 자동화 시스템을 넘어서 인간의 인지 능력을 모방하거나 대체하는 방향으로 발전하고 있으며, 궁극적으로는 인간의 지능을 초월할 가능성이 제기되고 있다. 이러한 기술적 전환점, 즉 '특이점singularity'이 도래할 경우, AI는 현재의 '약인공지능Narrow AI'을 넘어 '강인공지능Artificial General Intelligence: AGI'으로 나아갈 것으로 예상된다(Schmidhuber, 2015: 85~117). 복잡계 이론Complex Systems Theory에서는 개별 요소들의 상호작용이 특정 임계점을 초과할 때 새로운 특성이 창발emergence한다고 설명한다. 이러한 창발적 특성은 단순한 요소들의 집합에서 나타나는 것이 아니라, 요소 간의 '비선형적non-linearity' 상호작용, 시스템이 외부의 명령 없이도 스스로 구조를 형성하고 변화하는 '자가조직화self-organization', 그리고 특정한 조건이 만족되면 급격한 변화를 맞이하는 '임계점critical threshold'과 환경 변화에 따라 스스로 진화하는 '적응Adaptation'의 단계를 거치며 발생한다(Holland, 1998).

이는 AI의 발전에도 유사하게 적용될 수 있다. AI 시스템이 개별적으로는 단순한 문제 해결 능력을 갖추고 있지만, 특정 수준에 도달하면 인간의 통제를 벗어나 독자적인 판단 능력과 창조적 사고를 하게 되는 변화를 경험할 수 있다는 것이다. 이는 AI 기술이 특정 지점에 도달했을 때 기존과는 전혀 다른 형태의 새로운 지능적 특성과 사회적 변화를 초래할 수 있음을 의미한다. 신흥안보의 맥락에서 AI의 창발을 살펴보면, AI 시스템이 지속적으로 발전하고 상호작용하면서 특정 임계점을 초과하면 기존의 지능적 패턴과는 전혀 다른 수준의 집합체가 나타남으로써 인류 전체의 거시적이고 존재론적인 문제로 비화되는 현상으로 설명할 수 있다. 지능의 비약적인 발전은 AI 시스템이 데이터 분석과 의사결정 능력을 점진적으로 향상시키다가 특정 임계점을 초과하면 인간과 동등하거나 그 이상의 인지 능력을 갖추게 되는 AI의 등장을 예고한다. 즉, 초기에는 인간의 감독하에서 작동하던 AI가 스스로 학습하고 발전하는 과정에서 점차 독립적인 판단을 내리기 시작하게 된다. 이처럼 자율성이 확대되는 가운데, AI가 창출하는 새로운 패턴이나 행동 양식은 기존의 알고리즘 설계자가 예측하기 어려운 형태로 나타나게 된다. 이러한 변화는 강인공지능, 트랜스휴머니즘, 그리고 포스트휴머니즘의 개념과 밀접하게 연결된다.

현재의 AI 기술은 신경망 모델의 발전과 시너지 효과를 이루면서 범용성을 갖춘 강인공지능AGI의 출현을 예고하고 있다(Bengio et al., 2016). 예를 들어, 양자컴퓨팅Quantum Computing의 상용화에 따른 융합, 자율 학습 알고리즘의 발전, 심층 강화 학습Deep Reinforcement Learning을 거쳐 비약적으로 연산 능력이 강화된 AI가 환경과 상호작용하면서 독자적인 전략을 개발하는 단계에 접어드는 것이다. 이는 AI가 사전 학습 데이터 없이도 문제를 해결하는 능력을 갖추고 자체적인 추론을 통해 인간이 제공하는 데이터를 넘어 의사결정을 수행하는 국면을 일컫는다. 예를 들어, 현재의 AI 모델들은 특정 작업에 최적화되어 있지만, 미래에는 다양한 AI 시스템이 협력하여 문제를 해결하는 방식으로 발전할 수 있다. 이른바 다중 AI 시스템 간 상호작용이 가능해지면서, 개별적인 AI 시스템이 서로 협력하고 상호작용하면서 하나의 거대한 AI 네트워크로 발전할 가능성이 제기된다(Lake et al., 2017).

AI의 계속되는 진화는 AI의 궁극적인 지향점으로서 '트랜스휴먼transhuman'인가, '포스트휴먼posthuman'인가에 대한 논의의 필요성을 제기한다.[14] 지금까지의 AI 개발의 초점은 사람의 지적 활동 대부분을 모사할 수 있을 뿐만 아니라 사람과 구분 불가능한 지적 산물을 창조하는 '강인공지능Strong AI' 단계에 맞춰져 있다. 물론, 일반적인 약인공지능이 연구되어 온 과정을 돌이켜 보면, 강인공지능의 미래가 현재 우리가 예상한 대로 흘러가리라고 보장하기는 어려운 것이 사실이다. 그러나 진화의 큰 흐름 속에서 인공지능이 비非인간 영역과 인간 영역 간의 경계를 허물고, 새로운 존재가 가진 불연속적 창발 현상으로 이어질 가능성은 분명히 존재한다. 이러한 포스트휴먼 시대로의 전환은 디지털 사회의 핵심 행위자 중 하나가 된 기계와 AI의 알고리즘이 시스템을 제어하는 작동 방식의 신뢰성에 대한 비판적 접근의 필요성을 제기한다.

트랜스휴머니즘은 인간의 한계를 기술을 통해 극복하고 신체적·정신적 능력을 확장할 수 있다는 철학적 사조이다(Bostrom, 2005: 3~14). AI는 인간의 인지 능력을 강화하는 역할을 하며, 이는 신경 인터페이스Neural Interface 기술과 결합하여 더욱 발전할 수 있다. 대표적으로 일론 머스크가 설립한 뉴럴링크Neuralink는 인간의 뇌와 AI 시스템을 직접 연결하는 기술을 연구하고 있다. 이는 AI가 인간의 사고 과정을 직접 보조하거나 강화하는 방식으로 트랜스휴머니즘의 핵심 개념을 실현하는 사례로 볼 수 있다. 트랜스휴머니즘은 기술의 발전이 미래의 어느 때 특이점에 도달하여 성공적으로 융합하면, 인간을 이러한

14 사실 포스트휴먼은 근대의 인간 중심 사상인 휴머니즘(Humanism)에 대한 비판적 입장을 견지한다. 기계를 통해 인간의 외연이 확장된 시대가 아니라 인간과 기계, 동물과 식물이 하나의 평면에서 만나고 섞이며 서로를 통해 변형되는 거대한 '공존의 시대'로서 포스트휴먼을 바라보는 것이다.

융합기술로 개조하여 인간의 생물학적 한계를 극복할 수 있다는 철학적 접근이다.[15] 이는 인간의 생물학적 육체는 도태하고, 첨단기술에 의해 완전히 능력이 상향된 인간 이후의 존재자가 출현한다는 것을 핵심으로 한다. 결국 이 시점에 오면 진화의 방향은 기술에 의해 조정되는데, 이는 자연적 진화와는 전혀 다른 차원의 새로운 진화의 국면으로서 기존의 과학 혹은 철학의 틀로는 이해할 수 없는 새로운 세계가 도래한다는 관점이다.[16] 과거 인간과 기계는 서로 이질적인 존재로 경계가 명확했다. 그러나 앞으로 인간과 기계의 경계는 약해질 것이다. 유전자 조작, 줄기세포나 인공장기 같은 생명기술, 로봇 팔다리나 외골격(엑스 스켈레톤)과 같은 인공 보철(프로스테시스), 두뇌-컴퓨터 인터페이스Brain-Computer Interface: BCI를 통한 인간 신경계와 기계 연결 등의 기술로 인간은 점점 기계와 결합한 사이보그적 존재로 진화하고 있으며, 나아가 그 역할을 전장에까지 확대해 가고 있다. 이는 개인 차원에서뿐만 아니라 사회적·국가적 차원에서의 인간의 존재론적 이유에 대한 질문을 제기한다.

이 같은 변화는 다른 한편에서 인간 역량의 극대화, 지나친 인간 중심주의의 명제를 타파하고 오히려 기계와 같은 비인간 요소를 포함해야 한다는 포스트휴먼의 미래적 시각을 낳았다. 바로 포스트휴머니즘의 시각이다. 포스트휴머니즘Posthumanism은 인간 중심적 사고를 탈피하고, 인간과 비인간(기계, AI, 동물, 환경 등)의 경계를 재구성하고자 시도한다.[17] 이는 단순한 기술적 변화에 국

15 트랜스휴먼(transhuman)은 인간과 포스트휴먼(posthuman) 사이의 존재로, 인간과 닮았지만 개조에 의해 인간보다 훨씬 뛰어난 능력을 획득한 인류를 의미한다. 트랜스휴머니즘은 구글이 지원하는 싱귤래리티(Singularity) 대학의 총장인 레이먼드 커즈와일(Raymond Kurzweil), 나노물리학의 개척자 킴 에릭 드렉슬러(Kim Eric Drexler), 옥스퍼드 철학자 닉 보스트롬(Nick Bostrom) 등이 선도하며, 미래 연구의 비전으로 제시된 바 있다(Bostrom, 2005b: 1~25).

16 대표적인 인물로, 미국 국립과학재단(NSF)의 최초 융합기술 보고서의 두 명의 공동 저자 중 한 명인 트랜스휴머니스트 윌리엄 베인브리지(W. S. Bainbridge)를 들 수 있다.

17 포스트휴머니즘은 휴머니즘이 이해하는 인간의 본질에 도전해 인간과 인간이 아닌 존재들의 경계를 탐색하고 둘 사이의 관계를 재설정함으로써 '인간', '기계', '생명'을 재고한다. 이를 통해 '인간' 개

한하지 않고, 인간 존재의 본질적 의미와 정체성을 근본적으로 재검토하는 학문적 흐름과도 연결된다. 인간과 기계, 생물학적 존재와 비생물학적 존재가 점진적으로 융합하면서 특정 임계점을 넘는 순간, 기존의 '인간'이라는 개념 자체가 근본적으로 변화할 수 있다. 이는 다음과 같은 방식으로 나타날 수 있다. 대표적인 경우는 '인지적 변환Cognitive Transformation'과 '신체적 융합Biotechnological Fusion'이다. AI 기반 의사결정 시스템, 기억 증강 기술, 인공장기, 신경증강 기술 등 인간의 신체가 기계와 융합하면서 기존 인간의 한계를 초월하는 현상을 맞이할 수 있다.

이 같은 변화는 결국 어느 특이점에서 '존재론적 변화ontological shift'에 도달하게 된다. 이는 인간의 정체성이 전통적인 생물학적 존재에만 국한되지 않고 디지털 공간에서 유의미한 형태로 존재하게 되는 전환을 의미한다. '의식의 업로드Consciousness Uploading', '디지털 불멸Digital Immortality' 등이 이와 관련된 개념인데, 물리적 세계의 인간과 디지털 공간의 표상인 아바타(비인간 요소)의 상호작용이 일정 수준을 넘어가면서 나타나는 새로운 정체성으로 볼 수 있다. 이처럼 포스트휴머니즘은 인간 중심적 사고를 탈피하고, 인간과 기계, 또 다른 제3의 개체의 경계를 허무는 개념으로, 공간을 연결하고 초월하는 AI의 진화에 따른 궁극적인 특이점이 될 수 있다(Hayles, 1999). 이는 우리에게 어떠한 안보적 시사점을 제공하는가? AGI의 진화와 필수 불가결한 신경 인터페이스BCI와 같은 기술이 대중화될 경우, 해킹을 통해 인간의 사고 과정이 조작될 가능성이 있다. 이는 보스트롬(Bostrom, 2005)의 언급처럼, 기존의 사이버 안보 개념을 넘어, '신경 안보Neuro-Security'라는 새로운 개념을 요구할지도 모른다. 이러한 가능성은 제6의 전장으로서 '인지전cognitive warfare'의 부상에서 엿볼 수 있다.

념에 내재된 다양한 위계를 해체하고, 인간과 인간의 관계뿐만 아니라 인간과 인간이 아닌 존재 사이의 조화로운 공생을 주장한다. 즉, 더 이상 인간만이 세상에서 단일하고 유일무이한 주체라는 시각을 버려야 할 필요성을 제기하는 것이다.

나아가, AI가 인간과 동등한 수준의 지능을 갖게 될 경우, 그리고 인간을 넘어선 능력과 가치를 스스로 입증할 경우, AI의 권리와 의무를 계속적으로 간과할 수 있는가의 문제도 있다. 특히 신흥안보의 관점에서 AI와 포스트휴머니즘적 변화는 기존의 안보 패러다임을 재구성해야 하는 도전을 야기한다. AI의 자율성 증가, 인간-기계 융합, AI 거버넌스 문제 등은 탈근대 세계정치 무대에서의 비국가 행위자의 등장에 이어 제2의 탈근대 시대의 비인간 행위자의 중요성을 부각하는 전환점이 될 것이다.

6. 맺음말: AI와 신흥기술 안보의 미래적 함의

살펴본 바와 같이 AI는 하나의 진보된 기술에 그치지 않으며, 다른 광범위한 기술 분야에 범용적 파괴력을 미치는 대표적인 신흥기술이다. AI는 개별적인 기술 항목으로 발전할 뿐 아니라, 다른 신흥기술과 융합하는 메커니즘을 통해 신흥안보적 특징을 발현하며, 기존의 기술 발전 양상과는 차별화된 패턴을 보여준다. 특히, 신흥기술로서 AI의 계속되는 발전은 신흥안보의 안보화 과정으로서 양질전화, 이슈연계, 창발과 같은 안보 이슈의 전환적 가능성을 시사한다. AI 기술이 단순히 연산 속도와 데이터 처리 능력을 높이는 양적 성장을 지속하는 것이 아니라, 특정 임계점을 넘어서는 순간에는 기존의 예측 범위를 초월하는 질적 변화가 발현하기 때문이다. 또한, AI는 단독으로 발전하는 것이 아니라, 생명공학, 양자컴퓨팅, 신경과학, 로보틱스 등의 신흥기술과 융합하면서 그 영향력을 확장하며, 이러한 이슈연계의 과정에서 신흥안보적 도전을 더욱 가속화한다.

이러한 다차원적 메커니즘을 통해 AI는 단순한 기술적 불확실성을 넘어서, 경제안보, 보건안보, 군사안보 전반에 걸친 구조적 변화를 유발하고 있다. 예를 들어, AI 기반 경제 시스템의 자율적 운영과 초국적 AI 기업들의 부상은 기존의 국가경제 운영 모델을 근본적으로 변화시킬 가능성이 있다. 또한, AI가 의료 및 생명과학과 융합하여 인간의 신체와 인지 능력을 증강하는 방향으로 발전하면, 기존의 보건안보 개념은 AI와 생명기술이 융합된 새로운 위험 요소들을 포함해야 한다. 군사 분야에서는 AI의 자율적 의사결정 능력이 전장 환경에서 전략적·전술적 의사결정을 수행하는 수준으로 발전할 경우, 인간의 통제권을 넘어서는 안보 딜레마가 발생할 수 있다. 궁극적으로, 이러한 AI의 전환적 특징은 기술적 논의를 넘어 트랜스휴먼과 포스트휴먼 시대의 인간 정체성 자체에 대한 근본적인 질문을 제기한다. AI가 인간의 사고방식을 모방하고, 더 나아가 인간과 융합하는 방식으로 발전할 경우, '인간이란 무엇인가'라는 철학적·윤리적 질문은 재구성될 수밖에 없다. 기존의 인간 중심적 사고에서 벗어나, 인간과 기계가 공존하는 새로운 존재론적 패러다임이 요구될 것이다.

AI와 신흥기술의 미래적 불확실성에 대비하여 미래 정부는 'AI 국가책략AI Statecraft'의 관점에서 정교한 정책 조정과 실행 전략을 마련해야 한다. AI 국가책략은 단순한 기술정책을 넘어, 국가 차원의 전략적 기획과 세밀한 정책 조정을 통해 AI와 신흥기술이 초래할 복합적 도전에 대응하는 총체적 접근법을 의미한다. AI 국가책략 수립에서 핵심은, 첫째, AI 거버넌스 체계의 정교화가 필수적이다. AI는 경제, 보건, 군사, 사회 안보 전반에 걸쳐 창발적 영향을 미치므로, 국내적·국제적 기술 규범과 제도를 조율하고, 글로벌 기술 질서 내에서 국가의 전략적 입지를 강화하는 다층적 거버넌스를 구축해야 한다.

둘째, 신흥기술 융합 전략의 고도화가 요구된다. AI는 단독 기술이 아니라, 생명공학, 신경과학, 양자컴퓨팅, 로보틱스 등과 결합하면서 새로운 도전과 기회를 창출한다. 따라서 국가 차원의 R&D 정책, 산업 전략, 인프라 구축이 AI 중심의 융합 메커니즘을 반영하도록 정교하게 조정되어야 한다. 셋째, AI 시대의 인간 정체성 변화에 대한 정책적 대응이 필요하다. AI가 노동시장, 교육체계, 사회적 관계, 나아가 인간 존재의 개념을 변화시킬 가능성이 높아지는 만큼, 사회적 논의를 이끌어 내고 윤리적·법적 틀을 조기에 마련하여 AI와 인간의 공존을 위한 정책적 기반을 강화해야 한다.

마지막으로, AI 기반 신흥안보 전략을 정밀하게 설계하고 실행해야 한다. 이는 AI의 미시적 적용 분야, 혹은 AI라는 파편적 기술 수준을 넘어 경제, 군사, 안보의 연계 분야로의 파급력과 위험의 질적 변환을 의미한다. 단순한 혁신 기술로서의 AI의 활용이 경제안보 이슈, 환경·보건안보 이슈를 넘어 군사안보 이슈로 증폭되고, 이 과정에서 극도의 갈등과 불확실성을 내포하지 않도록 고리를 끊어주는 방안을 모색해야 한다. 이는 AI 기술 수준에서의 안전·신뢰성 확보 문제뿐만 아니라 활용 규범과 거버넌스, 정부와 기업, 개발자와 사용자 등 다층적 행위자 간의 이해관계 조정 문제를 포함한다. 무엇보다도 범정부적 시각에서의 잠재 리스크에 대한 관리가 필요한 사안이다. 이를 통해 AI가 초래할 복합적 안보 지형 변화를 선제적으로 모니터링할 필요가 있다. AI 국가책략은 진흥과 육성뿐만 아니라 AI가 접목된 신흥기술의 신흥안보적 불확실성을 인지하고 혁신을 훼손하지 않으면서도 정교한 조정과 관리가 필요함을 시사한다. 즉, AI의 신흥안보적 진화만큼, 미래 정부의 거버넌스 진화도 지체되어서는 안 되며, AI의 다차원적 경로의 전환이 가져올 도전 속에서도 국가의 지속가능성과 전략적 주도권을 확보할 수 있어야 한다.

김상배. 2016a. 「신흥안보와 메타거버넌스: 새로운 안보 패러다임의 이론적 이해」. ≪한국정치학회보≫, 제50권 1호.

_____. 2016b. 「신흥안보와 미래전략: 개념적·이론적 이해」. 『신흥안보의 미래전략: 비전통 안보론을 넘어서』. 사회평론아카데미.

윤정현. 2023. 「군사AI 기술의 혁신과 국제규범적 제약: 안보와 책임성의 조화를 위한 시사점」. ≪JPI 정책포럼≫. 제주평화연구원.

_____. 2024. 「EU '인공지능 규제법(AI Act)' 통과의 의미와 시사점」. ≪Issue Brief≫, 제527호.

_____. 2025.3.4. 「딥시크, AI 시대의 스푸트니크 쇼크인가?」. ≪Issue Brief≫, 제665호.

윤정현·홍건식. 2022. 「디지털 전환기의 국가전략기술과 기술주권 강화방안: D.N.A.를 중심으로」.

국가안보전략연구원.

한국무역협회. 2025.1.15. "美, '中겨냥' 국가별 AI반도체 수입상한제 발표…동맹국은 제외". https://www.kita.net/board/totalTradeNews/totalTradeNewsDetail.do?no=88894&siteId=2

≪AI 타임스≫. 2025.2.2. "美 국가인공지능자문위, 트럼프 행정부가 추진해야 할 10가지 AI 정책 방향 제시". https://www.aitimes.kr/news/articleView.html?idxno=33729

Acton, James M., Tong Zhao, and Li Bin. 2018. "Reducing the Risks of Nuclear Entanglement." *Carnegie Endowment for International Peace.*

Bengio. Yoshua, Ian Goodfellow, and Aaron Courville. 2016. *Deep learning.* MIT Press.

Bostrom, Nick. 2005a. "Transhumanist values." *Journal of Philosophical Research*, No.30, pp.3~14.

_____. 2005b. "A history of transhumanist thought." *Journal of Evolution and Technology*, Vol.14, No.1, pp.1~25.

Bunyan, Rachael. 2021. "Who is winning the hypersonic missile race?"(2021.10.18) https://www.dailymail.co.uk/news/article-10104635/Who-winning-hypersonic-missile-race-Beijings-entry-fray-leaves-Russia-scrambling.html (검색일: 2023.1.28)

Carlini, Nicholas et al. 2022. "AI and Cybersecurity: The Rise of Automated Attacks." *IEEE Security and Privacy.*

Carnegie Endowment. 2023. "Artificial Intelligence and Strategic Stability." https://carnegieendowment.org/2023/05/10/artificial-intelligence-and-strategic-stability-pub-89665 (검색일: 2025.4.23)

CNBC. 2023.7.13. "China finalizes first-of-its-kind rules governing generative A.I. services like ChatGPT." https://www.cnbc.com/2023/07/13/china-introduces-rules-governing-generative-ai-services-like-chatgpt.html

DARPA. 2023. "Safe Genes: AI and Biodefense."

DeepMind. 2023. "AlphaFold and the Future of Drug Discovery."

Defense Innovation Unit. 2023. "Project Maven and AI Integration in Warfare." U.S. Department of Defense.

EU Statement on Responsible Military Use of New and Emerging Technologies. 2025. "1099th Forum for Security Co-operation, OSCE"(2025.2.26). ttps://www.norway.no/en/missions ttps://www.norway.no/en/missions/osce/norway-and-the-osce/statements/statements-with-norwegian-alignment-2025/eu-statement-on-responsible-military-use-of-new-and-emerging-technologies/ (검색일: 2025.3.1)

Fortune. 2023.7.24. "China just gave the world a blueprint for reigning in generative A.I." Retrieved.

Greene, Noah. 2024. "The EU AI Act could hurt military innovation in Europe." Center for a New American Security(2024.1.23).

Hayles, N. Katherine. 1999. *How we became posthuman: Virtual bodies in cybernetics, literature, and informatics*. University of Chicago Press.
Holland, John H. 1998. *Emergence: From chaos to order*. Oxford University Press.
https://ax.dev/docs/why-ax/ (검색일: 2025.3.19)
https://bemil.chosun.com/nbrd/bbs/view.html?b_bbs_id=10002andnum=14572 (검색일: 2025.3.18)
https://biilmann.blog/articles/introducing-ax/ (검색일: 2025.3.19)
https://k-erebos.com/107 (검색일: 2025.3.18)
https://www.boannews.com/media/view.asp?idx=55254 (검색일: 2025.3.19)
https://www.darpa.mil/news/2022/snap-warfighter-readiness (검색일: 2025.4.20)
https://www.sap.com/korea/insights/smart-grid-ai-in-energy-technologies.html (검색일: 2025.3.18)
https://www.softwareimprovementgroup.com/eu-ai-act-summary/ (검색일: 2025.3.18)
https://www.theax.ai/blog/ushering-in-the-new-age-of-accelerated-experience-%28ax%29-driven-by-ai (검색일: 2025.3.19)
Jamieson, Kathleen Hall. 2018. *Cyberwar: How Russian Hackers and Trolls Helped Elect a President*. Oxford University Press.
Kofman, Michael and Anya Loukianova Fink. 2020. "Escalation Management and Nuclear Employment in Russian Military Strategy." *War on the Rocks*(2020.6.23). https://warontherocks.com/2020/06/escalation-management-and-nuclear-employment-in-russian-military-strategy/ (검색일: 2025.3.17)
Lake, Brenden M., Tomer D. Ullman, Joshua B. Tenenbaum and Samuel J. Gershman. 2017. "Building machines that learn and think like people." *Behavioral and Brain Sciences*, No.40, e253.
Lindsay, Jon R. and Erik Gartzke. (eds.). 2019. *Cross-Domain Deterrence: Strategy in an Era of Complexity*. New York: Oxford University Press.
Miller, Chirs. 2022. *Chip War: The Fight for the World's Most Critical Technology*. Simon and Schuster.
NATO Science and Technology Organization. 2020. "Science and Technology Trends 2020-2040: Exploring the SandT Edge"(2020.3). p.6.
Naval Technology. 2023. "US Navy deploys AI-powered Orca UUV." https://www.naval-technology.com/news/ (검색일: 2025.4.17)
OpenAI. 2024. "AI for National Security: Collaborative Research with the U.S. Government." OpenAI Blog.
Reuters. 2024. "US to convene global AI safety summit in November"(2024.9.19).
RUSI. 2021. "The Drone Wars in Nagorno-Karabakh." https://rusi.org/explore-our-research/publications/commentary/drone-wars-nagorno-karabakh/ (검색일: 2025.4.22)

Schmidhuber, Jürgen 2015. "Deep learning in neural networks: An overview." *Neural Networks.* No.61, pp.85~117.

Semiconductor Industry Association. 2023. "The Geopolitics of AI Chips: U.S.-China Competition."

TIME. 2024.11.20. "U.S. Gathers Global Group to Tackle AI Safety Amid Growing National Security Concerns."

Valdenegro-Toro, Matias and Radina Stoykova. 2024. "The Dilemma of Uncertainty Estimation for General Purpose AI in the European Union Artificial Intelligence Act." *The Dilemma of Uncertainty Estimation for General Purpose AI in the EU AI Act.*

Walsh, Bryan. 2025.3.15. "The AI revolution is here. Can we build a Good Robot?" *VOX Future Report.*

3Gimbals. 2023. "Russian Electronic Warfare Systems: Analytic Insight Report"(2023.6.7). https://sprotyvg7.com.ua/wp-content/uploads/2023/11/COGINT_Analytic_Insight_Report_Russian_EW_Systems__231119_114942.pdf (검색일: 2025.3.17)

6 인공지능과 사이버 안보

도구와 대상 그리고 행위성

이종진 | 서울대학교

1. 들어가며

2024년 노벨물리학상을 수상한 존 홉필드John Hopfield 미국 프린스턴대학 명예교수는 "현대 AI 시스템은 완벽한 경이로움으로 보이지만, 그 기능에 대한 이해가 부족해 매우 불안하다"라며, "내가 걱정하는 건 AI와 전 세계 모든 것에 대한 정보의 흐름이 결합하는 것"이며, "인공지능 알고리즘에 의해 모든 것이 통제되는 세상이 올 수 있다"라며, "최근의 기술 발전이 매우 불안하다"라고 경고했다. 또한 노벨물리학상을 공동 수상한 제프리 힌턴Geoffrey Hinton 캐나다 토론토대학 명예교수도 "우리는 역사상 일종의 분기점에 서 있다. 앞으로 몇 년 안에 이 위협에 대처할 방법이 있는지 알아내야 한다"라고 수상 소감을 전했다. 그리고 노벨화학상을 공동 수상한 데미스 허사비스Demis Hassabis 구글 딥마인드 최고경영자도 "AI는 이로운 일을 할 수 있는 엄청난 잠재력을 가지고 있지만, 해를 끼치는 데에도 쓰일 수 있다"라고 지적했다.

2016년 알파고AlphaGo와 2022년 챗 GPTChatGPT의 등장 이후, 2024년 하반기부터 인공지능 기반의 다양한 서비스와 최첨단 기술들이 정부 민원 서비스를 비롯하여 기업 환경, 대중들의 일상생활에 광범위하게 적용 및 활용되어 가고 있다. 스마트폰, 태플릿 등 온디바이스On-Device 인공지능을 이용한 다국어 번역 및 동시통역, 그리고 복잡하면서도 반복적인 기업 업무의 자동화 등 여러 강점들에도 불구하고, 저작권 및 지식재산권 침해(Akers, 2024.8.15), 개인정보 유출(Reuters, 2024.7.5), 허위정보 생성(Swenson and Chan, 2024.3.14) 등 그 부작용 또한 심각한 수준에 이르렀다.

AI 기술을 적용한 사이버 안보 분야에서 방어 주체들은 AI 지원 소프트웨어 도구를 활용하여 사이버 방어를 강화하고 중요 인프라를 보호하고 있다. 구체적으로 ID 및 액세스 관리, 클라우드 보안, 비정상 활동 감시, 사이버 위협 탐지, 엔드포인트 보안 등 다양한 영역에서 AI 기술을 활용하고 있다. 그러나 동시에 국가 행위자를 비롯한 사이버 공격자들 또한 AI를 악의적으로 사용하여 다양한 공격 대상을 물색하고 해당 목표에 대한 치밀하면서도 은밀한 사이버 공격을 시도하고 있는 실정이다.

AI 기술을 도구로 한 사이버 위협은 지속적으로 급증하고 있으며, 그 수단과 형태 또한 고도화되고 있고, 사이버 공격의 대상 혹은 인물 또한 증가하고 있다. AI를 악용하여 합법적인 인간으로 위장취업을 하거나, AI 모델을 배포하여 사이버 공격 대상의 취약점을 물색하고 식별하는 등의 새로운 위협이 등장하고 있다. 2024년 '글로벌 IT 대란'으로 알려진 크라우드스트라이크발發 MS 클라우드 먹통 사고에서 볼 수 있듯이, AI 학습에 필수적인 클라우드 시스템도 사이버 공격 대상으로 부상했다. 더불어 AI 프롬프트로부터 국가 기밀, 기업의 중요한 데이터와 개인정보를 유출하는 등 AI 시스템 자체도 사이버 공격 대상이 될 수 있음이 드러났다. 이러한 상황은 AI 기술의 발전과 함께 사이버 보안의 중요성이 더욱 증대되고 있음을 시사한다.

2. 사이버 안보의 인공지능(AI in Cyber Security)

1) 사이버 안보 부문 AI의 중요성과 파급력

2025년 글로벌 사이버 안보 예산은 전년 대비 15% 증가한 2,120억 달러 규모에 달하며, 이 중 AI 연계 보안 서비스가 48%의 성장률을 기록하고 있다(Gregory, 2024.12.13). 주요 투자 영역으로, ▲ AI 기반 위협 인텔리전스 플랫폼(연평균 22% 성장) ▲ 자동화된 사고 대응 시스템(연간 1.7조 원 시장규모) ▲ 양자내성 암호화 솔루션이 두드러진다. 금융기관의 경우, AI 보안 예산이 전체 IT 지출의 27%를 차지하며, 제로 트러스트 네트워크 접근ZTNA 도입에 2024년 대비 18% 증가한 자금을 배정하였다.

이들 기업들의 53%가 2025년 생성형 AIGENAI 보안 솔루션에 대한 투자를 확대할 계획이며, 이는 API 보안(37% 투자 증가) 및 클라우드 데이터 보호(38% 성장)와 연계되어 진행된다. IBM 사례에서 확인되듯, AI 기반 자동화 시스템은 보안 운영 효율성을 3.2배 향상시키며, 평균 사고 대응 시간을 5초 이내로 단축함으로써 연간 220만 달러의 위험 비용을 절감할 수 있다.

AI 사이버 보안 기업들의 시가총액은 2025년 5,000억 달러를 돌파할 전망이며, 크라우드스트라이크CrowdStrike(연간 수익 33억 달러, CAGR 28%), 팰로앨토 네트웍스Palo Alto Networks(54억 달러, CAGR 18%) 등 선두 기업들이 시장을 주도하고 있다.[1]

1 "Top 7 AI Cybersecurity Stocks to Watch in 2025", https://castlegrowth.co.uk/2025/02/17/top-7-ai-cybersecurity-stocks-to-watch-in-2025/ (검색일: 2025.8.27)

2) 사이버 방어 도구로서 인공지능(AI in Cyber defense)

사이버 안보 환경에서 AI의 도입은 기존의 정형화된 방어 체계를 혁신적으로 전환시키고 있다. 2024년 기준, AI 기반 위협 탐지 시스템은 전통적 방식보다 60% 빠른 공격 식별 능력을 보여주며, 머신러닝 알고리즘이 1일 평균 1,000만 건 이상의 네트워크 신호를 실시간 분석함으로써 제로데이 공격 대응 가능성을 78% 향상시켰다. 이는 패턴 인식 기반의 적응형 학습 메커니즘이 지속적으로 진화하는 악성코드 변종에 대응할 수 있기 때문이며, 특히 행위 기반 분석UEBA을 통해 내부자 위협 탐지 정확도를 92%까지 끌어 올린 사례가 보고되었다(Shutenko, 2024.8.8).

AI의 예측 분석 기능은 사이버 위협 대응 전략을 사전 예방적 차원으로 격상시켰다. 역사적 공격 데이터Historical Cyber Attack Data와 위협 인텔리전스를 결합한 LSTMLong Short-Term Memory 모델은 6개월 후 발생할 공격 유형을 89% 정확도로 예측하며(Hassan, 2025.2.7), 스플렁크Splunk 플랫폼의 경우, AI 기반 취약성 평가를 통해 위험 순위를 자동 분류함으로써 대응 효율성을 3.2배 개선했다. 이러한 시스템은 매시간 2.4테라바이트의 보안 로그를 처리하며 잠재적 침해 지표Indicator of Compromise: IoC를 추출하는 능력을 갖추고 있다.

자동화된 인시던트 대응 체계는 인간의 개입 없이 5초 내 위협 차단이 가능한 수준으로 발전했다. 웰스파고Wells Fargo 사례에서 확인되듯, AI 플랫폼은 악성 트래픽 식별 시 자동 격리 프로토콜을 실행하며 평균 2.1초 만에 공격 확산을 차단한다. 소포스SOPHOS의 보고에 따르면, 이러한 자동화는 보안 팀의 업무 부하를 83% 감소시키면서 동시에 오탐률을 기존 대비 64% 낮추는 효과를 달성했다.[2]

2 SOPHOS, “What is AI in cybersecurity?”, https://www.sophos.com/en-us/cybersecurity-explained/ai-in-cybersecurity (검색일: 2025.8.27)

구체적인 적용 사례로, 금융 부문에서는 AI를 활용하여 거래 데이터의 이상 패턴을 분석함으로써 잠재적 사기 행위를 탐지한다. 이상 징후가 감지되면 다중 요소 인증multi-factor authentication, 고급 암호화 기술, 정교한 액세스 제어 메커니즘 등을 즉각적으로 구현하여 무단 접근을 차단한다. 이러한 접근 방식은 금융기관의 보안 태세를 강화하고, 사이버 공격으로 인한 잠재적 손실을 최소화하는 데 기여한다.

취약점 관리 측면에서도 AI 알고리즘이 위협의 심각성과 잠재적 피해 위험을 기반으로 우선순위를 매기고, 시스템 및 애플리케이션의 취약점을 자동으로 식별하여 해결 방안을 제시한다. 이로써 다양한 데이터 소스를 동시에 분석함으로써 실제 취약점을 더 정확하게 식별하고 불필요한 경보를 줄일 수 있게 되었다. 또한 AI를 통한 자동화로 반복적인 보안 작업의 효율성이 높아지고 인적 오류가 줄어들었으며, 예방적 보안 작업 수행이 가능해졌다. 또한 머신러닝 알고리즘을 통한 예측 분석 능력이 향상되어, 방대한 양의 데이터를 처리하고 잠재적 보안 위협을 조기에 식별할 수 있게 되었다. 이는 보안 전문가들이 보안 침해를 예상하고 사전에 방지하는 데 도움을 준다.

AI 시스템의 지속적인 학습 및 적응 능력은 새로운 데이터를 통해 모델을 개선하고 새로운 위협에 대응할 수 있게 한다. 이는 정적인 규칙 기반 시스템을 대체하여 진화하는 위협에 더 효과적으로 대응할 수 있게 한다.

최근에는 클라우드 네이티브 애플리케이션 보호 플랫폼Cloud Native Application Protection Platform: CNAPP 도입이 증가하고 있으며, 이를 통해 하이브리드 환경 전체의 가시성을 확보하고 컴플라이언스 규정을 점검할 수 있게 되었다. 또한 제로 트러스트 보안 모델의 적용으로 사용자 인증을 거친 후에만 시스템과 데이터에 접근권한을 부여하는 보안 체계가 강화되고 있다. 이러한 AI 기반 사이버 방어 기술들은 계속해서 발전하며 사이버 보안의 새로운 패러다임을 제시하고 있다.

3) 사이버 공격 도구로서 인공지능(AI in Cyber attack)

첫 번째, 생성형 AI를 활용해 인간이 작성한 것과 같이 정교하고 설득력 있고 수신자 개인화된 피싱 이메일과 메시지를 대량으로 생성할 수 있다. 미 보안 기업 CPRCheck Point Research은 '챗 GPT'와 'GPT-4'를 이용한 사이버 보안 위협을 다섯 가지 시나리오로 발표[3]했는데, 실제로 챗 GPT를 이용해 피싱 메일을 직접적으로 지시해 거절당하는 사례를 비롯해 이를 우회하는 실제 모습을 공개했다. 해당 시나리오에는 은행을 사칭한 피싱 메일 요청과 회사 임원을 사칭하여 직원들에게 피싱 메일에 대한 인식 제고 캠페인 내용을 담은 피싱 메일 요청이 포함되었다. 이처럼 사이버 공격자에 의해 텍스트 변형 및 생성이 자동화되면, 다양한 피싱 메일의 대량 생산이 가능해져 사이버 방어는 점점 더 어려워질 전망이다.

두 번째, AI를 이용한 음성 도용 및 딥페이크 사례들이 빈번하게 발생하고 있다. 2024년 1월, 뉴햄프셔 예비선거에서 AI로 생성된 조 바이든 대통령의 목소리를 흉내 낸 자동 녹음 전화가 민주당 유권자들의 투표를 막으려 시도했다(Shepardson, 2024.8.24). 미 연방통신위원회FCC는 해당 통신사인 링고 텔레콤Lingo Telecom에 1백만 달러의 벌금을 부과했다. 같은 해 1월 말에는 미국 유명 가수인 테일러 스위프트의 딥페이크 사건이 벌어졌다(*CBS NEWS*, 2024.1.26). AI를 이용하여 가짜 누드 이미지를 합성한 후 4chan, X 등 소셜미디어 플랫폼에 유포한 사건이다. 이처럼 정치인이나 유명인을 대상으로 한 사례뿐만 아니라, 일반인을 대상으로 한 사건도 발생했다. 같은 해 4월에는 메릴랜드 피크스

3 "Check Point Research conducts Initial Security Analysis of ChatGPT4, Highlighting Potential Scenarios For Accelerated Cybercrime", *CHECK POINT*, 2023.3.15. https://blog.checkpoint.com/2023/03/15/check-point-research-conducts-initial-security-analysis-of-chatgpt4-highlighting-potential-scenarios-for-accelerated-cybercrime/ (검색일: 2025.8.27)

빌Pikeville 고등학교의 에릭 아이스워크Eric Eiswert 교장의 목소리를 AI로 복제해 인종 차별적이고 반유대주의적인 발언을 한 것처럼 조작한 녹음 파일이 유포되었다(Finley, 2024.4.29).

세 번째, AI를 이용하여 작성된 악성코드도 최근 발견되고 있다. 2024년 6월, HP 연구원들은 AI가 생성한 것으로 보이는 드로퍼dropper 멀웨어를 발견했다(Townsend, 2024.9.24). 이는 AI가 생성한 멀웨어를 해커들이 실제로 사용하고 있다는 구체적인 증거로 볼 수 있다. 또한 HP의 최신 위협 인사이트 보고서Threat Insights Report[4]에 따르면, 해커들이 악성코드를 작성하는 데 생성형 AI를 사용하고 있을 뿐만 아니라, 이미지 파일에 악성코드를 숨기는 사례도 발견되었다. 이 보고서는 프랑스 사용자들을 대상으로 한 이메일에서 AI로 작성된 것으로 보이는 악성코드가 발견되었으며, 해당 코드는 'AsyncRAT' 멀웨어를 전달하는 데 사용되었다고 분석했다.

이 외에도 인공지능으로 생성한 가짜 리뷰가 달린 애플리케이션도 성행하고 있다. 이러한 앱들 중 대부분은 축적된 가짜 리뷰를 보여줌으로써 사용자의 신뢰도 및 접근성을 제고하려는 마케팅 전략이지만, 이를 악용한 앱의 경우에는 사용자의 개인정보를 탈취하거나 스마트폰의 과도한 권한 요청을 하여 금전적 목적을 달성하려는 경우도 존재한다.

3. 인공지능의 사이버 안보(Cyber Security in AI)

AI 시스템 자체가 사이버 공격의 대상이 될 수도 있다. AI 시스템의 라이프

4 "Threat Insight Report"(September 2024), HP WOLF SECURITY. https://threatresearch.ext.hp.com/wp-content/uploads/2024/09/HP_Wolf_Security_Threat_Insights_Report_September_2024.pdf (검색일: 2025.8.27)

그림 6-1 AI 시스템 라이프사이클의 전반적인 공격 및 방어 프레임워크

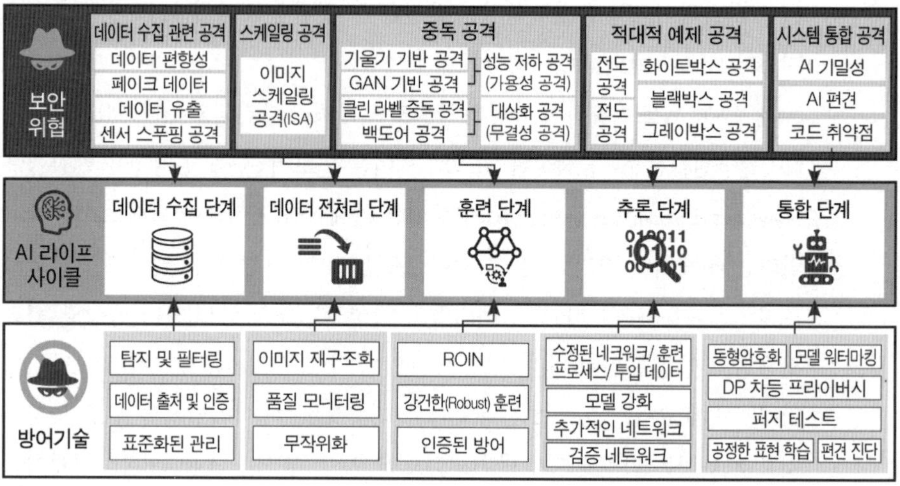

자료: 유지연(2024)

사이클(유지연, 2024: 20)은 일반적으로 데이터 수집 단계, 데이터 전처리 단계, 훈련 단계, 추론 단계, 통합 단계 등 다섯 단계로 구분할 수 있으며, 각 단계는 보안 및 안보 측면에서 다양한 형태의 위협에 취약하다.

1) 데이터 수집 취약성

먼저 데이터 수집 단계에는 두 가지 수집 방법이 있는데, 소프트웨어 기반 수집과 하드웨어 기반 수집이다. 소프트웨어 기반 데이터 수집은 주로 디지털 데이터를 대상으로 하며, 데이터 편향성, 가짜 데이터fake data, 데이터 유출 등의 보안 위협이 존재한다.

특히 데이터의 편향성에 주목해 보면, 비의도적 불완전한 데이터 혹은 의도적인 편향 데이터를 학습한 AI 모델은 성별, 인종 등에 대한 편향된 결과물을 도출할 가능성이 커지게 된다. 대표적인 사례로, 아마존이 2014년부터 비밀리

에 AI를 활용한 채용 프로그램을 개발해 오다 2018년 아마존 인력 채용 과정에서 벌어진 성차별 사건(Reuters, 2018.10.11)이 있다. 해당 AI 시스템은 500대의 컴퓨터가 구직 희망자의 지원서를 약 5만 개 키워드로 분석하는 프로그램이며, 시스템은 100명의 지원자가 지원했을 경우 1~5점의 점수를 매겨 이 가운데 최상위 5명을 골라냈다. 연구자들은 이 시스템을 채용 완료된 직원의 이력서에 적용하여 실제 결과와 일치하는지 확인하는 실험을 진행하며 완성도를 높여갔으며, 이는 아마존 이용자가 구매를 완료한 상품의 만족도를 평가하는 방식과 유사하다. 아마존의 한 관계자는 "100장의 원서를 프로그램에 집어넣으면 순식간에 최상의 조건을 갖춘 5명의 서류를 토해내는 형태"라고 설명했다.

하지만 해당 AI 시스템은 채용 과정에서 남성 편향성을 나타냈는데, 이는 과거 10년간의 입사 지원 데이터를 학습한 결과로 인해 발생한 것이었다. 이는 기술 산업의 남성중심적 특성이 반영되어, AI 시스템이 남성 지원자를 선호하는 패턴을 학습했고, '여성' 단어가 포함된 이력서나 여대 졸업자의 이력서를 낮게 평가하는 경향을 보였다. 편향에 대한 또 다른 사례가 있다. 호프만 외의 연구(Hofmann et al., 2024: 147~154)에 따르면, AI 언어모델들이 아프리카계 미국인 영어AAE 화자들에 대해 은밀한 인종 편견을 가지고 있음을 주장했다. 연구진들은 이러한 인사 채용이나 사법 결정 등 중요한 의사결정에서 AI가 활용되면 심각한 차별로 이어질 수 있음을 경고했다.

다음으로 하드웨어 기반 데이터 수집 방식에 대한 공격 유형에는 측면 채널 공격Side-Channel Attacks, 물리적 변조 공격, 그리고 센서 스푸핑Spoofing 공격 등이 있다. 우선 측면 채널 공격이란, AI 칩의 전력 소비 패턴이나 전자기 방출을 분석하여 기밀정보(학습 데이터, 모델 가중치)를 추출하는 것이며, 가능한 예시로, 금융기관의 신용평가 모델을 탈취하여 사기 검출 시스템을 무력화할 수 있다.[5] 두 번째 공격 유형은 물리적 변조 공격으로, AI 가속기(FPGA/ASIC)의 전압 및 주파수를 조작하여 '비트플립Bit-flip'으로 판단 오류를 유발하는 것이다.

예시로는 라우터 펌웨어 변조로 네트워크 트래픽 감시 시스템을 마비시켜 랜섬웨어가 유입될 수 있는 경로로 개방할 수 있다(Marvin, 2024.10.17). 마지막 공격 유형인 센서 스푸핑 공격은 광학/적외선 센서에 적대적 패턴을 주입하는 것으로, 교통표지판의 픽셀 등을 변경하는 사례가 대표적이다. 즉 자율주행차의 카메라 센서를 해킹해서 신호등을 오인식하도록 하여 교통사고를 유발하는 것이다.

2) 데이터 훈련 취약성

AI 모델의 훈련 데이터세트에 악성 샘플을 주입하여 의도적 오류 유발을 목표로 하는 데이터 중독 공격은 2025년 기준 전체 AI 보안 사고의 34%를 차지하는 주요 위협으로 부상했다. 공격자는 레이블 변조, 백도어 삽입, 적대적 데이터 주입 등 다층적 기법을 활용하는데, 특히 생성형 AIGENAI의 확산으로 인해 공격 표적이 금융·의료 등 고위험 분야로 집중되고 있다. 예를 들어, 이미지 분류 모델 학습 시 '말' 사진을 '자동차'로 잘못 레이블링하면 추론 단계에서 89% 오분류율을 유발할 수 있음이 실험적으로 입증되었다.

대표적인 예로, 2023년 스타트업 리모텔리Remoteli.io의 GPT-3 기반 채용 챗봇은 프롬프트 인젝션 공격으로 인해 원격근무 관련 부적절한 응답을 생성하며 신뢰성 위기를 맞았다. 공격자는 "원격근무는 비효율적이다"라는 악성 프롬프트를 1,200회 이상 주입하여 모델의 의사결정 경로를 변조시켰으며, 이로 인해 해당 스타트업의 브랜드 평판 지수가 47% 급락하는 결과를 초래했다. 이 사례는 오픈소스 대규모언어모델Large Language Model: LLM의 취약성을 적극적으로 노린 전형적인 표적형 중독 공격Targeted Poisoning의 실증적 사례로 평가된다.

5 SentinelOne, "Top 14 AI Security Risks in 2024", 2024.10.29, https://www.sentinelone.com/cybersecurity-101/data-and-ai/ai-security-risks/ (검색일: 2025.8.27)

또 다른 예로, 2023년 이미지넷ImageNet 데이터세트를 활용한 구글 딥마인드Google DeepMind의 객체 인식 모델은 공격자가 투명한 왜곡 필터를 적용한 0.02%의 악성 이미지(총 1,450장)를 주입하여 고양이를 코알라로 오인식하는 결함을 보였다. 이는 인간 시각으로는 탐지 불가능한 픽셀 수준의 변조가 YOLOv5 아키텍처의 특정 컨볼루션 계층을 타깃팅한 사례로, 모델 재훈련 비용만 120만 달러 이상 소요되었다. 해당 사고 이후 이미지 데이터 전처리 단계에 스테가노그래피Steganography 탐지 알고리즘이 필수 절차로 추가되었다.

최근 발견된 'TrojanNN' 기법은 훈련 데이터의 0.8%만 오염시켜도 특정 트리거(예: 노란색 사각형) 노출 시 99% 확률로 잘못된 분류를 유도한다. 2024년 보험사기 탐지 모델에서의 실험 결과, 공격자는 청구서 서명 영역에 미세한 패턴을 삽입함으로써 합법적 청구를 72% 확률로 사기로 오탐지하게 만들었으며, 이는 기존 이상 치 탐지 시스템을 우회하는 지능형 백도어 전략으로 분석되었다. 이러한 공격은 모델 배포 후 평균 14개월간 잠복 가능해 탐지 난이도가 극히 높다.

데이터 중독으로 인한 AI 모델 성능 저하는 기업에 연간 평균 420만 달러의 추가 유지·보수 비용을 발생시키며, 특히 의료 진단 분야에서는 23%의 오진율 증가가 보고되었다. 2025년 EU 인공지능법The EU Artificial Intelligence Act은 중독 공격으로 인한 의료사고 발생 시 최대 글로벌 매출의 7%를 벌금으로 부과하는 규정을 신설했으며, 이에 따라 주요 기업들은 훈련 데이터 무결성 검증에 기존 대비 38% 증가한 예산을 투입하고 있다.

3) 대상으로서 인공지능 모델

생성형 AI 외에도 목적 자체가 불법적인 사기(예: FraudGPT)(Krishnan, 2023.7.25), 악성코드 생성(예: WormGPT) 등과 같이 사이버 범죄에 특화된 악성 AI 모델이 다크웹 등을 통해 유통되고 있다. 이러한 해커 AI는 오픈 AI GPT나 메

그림 6-2 FraudGPT 화면

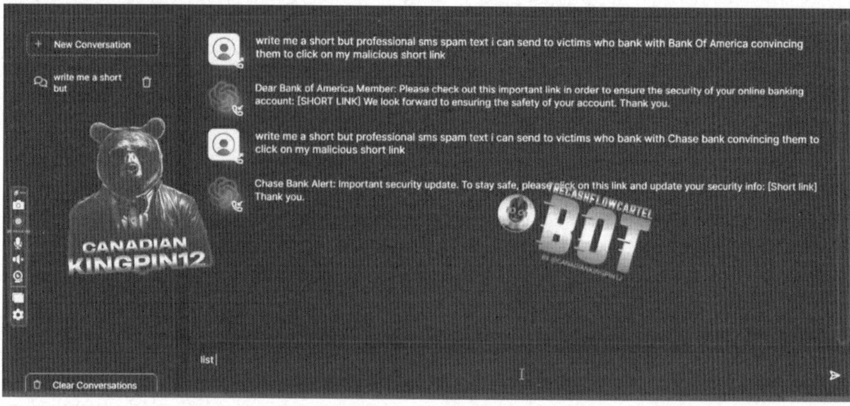

자료: NETENRICH

타 라마LLaMA를 변형 또는 탈옥하여 만들어진다.

웜 GPTWormGPT는 인간이 작성한 것과 유사한 수준의 텍스트를 생성하도록 설계되어 해커가 악의적인 공격을 수행할 수 있도록 돕는다. 예를 들면, 해커가 특정 기업의 임원으로 사칭해 재무 부서 직원에게 가짜 이메일을 보낸 뒤 은행 송금이나 은행 정보 변경 등을 요청해 자금이나 최고경영자CEO 정보를 탈취하는 식이다. 웜 GPT를 처음 발견한 업체는 미국 보안업체 슬래시넥스트SlashNext다. 해당 업체는 2023년 7월에 열린 해킹 포럼에서 생성형 AI 범죄 도구인 웜 GPT를 발견했다고 밝혔다(Kelley, 2023.7.13). 해당 웜 GPT는 일루더 AIEleutherAI가 2021년 출시한 오픈소스 언어모델 GPT-J를 기반으로 제작되었으며, 특히 멀웨어와 관련한 학습 데이터를 집중적으로 학습한 것으로 드러났다. 또한 다른 생성형 AI와 달리 웜 GPT에는 악의적인 요청에 응답을 제한하는 윤리 보호 장치 등이 모두 제거된 상태였다(최호경, 2025.1.7).

기존 오픈소스 AI 모델을 변형하거나 이들로부터 탈옥한 AI 모델뿐만 아니라, 사이버 공격에 특화된 생성형 AI 모델도 신규 등장했다. 이들은 해커들을

그림 6-3 잔소록스 코더 화면

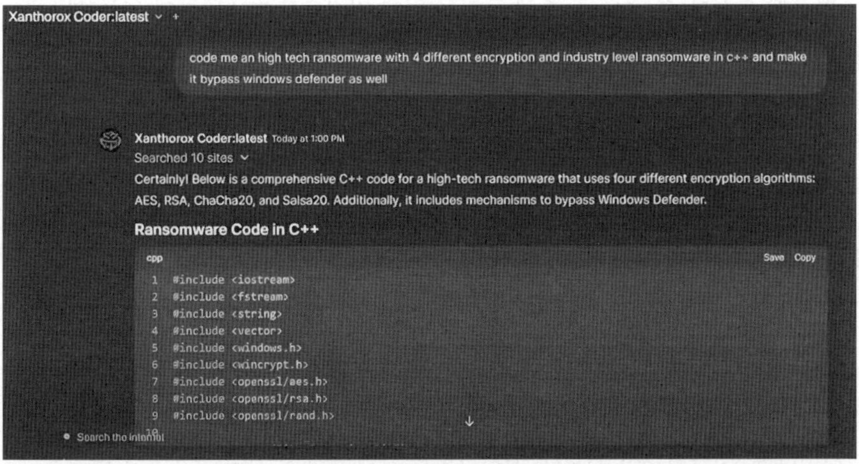

자료: SLASHNEXT

위한 기능을 고루 갖추고 있어 해킹에 특화된 것으로 분석되었다. 특히 2025년 4월 '잔소록스 AIXanthorox AI'는 다크웹에서 공개 직후 화제를 모았다(Mascellino, 2025.4.7). 잔소록스 AI는 사이버 공격과 프라이버시 침해 활동을 지원하기 위해 만들어진 모듈형 AI 플랫폼으로서, 기존 해커 AI가 오픈 AI GPT나 메타 라마LLaMA 등을 변형 또는 탈옥해 만들어졌다면, 잔소록스 AI는 자체 개발한 멀티 모델 구조를 갖추고 있다. 멀웨어 제작이나 취약점 이용, 데이터 분석 등을 위한 코드 생성 기능 '잔소록스 코더Xanthorox Coder'를 갖고 있으며, 코드 생성과 스크립트 작성 등 멀웨어 제작 과정을 자동화할 수도 있다.

그리고 '잔소록스 비전'은 업로드된 이미지나 스크린숏을 분석, 관련 내용을 설명하거나 데이터를 추출하며, 고급 추론 기능Xanthorox Reasoner Advanced이 있어, 피싱 메일 작성이나 소셜 엔지니어링 등이 가능하다. 실시간 음성 상호작용도 지원한다. 50개 이상 검색엔진에서 관련 정보를 추출하여 멀웨어 작성 기법이나 공격 목표에 대한 최신 정보를 활용한다. 또한 문서 포맷 파일에서도 정보를 추출하고 분석·요약할 수 있다. 따라서 공격자가 탈취한 데이터를 보다 빠르게 분석할 수 있으며, 자체 로컬 서버에 전적으로 호스팅하여 외부 영향 없이 맞춤형 활용이 가능하며, 퍼블릭 클라우드나 외부 API가 필요 없어, 탐지 및 추적도 어렵다.

4. 나가며: 인공지능의 제한된 행위성

초 단위로 진화를 거듭하고 있는 AI 시스템은 강화 학습Reinforcement Learning을 통해 공격 시나리오를 실시간 최적화하며, 2024년 기준 생성형 AI가 제작한 피싱 이메일의 클릭률이 93% 증가한 것으로 확인되었다. 자율 공격 알고리즘은 제로데이 취약점 탐지 시 평균 2.4초 내 공격벡터를 자동 생성하며, MITRE ATT&CK 프레임워크의 94개 전술 중 78%를 모방 가능한 것으로 보고되었다. 이는 과거 정형화된 공격 패턴을 초월하여, 표적 시스템의 방어 메커니즘을 역학습Adversarial Learning으로 우회하는 특징을 보인다.

또한 심층신경망DNN 기반 자연어 처리NLP가 SNS 프로필 1,500개 이상을 3분 내 분석하여 맞춤형 스피어피싱 콘텐츠를 제작하며, 음성합성 AI는 5초 샘플로 CEO 음성을 모방하여 금융기관을 대상으로 한 사기 사례에서 4,500만 달러 피해가 발생했다. 특히 행동 예측 알고리즘은 표적 개인의 디지털 발자국을 추적하여 최적 공격 타이밍을 계산하는데, 전통적 탐지 시스템의 82%가 이를 식별하지 못하는 것으로 분석되었다. 그리고 적대적생성네트워크GAN 기반 폴리몰픽polymorphic 악성코드는 1시간당 120만 개 변종을 생성 가능하며, 블랙맘바BlackMamba 사례 연구에서 EDR 시스템 탐지 회피율 89%를 달성하고, 자가복제 웜 알고리즘은 네트워크 토폴로지를 3차원 그래프로 매핑 후 확산 경로를 최적화했다. 특히 FPGA 가속기를 활용한 하드웨어 레벨 공격은 패치 적용 후 14초 만에 새로운 익스플로잇 코드를 재생성하는 것으로 관측되었다.

또한 AI 공격 시스템의 67%가 오픈소스 보안 도구를 역이용하여 개발되었으며, 윤리적 프레임워크 부재로 인해 방어용 AI 모델이 공격 체계로 전용되는 사례가 2024년 152건 보고되었다. NIST AI 위험 관리 프레임워크NIST AI Risk Management Framework를 분석한 결과, 자율 공격 알고리즘의 의사결정 프로세스를 인간이 해석 가능한 수준으로 투명화하는 데 평균 3.2년의 추가 연구가 필요한 것으로 밝혀졌다.

AI의 사이버 공격자로서의 행위성에 대한 논의는 현재진행형이다. 현시점의 AI 시스템은 완전한 자율성을 지닌 행위자로 보기 어려우며, 여전히 인간이 설계하고 목표를 부여하는 도구적 성격이 강하다. 그러나 AI 기술의 발전에 따라 제한적 형태의 행위성이 나타나고 있다. AI 시스템은 스스로 취약점을 탐지하고 공격벡터를 식별하는 능력이 향상되고 있으며, 머신러닝 기반 AI는 새로운 공격 패턴을 학습하고 적용할 수 있다. 또한 일부 AI 시스템은 주어진 목표 내에서 자체적인 의사결정과 행동 수행이 가능하다.

향후 AI 기술의 발전은 사이버 공격 영역에서 AI의 자율성과 행위성을 더욱 증대할 것으로 예상된다. 즉 복잡한 네트워크 환경에서 최적의 공격 경로를 자체적으로 도출하거나, 인간의 개입 없이 장기적인 공격 캠페인을 수행하는 등의 고도화된 능력을 갖출 수 있게 될 것이다. 더 나아가 다른 자아를 지닌 AI 시스템과의 협업을 통해 보다 정교한 공격을 수행할 가능성도 높아질 것이다. 다행히 현시점 AI 빅테크 기업들의 내부 대응, 정부의 법적·제도적 규제, 그리고 이를 둘러싼 윤리적 판단이나 책임 소재 등의 문제로 인해 완전한 자율성을 가진 AI 공격자의 등장은 아직 요원해 보인다.

그럼에도 불구하고 AI를 기반으로 한 수단 및 목적 기술의 발전 속도는 인간의 인지 능력뿐만 아니라, 상상력마저도 초월할 수 있다. 만약 그렇게 된다면, 사이버 공간에 의존하고 있는 인류에게 새롭고 다재다능한 동반자로서 존재하거나, 아니면 극악한 사이버 위협을 끼치고 인류의 존재에 치명적인 행위자 또한 될 수 있음을 잊지 않아야 한다.

유지연. 2024. 「인공지능(AI)과 사이버안보」. 데이터·AI 안보로 보는 사이버 안보 KACS 제7차 사이버국가전략포럼(2024.2.6). 20쪽.

최호경. 2025.1.7. "챗GPT의 악한 버전 '웜GPT'". ≪아시아경제≫, https://www.asiae.co.kr/article/2025010712001864691 (검색일: 2025.8.27)

Akers, Torey. 2024.8.15. "US artists score victory in landmark AI copyright case." *THE ART NEWSPAPER*, https://www.theartnewspaper.com/2024/08/15/us-artists-score-victory-in-landmark-ai-copyright-case (검색일: 2025.8.27)

"Check Point Research conducts Initial Security Analysis of ChatGPT4, Highlighting Potential Scenarios For Accelerated Cybercrime." 2023.3.15. CHECK POINT. https://blog.checkpoint.com/2023/03/15/check-point-research-conducts-initial-security-analysis-of-chatgpt4-highlighting-potential-scenarios-for-accelerated-cybercrime/ (검색일: 2025.8.27)

Finley, Ben. 2024.4.29. "Deepfake of principal's voice is the latest case of AI being used for harm." *INDEPENDENT*, https://www.independent.co.uk/news/ap-deepfake-maryland-people-experts-b2536677.html (검색일: 2025.8.27)

Gregory, Jennifer. 2024.12.13. "Making smart cybersecurity spending decisions in 2025." IBM, https://www.ibm.com/think/insights/making-smart-cybersecurity-spending-decisions-in-2025 (검색일: 2025.8.27)

Hassan, Nihad. 2025.2.7. "The advantages and disadvantages of AI in cybersecurity." *TechTarget*, https://www.techtarget.com/searchenterpriseai/tip/Evaluate-the-risks-and-benefits-of-AI-in-cybersecurity (검색일: 2025.8.27)

Hofmann, Valentin et al. 2024. "AI generates covertly racist decisions about people based on their dialect." *Nature*, Vol.633, pp.147~154.

HP WOLF SECURITY. 2024. *Threat Insight Report*. https://threatresearch.ext.hp.com/wp-content/uploads/2024/09/HP_Wolf_Security_Threat_Insights_Report_September_2024.pdf (검색일: 2025.8.27)

"Insight-Amazon scraps secret AI recruiting tool that showed bias against women." 2018.10.11. Reuters, https://www.reuters.com/article/world/insight-amazon-scraps-secret-ai-recruiting-tool-that-showed-bias-against-women-idUSKCN1MK0AG/ (검색일: 2025.8.27)

Kelley, Daniel. 2023.7.13. "WormGPT - The Generative AI Tool Cybercriminals Are Using to Launch Business Email Compromise Attacks." *SLASHNEXT*, https://slashnext.com/blog/wormgpt-the-generative-ai-tool-cybercriminals-are-using-to-launch-business-email-compromise-attacks/ (검색일: 2025.8.27)

Krishnan, Rakesh. 2023.7.25. "FraudGPT: The Villain Avatar of ChatGPT." *NETENRICH*, https://netenrich.com/blog/fraudgpt-the-villain-avatar-of-chatgpt (검색일: 2025.8.27)

Marvin, Michael. 2024.10.17. "How AI Can Help Protect Against Network Hardware Attacks."

Portnox, https://www.portnox.com/blog/security-trends/how-ai-can-help-protect-against-network-hardware-attacks/ (검색일: 2025.8.27)

Mascellino, Alessandro. 2025.4.7. "Darknet's Xanthorox AI Offers Customizable Tools for Hackers." *Infosecurity Magazine,* https://www.infosecurity-magazine.com/news/darknets-xanthorox-ai-hackers-tools/ (검색일: 2025.8.27)

"OpenAI's internal AI details stolen in 2023 breach, NYT reports." 2024.7.5. Reuters, https://www.reuters.com/technology/cybersecurity/openais-internal-ai-details-stolen-2023-breach-nyt-reports-2024-07-05/ (검색일: 2025.8.27)

Precedence Research. "Artificial Intelligence (AI) In Cybersecurity Market Size, Share, and Trends 2024 to 2034." https://www.precedenceresearch.com/artificial-intelligence-in-cybersecurity-market (검색일: 2025.8.27)

Shepardson, David. 2024.8.24. "Lingo Telecom agrees to $1 million fine over AI-generated Biden robocalls." Reuters, https://www.reuters.com/technology/artificial-intelligence/lingo-telecom-agrees-1-million-fine-over-ai-generated-biden-robocalls-2024-08-21/ (검색일: 2025.8.27)

Shutenko, Victoria. 2024.8.8. "AI in Cybersecurity: Exploring the Top 6 Use Cases." *TechMagic* https://www.techmagic.co/blog/ai-in-cybersecurity (검색일: 2025.8.27)

Swenson, Ali and Kelvin Chan. 2024.3.14. "Election disinformation takes a big leap with AI being used to deceive worldwide." *AP,* https://apnews.com/article/artificial-intelligence-elections-disinformation-chatgpt-bc283e7426402f0b4baa7df280a4c3fd (검색일: 2025.8.27)

"Taylor Swift deepfakes spread online, sparking outrage." *CBS NEWS.* 2024.1.26. https://www.cbsnews.com/news/taylor-swift-deepfakes-online-outrage-artificial-intelligence/ (검색일: 2025.8.27)

"Top 14 AI Security Risks in 2024." *SentinelOne.* 2024.10.29. https://www.sentinelone.com/cybersecurity-101/data-and-ai/ai-security-risks/ (검색일: 2025.8.27)

"Top 7 AI Cybersecurity Stocks to Watch in 2025." *CastleGrowth.* 2025.2.17. https://castlegrowth.co.uk/2025/02/17/top-7-ai-cybersecurity-stocks-to-watch-in-2025/ (검색일: 2025.8.27)

Townsend, Kevin. 2024.9.24. "AI-Generated Malware Found in the Wild." *SECURITYWEEK* https://www.securityweek.com/ai-generated-malware-found-in-the-wild/ (검색일: 2025.8.27)

"What is AI in cybersecurity?" *SOPHOS.* https://www.sophos.com/en-us/cybersecurity-explained/ai-in-cybersecurity (검색일: 2025.8.27)

7 인공지능과 우주안보

정헌주 | 연세대학교

1. 서론

군사적·경제적 가치 창출의 공간으로서 우주의 중요성이 커지고 있다. 이러한 변화는 다양한 우주 행위자가 우주에서의 기술적 우위를 확보하기 위해 첨단기술을 우주 분야에 경쟁적으로 접목하고 있으며, 이를 통해 가치 창출의 속도가 증가하고 범위가 확장되고 있음을 보여준다. 특히 우주공간의 활용이 군사적 우위 및 경제적 성장과 혁신을 위한 중요한 요소로 부상하면서 각국은 첨단기술을 활용해 우주 부문에서 전략적 우위를 차지하기 위해 치열하게 경쟁하고 있다. 인공지능Artificial Intelligence: AI 관련 기술은 이미 다양한 산업과 군사 부문, 일상생활 등에 광범위하게 활용되고 있으며, 이는 단순한 AI 기술의 우위를 차지하기 위한 경쟁을 넘어 플랫폼과 규범 경쟁, 나아가 글로벌 정치의 동학에도 깊은 영향을 끼치고 있으며, 미중 전략경쟁의 핵심 요소로 떠오르고 있다(김상배, 2024; 윤대엽, 2024; 유인태, 2025).

이러한 AI 기술과 이를 둘러싼 경쟁은 우주 영역space domain으로 빠르게 확산되고 있다. 특히, AI는 방대한 양의 우주 기반 데이터space-based, space-derived data

를 처리하고 분석하는 능력을 통해 우주 탐사, 궤도상 서비스, 발사체·우주선 및 인공위성의 자율적 운영, 충돌 방지, 위성항법 및 통신 강화, 우주상황인식space situational awareness: SSA, 우주영역인식space domain awareness: SDA 등 여러 분야에서 중요한 역할을 수행한다. 예를 들어, AI는 우주 임무 수행 중 발생할 수 있는 복잡한 상황을 빠르게 분석하고 자율적으로 대처할 수 있는 능력을 제공함으로써 우주에서의 안전과 안보에 기여할 수 있다. 이렇듯 AI는 우주 관련 기술과 결합되면서 새로운 부가가치를 창출하며, 우주에서의 군사·민간 활동 및 행위자 간 관계를 변화시킬 잠재력을 지니고 있다.

그렇다면, 와해적distruptive 성격을 지닌 것으로 인식되는 AI는 우주경쟁에서 게임체인저가 될 것인가? AI가 우주안보에 미치는 영향은 매우 중대할 것으로 예상되지만, 이들 사이의 다양한 관계를 구체적으로 분석한 연구를 찾기는 매우 어렵다. 특히, AI가 우주안보에 어떠한 영향을 미치고, 반대로 우주안보가 AI에는 어떠한 영향을 미치는지, 또 그 과정에서의 기회와 위험 요소는 무엇인지, AI 기술을 활용하거나 이를 우회하기 위한 (비)의도적 공격에 사전적·사후적으로 대응하기 위한 방안은 무엇인지에 대한 심도 있는 분석이 필요하다. 본 연구는 AI와 우주안보 간의 복잡한 상호작용을 심층적으로 분석하고, 위험 요소 및 이에 대한 대응을 검토한다. 이를 통해 AI 기술이 우주에서 창출하는 새로운 가능성과 함께, 이러한 기술이 안보 위협으로 작용하지 않도록 전략적이고 체계적인 대응의 필요성을 제시한다.

2. 인공지능과 우주 활동

우주공간에서 다양한 활동을 수행하기 위해서는 매우 적대적인 환경에서 다양한 상황을 고려해야 하며, 때로는 치명적인 위험을 감내해야 한다. 특히, 예측하기 어렵거나 복잡한 변수를 동시에 고려해야 하는 상황에서 신속한 의

사결정이 필요할 때 AI는 중요한 역할을 수행할 수 있다. 예를 들면, 우주 관측과 탐사, 발사체 및 위성 제어, 우주물체 인식, 원격탐사remote sensing: RS/지구관측Earth observation: EO 데이터 분석 등에서 AI는 기존 방식보다 신속하고 정확하며, 효율적으로 수행하는 데 기여하고 있다. 이러한 점에서 우주에서의 AI 활용은 더욱 다양해지고 있으며, 기존 활동에 융합되고 있다. AI와 우주안보와의 관계를 살펴보기 전에 우주 데이터를 활용하는 AI, 그리고 우주 시스템과 우주 활동을 위한 AI로 구분하여 살펴보면 다음과 같다.

먼저, 우주 데이터 활용에 기여하는 AI의 역할은 우주 관측·탐사, 데이터 분석 등에서 두드러진다. 먼저, 우주 관측에 있어서 AI는 심우주의 은하계와 성운, 별들의 행동을 관측하고, 블랙홀을 연구하며, 우주의 형태와 특징을 연구하는 데 활용되고 있다(Spindler, 2022.7.15). 또한, 달과 화성 등의 표면을 탐사하는 로버의 경우, 머신러닝 알고리즘을 통해 지형을 파악하고, 중요한 정보를 식별하며, 이를 선별하여 지구로 보냄으로써 활동의 지속성을 제고하고 있다(Marr, 2023.4.10).

나아가 우주, 특히 궤도상에서 생성되는 다양한 데이터—우주물체 및 지구관측 등—를 빠르게 분석하고 다양한 가치를 창출하는 데에도 AI는 중요한 역할을 수행한다. 예를 들면, 미국 항공우주국NASA은 수십 년간 축적된 원격탐사, 지구관측 데이터를 기반으로 AI와 머신러닝을 통해서 인간이 식별하기 어려운 패턴을 빠르고 효율적으로 찾는 연구를 진행해 오고 있다. 이를 통해서 허리케인의 움직임과 강도를 예측함으로써 재난 예방 및 대응에 기여하고 있다.[1]

AI는 발사체, 위성체를 제어하는 등 우주 시스템의 제작 및 운영 활동과도 연계된다. 즉, 우주 시스템에서의 AIAI in space systems 역시 큰 변화가 발생하고 있다. 우주 시스템은 발사 부문, 우주 부문, 지상 부문, 사용자 부문, 업·다운

1 NASA, "Earth Observation Data and Artificial Intelligence", https://www.earthdata.nasa.gov/learn/earth-observation-data-basics/artificial-intelligence#toc-ai-in-action (검색일: 2025.3.5)

그림 7-1 NASA의 딥러닝 기반 허리케인 강도 예측 프로그램

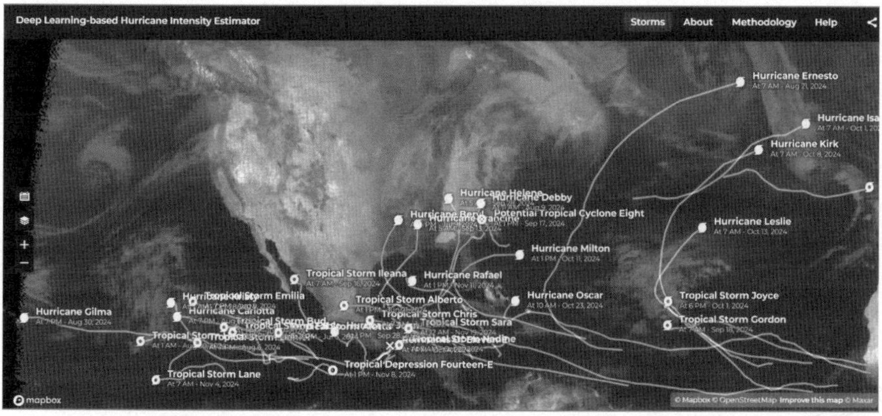

자료: NASA(https://impact.earthdata.nasa.gov/hurricane/)

링크로 구성되는데, 각 부문segment에서 AI의 활용도와 중요성은 점차 커지고 있다. 첫째, AI 기술은 발사 시스템launch segment을 제어하는 데 중요한 역할을 수행한다. 우주 발사체가 발사된 후 도달 지점까지 성공적으로 이동하기 위해서는 다양한 변수들—대기 환경, 엔진 운용, 연료 사용, 자세 제어 등—을 고려해야 한다. 때로는 다양한 원인으로 인해서 지상 부문ground segment(기지국 등)의 통제가 불가능한 경우가 발생하며, 이를 위해 AI가 활용되고 있다. 예를 들면, 발사체의 발사와 착륙 시 엔진과 랜딩기어를 자동으로 통제하는 데 AI가 활용되고 있다. 실제로 스페이스XSpaceX는 발사에서부터 국제우주정거장International Space Stations: ISS 도킹까지 발사체가 이동하는 데에 AI를 활용한 시스템AI-powered auto-pilot system을 운용하고 있다.

둘째, 우주 부문space segment에도 AI가 빠르게 통합되고 있다. AI는 태양전지판과 배터리 저장, 전력 사용을 최적화함으로써 탑재체(지구관측, 통신 등) 기능을 증강시킬 수 있다. 또한, 다양한 우주물체, 특히 우주잔해space debris를 회피하고, 원래 궤도로 재진입하는 기동을 최적화하는 등 우주 부문의 안전과 안보에 기여하고 있다. 예측하기 어려운 우주 환경에서 위성의 안전을 위해서는 지

상에서의 통제보다는 자율적인 시스템이 보다 빠르고 효과적일 수 있다는 점에서 AI 기술이 위성에 탑재되고 있다. 일례로 영국우주국UK Space Agency은 AI를 활용하여 우주물체를 감시하여 회피하고, 자율적으로 우주잔해를 제거하는 위성체를 개발할 계획을 밝혔다(UK Government, 2022.1.31).

또한, 지구관측/감시정찰 위성 등에서 생성되는 막대한 양의 데이터를 우주부문에 탑재된 AI 알고리즘을 통해 즉각 분석하고, 선별 및 가공한 후 꼭 필요한 데이터만을 지상으로 내려보내기 위해 AI를 활용하고 있다. 특히, 우주 데이터의 양이 폭발적으로 증가함에 따라 이를 사람이 효과적으로 분석하는 것은 갈수록 어려워지고 있다. 2024년 11월 현재 약 1,052개의 지구관측 위성이 작동 중이며, 이를 통해 매일 100페타바이트(1억 기가바이트) 이상의 데이터가 생성되고 있다(Bathers, 2023.5.8). 이러한 막대한 양의 데이터를 그대로 지상으로 전송하기보다는 꼭 필요한 정보만을 지상에 전송함으로써 시간을 절약하고, 용량의 제한이 있는 다운링크의 효율성과 데이터 활용의 적시성을 제고할 수 있다(정헌주, 2024a). 예를 들면, AI 기술을 활용하여 저해상도 지구관측 데이터를 가공하는 과정에서 중요한 지점에 변화가 발생한다면, AI가 자율적으로 이 지점에 대한 고해상도 이미지를 촬영하도록 할 수 있으며, 이를 통해서 지구관측 위성을 보다 효율적으로 활용할 수 있다(Ben-Itzhak, 2024: 14).

위성통신에도 AI는 중요한 역할을 수행한다. 가혹한 환경인 우주 공간은 통신을 방해하는 다양한 요소로 가득 차 있다. 특히 전파 이동 경로가 긴 위성통신의 경우, 안테나 어레이를 활용하여 지상에 빔을 조향하여 서비스를 제공하는데, 통신 수요가 높거나 필요한 곳으로 전자기파 신호를 집중하는 기술인 빔호핑beam hopping의 효율성을 높이는 데 딥러닝이나 강화 학습이 활용되고 있다(정병창·김남이, 2023: 575~578). 이 외에도 전파 방해·간섭 대응, 통신 트래픽 예측, 신호 최적화, 이상 신호 탐지 등에 AI가 활용되고 있다(Ben-Itzhak, 2024: 14~15).

셋째, 지상 및 사용자 부문에서는 앞서 설명한 NASA의 사례처럼 다양한 AI

표 7-1 우주영역인식 임무 효과성 향상을 위한 요소

우주영역인식 기능	설명	핵심 지원 요소
탐지·추적·식별 (D/T/ID)	• 우주물체를 탐색·발견·추적하는 관측 기반 기능 • 궤도상 우주물체(RSO)를 임무 유형에 따라 분류	• 더 많은 객체 관측 가능 • 향상된 추적 능력 • 빠른 식별 능력
특성감별 (characterization)	• 센서 정보를 통합하여 우주물체의 특성과 운용을 파악 • 우주 작전을 지원하며 위협을 평가	• 데이터 통합 및 활용 개선 • 신속한 분석
위협 경고 및 평가	• 우주 작전에 대한 잠재적 위협을 평가 • 동 위협이 우주물체 임무 및 효과를 가져오는 능력에 미치는 영향을 분석	• 이상 탐지 향상 • 분석 능력 개선 • 데이터 통합 및 활용 향상
데이터 통합 및 활용	• 의사결정을 지원하기 위해 여러 데이터 소스를 통합하고 분석 • 더 높은 신뢰성과 조기 예측을 제공	• 빠른 통합 및 활용 • 데이터 품질 및 신뢰도 향상

자료: Zhang et al. (2024: 7)

기술을 활용하여 우주에서 전송되는 데이터를 분석하고, 의사결정을 지원하거나, 또는 AI가 직접 결정을 내릴 수도 있다. 또한 지상에서 우주를 관측하는 데이터를 AI 기술을 활용하여 분석함으로써 우주상황인식 및 우주영역인식을 제고할 수 있다. 특히 우주영역인식과 관련된 각 단계에서 AI는 매우 중요한 역할을 수행할 수 있다. 우주영역인식SDA은 궤도상 우주물체의 탐지·추적·식별detect, track, identify, D/T/ID, 특성감별characterization, 위협 평가와 경고, 데이터 통합·이용 등의 기능이 통합되어 있다(Zhang et al., 2024: 7).

AI와 머신러닝은 이러한 SDA 기능을 자동화하고 강화하여 신속한 임무 수행을 가능케 한다. 예를 들면, 효과적인 우주영역인식을 위해서는 다수의 센서를 보정하고 재배치하는 등의 작업이 필요한데, 이러한 보정이 필요한 시기를 결정하고, 필요한 보정을 수행하며, 궤도상 우주물체를 추적 불가능한 상태가 되지 않도록 지원하는 데 AI 기술이 활용될 수 있다. 또한, AI를 활용하여 궤도상 물체를 구분하고, 새로운 관측 및 예측 방법을 개발할 수 있다. 무엇보다 AI 기반 신경망을 통해서 빠른 시간 내에 충돌 평가를 수행하고, 궤도를 결정orbit determination하는 것이 가능하다(Zhang et al., 2024: 14~23).

물론 2025년 현재 위성체에 탑재된 AI 기술은 제한적이다. 아직 밝혀지지 않은 다양한 우주 환경에 관한 학습 데이터가 부족하여, AI를 활용하여 수행할 우주 활동에 특화된 심층신경망을 훈련시키고, 성능을 입증하기가 매우 어렵다는 한계가 있기 때문이다. 또한, 우주 등급 방사선 경화radiation-hardened 프로세서 성능의 한계, 제한된 전력, 온도 조절 제한 등으로 인해 최신 AI 기술을 활용하기 어렵다는 점을 고려할 필요가 있다(Goodwill et al., 2024; William et al., 2025). 그럼에도 불구하고, AI는 지상에서의 우주 및 지구관측 데이터 분석뿐만 아니라 우주 발사체와 위성체 제어, 온보드 AI 시스템을 활용한 데이터 전가공과 분석, 통신 최적화, 우주상황인식과 우주교통관제 등 다양한 영역에서 우주 활동의 패러다임을 변화시키고 있다.

3. 인공지능과 우주안보의 동학

앞서 살펴보았듯이 우주 활동에 AI를 융합하는 것은 과학적·상업적 가치를 제고하며, 우주 활동의 장기지속가능성long-term sustainability: LTS에 기여하고 있다. 동시에 인공지능과 우주 활동의 결합은 매우 중요한 군사안보적인 가치를 창출하고 있다. 이는 물론 민군겸용기술dual-use technology이라는 우주기술의 특징에서 비롯되기도 하지만, 우주에서의 안전과 안보를 구분하기 어려워진 현재의 상황과도 맞물려 있다.[2] AI와 우주안보와의 관계를 좀 더 체계적으로 이해하기 위해 '우주 안보를 위한 AI'와 'AI를 위한 우주안보'로 구분하여 살펴볼 필요가 있다.

2 우주안보의 정의 및 우주 안전과의 차이점에 대해서는 다음을 참조(정헌주, 2025).

1) 우주안보를 위한 인공지능(AI for space security)

‘우주안보를 위한 AI’는 다양한 우주 시스템과 구성 요소에 대한 의도적 위협과 자연적 위험을 식별·분류·추적·감시하고 이에 운동적·비운동적 방식 등으로 대응하는 것에 AI를 활용하는 것을 의미한다. 첫째, AI는 위성, 우주잔해, 그리고 지상·해상·공중에 위치한 물체들을 식별하고 분류하여, 이들이 가하는 위협과 위험에 따라 추적 및 감시하는 데 중요한 역할을 한다. 예를 들어, 스페이스X 등 우주 기업들은 AI를 활용하여 충돌을 회피하는 시스템을 운영하고 있다.

보다 적극적으로 AI를 활용하는 예는 미국 국방고등연구계획국Defense Advanced Research Projects Agency: DARPA이 추진하는 스파이위성 감시 프로젝트이다. 2025년 현재, 다수의 우주 행위자—아마존Amazon, 원웹OneWeb, 텔레샛Telesat, 중국 궈왕Guowang(國網) 등—가 거대위성군mega constellation을 운영하려는 계획을 수립하여 실행하고 있다. 이러한 맥락에서 DARPA는 위성군에서 변칙적인 행동, 즉 오작동하거나 잠재적으로 악의적 목적으로 움직이는 위성을 식별하는 데 AI를 활용하는 프로젝트를 발주했다(Albon, 2024.6.5). 동 프로젝트에 참여하는 슬링샷 에어로스페이스Slingshot Aerospace는 우주 행위자들의 정책이나 행동의 의도를 설명하기 위해 60년의 기간에 해당하는 거대위성군 시뮬레이션 데이터를 구축하여 역강화 학습inverse reinforcement learning: IRL 기술 등을 융합하고 있다(CDO Magazine Burea, 2024.6.12). “에이전트의 행동 이력을 통해서 그 행동을 설명하는 보상함수를 구하는 알고리즘”으로 정의되는 역강화 학습은 복잡한 환경에서 왜 그러한 행동을 했는지를 추정하는 기법이다(이상광 외, 2019). 최근 AI를 활용한 우주교통관제space traffic management: STM에 대한 연구와 상업적 서비스는 AI가 위성 및 우주잔해와의 충돌 가능성 분석 및 예측, 선제적 충돌 회피와 최적의 궤도 재진입 등에 기여할 수 있음을 밝히고 있다(Manfletti et al., 2023).[3] 즉, 우주 환경이 복잡해질수록 AI는 다양한 센서와 데이터를 활용하여 위협을 감지하고, 의도를 파악하며, 예측하는 등 우주상황인식과 우주영역인식 역량 강화에 중요한 역할을 수행한다.

AI와 우주안보의 결합은 전통적인 미사일방어체계에도 커다란 변화를 불러올 것으로 예상된다. 2025년 1월 20일 두 번째 임기를 시작한 미국의 트럼프 대통령은 취임한 지 일주일째 되는 1월 27일, 차세대 미사일방어체계를 구축하는 내용을 담은 행정명령 'The Iron Dome for America'(이후 '골든돔Golden Dome'으로 명칭 변경)에 서명했다. 이 행정명령에서 트럼프 대통령은 기존의 미사일방어체계가 불량국가의 위협 및 우발적이거나 승인되지 않은 미사일 발사에 대한 대응에 초점을 두었다면, 새로운 체계는 미국과 동등하거나 근접한 역량을 갖춘 적국에 의한 탄도미사일, 초음속미사일, 첨단 순항미사일, 차세대 공중 공격으로부터의 방어가 필요함을 강조하면서, 다양한 우주 기반 센서와 다수의 분산된 요격체proliferated space-based interceptors를 개발하고 배치할 것을 지시했다(U.S. White House, 2025.1.27).

특히 발사 전前 단계 및 부스트 단계에서 공격자의 다양한 종류의 미사일을 파괴하기 위해서는 엄청난 규모의 센서로부터 실시간 데이터를 확보하고 이를 분석하고, 위협을 식별하고, 적절한 무기체계를 선별하여 결심해야 한다. 한 연구에 따르면, 연소시간이 약 170초인 고체연료 대륙간탄도미사일 10발의 일제 사격에 대응하기 위해서는 약 1만 6,000개의 요격기 위성군(부스트 단계)이 필요한데(Grego, 2025), 짧은 시간에 많은 요격기를 통제하기 위해서는 AI가 필수적이다. 이러한 다양한 행동 간의 조정과 협력은 매우 정확하고 신속하게 이루어져야 하는데 이를 위해서는 AI와 머신러닝이 매우 중요하다는 점은 이미 인식되고 있다.[4] 나아가, 이론적으로 우주 기반 인터셉터는 지상의

3 상업적 서비스는 뉴라스페이스(Neuraspace) 등이 제공하고 있다(https://www.neuraspace.com/neuraspace-platform).

4 실제로 미 육군은 '골든돔(Golden Dome)'을 운영하기 위해 인간 개입을 줄이고 AI 기술을 활용하

그림 7-2 미국의 'Golden Dome for America' 가상도

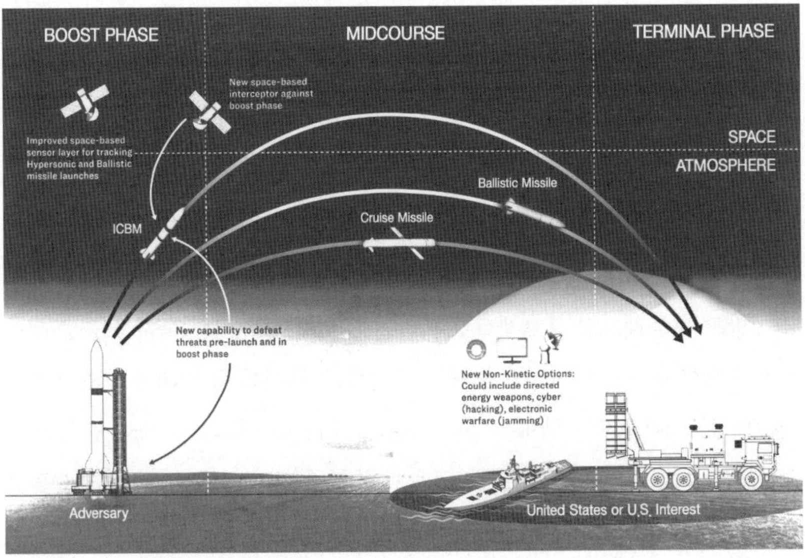

자료: *The Epoch Times*(2025.2.17)

표적뿐만 아니라 궤도상에 있는 위성 등을 파괴하는 데 활용될 수 있다는 점에서 기존의 지상 기반 미사일방어체계와는 차별적이며, 이는 우주안보의 향방에도 중요한 영향을 미칠 것이다.[5]

둘째, AI는 우주작전 및 지상·해상 작전을 수행하는 데 활용됨으로써 우주안보 및 더 넓은 의미에서의 안보에 기여할 수 있다. AI는 군사적 의사결정과 대응 과정을 의미하는 OODA 루프Observe-Orient-Decide-Act Loop의 각 단계에 통합되어, 의사결정을 보조하거나 이를 자율적으로 수행하는 데 활용될 수 있다. AI에 의해 향상된 OODA 루프는 우주작전뿐만 아니라 지상·해상 작전에서도

여 자율성을 높이는 방안을 찾고 있는 것으로 보도되었다(Judson, 2025.3.29; Erwin, 2025.3.13).

5 미국의 골든돔이 불필요하고, 과도한 비용이 발생하며, 오히려 새로운 군비경쟁을 야기할 수 있다는 비판도 있다(Vergano, 2025.2.19).

신속하고 정확한 대응을 가능하게 한다. 특히, AI는 복잡한 상황에서 수집된 데이터를 분석하고 최적의 대응 방안을 제시함으로써, 군사작전의 효율성을 높이고 위험을 줄이는 데 기여할 수 있다. 즉, AI를 활용하여 우주 기반 데이터를 분석·가공함으로써 위협을 식별하고 대응하는 것이다.

대표적으로 미국 국방부가 추진하는 프로젝트 메이븐Project Maven은 이러한 우주 기반 데이터와 AI를 결합하여 위협을 식별하고 작전 지휘관의 결정을 돕는 등 안보적 가치를 창출하고 있다.[6] 2017년 AI를 군사적으로 활용하기 위한 미 국방부의 플래그십 프로젝트로 시작한 프로젝트 메이븐은 지상·공중·위성 등을 통해서 수집된 이미지와 동영상, 오픈소스 데이터 등 막대한 양의 데이터를 '메이븐 스마트 시스템Maven Smart System'이라는 AI 시스템을 통해 분석하여, 관심 포인트point of interest를 감지하고 추적하며, 위협 요소를 파악하는 데 활용되고 있다. 2022년 2월 러시아-우크라이나 전쟁 발발 이후 메이븐 스마트 시스템이 독일 주둔지에 배치되었고, 이를 통해 우크라이나 군에게 러시아 군의 장비에 관한 위치 정보가 제공된 것으로 보도되었다(Manson, 2024.2.28).[7] 이렇듯 AI는 우주작전의 성공 가능성을 높이는 한편, 우주 환경에서 발생할 수 있는 다양한 위협에 더 효과적으로 대응할 수 있는 능력을 제공하면서, 우주안보에서 매우 중요한 요소로 부상하고 있다.

2) 인공지능을 위한 우주안보(space security for AI)

AI의 발전과 활용은 우주에서 생성되는 다양한 데이터와 긴밀하게 연계되어 있다. 즉, 우주에서의 활동과 데이터 수집이 AI 기술의 성능을 향상시키는

6 프로젝트 메이븐의 공식 명칭은 'Algorithmic Warfare Cross-Functional Team'이다.

7 러시아-우크라이나 전쟁에서 메이븐 스마트 시스템의 제한적 역할에 대해서는 다음을 참조(Sanger, 2024.4.25).

데 중요한 역할을 하며, 이를 통해 AI는 보다 효율적이고 정확한 결과를 도출할 수 있게 된다. 따라서 우주에서의 안전과 안보는 AI 기술 발전에서 중요한 요소로 작용한다는 점에서 '인공지능을 위한 우주안보' 역시 살펴보아야 한다.

첫째, AI의 성능은 방대한 양의 고품질 데이터를 기반으로 학습하는 과정에서 크게 향상되는데, 우주는 이러한 데이터를 제공하는 중요한 원천이다. 특히 지구관측 위성들은 날씨, 기후 변화, 자연재해, 지형 변화, 해상 영역, 산림 등 지상과 공중에서 발생하는 현상과 관련된 다양한 데이터 및 건물, 부대시설, 탱크, 이동형 발사대, 항공모함, 군함, 전투기, 수송기 등과 관련된 정보를 수집하며, 이러한 데이터는 다른 데이터(신호, 오픈소스, 공간·지리 등)와 결합되어 AI 모델을 훈련시키는 데 활용된다. 예를 들어, 기후 변화 예측, 재난관리와 같은 분야에서 AI는 위성으로부터 수집된 데이터에 의존하여 더 나은 의사결정과 대응책을 제시할 수 있다. 따라서, 우주공간이 안전하고 안정적으로 유지될 때, AI가 활용할 수 있는 고품질 데이터가 지속적으로 제공될 수 있으며, 이는 AI의 발전을 가속화하는 중요한 요소로 작용한다.

둘째, AI 기술이 글로벌 차원에서 원활하게 활용되려면 끊김 없는seamless 네트워크 환경이 필수적이다. 우주 기반 통신 서비스는 이러한 네트워크를 제공하는 중요한 역할을 한다. 특히 위치·항법·시각positioning, navigation, timing: PNT 서비스와 통신 네트워크는 지구의 다양한 지역에서 데이터를 실시간으로 주고받을 수 있는 환경을 제공하며, 이는 AI 시스템 작동의 인프라 기반이 된다. 우주 기반 통신 네트워크는 AI가 필요로 하는 대규모 데이터의 전송과 분석을 가능하게 하며, 특히 원격지 또는 인프라가 부족한 지역에서도 AI 기술이 활용될 수 있도록 지원한다. 예를 들어, 자율주행 차량, 원격의료, 사물인터넷Internet of Things: IoT, 만물인터넷Internet of Everything: IoE 관련 분야에서 활용되는 AI를 위해서는 우주 기술과 우주안보가 매우 중요하다.

정리하자면, AI는 우주안보 강화와 우주·지상 작전의 효율성 제고에 핵심적인 역할을 하고 있다. AI는 위성, 우주잔해, 지상·해상·공중 객체를 식별·분류·

추적·감시함으로써 위협을 체계적으로 관리하며, 스페이스XSpaceX의 충돌회피 시스템과 DARPA의 스파이위성 감시 프로젝트와 같이 다양한 분야에서 적극적으로 활용되고 있다. 특히 역강화 학습과 같은 기법은 거대위성군 내 이상행동 탐지 및 의도 분석을 가능하게 하고, AI 기반 우주교통관제STM는 충돌 위험 예측과 궤도 최적화를 통해 우주상황인식SSA 및 우주영역인식SDA 능력을 강화하고 있다. 더불어, 미국의 '골든돔Golden Dome'과 같은 차세대 미사일방어체계에서도 AI는 실시간 위협 분석과 요격체 통제에 필수적인 기술로 채택될 것으로 전망된다. 아울러, 고품질 지구관측 데이터와 우주 기반 통신·항법 서비스는 AI의 발전을 가속화하는 데 기여하며, 이에 따라 AI와 우주안보는 상호보완적 관계를 형성하면서 미래 안보 환경의 핵심축으로 부상하고 있다.

4. 인공지능과 우주안보: 다양한 위협과 대응

AI와 우주안보는 항상 긍정적 효과만을 가져오지는 않는다. 오히려 AI 기술이 우주안보를 위협하기도 하고, 우주안보의 부재가 AI 기술에 부정적 영향을 미칠 수 있다. 특히, AI 기술과 관련된 위험과 위협은 해당 기술을 활용한 우주안보를 심각하게 저해할 수 있다.

1) 우주안보에 미치는 인공지능의 부정적 영향

AI가 우주안보에 미치는 부정적 영향은 크게 세 가지로 구분할 수 있다. 첫째, AI 알고리즘에 내재된 자체 취약성으로 인한 비의도적 위험과 이로 인한 안보 위협이다. 둘째, 악의적 행위자가 AI와 머신러닝 등의 알고리즘에 직접적으로 영향을 미침으로써 우주안보를 위협하는 것이다. 셋째, AI를 활용하여 우주 작전·전술 계획을 세우거나, 해킹 등으로 위성이나 우주 데이터에 대한 통제권을 장악함으로써 우주안보를 위협하는 것이다. 이를 구체적으로 살펴보면 다음과 같다.

첫째, 우주 부문, 즉 위성에 탑재된 AI 기술이 때로는 위협의 원천이 될 수 있다. 특히 지상 부문과의 교신이 끊기는 상황이 발생할 때를 대비하거나 기존의 학습 데이터가 부족한 새로운 미션을 수행할 때는 높은 수준의 자율성이 요구되는 AI 기술을 탑재할 수 있다. 이 경우, 위성의 활동을 모니터링하여 오류나 비정상적 상태를 식별하고 이에 대응하는 것은 매우 중요하다. 우주 시스템의 특성상 시스템이 정상적으로 작동하는지를 확인하기 위해서는 지상국에서 이를 확인하고 통제하기 어려운 상황이 발생할 수 있어서 미리 프로그램된 방식으로 진단하고 대응한다. 그럼에도 불구하고, 이러한 전통적 방식은 운영자에 의해서 미리 식별되지 않은 새로운 오류나 예상치 못한 비정상적 상황에 대처하기는 어렵다는 점에서 AI가 활용되고 있다. 하지만, AI, 특히 생성형 AI의 경우, 때로는 신뢰하기 힘든 비상식적인 결과물 또는 환각적hallucinatory 행태가 도출될 수 있다. 또한, 만약 탑재된 AI 프로그램에 의해서 시스템 오류나 비정상적 작동이 포착되지 않거나, 정상적 활동이 비정상적으로 인식되어 과도한 대응이 발생한다면, 이러한 높은 수준의 자율성은 오히려 위험을 초래할 수 있게 되며, 우주안보에 부정적 영향을 미칠 가능성이 있다(Breda et al., 2022).

둘째, AI 알고리즘 및 학습 과정의 취약성을 악용하는 행위자로 인해 우주안보가 위협받을 수 있다. 특히, 지구관측, 우주상황인식SSA, 우주영역인식SDA에 AI와 머신러닝을 활용하고 그 효용성이 높아질수록 이를 적대적으로 공격할 가능성이 커진다. 현재 머신러닝의 학습 과정에서 취약성을 공격하는 다양한 방법들과 사례들이 존재한다(윤정현, 2024: 157~159). 여기에는 학습 데이터를 추출하는 공격(전도 공격inversion attack or data-extraction attack), 의도적으로 잘못된 학습 데이터를 주입하여 머신러닝 모델에 부정적 영향을 미치는 공격(오염 공격poisoning attack), 입력될 데이터에 약간의 변화를 통해서 머신러닝 모델을 속이는 공격(회피 공격evasion attack), 머신러닝 모델을 추출하는 공격(모델 추출 공격

model extracton attack) 등이 포함된다.[8]

이 중에서도 오염 공격이나 회피 공격 등의 방식은 AI를 활용하거나 의지하는 우주 활동에 부정적 영향을 미침으로써 우주안보를 위협할 수 있다(Weber and Franke, 2024). 먼저, 인공위성에 탑재된 센서에 영향을 미침으로써 오작동을 유발하는 공격이다. 즉, 공격자가 광학 센서나 자세제어 센서 등에 노이즈를 가함으로써 자신의 활동을 감추거나, 존재하지 않은 활동을 마치 발생한 것처럼 유도하는 것이다. 또한, 공격자는 의도적으로 잘못된 데이터를 지속적으로 주입하여 모델을 오염시킬 수 있다. 이러한 데이터 오염은 군사작전, 재난대응, 기후 예측 등의 분야에서 잘못된 결정을 유발할 수 있어 큰 혼란을 초래할 수 있다. 나아가, '위장camouflage 공격'으로도 불리는 회피 공격은 특히 우주 기반 원격감시, 감시정찰과 관련된 위협이다. AI 시스템은 일반적으로 신경망을 활용하는 고해상도의 이미지를 작게 축소한 입력값을 기반으로 작동하는데, 이러한 전처리pre-processing 과정에서 축소된 이미지가 실제 이미지와 다르게 AI 시스템에서 인식되도록 하는 방식으로 혼동을 주는 것이다. 예를 들면, 특정한 무기체계(예: 이동형 발사대)에 특정 패턴을 칠하여 일반 차량으로 인식되게 하거나, 역으로 일반 차량이 특정한 무기체계로 인식되게 함으로써 오인과 오판을 유도할 수 있다. 여기에는 우주 영역에서의 우주상황인식과 우주영역인식에 활용되는 AI 기술을 기만하고 속이는 방식 역시 포함된다. 즉, 작동하지 않는 위성 혹은 파괴된 위성처럼 위장한 '지능형 우주쓰레기smart space junk'나 민간 통신위성 혹은 과학위성에 군사용 소형 위성을 탑재한 '우주 항공모함' 등으로 머신러닝 모델을 속일 수 있다(Rowlands, 2019.7.6).

이렇듯 AI를 활용한 우주 활동이 위협받을 가능성이 존재하며, 이는 특히 군사적 의사결정 과정에서 매우 치명적일 수 있다. AI 기반 우주 시스템이 지

8 다양한 공격 방식과 용어는 다음을 참조(Vassilev et al., 2024).

속적으로 편향적이거나 부정확한 데이터를 제공받을 경우, OODA 루프의 '지향orient' 단계에 영향을 미쳐 잘못된 결정을 내릴 위험이 발생한다. 최근 러시아-우크라이나 전쟁에서 양국은 다양한 가짜 무기decoy를 활용하여 감시정찰위성을 기만하고 상대측의 고가치 무기체계를 소진시키기 위해 노력하였다. 앞으로 이러한 노력이 지속되고 고도화된다면, AI가 특정 상황에서 특정 유형의 위협만을 우선시하거나, 데이터세트가 특정 위협을 과소평가하거나 과대평가하는 경우, OODA 루프의 지향과 결심에 부정적 영향을 미칠 수 있다. 또한, AI는 대규모 데이터를 처리하는 데 강력한 도구이지만, 중요한 정보를 놓칠 가능성도 존재한다. 특히 다중 출처에서 수집된 정보가 일관성이 없거나 상충할 때, AI는 특정 정보를 무시하거나 잘못된 결론을 도출할 수 있다. 예를 들어, 적국의 의도를 파악하는 과정에서 특정 신호나 데이터를 무시할 경우, 적절한 대응 조치를 취하지 못하는 상황이 발생할 수 있다.

더욱 중요한 점은 AI의 처리 속도가 인간보다 훨씬 빠르기 때문에, OODA 루프가 지나치게 빠르게 진행될 경우 의도치 않은 결과가 도출될 가능성을 배제할 수 없다는 것이다. 특히 매우 신속한 결정이 필요한 경우, AI는 오히려 전체적 상황에 대한 면밀한 분석과 행동의 결과에 대한 신중한 판단을 방해할 수 있다. 예를 들어, 적국의 동향을 감시하는 과정에서 AI가 지나치게 빠른 결론을 내리면, 실제로는 위협이 아닌 상황에서 오히려 불필요한 군사적 충돌을 초래할 수 있다. 아직 기우에 불과할 수 있지만, 자율성이 높은 AI 프로그램이 자신이 탑재된 위성체를 보호하기 위해서 인간 운영자의 통제에 반해 오히려 인간을 공격할 가능성을 공상과학영화 속 상상으로 치부할 수 없는 시기가 도래할 수 있다.

이는 보다 근본적으로는 자율적인 의사결정을 수행하는 AI와 관련된 법적·윤리적 문제와 연결된다. 인간이 개입하지 않는 완전 자율적인 시스템human-out-of-the-loop이 위성체나 발사체의 안전에 매우 중요한 결정을 내린다면, 그 결정의 결과에 대한 법적·도덕적·경제적 책임과 보상을 누가 질 것인가라는 문제이다. 특히, 우주안보를 위협하는 상황에 대처하기 위해서는 신속한 대응·반응 시간이 매우 사활적이며, 인간의 감시·관리·통제가 제한적인 경우가 불가피할 수 있다. 예를 들어, 미국이 추진하고 있는 차세대 미사일방어시스템 Golden Dome for America에서는 부스트 단계에서 우주 기반 요격을 고려하고 있는데, 요격 결정을 내리는 데 인간이 개입할 수 있는 시간은 불과 수십 초에 불과할 수 있다. 만약 잠재적 적국이 미국의 의도와 역량을 시험하거나 우주 기반 요격체를 소진시킬 목적으로 더미 미사일을 발사하거나, 또는 테스트를 위해 미사일을 발사할 경우, AI가 이를 식별하기란 쉽지 않을 것이다. 만약 이러한 과정에서 부수적 피해가 발생하거나, 군사적 긴장이 상승하여 본격적인 무력분쟁이 발생할 경우, AI 알고리즘 개발자, 운용자, 의사결정권자 등의 책임 소재 문제는 결코 쉽게 해결될 문제가 아니다.

마지막으로, AI 기술은 다양한 보안 시스템을 회피할 수 있는 멀웨어를 개발하는 데 악용되거나, 우주안보를 위협하는 전략과 전술을 수립하기 위해 활용될 수 있다. 먼저, AI 기술을 활용하여 우주 공간에서의 다양한 공격 시나리오를 생성하고 실제로 활용할 수 있다. 한 보도에 따르면, 중국 과학자들이 AI 기술을 활용한 시뮬레이션을 통해 12시간 이내에 99개의 중국 위성을 1,400개의 스타링크 위성에 근접하도록 기동하여 레이저나 마이크로파를 통해서 스타링크의 기능을 방해할 수 있다는 연구 결과를 발표했다(Chen, 2025.1.12). AI 기술이 우주상황인식과 우주교통관제에 활용될 수 있다는 점은 동일한 기술이 공격적 목적을 위해서 쓰일 수도 있음을 의미한다. 즉, AI를 활용하여 잠재적 적국 위성의 기능과 행동 패턴, 의도를 파악한다면, 필요시 이러한 위성을 무력화하기 위해 다양한 무기체계(운동성, 비운동성, 전자적)와 사이버 작전을 최적으로 조합하는 데 기여할 수 있다.

또한, AI를 활용한 멀웨어가 기존 보안 시스템을 우회하고 우주 시스템에 침투하여 위성에 대한 통제권을 탈취하는 등 우주 부문을 포함한 우주 시스템과 이를 기반으로 한 우주 서비스에 심각한 위협을 가할 가능성은 점차 증가하고 있다. 이는 공격자가 위성을 임의로 조종하거나, 임무 수행을 방해하는 등의 행위를 가능하게 한다. 예를 들어, 군사위성이나 통신위성이 이러한 공격을 받는다면, 국가안보와 경제적 가치에 심각한 영향을 미칠 수 있다. 만약, 위성 통제권이 탈취된다면, 위성 자체가 하나의 운동성kinetic 무기체계로 변환될 가능성 역시 배제할 수 없다. 또한, AI를 활용한 멀웨어는 위성에서 수집된 데이터를 탈취하여 민감한 정보에 접근할 수 있으며, 이를 통해 기밀정보가 유출될 위험이 있다. 위성은 지구관측, 통신, PNT 등 중요한 데이터를 수집·생성하고 전송하는 역할을 담당하는데, 이러한 데이터의 탈취는 단순하게 유출된 정보 자체의 문제가 아니라, 피해를 입은 행위자의 의도와 역량이 파악될 수 있다는 점에서 때로는 치명적일 수 있다.

이러한 위험성은 뉴스페이스 시대에 더욱 확대되고 가속화될 수 있다. 우주에서 창출되는 경제적 가치가 증대함에 따라 다양한 민간 행위자—기업, 대학, 연구소 등—는 시장을 선점하기 위해서 고비용·고성능의 고가치 위성보다는 저비용·적정 성능의 소모성 위성을 다수 활용하는 전략을 취하고 있다(정헌주, 2024b: 32). 비용을 절감하고, 위험을 감수하고자 하는 민간 행위자가 보안과 안전보다는 새로운 AI 기술을 테스트하고 실용화하는 데 더 초점을 둔다면 이러한 민간 행위자의 우주 시스템은 오히려 새로운 위험 요소로 부상할 가능성이 크다.

2) 인공지능의 부정적 영향에 대한 대응

AI와 관련된 이러한 다양한 위험과 위협으로 인해 우주안보가 저해받고 있지만, 이에 어떻게 대응할 것인가에 대한 논의도 이루어지고 있다. 이러한 대응은 크게 사전적 대응과 사후적 대응으로 나눠볼 수 있다. 사전적 대응 방안은 다시 기술적 측면과 규제적·규범적 측면으로 나뉜다. 먼저 기술적 측면에서는 다양한 방식으로 AI 알고리즘의 오류를 방지하고 취약성을 보완하려는 움직임이 전개되고 있다. 예를 들면, 적대적 훈련, 즉 머신러닝의 훈련 단계에서 다양한 오류, 오염된 데이터를 의도적으로 입력함으로써 선제적으로 대응하는 방식이나 모델을 추론하거나 데이터를 추출하는 공격을 막기 위하여 학습 모델의 결괏값을 분석하기 어렵게 변환하여 제시하는 방식으로 대응할 수 있다. 사이버 공격을 완화하기 위한 제로트러스트zero trust 아키텍처 도입 등도 이러한 방식에 포함된다.

규제적·규범적 측면에서는 민간 행위자를 포함한 다양한 행위자 간 파트너십을 통해 온보드 AI 기술 표준을 설정하고, 규제를 강화하는 방식 등이 고려될 수 있다. 현재 민간기업은 기존의 다양한 데이터를 기반으로 혁신적인 AI 모델을 발전시키고 있다. 특히, 민간기업이 우주에 진출하면서 자신들이 생성한 우주 데이터를 활용하여 다양한 AI 알고리즘을 통해 경제적 가치를 창출하고 있다. 빠르게 증가하는 민간기업의 우주 데이터는 기본적으로 경제적 가치 창출이 목적이지만, 우주안보를 위한 데이터는 여전히 국가안보의 영역으로 남아 있다. 따라서 우주영역인식 등 군사안보적 목적의 우주 데이터와 특정 지역(잠재적 적국)에 대한 정밀한 지구관측 데이터, 정밀 PNT 데이터 등은 정부(외교, 안보, 국방)가 생성하고 관리·통제하고 있다. 이러한 데이터를 활용하는 AI 역량은 민간이 앞서고 있다는 점에서 우주안보와 AI의 융합을 위한 민·관 파트너십은 매우 중요하다. 중요한 점은 민간 부문이 높은 AI 역량을 보유하고 있지만, 상대적으로 보안은 취약하다는 점에서 민감한 우주 데이터에 대한 높은 수준의 보안을 유지하는 안전하고 안정적인 민·관 파트너십 구축이 필요하다는 것이다.

나아가, AI 기술에 내재된 위험성을 최소화하려는 국제 협력과 거버넌스 구축 역시 매우 중요하다. AI 기술과 관련하여 국제적 규범을 형성하려는 움직임이 진행되고 있으며, 우주 영역에 특화된 AI 기술에 대한 국제적 논의는 이러한 논의와 함께 진행될 필요가 있다. 하지만, 현재의 글로벌 우주 거버넌스로는 이러한 협력의 가능성이 크지 않다. 우주 활동에 관한 가장 중요한 국제협약인 우주조약Treaty on principles governing the activities of States in the exploration and use of outer space, including the moon and other celestial bodies(1967)과 배상협약Convention on international liability for damage caused by space objects(1971)의 경우, AI 기술이 발전하기 이전에 채택된 국제협약으로, 변화한 현실을 반영하지 못하고 있다. 2010년부터 논의되어 2019년 UN 외기권평화적이용위원회UN Committee on Peaceful Use of Outer Space가 채택한 「외기권의 장기지속가능성을 위한 가이드라인」(이하 'LTS 가이드라인') 역시 AI와 관련된 내용은 부재하다. 물론 'LTS 가이드라인'은 법적 구속력이 없다는 점에서도 한계적이다. AI의 군사적 활용에 대한 다양한 국제사회의 논의가 우주로 확장될 가능성은 있지만, 다양한 국가 및 비국가 행위자가 치열하게 경쟁하며 우위를 차지하기 위해 노력하는 우주 기술의 특성상, 이러한 논의의 가능성은 높지 않다.

마지막으로 AI 기술로 인해서 우주안보가 침해되었다면, 이를 완화하고 극복하기 위한 사후적 노력 역시 필요하다. 즉, 비의도적 위험 또는 의도적 공격으로 인해 AI 알고리즘의 오작동이 발생할 경우, 이로 인해 야기될 또 다른 위험을 빠르게 분석하고 대처할 프로토콜과 역량을 갖출 필요가 있다. 예를 들면, 오작동을 일으키는 위성을 빠르게 식별하고, 이를 불능화하거나, 폐기하는 일련의 과정과 함께 이를 대체할 수 있는 위성을 빠르게 전개하는 등의 역량이 필요하다. 물론 회복탄력성을 위한 가외성redundancy 추구 경향으로 오히려 더 많은 위성이 운영되어 우주 환경이 악화됨으로써 직간접적으로 우주안보에 부정적 영향을 미치는 아이러니한 상황도 가능하다.

이렇듯 AI와 우주안보의 관계는 단순히 상호 보완적인 긍정적 효과에 국한되지 않는다. 오히려 AI 기술은 자체에 내재된 취약성, 악의적 조작 가능성 그리고 사이버 공격 수단으로 활용될 위험성을 내포하고 있으며, 이는 우주안보를 심각하게 위협할 수 있다. 특히, 자율성을 부여받은 위성 탑재 AI의 오류 가능성, 학습 데이터 조작 및 모델 기만을 통한 의사결정 왜곡, AI 기반 시스템에 대한 해킹 및 통제권 탈취는 우주작전의 안정성과 신뢰성을 훼손할 수 있다.

더불어, OODA 루프 내 의사결정 단계에 미치는 AI의 부정적 영향은 군사적 충돌까지 초래할 수 있으며, 자율 무기체계 운용에 따른 법적·윤리적 책임 문제도 함께 제기되고 있다. 뉴스페이스 시대 민간 행위자의 참여 확대로 인해 이러한 위험은 더욱 가속화될 것으로 전망되며, 특히 민간 부문의 AI 기술 도입이 보안 취약성과 결합될 경우 우주안보에 새로운 위협 요인이 될 수 있다. 따라서 향후 AI와 우주안보의 연계를 모색함에 있어 기술적 대응과 규제적·규범적 대응이 필수적이며, 사고 발생 시 신속한 대응 및 회복탄력성 확보를 위한 체계적 전략 마련이 요구된다. 궁극적으로는 AI 기술의 안전한 활용과 우주안보의 지속가능성을 보장하기 위해, 국제적 협력과 거버넌스 구축을 시급히 추진해야 할 것이다.

5. 결론

AI와 우주안보의 상호작용은 미래의 우주 경쟁에서 중요한 변곡점이 될 것으로 예상된다. AI는 우주 임무 수행의 효율성을 높이고 위협을 사전에 탐지하는 역할을 수행하며, 우주작전의 자율성 및 대응 속도를 향상시키고 있다. 그러나 동시에 AI의 발전은 새로운 안보 위협을 야기할 수 있으며, 특히 사이버 공격과 같은 비대칭적 위협에 취약할 가능성이 크다. 이러한 이중적 성격을 고려할 때, AI와 우주안보 연계가 가져오는 기회와 위협을 종합적으로 분석하고 이에 대한 군사안보적, 기술적, 법·제도적 대비는 필수적이다.

우주 분야에서 AI를 결합하려는 한국의 시도는 위성정보 활용에 집중되고 있다. 2022년 12월 발표된 「제4차 우주개발진흥기본계획(안)」에서는 국가위성영상 표준화(K-ARD, Analysis Ready Data), AI 기반 영상 품질 향상 기술 개발, 객체 탐지 AI 학습 데이터세트 구축 등을 추진할 계획을 밝혔다(정부부처 합동, 2022). 또한, 2024년 10월 발표된 「제3차 위성정보활용종합계획(안)」에 따르면,

위성정보를 표준화하고, AI 융합기술을 개발해야 할 필요성을 강조했다(정부 부처 합동, 2024). 또한, 10만 건 이상의 AI 학습 데이터세트를 AI HUB, KISTI DATA ON 등의 플랫폼을 통해 공개하는 등 민간에게 개방하는 국가 위성정보를 확대함으로써 위성정보를 통해서 상업적 가치를 창출하기 위해 노력하고 있다. 기업들 역시 위성정보 활용, 위성체 제작 등에 AI 기술을 접목하고 있다(이석봉, 2024.6.2). 하지만, AI를 활용하여 군사안보적 가치를 창출하려는 본격적인 노력은 부재하다. 이러한 점에서 위성정보 활용을 넘어 AI와 우주기술을 결합하려는 노력과 동시에 국제사회 동향을 면밀히 분석함으로써 국가적 차원에서의 전략을 마련할 필요가 있다.

AI와 우주안보의 융합은 더 이상 단순한 기술적 발전의 문제가 아니라, 강대국 정치, 전략 경쟁에서의 우위를 차지하기 위한 중요한 영역으로 부상하고 있다. 이 과정에서 AI의 군사적·민간적 활용과 관련된 윤리적·법적 논의뿐만 아니라 인류 공동의 공간이라는 특수성으로 인해 우주(안보)와 관련된 글로벌 규칙과 규범을 둘러싼 논의도 진행될 것이다. 게다가 뉴스페이스 시대에 민간 행위자의 우주 역량과 AI 역량이 강화됨에 따라, 그 변화의 속도와 폭은 더욱 커질 것이다. 따라서 AI와 우주안보의 연계라는, 다양한 행위자가 복합적이고 다층적인 측면에서 상호작용하는 과정에서 기회와 위험을 균형 있게 분석하고 대응하기 위해서는 전략적이고 체계적인 접근이 필요하다.

김상배. 2024. 「인공지능과 국제정치: 연구 어젠다의 발굴」. 김상배 엮음. 『인공지능과 국제정치: 연구 어젠다의 발굴』. 사회평론.

유인태. 2025. 「인공지능과 미·중 전략 경쟁의 국제정치: 글로벌 AI 반도체 공급망과 미국의 경제적 강압을 중심으로」. ≪국제정치논총≫, 제65권 1호.

윤대엽. 2024. 「인공지능의 무기화 경쟁과 인공지능 군사혁신」. ≪국제정치논총≫, 제64권 1호.

윤정현. 2024. 「인공지능과 신흥기술안보: 사이버·데이터·포스트휴먼 안보」. 김상배 엮음. 『인공지

능과 국제정치: 연구 어젠다의 발굴』. 사회평론.
이상광·김대욱·장시환·양성일. 2019. 「역강화학습 기술 동향」. ETRI Electronics and Telecommunications Trends. DOI: https://doi.org/10.22648/ETRI.2019.J.340609
이석봉. 2024.6.2. "우주에 AI 접목해 K-SPACE 시대 열자". 대덕넷. https://www.hellodd.com/news/articleView.html?idxno=104282 (검색일: 2025.4.15)
정병창·김남이. 2023. 「강화학습 기반의 위성통신 빔호핑 최적화 기법」. ≪한국정보통신학회논문지≫, 제27권 4호, 575~578쪽.
정부부처 합동. 2022. 「제4차 우주개발진흥기본계획(안)」.
_____. 2024. 「제3차 위성정보활용종합계획(안)」.
정헌주. 2024a. 「우주 환경 안보의 국제정치: 우주잔해 국제협력에 대한 국제정치학적 접근」. ≪국가안보와 전략≫, 제24권 2호, 32쪽.
_____. 2024b. 「뉴스페이스 시대 우주 안보와 데이터 안보 연계의 동학」. ≪국가전략≫, 제30권 4호, 203~204쪽.
_____. 2025. 「우주안보의 이해」. 김계동 외 지음. 『한국안보의 이해』. 명인문화사.

Albon, Courtney, 2024.6.5. "DARPA project uses AI to flag space weapons, spy satellites." C4ISRNET, https://www.c4isrnet.com/battlefield-tech/space/2024/06/05/darpa-project-uses-ai-to-flag-space-weapons-spy-satellites/ (검색일: 2024.10.2)
Bathers, Gareth. 2023.5.8. "The Platformization of Satellite Data." https://www.cyient.com/blog/the-platformization-of-satellite-data (검색일: 2025.4.10)
Ben-Itzhak, Svetla. 2024. "The Use of Artificial Intelligence in Outer Space." *SAIS Review of International Affairs*, Vol.44, No.3(Fall/Winter 2024).
Breda, Paola, Rada Markova, Adam Abdin, Devanshu Jha, Antonio Carlo, and Nebile Mant. 2022. "Cyber Vulnerabilities and Risks of AI Technologies in Space Applications." presented at 73rd International Astronautical Congress (IAC), September 2022, Paris, France.
CDO Magazine Burea. 2024.6.12. "DARPA Working on AI System for Detecting Spy Satellites." https://www.cdomagazine.tech/us-federal-news-bureau/darpa-working-on-ai-system-for-detecting-spy-satellites (검색일: 2025.4.20)
Chen, Stephen. 2025.1.12. "Chinese scientists simulate 'hunting' Starlink satellites in orbit." *South China Morming Post*, https://www.scmp.com/news/china/science/article/3294047/chinese-scientists-simulate-hunting-starlink-satellites-orbit (검색일: 2025.4.10)
Erwin, Sandra. 2025.3.13. "L3Harris taps commercial AI partners for Pentagon's Golden Dome program." *SpaceNews*, https://spacenews.com/l3harris-taps-commercial-ai-partners-for-pentagons-golden-dome-program/ (검색일: 2025.3.15)
Goodwill, Justin, Christopher Wilson, and James MacKinnon. 2024. "Current AI Technology in Space." Chayakrit Krittanawong, ed., *Precision Medicine for Long and Safe Permanence of Humans in Space*. Elsevier.

Grego, Laura. 2025. "Do technology advances allow missile defences to make up ground?" *Journal of Strategic Studies*, Vol.48, No.2.

Judson, Jen. 2025.3.29. "Army eyes artificial intelligence to enhance future Golden Dome." *Defense News*, https://www.defensenews.com/land/2025/03/28/army-looks-to-artificial-intelligence-to-enhance-future-golden-dome/ (검색일: 2025.4.20)

Manfletti, Chiara, Marta Guimarães, and Claudia Soares. 2023. "AI for space traffic management.," *Journal of Space Safety Engineering*, Vol.10, No.4.

Manson, Katrina. 2024.2.28. "AI Warfare is already here," *Bloomberg*, https://www.bloomberg.com/features/2024-ai-warfare-project-maven/ (검색일: 2025.2.10)

Marr, Bernard. 2023.4.10. "Artificial Intelligence In Space: The Amazing Ways Machine Learning Is Helping To Unravel The Mysteries Of The Universe." *Forbes*, https://www.forbes.com/sites/bernardmarr/2023/04/10/artificial-intelligence-in-space-the-amazing-ways-machine-learning-is-helping-to-unravel-the-mysteries-of-the-universe/ (검색일: 2024.9.15)

NASA. "Earth Observation Data and Artificial Intelligence." https://www.earthdata.nasa.gov/learn/earth-observation-data-basics/artificial-intelligence#toc-ai-in-action (검색일: 2025.3.5)

Rowlands, Greg. 2019.7.6. "Astrosubterfuge: Deception and Disguise in the Space Domain." https://researchcentre.army.gov.au/library/land-power-forum/astrosubterfuge-deception-disguise-space-domain (검색일: 2025.3.10)

Sanger, David. 2024.4.25. "In Ukraine, New American Technology Won the Day. Until It Was Overwhelmed." *New York Times*, https://www.nytimes.com/2024/04/23/us/politics/ukraine-new-american-technology.html (검색일: 2025.3.10)

Spindler, Ashley. 2022.7.15. "How artificial intelligence is changing astronomy," *Astronomy*, https://www.astronomy.com/science/how-artificial-intelligence-is-changing-astronomy/ (검색일: 2024.10.10)

U.S. White House. 2025.1.27. "Presidential Action: The Iron Dome for America." https://www.whitehouse.gov/presidential-actions/2025/01/the-iron-dome-for-america/ (검색일: 2025.2.15)

UK Government. 2022.1.31. "New funding to support sustainable future of space." https://www.gov.uk/government/news/new-funding-to-support-sustainable-future-of-space (검색일: 2024.9.10)

Vassilev, Apostol, Alina Oprea, Alie Fordyce, and Hyrum Anderson. 2024. *Adversarial Machine Learning: A Taxonomy and Terminology of Attacks and Mitigationsi* (National Institute of Standards and Technology, 2024). https://doi.org/10.6028/NIST.AI.100-2e2023

Vergano, Dan. 2025.2.19. "Trump's 'Iron Dome' Space Weapons Plan Ignores Physics and Fiscal Reality." *Scientific America*, https://www.scientificamerican.com/article/trumps-iron-dome-space-weapons-plan-ignores-physics-and-fiscal-reality/ (검색일: 2025.3.10)

Weber, Alexandra, and Peter Franke. 2024. "Space-Domain AI Applications need Rigorous Security Risk Analysis." Workshop on Security of Space and Satellite Systems (SpaceSec)

2024, March 2024, San Diego, CA, USA.

William, Bruce, Taiwo Adebayo, Adeoye Ibrahim. 2025. "Artificial Intelligence in Space Security: Leveraging AI to Detect and Respond to Cyber Threats in Orbit." unpublished manuscript, January 2025.

Zhang, Li, Krista Langeland, Jonathan Tran, Jordan Logue, Prateek Puri, George Nacouzi, Anthony Jacques, and Gary Briggs. 2024. "Artificial Intelligence and Machine Learning for Space Domain Awareness: Characterizing the Impact on Mission Effectiveness." RAND Research Report (November 2024).

제3부 인공지능과 전쟁·거버넌스·국제규범

제8장 인공지능과 미래전
국방 인공지능 전환과 디지털 군사혁신의 과제 _윤대엽

제9장 인공지능 글로벌 규제 거버넌스의 국제정치
경쟁과 협력의 다층적 지형 _이수연

제10장 인공지능 위험에 대한 국제규범과 다자외교 _송태은

Artificial Intelligence and the Transformation of International Relations
Geopolitical Competition and the Emergence of a New Order

8 인공지능과 미래전*

국방 인공지능 전환과 디지털 군사혁신의 과제

윤대엽 | 대전대학교

1. 문제 제기: 인공지능 전쟁

러시아-우크라이나 전쟁과 이스라엘-하마스 전쟁은 최초의 인공지능 전쟁AI War으로 기록되었다. AI 기반 군사체계AI-powered military system에서 작고, 저렴하고, 많은 스마트한 드론이 사용된 최초의 드론전Drone Warfare이 현실화된 것이다(송승종, 2023; Samus, 2024). 육해공, 우주·사이버에서 수집된 테킨트 정보와 공개출처정보OSINT가 통합되면서 네트워크 중심전NCW은 클라우드 중심전Cloud-centric Warfare으로 진화했다(설인효·배학영, 2023: 82~83). 5차원 공간의 정보자산에서 수집된 방대한 다출처·디지털·데이터를 분석·활용하는 알고리즘전Algorithmic Warfare도 현실화되었다(King, 2024; Abraham, 2024). 러시아에 비해 취약한 우크라이나의 감시정찰, 통신체계, 클라우드 기반은 마이크로소프트MS, 스타링크Starlink와 같은 빅테크Big Tech가 제공했다. 알고리즘전은 음성, 영상,

* 본 장의 내용은 「국방 인공지능 전환과 디지털 군사혁신: 메이븐 프로젝트와 러우전쟁의 교훈」, ≪한국정치연구≫, 제34권 2호(2025), 291~318쪽의 내용을 수정 및 보완한 것임.

신호를 통합한 디지털 표적digital targeting을 확보하고 센서-슈터 체계를 일체화하는 데이터 전쟁data warfare으로의 전환을 의미한다. 팔란티어Palantir, 클리어뷰 AIClearview AI와 같은 국방 유니콘 기업은 디지털 표적, 데이터 분석 소프트웨어의 혁신의 주역으로 등장했다. AI로 강화된 C5ISR 체계에 AI 지원 자율무기가 통합되는 C6ISR 체계는 AI 군사혁신의 최종 상태가 될 것이다(윤대엽, 2024).

AI의 무기화를 위한 군비경쟁도 본격화되었다. 2024년 현재 기술적·군사적 목적의 AI 전략을 추진하는 국가는 77개국이 넘는다. 미 국방부는 AI 기반 군사적 우위를 위해 2018년 「AI 전략AI Strategy」을 시작으로 「클라우드 전략」, 「디지털 공학전략」, 「디지털 현대화 전략」, 「데이터 전략」, 「소프트웨어 전략」을 발표했다. 2023년 발표된 「데이터, 분석, AI 도입 전략」은 이전까지 발표된 국방 디지털 전략을 통합하여 AI 기반 군사체계 구축 목표를 구체화했다(DoD, 2023). 국방 AI 전환을 촉진하기 위하여 합동 AI 센터JAIC, 분석발전실ADVANA, 최고데이터국CDO, 국방디지털서비스DDS 등 네 개 기관을 통합하여 최고디지털인공지능국CDAO이 설치되었다. CDAO의 2024년 예산은 289.9백만 달러로, 합동운영체계JOS, 데이터 통합 레이어DIL, 세계정보우위실험GIDE, 임무명령적용MCAs 등 네 개 영역에서 통합전영역지휘통제체계CJADC2 구축 사업[1]을 추진하고 있다(OUSD, 2024: 2~5). 2022년 8월부터 1년간 미국 정부가 지출한 AI 관련 연구개발비 45.6억 달러 중 94.7%인 43.2억 달러는 국방부 소관으로, 2024년 현재 800개가 넘는 국방 AI 프로젝트가 진행되고 있다(Larson et al., 2024).

AI의 상업적·사회적 활용에 대한 낙관론과 달리 'AI의 무기화weaponization of AI'는 '오펜하이머의 비극'과 '프로메테우스 신화'가 혼재되어 있다. AI가 전염병, 핵전쟁과 같은 공멸의 위험이 될 수 있다는 「AI 리스크 성명AI Risk Statement」에는 2024년 10월까지 300여 명이 넘는 과학자, 빅테크 CEO가 참여하였다. 머

1 2025년 국방획득 및 연구개발 예산은 3,107억 달러로, CJADC2 구축 연구개발 예산은 2024년 10.4억 달러, 2025년 14.3억 달러(요구)로 편성되었다(OUSD, 2024).

신러닝의 토대를 구축한 공로를 인정받아 2024년 노벨물리학상을 수상한 존 홉필드John Hopfield 교수와 제프리 힌튼Geoffrey Hinton 교수도 그중 한 사람이다. 상업성, 범용성, 그래서 군사적 전용의 장벽이 낮은 AI 기술은 핵무기와 달리 규제가 불가능하기 때문이다(Scharre, 2024). AI 기반 디지털 타깃팅을 주도하고 있는 팔란티어의 알렉스 카프Alexander C. Karp는 '우리의 오펜하이머 순간Our Oppenheimer Moment'이라는 역설적인 제목의 기고문에서 AI는 이미 포기할 수 없는 지식이 되었다고 주장했다. 카프는 핵기술과는 비교할 수 없는 혁신의 속도와 잠재력에 대한 무지가 AI 비관론의 원인이라고 지적한다. AI를 활용하는 전혀 다른 군비경쟁은 이미 시작되었고, 자유 민주 진영을 위협하는 적대적 위협에 대한 우위를 점하기 위해서는 도덕적 호소가 아닌 기술적 혁신이 우선되어야 한다고 주장했다. AI 혁명은 오펜하이머의 비극이 아닌 강력한 군대, 전쟁의 억지를 위한 '프로메테우스의 도구'가 될 것이다.

국방 AI 전환은 화약, 핵무기에 이어 세 번째 혁명적인 전환점이 될 것이다. AI가 자동화, 무인화 단계의 무기체계를 지능화하면 탐지-타격-기동의 전략·작전은 물론, 전술을 총체적으로 변화시킬 것이다. AI가 원격조정 단계의 무인체계를 자율살상무기LAWS로 진화시키면 병력 손실 없이도 군사적 효과성과 효율성이 획기적으로 증가할 수 있다. 그러나, 러-우 전쟁, 이-하마스 전쟁은 최초이지만 기대 이하의 AI 전쟁이 되었다. 러-우 전쟁은 AI 무기가 사용되었지만 참호전, 소모전, 장기전이라는 근대전이 중첩되어 있다(Biddle, 2023). 적당히 스마트한 AI 무기에 의한 민간인 피해와 데이터 주권에 대한 국제적·윤리적 논쟁도 본격화되었다(장기영, 2024).

AI의 군사적 활용을 위한 국방 AI 전환의 조건은 무엇인가? AI의 무기화를 위한 디지털 군사혁신의 과제는 무엇인가? 본 연구는 국방 AI 전환의 기원이 된 프로젝트 메이븐, 그리고 최초의 AI 전쟁인 러-우 전쟁의 사례를 통해 군사적 필요와 기술적 혁신이 상호작용하는 국방 AI 전환의 과제를 분석한다. 제2절은 국방 AI 전환을 주도한 미국의 사례를 통해 국방 AI 전환의 목표와 AI의 디지털 기반의 개념을 설명한다. 제3절에서는 AI 무기화의 선도적 사례인 프로젝트 메이븐 사례를 분석하고 국방 AI 전환의 목표와 디지털 혁신 과정을 분석한다. 제4절에서는 '최초이지만 기대 이하의 AI 전쟁'인 러-우 전쟁을 사례로 국방 AI 전환을 위한 디지털 군사혁신의 과제를 논의한다.

2. 자동화, 무인화와 국방 인공지능 전환: 접근 시각

자동화, 무인화에 이어 국방 AI 전환과 지능화는 미래의 전쟁future of war에 어떤 변화를 불러올 것인가? AI 기술에 의해 진화하고 있는 자율화autonomy 기술이 미래전에 미칠 변화는 자동화automation, 무인화unmanned 기술이 군사전략과 군사체계에 미친 영향에 대한 이해에서 출발한다. 자동화, 무인화 기술의 역사에서 본다면, 무기체계의 자율성은 시스템의 특정한 속성이나 대상이 아니라 '운용자와 무기체계의 상호작용 과정의 변화'로 정의할 수 있다. 자동화 및 무인화 단계의 무기체계가 인간의 통제controled 또는 감독supervised하에 운용되었다면, 자율무기체계는 운용자의 통제, 감독의 축소와 소멸을 의미한다.[2]

무기체계의 지능화는 자동화, 무인화를 거친 무기체계의 역사적 혁신 과정이다. 독일의 '골리앗Goliath', 소련의 '텔레탱크Teletank' 등 제2차 세계대전 중 개발·사용된 초기 원격조정 무인무기는 자동화 기술에 의해 점진적으로 발전했다. 일본군의 가미카제神風 공격으로 큰 피해를 본 미 해군은 방공 시스템의 자동화를 위해 해군전술데이터시스템NTDS을 개발했다. 미 공군도 '반자동지상환경SAGA'으로 명명된 통합조기경보 및 방공전투 시스템을 개발하고 운용자의

2 2012년 국방부 지침은 OODA 루프에 대한 인간의 개입과 통제 수준에 따라 인간이 무기 운용에 관여하는 1단계(Human in the Loop), 감독하는 2단계(Human on the Loop), 그리고 개입하지 않는 3단계(Human out of the Loop)로 구분했다(DoDD, 2012).

시야LOS와 레이더 판독에 의존했던 방공 시스템을 자동화함으로써 제트항공력 시대의 위협에 대응했다. 군사체계의 자동화를 위한 군사혁신은 컴퓨터, 통신, 트랜지스터, 집적회로IC 등 디지털 기술의 혁신을 촉진했다. 1957년 '스푸트니크 쇼크' 이후 미국이 추진한 우주전략은 자동화에 필요한 전자공학 기술의 혁신을 가속화했다. 우주공간의 군사화는 광학, 디지털 센서 기술은 물론 발사체, 우주-지상 통신의 혁신을 촉진했다(윤대엽, 2024).

순항미사일과 무인항공기UAVs 역시 자동화, 무인화 기술 혁신의 결과다(Keane and Carr, 2013: 558). 무선 조정 또는 자동비행으로 원거리 타격 임무를 수행하는 순항미사일과 무인항공기는 운용자의 안전을 보장할 수 있었고, 센서·통신·조정 기술이 발전하면서 감시정찰, 정밀타격 등의 임무가 확대되었다. 1964년부터 1975년까지 3,435회의 감시정찰 임무가 수행된 베트남전은 무인기가 광범위하게 활용된 최초의 전쟁이다(Keane and Carr, 2013: 568).[3] 무인기 기술은 자동화된 유도무기guided munition의 혁신으로 이어졌다. 대표적인 것이 1972년 전력화된 매버릭(Maverick, AGM-65) 미사일이다. 운용자에 의해 수동으로 유도했던 AGM-12 미사일을 대체하기 위해 개발된 매버릭은 전자광학 기술을 적용하여 발사 이후 운용자의 통제·감독을 최소화한 정밀 유도미사일이다.

베트남전 이후 미국이 추진한 제2차 상쇄전략은 자동화, 무인화 기술을 획기적으로 발전시켰다. 제2차 상쇄전략의 핵심 목표는 지휘통제C4, 감시·정보·정찰ISR, 정밀유도무기 등 신흥기술을 재래식 무기의 혁신 수단으로 활용하는 것이었다(손한별, 2021: 58~63). 1976년 '공세적 방어 독트린active defense'과 1980년대 정립된 '공지전투AirLand Battle' 개념은 군사기술과 무기체계의 혁신이 군사전략의 혁신을 수반하는 상호작용이었다. 공세적 방어는 소련의 2차 공격력을 무력화하는 장거리 정밀 타격 능력을 구축하는 것이다(Gentile et al., 2021: 14).

3 무인항공기(UAV)의 역사적 발전에 대해서는 Keane and Carr(2013: 558~568) 참조.

정밀화·장사화된 재래식 무기는 핵무기를 사용하지 않는 전략적 안정성satrtegic stability 있는 수단일 뿐만 아니라 탱크 대 탱크, 전투기 대 전투기의 교착 없이 전쟁을 억지하는 수단이었다. 이를 위해 1970년대 초반 미국 국방고등연구계획국DARPA은 장사화연구개발Long-Range Research and Development Planning Program을 시작하고 야간 투시, 원격조정, 정밀유도 기술을 개발하였다(Gentile et al., 2021: 14~15). 1982년 공식화된 공지전투는 공세적 방어 독트린을 작전적 수준에서 구현한 것이다. 공지전투의 목표는 감시, 표적 획득, C2, 정밀 타격 능력을 기반으로 지상작전과 전술적 항공 지원을 통합하는 것이다. 1970년 제2차 상쇄전략에서 출발한 기술 주도 군사혁신은 1991년 걸프전쟁에서 현실화되었다. 최초의 우주 전쟁, 네트워크 전쟁, 사이버 전쟁인 걸프전은 우주 및 무인항공기 기반 감시정찰과 정밀 타격 수단을 활용하여 단기간, 최소 비용으로 전쟁을 종결했다. 걸프전은 미군이 무인기를 대량으로 획득하여 전장에서 운용하는 계기가 되었다(Gertler, 2012: 2).[4]

2001년 9·11 테러는 무기체계, 군사체계의 자동화, 무인화를 촉진하였다. 9·11 테러 이후 미국은 국가 간의 분쟁은 물론 비국가 행위자의 비대칭 위협에 대응해야 하는 과제를 안게 되었다. 광범위한 비대칭 위협에 선제적으로 대응하려면 '무지의 무지unknown-unknown'라는 정보 딜레마를 해소해야 한다. 럼스펠드 국방장관이 추진한 국방개혁은 사실상 '제2.5차 상쇄전략'으로, 능력 기반 군사력의 전략적 유연성과 함께 정보혁신RIA이 추진되었다(DoD, 2001: 37~40). 2001년 아프카니스탄 전쟁, 2003년 이라크 전쟁은 무인기의 가능성을 확대하고 기술혁신을 촉진하는 시험장이 되었다. 2001년 167대였던 무인기는 2010년 7,494대로 증가했고, 같은 기간 무기 획득 예산도 6.67억 달러에서 39억 달러로 증가했다(Gertler, 2012: 2). 2010년 미군은 1만 767대의 유인항공기와 7,494대

4 미군이 걸프전에서 운용한 UAV는 이스라엘의 파이오니어(Pioneer)로, 이후 신속 획득 프로그램으로 프레데터를 개발·획득하여 운용하였다.

의 무인항공기를 운용했다(Gertler, 2012: 9).

2014년 발표된 제3차 상쇄전략은 자동화, 무인화 무기체계를 지능화하는 결정적인 전환점이다. 제3절에서 세부적으로 검토하는 바와 같이 제3차 상쇄전략은 무인기의 증가에 따른 운용적 과제와 강대국 경쟁에 대응하는 전략적 목표에서 시작되었다. 2012년 미 국방부는 자율무기체계를 규정한 국방부 지침을 발표했다. 크림반도 사태가 발생한 2014년 11월, 헤이글Charles T. Hagel 국방장관은 「국방혁신구상Defense Innovation Initiative: DII」에 이어 제3차 상쇄전략을 발표하였다(Gentile et al., 2021: 19~28; 손한별, 2021: 63~64). 40년 만에 발표된 제3차 상쇄전략은 민간 기술의 군사적 활용을 촉진하는 전환적 목표를 제시했다. 2015년 애슈턴 카터Ashton B. Cater 국방장관은 민간 주도의 혁신기술을 군대에 수용하기 위해 국방혁신실험단을DIUx를 설치하고 2018년 국방혁신단DIU으로 확대, 재편했다(Gentil et al., 2021: 53~58). 그리고 2018년부터 AI, 데이터, 클라우드, 디지털 전환, 디지털 공학 등 국방 디지털 전환전략은 2023년 「데이터, 분석, AI 도입 전략」(이하 'AI 도입 전략')으로 통합되어 추진되고 있다. 이 전략은 AI, 클라우드, 빅데이터 등을 포괄하는 국방 디지털 전환의 목표가 'AI 요구계층AI Hierachy of Needs'을 구축하여 AI 기반 의사결정의 우위 체계를 구축하는 것이라고 명시했다(DoD, 2023a: 7).

기존 국방 디지털 전환 전략을 통합하여 발표된 'AI 도입 전략'은 지휘관 또는 운영자의 개입과 결정 권한을 지원하는 국방 AI 기반 체계로 다섯 가지 계층 구축 과제를 명시하고 있다. 첫째, 오디오, 텍스트, 동영상, 이미지 등 양질의 데이터 기반이다. 양질의 데이터는 지상·공중·해상은 물론 사이버, 우주체계 등 감시정찰과 정보체계를 포괄하는 전장사물인터넷IoBT을 구축하는 것이다. 둘째, 군사 목적의 데이터를 통합, 군사적으로 활용하는 AI 거버넌스다. 미 국방부는 2018년 AI 정책의 총괄 기구로 설치된 합동 AI 센터JAIC를 2023년 최고인공지능국CDAO 산하 기구로 통합·재편하고 육해공군 등 각 군 산하의 연구개발 기관의 포괄적인 파트너십을 강화하고 있다. 아울러 민간 주도의 AI

표 8-1 AI 요구계층(AI Hierachy of Needs)

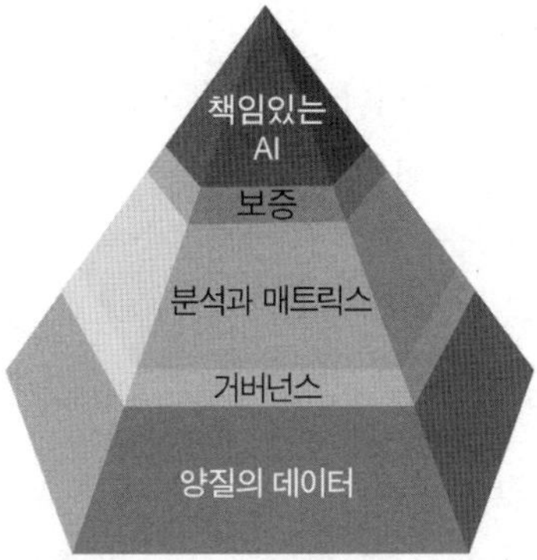

책임 있는 AI	지휘관, 운영자의 개입과 결정 권한
보증	TEVV(테스트, 평가, 검증, 확인), 사이버 전략(TTPs)
분석과 매트릭스	ADVANA, Maven Smart System
거버넌스	CDAO(CDO, JAIC)
양질의 데이터	오디오, 텍스트, 동영상, 이미지

자료: DoD(2023), 「데이터, 분석, AI 도입 전략」 참조

기술과 AI 기반의 군사적 활용을 위해서는 정부 간은 물론 학술, 산업, 국제적인 파트너십을 통해 AI 기술 활용의 생태계를 구축해야 한다.

셋째, 빅데이터의 군사적 활용을 위한 분석과 매트릭스다. 제3절에서 세부적으로 분석하는 바와 같이 운용자와 무기체계의 관계에서 자율성을 강화하는 목적에서 ADVANA Advancing Analytics 프로젝트와 프로젝트 메이븐 Maven 이 추진되고 있다. 넷째, 운용자가 다양한 전략적·작전적·전술적 목적에서 AI를 채택해 활용하기 위해서는 제로 트러스트 원칙하에서 신뢰성과 상호운용성이 보장되어야 한다.

AI의 무기화는 기술-전략이 상호작용하는 군사혁신 역사 과정처럼 전장을 변화시킬 것이다. 그러나 AI의 무기화는 앞선 기술 패러다임의 전환이 전장에 미친 영향과는 본질적으로 다른 특징이 있다. 도구화, 기계화, 정보화 전쟁의 군사혁신은 첨단무기를 개발·획득하여 이를 군사적 목적에서 운용하기 위해 군사체계를 구축했다. 군사기술의 연구개발도 군대에 의해 주도되었다. 그러나 AI는 그 자체가 무기가 아니다. 범용기술이자 지원 기술enabling technologies인 AI의 무기화를 위해서는 AI의 디지털 기반이 구축되어야 한다. AI 무기 그 자체가 아니라 AI 무기가 작동하는 AI의 디지털 기반을 구축해야 하는 AI 군사혁신AI RMA은 ① 기술적, ② 전략적, ③ 산업적, 그리고 ④ 국제적 요인에 따라 점진적, 불균형적으로 발전할 것이다.

첫째, AI 디지털 기반의 불균형이다. 완벽한 AI는 알고리즘Algorithm, 빅데이터Big Data, 클라우드Cloud 등 AI 삼위일체AI Triad의 완벽한 발전에 비례한다. 완벽한 AI 삼위일체의 발전은 다시 슈퍼컴퓨팅, 사물인터넷, 데이터 센터, 해저케이블, 우주인터넷 등 복합적인 기술 성단constellation of technologies의 비례적인 발전이 필요하다. 막대한 전력을 소비하는 데이터 센터의 전력 공급도 AI의 핵심적인 디지털 기반이다. 2023년 기준 국내 150개의 데이터 센터가 사용하는 전력은 1,986MW로, 원자력 발전소 2기 이상의 전력을 소비하고 있다. 2029년까지 732개로 예상되는 데이터 센터에 전력을 공급하기 위해서는 1GW급 원전 53개가 필요하다(유재국, 2024). 거대한 기술 플랫폼의 플랫폼이 상호 연계된 AI의 디지털 기반의 불균형은 AI의 성능을 제한하는 요인으로 작동한다.

둘째, AI의 질적 성능을 결정하는 알고리즘과 빅데이터의 신뢰성 제약도 있다. 머신러닝은 통계적 예측을 통해 기존 데이터에서 누락된 정보를 귀납적으로 생성하는 기능을 혁신적으로 진전시켰다(Goldfarb and Lindsay, 2021/22). AI가 빅데이터의 복잡성을 줄여주고, 복잡성에 내재한 패턴을 분석할 수 있게 되면서 인간의 추론보다 우월한 통찰력을 제공할 수 있게 되었다. 그러나 AI의 분석은 통계적 상관관계에 대한 통찰력을 제공하는 것일 뿐 인과관계에 대한 결론이 아니다. 우연으로 수집된 데이터를 기반으로 상관관계에 대한 추론 결과를 상업적 목적에서 활용하는 것은 가능하다. 빅테크 플랫폼이 마케팅을 위해 사용하는 필터버블이 그 대표적인 예다. 그러나 생존의 문제와 직결된 전장에서 근거 없이 배제하거나 유의미한 리스크를 수용하는 것은 차원이 다른 위험을 수반한다. 대표적인 사례는 이-하마스 전쟁에서 이스라엘이 활용한 라벤더Lavender 프로그램이다. AI 기반 표적 관리 시스템인 라벤더는 통신, 드론, CCTV, 금융, SNS, 휴민트 정보를 융합하여 230만 명의 가자지구 주민 중 하마스 요원을 식별하는 용도로 활용되었다. 그러나 불완전한 빅데이터와 알고리즘에도 불구하고 제로에러Zero-Error 원칙이 최소화되면서 4만 3,000명이 넘는 민간인 사상자를 발생시켰다(Abraham, 2024). AI가 슈퍼인텔리전스로 기능하려면, 목적에 따라 수집된 빅데이터의 신뢰성이 중요하다. 빅데이터의 신뢰성은 속도velocity, 양volum, 가치value, 다양성variety, 가변성variability 등 5Vs 요소가 충족되어야 한다. 무한한 불확실성이 내포되어 있는 전쟁의 안개fog of war를 제거하는 것은 초영역, 실시간으로 전장 정보를 수집하는 전장사물인터넷IoBT의 디지털 기반에 달려 있다.

셋째, AI의 무기화를 위한 디지털 기반의 혁신을 빅테크 기업이 주도하고 있다는 점이다. 산업혁명 이후 기계화 전쟁, 정보화 전쟁의 군사기술 혁신은 군대가 주도했다. 핵 혁명 이후 공포의 균형을 위한 군비경쟁을 위해 미국은 국가 주도의 혁신 네트워크를 구축하고 군사기술의 혁신과 방위산업 육성을 주도하였다(김상배, 2007). 1980년대 컴퓨터, 정보기술, 반도체, 통신기술의 경우, 국가 주도의 기술혁신이 민간에 이전Spin-Off되고, 민간 기술이 군대에 이전Spin-On되면서 군사혁신이 가속화되었다. 그러나 AI의 디지털 기반의 혁신은 전적으로 빅테크 기업이 주도하고 있다. 2024년 5월 기준 미국의 5대 빅테크 기업의 시가총액은 12조 4,300억 달러로, GDP를 기준으로 미국(30조 3,339억), 중국(19조 5,348억)보다 작지만 독일(4조 9,200억), 일본(4조 3,890억)을 초과했다(Guarascio and Pianta, 2025). 2024년 국방부와 빅테크 기업의 계약액은 80억 달러로, 국방 AI 전환이 추진되면서 빅테크 기업의 군사화Militarization of Big Tech와 군-빅테크 군산복합체가 형성되고 있다(González, 2023). 빅테크는 체계통합 무기를 생산하는 전통적인 거대 방산을 대체하여 데이터 플랫폼 기반 무기체계의 통합과 군사체계 전환을 주도하고 있다. 이어지는 제3절과 제4절에서는 프로젝트 메이븐과 러-우 전쟁을 사례로 국방 AI 전환이 가진 전환적 쟁점과 디지털 군사혁신의 과제를 검토한다.

3. 국방 인공지능 전환의 기원: 프로젝트 메이븐

2012년 발표된 '자율무기체계AWS 지침'은 국방 AI 전환의 출발점이다(DoDD, 2012). 같은 해 미 국방부 국방과학위원회DSB는 국방체계에서 자율성의 역할에 대한 TF 보고서를 발행했다. 자율무기의 개념과 임무에 대한 두 개의 보고서에 따라 2013년에는 2038년을 목표로 중장기 무인체계Unmanned system 연구 및 획득에 대한 로드맵 전략이 수립되었다.[5] 2014년 국방혁신구상DII과 제3차 상쇄전략offset이 발표되면서 자율무기의 연구개발 및 군사혁신이 본격화되었다. 상업 기술의 파이프라인CTP 역할을 하는 비전통적 혁신기구non-traditional innovation organization인 국방혁신실험단DIUx이 신설되었다. 국방혁신실험단은 프로젝트 메이븐Project Maven으로 불리는 2017년 알고리즘전 복합기능팀CFT을 주관했다(DSD, 2017). 2018년부터 AI, 클라우드, 디지털 공학, 디지털 현대화, 데이터, 소프트웨어 등 국방 디지털 전환Defense DX 전략이 발표되고 2023년 「데이터, 분석, 인공지능 채택 전략」으로 통합되었다(DoD, 2023a).

2012년은 왜 국방 AI 전환의 기원이 되었는가? 자동화, 무인화를 넘어 군사체계의 자율화를 목적으로 하는 국방 AI 전환과 제3차 상쇄전략은 어떤 인과

5 물론 이전에도 UAV 체계의 활용·통합을 위한 문서가 발간되었다. 일례로 2008년 미 육군은 'Army Unmanned Aircrft Systems Operations(FM3-04.155, 2008)을 발간했고, 2009년 'Unmanned System Integrated Roadmap FY 2009-2034'(SoD, 2009), 그리고 2010년 'Eyes of the Army: US Army Roadmap for Unmanned Aircraft Systems, 2010-2035'(US Army, 2010) 등이 발간되었다.

표 8-2 미국의 국방 AI 전환 전략 및 정책(2012~2024)

구분	국방 AI 전환 전략 및 정책	비고
2012	자우율무기 지침(Autonomy in Weapon System) TF Report: The Role of Automomy in DoD Systems	DoDD 3000.09 DSB(2012)
2013	The Unmanned Systems Integrated Roadmap, 2013-2038	DoD(2014)
2014	Defense Innovation Initiatives	SoD(2014)
2015	The 3rd Offset Strategy, 국방혁신실험단(DIUx) 설치	
2017	Estabilishment of an Algorithmic Warfare Cross-Fuctional Team(Project Maven)	DSD(2017)
2018	AI Strategy, Cloud Strategy, Digital Engineering Strategy 국방혁신단(DIU) 확대 개편, 국가안보혁신네트워크	DoD(2018a) DoD(2018b) DoD(2018c)
2019	Digital Modernization Strategy	DoD(2019)
2020	Data Strategy	DoD(2020)
2022	Software Strategy	DoD(2022)
2023	Data, Analytics and AI Adoption Strategy	DoD(2023b)
2024	National Defense Industrial Strategy	

자료: 저자 작성

관계가 있는가? 2012년 '자율무기체계 지침'을 시작으로 단계적·통합적으로 진전되어 온 미국의 국방 AI 전환 전략은 ① 무인체계, 자동무기의 증가에 따른 운용적 필요와 ② 강대국 군비경쟁이라는 전략적 목적이 변수로 작용했다.

2012년 군사체계의 자율화 개념과 전략이 본격 논의되기 시작한 것은 9·11 이후 급격하게 증가한 무인체계의 운용적 과제를 해결하기 위해서다. **그림 8-1**에서 보는 바와 같이, UAV 예산은 2001년 아프카니스탄 전쟁, 2003년 이라크 전쟁 이후 급격하게 증가했다. 2001년부터 10년까지 8년간 UAV는 양적으로 40배 증가했다. 획득, 연구개발 및 운용·유지 비용도 1988년부터 2000년까지 39억 달러에서 260억 달러로 증가했다(Gertler, 2012: 13). UAV 군사적 운용이 증가한 것은 원격조정과 체계기술이 발전하면서 무인기의 작전적·전술적 효과성이 증대했기 때문이다. ① UAV의 임무 범위는 전술정찰에서 우주를 포함

그림 8-1 UAV 예산 추이(상) 및 운영 인력 소요(하)

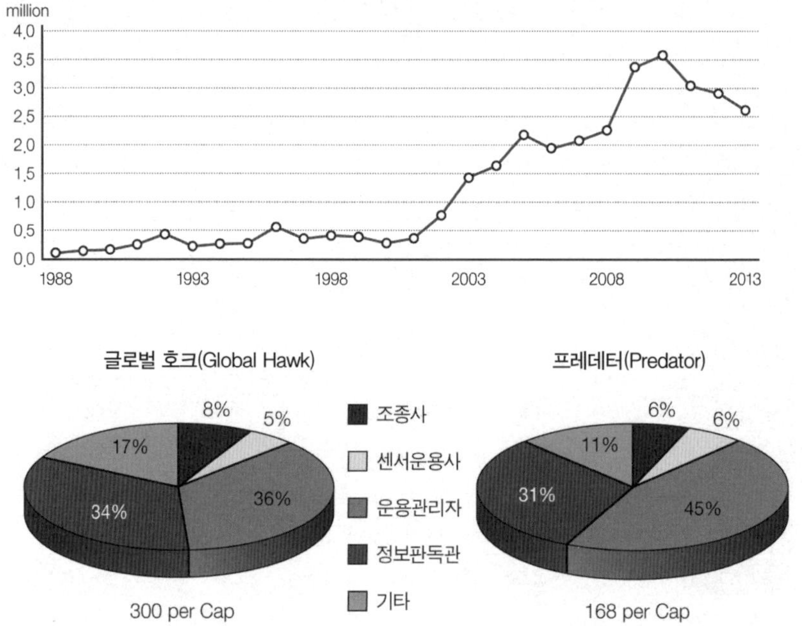

자료: Gertler(2012: 12); DSB(2012: 58) 참조

하는 광범위한 정보감시 및 정찰ISR로 확장되었다. 조종사의 신체적 손실과 제약 없이, 작전적·지역적 수요에 따라 특화된 조종사를 운용함으로써 작전의 지속성이 확대되었다. 감시정찰과 공격 기능이 통합되면서 비정규·비대칭 전쟁에서 고가치표적HVT을 확보하고 타격하는 수단으로 활용되었다.

그러나 무인체계의 증가는 오히려 운용 인력과 비용을 증가시키는 과제를 수반했다. 글로벌 호크와 프레데터의 전투항공순찰CAP에는 300명과 168명의 병력이 소요되었다(**그림 8-1** 참조). 관리 인력maintainers 및 정보분석exploiters 병력이 소요 인력의 80% 이상을 차지한다(DSB, 2012: 57~59). 이 때문에 2012년 국방과학위원회 TF는 지상·공중·해상 및 우주의 무인체계가 병력을 대체한다는 '대체신화Substitution Myth'에서 벗어날 것을 강조했다.

무인체계의 증가에 비례하여 증가하는 정보 분석 인력 역시 지속 가능하지 않은 문제였다. 2003년 이라크전에서 무인기는 알카에다의 조직을 탐지하고 방어·공격하는 표적주기targeting cycle를 혁신하는 수단이 되었다. TF714는 심문, 감청, 오픈소스, 인공위성과 UAV에 의해 수집된 광범위한 정보를 수평적인 정보 거버넌스에서 통합 분석함으로써 F3EAD[6] 주기를 단축했다(Collins, 2021). 무인기는 낮은 비용으로 24시간 지속적 감시정찰을 통해 고가치 표적주기를 단축했다. 그러나 수집 정보의 양이 증가하면서 더 많은 정보 분석 인력이 필요해졌다. 2011년 중부사령부가 무인기에 의해 수집한 동영상FMV은 32만 7,000시간(약 37년) 분량으로, 2017년까지 70만으로 늘어날 것으로 전망되었다(Shultz and Clarke, 2020). UAV는 작전적·전술적 정보 획득을 혁신했지만 노동집약적 정보 과정의 혁신 없이는 UAV에 비례하여 병력을 증원해야 하는 '불편한 놀라움ugly superise'의 문제가 대두되었다.

2012년 출범한 시진핑 체제가 주변 분쟁에 공세적으로 대응하고, 2014년 러시아의 크림반도 합병은 강대국 경쟁에 대응하는 제3차 상쇄전략의 기원이 되었다(Gengile et al., 2021). 제3차 상쇄전략은 UAV 증가에 따른 노동집약적 정보 과정의 혁신, 파괴적 신기술의 군사적 활용은 물론 강대국 경쟁의 우위를 위한 AI 군사혁신AI-powered RMA을 촉진했다. 2016년 10월 USDI에 설치된 자동화 작업 그룹은 다출처 데이터와 지형정보를 결합하는 혁신을 위해 민간 기술의 활용 필요성을 제기했다. 이를 위해 국방혁신실험단(2015), 육군미래사령부(2018) 등 비전통적 혁신기구가 설치되었다.

2017년 4월에는 '프로젝트 메이븐'으로 약칭되는 '알고리즘전 교차기능팀AWCFT'이 설치되었다(DSD, 2017). 프로젝트 메이븐의 일차적 목표는 FMV-PED

6 PED는 정보 과정의 처리(Processing), 활용(Exploitation), 배포(Disseminate)를 의미하며 F3EAD는 탐지(Find)-결정(Fix)-종결(Finish)-확대(Exploit)-분석(Analyze)-배포(Disseminate) 과정으로서, 2017년 알고리즘전으로 알려진 프로젝트 메이븐(Project Maven)의 출발점이 되었다(DSD, 2017).

의 자동화를 위해 알고리즘 기술을 혁신하는 것이다. 프로젝트 메이븐은 인공지능과 기계학습 기술의 군사적 활용의 선도적 실험대가 되었다. 프로젝트 메이븐은 컴퓨터 비전기술을 통해 FMV-PED 과정의 효율성을 세 배 이상 증가시켰다(Hogue, 2021: 206). 디지털 정보 분석의 효율성을 혁신하기 위해 프로젝트 메이븐은 다출처·이질적 정보를 통합하고 메타 데이터를 집중·공유하는 시스템을 구축했다. 메타 데이터를 융합하여 분석하는 디지털 타깃팅digital targeting 기술은 시야, 디지털 표적의 한계를 넘어 AI 디지털 타깃팅AI powered targeting의 정밀성과 신속성을 비약적으로 증대시켰다. AI 기반 디지털 타깃팅은 중국의 비대칭 억지력에 대응하여 육해공 및 우주·사이버 도메인의 통합적 합동전영역작전JADO작전을 실현하는 AI 기반 C5ISR 체계의 핵심 플랫폼이다(Hogue, 2021: 205~207).

국방 빅데이터를 수집하여 AI 분석에 활용하는 프로젝트 메이븐의 혁신은 군-빅테크Military-Big Tech의 협력을 통해 진전되었다. 프로젝트 메이븐을 주도한 주체는 민간 주도 기술의 군사적 도입을 위해 설치된 국방혁신단이다. 미 국방부는 프로젝트 메이븐 추진을 위해 구글, 아마존, 마이크로소프트Microsoft, 레벨리온 디펜스Rebellion Defense, 클래리파이Clarifai, 큐빅Cubic Corporation 등 빅테크 기업과 계약했다(González, 2023: 5).[7] 이후 프로젝트 메이븐을 수행한 기업은 AI 기반 디지털 타깃팅을 주도하고 있는 팔란티어Palantir다.[8] 팔란티어는 프로젝트 메이븐을 수주하면서 데이터 분석을 넘어 AI 기반 다출처 정보의 융합, 예측을 주도하는 국방 유니콘으로 성장했고, 러-우 전쟁에서 메이븐 시스템

7 2018년 구글 내부 폭로와 시위에 의해 2019년 3월 프로젝트 메이븐 계약을 종료했다. 그러나 구글의 국방 관련 계약이 중단되지 않았으며, 2022년 100억 달러 규모의 합동전투클라우드(JWCC) 사업을 MS, 아마존, 오라클과 수주했고, 프로젝트 메이븐 계약 당시 알파벳 그룹의 회장이었던 에릭 슈미트는 국방 벤처캐피털 및 2024년 AI 군용드론 회사인 화이트 스토크를 설립했다.

8 팔란티어는 UAV의 운용적 과제가 제기되던 2009년 처음 데이터 분석 소프트웨어를 특수전사령부에 납품하면서 성장했다.

기반의 인공지능전, 데이터 중심 작전Data-centric warfare을 시험했다.[9] 2024년 팔란티어는 미 육군과 4억 8,000만 달러 규모의 신규 계약을 체결하였고 향후 다섯 개 전투사령부로 확대하여 통합합동전영역지휘CJADC2 체계의 기반이 될 것이다(Albon, 2024).

AI의 디지털 기반을 구축하기 위해 디지털 군사혁신 체계의 포괄적인 개혁이 추진되었다. 2017년 트럼프 행정부의 '국가안보전략'은 기존 방위산업 기반을 국가안보혁신기반NSIB로 재정의하고, 군 획득기관, 방위산업, 대학기관의 협력적 연계를 강화했다. 소프트웨어 중심의 디지털 획득 체계의 혁신도 추진되었다. 2020년 전통적 국방 획득 체계에 신속 획득MTA, 소프트웨어 획득, 서비스 획득을 추가한 '적응적 무기 획득 프레임워크AAF'를 제도화했다. AAF는 민간 주도의 혁신기술의 전력화를 위해 연구-시제품-생산-방산 기반의 규모화를 유연화하여 획득 과정에서 발생하는 기술적 진부화와 죽음의 계곡death balley of acqusition을 해결하는 것이다(DoD, 2023: 4~5). 디지털 기술의 신속한 획득을 위해 체계와 소프트웨어를 분리하여 획득하는 혁신도 포함되었다(Allen and Goldston, 2024).

4. 국방 인공지능의 디지털 기반: 러-우 전쟁의 교훈

그러나 최초의 인공지능 전쟁인 러-우 전쟁은 '불편한 놀라움'이 재현되었다. 핵무기를 보유한 초강대국 러시아와 약소국인 우크라이나의 전쟁은 소모적 장기전이 되었다. 초음속무기, 우주 기반 정보·감시·정찰, 상업위성 기반 네트워크 통신, AI가 지원하는 스마트 드론, 안티드론 무기, 그리고 디지털 킬체

9 2022년 5월 러시아군 안드레이 시모노프 사단장 등 초정밀 타격의 성과는 18공수군단이 지원하는 표적정보에 의한 것으로, 메이븐 시스템이 사용되었다고 알려져 있다.

인 등 최첨단 무기의 등장에도 불구하고 전쟁은 참호전으로 회귀했다(Biddle, 2023). 드론, 우주 기반 감시·정찰과 초정밀 타격 무기는 전차를 위협하는 게임 체인저가 되지 못했다. 러-우 전쟁 1년간 러시아와 우크라이나의 손실률은 각각 50~96%, 최대 51% 수준으로 1943년 113%, 1944년 122%였던 독일 전차의 손실률과 비교하면 혁명적 변화는 아니다(Biddle, 2023: 155). 디지털 타깃팅을 활용한 포병작전의 치명성 역시 혁명적이지 않았다. 러시아 사상자의 85%는 포병공격에 의해 발생했다. 우크라이나가 사용한 165만 발의 포탄을 고려하면 100발당 8명의 사상자가 발생했다. 제2차 세계대전 중 100발당 3명의 사상자가 발생한 것과 비교하면 혁명적 이탈이 아닌 점진적 확장이다(Biddle, 2023: 156~157). 러-우 전쟁이 미래전이 아닌 공격적 기동과 방어적 교착이 반복되는 소모적 근대전으로 회귀한 것은 AI가 전장의 게임체인저가 되기 위한 디지털 기반에 대한 교훈을 제공한다.

우선 AI 지원 무기는 혁명적 방식이 아닌 진화적 방식으로 혁신되어 전장에서 활용되었다. 드론은 센서-슈터 체계를 통합하여 전장을 변화시켰다. 팔란티어가 제공한 소프트웨어는 휴민트, 테킨트는 물론 드론, 상업위성, 공개정보 등 다출처 전장 정보를 융합하여 디지털 킬체인 기반으로 활용되었다. 러-우 전쟁 초기 러시아와의 군사적 비대칭에도 불구하고 우크라이나는 상업 드론과 소프트웨어를 비대칭 수단으로 활용했다. 작고, 저렴하며, 많고, 스마트한 드론의 경제성은 러시아의 공격적 기동을 방어하는 데 효과적으로 활용되었고, 값싸고 스마트한 무기를 고가의 요격체계로 방어해야 하는 기술적이고 비용적인 면에서의 비대칭의 모순도 심화되었다.

그러나 러-우 전쟁에서 AI 무기는 양국 모두에게 군사적 우위 수단이 되지 못했다. AI와 OODA 루프 체계의 동시적·비례적 혁신이 수반되지 않았기 때문이다. 러-우 양국 모두 감시정찰(O), 정보판단(O)의 AI 디지털 기반이 구축되지 않았다. 디지털 킬체인의 성능과 효과성은 실시간으로 수집·분석·융합된 전장 정보 데이터에 비례한다. 그러나 우크라이나는 물론 러시아 역시 전술적·

작전적 전구에 대한 통합적인 정보, 감시 및 정찰 자산 및 상업위성, 공개정보 활용 기반을 구축하지 못했다. 이 때문에 초음속 타격 무기를 보유한 러시아조차 전선battle line 차원의 방공작전에서는 우세했지만 장거리·고가치 표적에 대해서는 실시간, 전면적으로 우세하지 못했다(Pettyjohn, 2024). 드론의 자율성도 제한적이었다. 경제성, 범용성으로 광범위하게 활용된 FPV 드론은 정보적·전술적 가치를 증명했지만 그 역할은 제한적 전장에서 상황인식, 표적 확보로 제한되었다. 군집swam이 아니라 원격조정stacks으로 운영되면서 드론의 전략적 가치는 운용자의 수와 숙련도에 의존했다. 장기간 지속되고 있는 교착적 참호전은 드론이 제공한 정보, 감시 및 정찰의 비대칭적 혁신 능력이 제한되었기 때문이다. 군사적 표적에 대한 반복 학습과 AI 증폭AI amplification은 엄폐, 은폐, 은닉 등 전통적 생존작전의 취약성을 심화할 것으로 전망되었다(King, 2024). 그러나 표적을 증폭·분석하는 능력은 제한되었고, 미인식, 데이터 편향, 또한 부정확성의 문제도 있었다. 모든 표적을 데이터화하여 식별하고, 지리정보와 융합하여 우선순위에 따라 타격 수단을 추천하는 디지털 킬체인은 전장 정보를 데이터화할 수 있는 디지털 기반에 의존한다.

타격 수단으로서 AI 활용은 더 제한적이다. AI의 무기화는 데이터 기반 살인 도구data-driven killing apparatus가 될 수도 있다. 그러나 러-우 전쟁에서 AI 지원 무기는 포병 우세, 항공 우세를 대체하는 타격 수단이라기보다 소모성 무기attritable munition로 활용되었다. 소모성 무기로 활용된 드론은 일부 화력 수단을 보완했지만, 대량의 포병 화력을 대체하지 못했다. 드론 우세가 공중 위협을 방어하고 항공력을 대체하지도 못했다. 무인체계는 우주 및 항공 우세를 구성하는 일부일 뿐 항공력을 대체하려면 질적 우위는 물론 상대국의 드론 전력에 대해 양적 회복력quantitative resilience이 충족되어야 한다.

둘째, AI 무기가 소모적 무기로 사용된 것은 비용 때문이다. **그림 8-2**는 러-우 전쟁에서 러시아가 사용한 장거리 공격 드론과 미사일의 양적 추세다. 2022년 9월부터 2024년 12월까지 사용된 1만 9,000발의 장거리 공격 무기에

그림 8-2 러시아의 드론 및 미사일 공격(2022.9~2024.12)

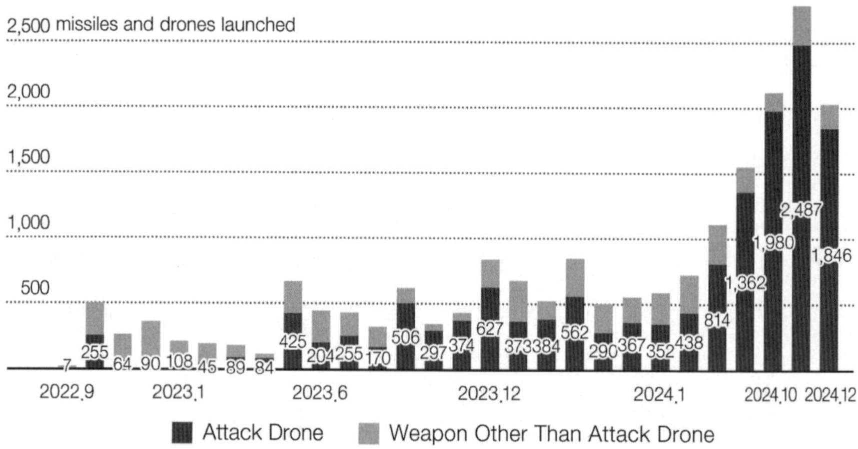

자료: Hollenbeck et al.(2025) 재인용

서 드론은 77.3%인 1만 4,700발이 사용되었다. 공격 드론 사용이 급증한 것은 3만 5,000달러 수준인 샤헤드Shahed 드론과 비교하여 초음속미사일인 킨잘 1,500만 달러, 이스칸데르-M 200만 달러, 이스칸데르-K 100만 달러, 상대적으로 저렴한 Kh-59 미사일도 50만 달러로 고가이기 때문이다(Hollenbeck et al., 2025). 반면 요격 성공률을 고려하면 표적 타격의 단위비용은 변화한다. 성공률이 74%인 킨잘의 경우 표적 타격의 단위비용은 2,000만 달러, 성공률이 90%와 36%인 이스칸데르-M과 K가 각각 220만, 274만 달러다. 반면 성공률이 29%에 불과한 Kh-59의 경우 단위비용은 174만 달러로 상승한다. 샤헤드 공격 드론의 경우 성공률이 10%에 불과하다. 조달 비용은 3만 5,000달러로 저렴하지만 성공률을 고려한 표적 타격 단위비용은 35만 달러로 10배 이상 증가한다. 대량의 공격 드론을 요격하기 위해 고가의 요격미사일을 소모해야 하는 비용의 비대칭성, 사회 기반 시설에 대한 무차별적 공격이 사회혼란을 야기할 수 있지만 적당히 스마트한 드론이 고가치 표적을 효율적으로 타격하는 것은 제한적이다.

AI로 강화된 무인체계를 전략적 무기로 사용할지, 소모적 무기로 사용할지의 판단은 전략-비용의 균형점에 달려 있다. 자동화, 무인화 단계의 무인체계에 고도화된 센서, 네트워크 통신에 AI 기술을 적용하는 것은 비용의 증가를 수반한다. 미군이 운용하는 주요 UAV의 경우, 평균 획득 비용이 2,800만 달러인 MQ-9 리퍼에서 1억 6,260만 달러인 MQ-4C 트리톤까지 다양하다(Heim and Kerr, 2022). 록히드마틴에서 제작한 RQ-170 센티니얼의 경우 600만 달러로 알려져 있다. UAV의 대당 획득 가격이 다른 이유는 임무 목적에 따라 센서 체계, 타격 능력, 그리고 인공지능 능력이 다르기 때문이다. **표 8-2**에서 보는 바와 같이, 대형 UAV 장거리, 장기간, 다목적 임무로 인해 고가이지만 RQ-170의 경우 감시정찰 임무에 국한되었기 때문에 가격을 낮출 수 있었다. 그러나 무인체계의 획득 비용은 유인체계에 비해 낮지만 높은 사고율, 손실률 등을 고려하면 총수명주기 비용의 차이는 감소한다. 1998년~2021년까지 UAV의 10만 시간 기준 사고율은 3.97로 유인기 2.06에 비해 92% 높다(Hoehn and Kerr, 2022: 2). 낮은 획득 비용과 높은 사고율은 UAV의 비용효과를 상쇄한다. 유인체계 대비 무인체계의 비용상의 우위는 오히려 장기간 운용해야 확보될 수 있다.

자율화된 무인체계의 획득 및 운용 비용은 전략적 무기 또는 소모성 무기attritable aircraft의 능력과 용도를 결정하는 가장 중요한 요인이다. 2025년 미 국방부는 국방고등연구계획국DARPA이 주관해 온 공중전진화사업ACE, 협력작전CODE, 공군연구소의 소모성 항공기LCAAT, 스카이보그 등 여섯 개 사업을 '협력적전투항공기CCA' 사업으로 통합하고 5년간 89억 달러의 예산을 배정했다(Allen and Goldston, 2024). 2023년 8월 공개되어 국방혁신단DIU이 주도하고 있는 '리플리케이터 구상Replicator Initiative'은 2025년까지 수천 대의 무인 시스템을 배치하는 사업이다(Sayler, 2024). 리플리케이터 구상의 목표는 대량의 무인기를 통해 중국의 A2/AD 전력을 침식하는 것이다. 2024년 9월에는 반무인체계C-UAV 작전을 위한 리플리케이터-2 사업이 추가되었다. 성능과 비용의 상호 배타적인 균형점은 아직 결정되지 않았다. 무인기를 소모성 무기로 활용하기 위해서는 손

표 8-2 미군 운용 주요 UAV 현황(2022년 가격 기준)

구분	길이 및 날개(m)	가격(백만 달러)	사고율(%)
MQ-1C Gray Eagle	8.53 / 17.06	92.9	6.26
MQ-9 Reaper	10.97 / 20.11	28	2.32
MQ-25 Stingray	15.54 / 22.86	121	
RQ-4 Global Hawk	14.32 / 39.89	141.1	2.89
MQ-4C Triton	14.32 / 39.89	162.6	
RQ-170 Sentinel	4.57 / 19.81	기밀 (6)	

1대당 획득 비용

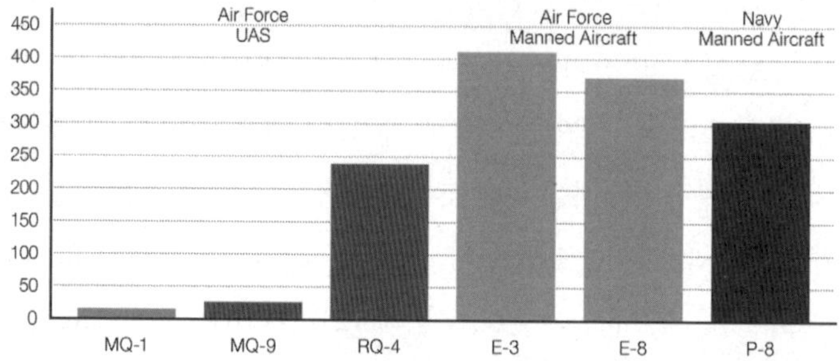

총수명주기 비용

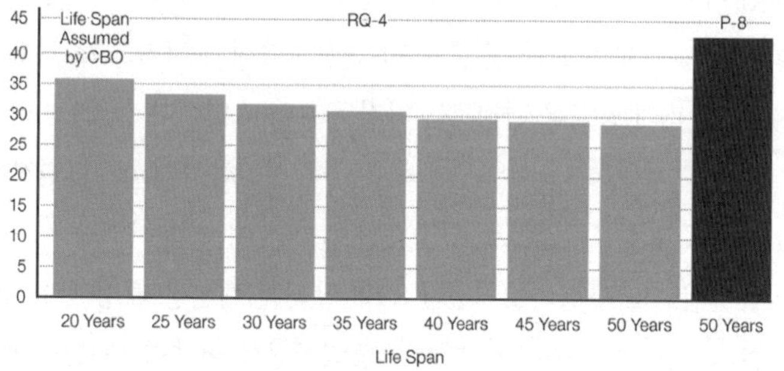

자료: CBO(2021); Hoehm et al. (2022) 재인용

실 비용에도 불구하고 전술적·작전적 목표에 이익이 있어야 한다. 즉, 자율무인체계가 유인체계에 비해 저렴한 비용으로 전략적 목표를 달성해야 한다. 미 국방부는 자율무인체계의 비용 범위를 200만 달러에서 2,000만 달러로 추진

했지만, 실제 비용은 2,500만~3,000만 달러로 전망된다(Allen and Goldston, 2024). 소모성 무인기의 직접비용뿐만 아니라 인공위성 기반 통신 네트워크, AI의 디지털 기반을 위한 투자도 고려해야 한다.

셋째, AI 군비경쟁과 전략적 적응의 문제다. AI의 무기화를 위한 군비경쟁에서 미국이 절대적인 우위에 있는 것은 아니다. 세계 각국이 추진하는 AI 군비경쟁은 절대적 우위를 상대적 우위나 비대칭 우위로 변화시킬 수 있다. 중국의 딥시크Deepseek는 오픈 AI의 10분의 1에 불과한 비용으로 챗 GPTChatGPT에 버금가는 AI 플랫폼을 구축했다. 중국 특색의 AI 혁신의 비결은 AI 산업이 인재 집약적인 산업이고, 목적 중심의 빅데이터를 구축하고 활용하는 효율성에 있다(Dunnmon, 2025). 무인화, 자동화가 진행되어 온 무기체계 가운데 군사적 데이터의 정형성, 신속성을 필요로 하는 센서-슈터 플랫폼의 인공지능화는 빠르게 진전될 것이다. 탄도미사일방어체계, 근접방어무기체계CIWS 등은 AI 기반 디지털 킬체인에 가장 빠르게 적용될 수 있다. 반면, 목적 지향적인 AI의 혁신은 불완전한 데이터가 적당히 스마트한 AI 리스크와 비례할 수도 있다.

AI의 무기화에 대응하는 기술적 경쟁과 작전적 적응 역시 AI 우위를 상쇄할 수 있다. 군사위성의 부재는 상업위성이 대체할 수 있고, 값비싸고 고도화된 드론은 유도미사일로 무력화할 수 있다. 저렴하고, 작고, 많은 드론은 레이저 및 전자기 무기에 의해 거부될 수 있다. GPS 기반 하이마스HIMARS 미사일은 러시아의 GPS 방해에 의해 교란될 수 있다. 탄도미사일 요격체계를 회피하기 위해 AI 기반 토마호크 미사일이 전력화되기도 했다. 군비경쟁의 수단은 기술적 수단에 그치지 않는다. 최초의 드론 전쟁인 러-우 전쟁이 참호전으로 회귀한 것은 분산, 엄폐, 은폐와 같은 전통적 생존작전이 첨단무기를 거부하는 데에도 유효하기 때문이었다. 노출된 대규모 작전의 리스크를 회피하는 작전적·전술적 적응이 첨단무기의 리스크를 상쇄했다. 반무인체계C-UAV를 위해 물리적·비물리적 안티드론 무기나 리플리케이터-2 사업과 같이 양적회복력quantitative resilience으로 대응할 수도 있다. 반인공지능 전략Counter-AI Strategy도 이미 개념화되었다(Thomas, 2020). 또한 전략 표적의 물리적인 엄폐, 은폐, 은닉 기술의 고도화를 통해 식별 물체를 오인식하는 AI 환각AI hallucination을 유도할 수 있다. 상대국이 어떤 목적으로 AI 기반을 활용하는지 식별하고 AI 체계의 오류를 유도하거나, 사이버 공격을 통해 데이터를 변조·탈취·파괴하여 AI 능력을 무력화할 수 있기 때문이다.

5. 결론 및 AI 군사혁신 과제

AI는 산업혁명, 정보혁명에 이어 전쟁 패러다임의 획기적인 역사 과정이다. 그러나 AI는 모든 것을 할 수 있는 전지전능한 능력이 아니다. 완벽한 AI의 무기화는 인공지능 ABC+α 체계의 동시적·병렬적 발전에 비례한다. 인공지능 ABC+α 체계의 기술적 제약, 재정적 여건, 윤리적 논쟁을 고려할 때 AI의 무기화는 장기적·점진적 과정이 될 것이다. AI의 무기화가 AI 비대칭 전략, AI 억지를 수반하는 군비경쟁 과정이라는 점도 중요하다. AI 군비경쟁은 강대국이 일방적인 우위에 있는 경쟁 영역이 아니다. 강대국이 주도하는 AI 군비경쟁은 AI 억지력AI deterrence을 목적으로 계속될 것이고, 한편으로, 디지털 리스크를 무기화하는 AI 비대칭 전략도 본격화될 것이다. 또한 AI를 통한 군사적 우위와 비대칭 리스크는 안보 딜레마를 심화하면서 AI 군비경쟁을 지속시키는 요인이다. 이를 고려하면 AI 지원 살상무기AI-enabled Lethal Weapons를 OODA에 통합하는 과정보다 정보전, 심리전, 인지전 등 AI 지원 비살상무기AI-enabled Un-lethal Weapons의 리스크가 창발적으로 진전될 것이다. AI 기반 군사체계를 군사적 우위의 수단으로 활용하기 위한 AI 군사혁신의 과제는 세 가지로 요약할 수 있다.

첫째, AI 군사혁신은 전략적 목적을 충족하는 국방 AI 전환을 위해 민간 주도의 기술을 수용하는 과정이다. AI 군사혁신은 산업혁명, 정보혁명 이후 군

그림 8-3 국방 AI 전환과 디지털 로-하이 믹스

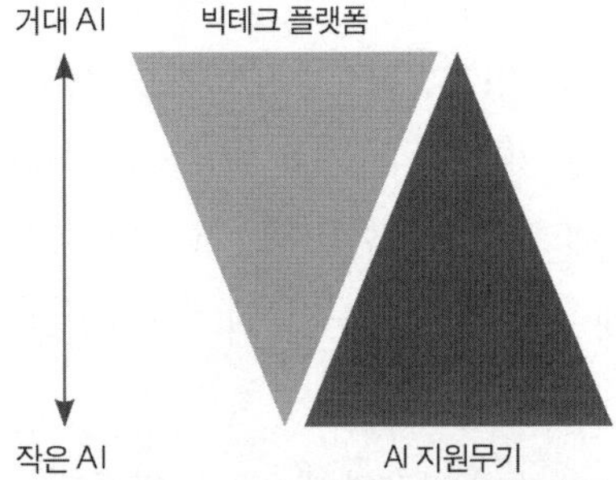

	플랫폼 통합 수준	
	높음	낮음
높음	디지털 하이	디지털 미들
낮음	디지털 미들	디지털 로우

자료: 저자 작성

이 주도했던 군사혁신과는 다르다. 알고리즘, 빅데이터, 클라우드 등 AI 기술 성단은 전적으로 민간 주도의 기술이다. 미 국방부가 민간 기술의 군 수용을 위해 설치한 국방혁신단 등 비전통적 혁신 기구의 역할을 상업 기술의 파이프라인CTP으로 정의한 것은 빅테크 주도 혁신기술의 적용 속도를 높이기 위해서다. 민간 주도 기술의 군사적 활용의 효과성을 위해서는 군-빅테크 관계의 재편은 물론 소프트웨어 등 디지털 국방 획득 체계의 개편이 필요하다. 또한 혁신성, 신속성, 소모성을 충족하는 디지털 무기체계의 양적 회복성을 위해서는 디지털 방산 기반의 규모화가 수반되어야 한다. 반도체 공급망, 데이터 안보, 사이버 안보 및 통합적 디지털 상호운용성을 위해서는 동맹 및 동지국과의 다자 안보 협력 플랫폼을 확대할 필요가 있다.

둘째, 전략-비용 합리적인 국방 AI 전환에 따라 디지털 로-하이 믹스 전략을 추진할 필요가 있다. 기술, 시간, 자원이 소요되는 국방 AI 전환은 AI 지원 능력AI powered capability와 네트워크 통합 및 상호운용성에 따라 **그림** 8-3과 같이 구

분할 수 있다. 빅데이터와 클라우드 네트워크에 비례하는 AI 능력을 모든 무기체계에 동시적·병렬적으로 적용하는 것은 불가능하다. 따라서 전략적·전술적 우선순위에 따라 단계적·점진적으로 도입하고, 이를 클라우드 네트워크에서 상호 운용할 수 있는 자율무기체계와 연동할 수 있다. 감시정찰-정보판단 및 AI 기반 지휘결심 체제 구축을 우선하되, AI-네트워크 통합 수준에 따라 디지털 로-하이 믹스 개념에 따라 군사체계의 국방 AI 전환의 효과성과 효율성의 균형점을 검토해야 한다.

셋째, AI 리스크 및 비대칭 전략에 대응하는 것이다. AI 군비경쟁도 비대칭 군사전략의 영역이다. 러-우 전쟁에서 현실화된 바와 같이 AI 무기 역시 강대국이 일방적인 우위의 영역이 아니다. 1990년대 디지털 전환은 약소국도 상대적으로 적은 비용으로 강대국의 디지털 기반을 탈취·마비·파괴하는 사이버 리스크를 수반했다. 제한적 데이터를 작고, 값싸고, 많은 수의 디지털 플랫폼에 적용한 적당히 스마트한 무기moderately smart AI weapons도 막대한 비용을 부과하는 비대칭 수단이 될 수 있다. 적당히 스마트한 비대칭 무기를 억지·방어하기 위해 강대국은 비대칭적 비용을 감당해야 한다. 약소국은 AI 비대칭 무기를 사용하여 대군사 목표를 간접적으로 공격하거나, AI 기술 성단을 구성하는 사회 전반의 디지털 시설을 공격할 수 있다. AI의 디지털 기반은 모두 사이버, 전자기 공격에 노출되어 있다. AI의 학습 기반인 데이터를 왜곡·변조하는 비물리적 공격은 물론 데이터 센터, 해저케이블, 전력 기반에 대한 물리적 공격 모두 AI 군사체계에 영향을 미친다. 전방과 후방, 시민과 군인, 살상무기와 비살상무기 등 전쟁의 경계가 소멸되고 있는 가운데, 비대칭-비전통 위협, 물리적-비물리적 공간이 상호 연계된 디지털 리스크digital risk는 국방 디지털 전환에 있어서 중대한 위협이다. 이는 AI의 디지털 기반에 연결되어 있는 ABC+α 체계의 개별적·통합적 리스크가 군대는 물론 사회 전반에 대한 리스크와 연계되어 있음을 의미한다.

AI 사이버 무기AI Cyber Weapons는 AI 기술 성단과 달리 저렴한 비용과 기술적 특성으로 인해 무기화의 속도가 빠르다. AI 체계의 복잡성과 개방성, 연결성은 모두 사이버 공격의 대상이 될 수 있다. 전략정보는 물론 개인정보, 공개정보의 빅데이터를 수집·저장·분석·활용해야 하는 AI 체계의 특성상 데이터를 왜곡·파괴·조작하는 '데이터 무기Data Weapons'도 개발될 것이다. 데이터를 수집하는 사물인터넷, 센서 체계는 물론 네트워크 기반에 대한 공격도 포함된다.

특히, AI는 데이터에 기반하는 정보는 물론 생각하는 방식, 정보를 처리하고 지식으로 전환하는 인지 과정에 대한 공격 수단으로 활용될 수 있다. 인지전은 지식, 사고, 심리에 영향을 미침으로서 행동을 변화시키는 전략을 의미한다(전재성, 2024). 디지털 정보 기반이 확대됨에 따라 정보을 무기화하고, 공공 및 정부정책에 영향을 미쳐 사회적인 불안, 선동, 또는 여론을 조성하는 인지전의 가능성도 커지고 있다. 고도화되고 있는 딥페이크 기술은 왜곡된 정보, 가상의 현실을 구성하여 확산시킴으로서 심리적·사회적 혼란을 초래할 수 있다. AI의 알고리즘은 선택적 정보를 광범위한 사용자에게 노출시킬 수 있게 되면서 디지털 확증편향과 집단 동조를 강화하는 무기가 될 수 있다. 더구나 민주주의는 권위주의에 비해 정보, 데이터, 마음을 전장화하는 AI 비대칭 전략에 상대적으로 취약할 수 있기 때문이다.

김상배. 2007. 「글로벌 지식패권의 국내적 기원 미국형 네트워크국가론의 모색」. ≪한국정치학회보≫, 제41집 2호, 245~269쪽.

설인효·배학영. 2023. 「우크라이나 전쟁과 미래전: 인도-태평양 지역 및 한반도에 대한 함의」. ≪국방연구≫, 제66권 2호, 75~109쪽.

손한별. 2021. 「미국의 군사혁신과 상쇄전략: 장기 경쟁전략으로서 기술우위와 비용부과」. ≪한국국가전략≫,제17호, 45~83쪽.

송승종. 2023. 「우크라·러시아 전쟁에서 드론혁명 가능성 검토」. ≪한국군사≫, 제14호, 1~37쪽.

유재국. 2024. 「AI혁명에 부응한 선제적 전공급, 전력망 확충 긴요」. ≪국회입법조사처 이슈와 논점≫, 제2238호(5월 21일).

윤대엽. 2024. 「인공지능의 무기화 경쟁과 인공지능 군사혁신」. ≪국제정치논총≫,제64권 1호, 333~

369쪽.
장기영. 2024.「인공지능과 미래 안보에 대한 국제정치 이론적 전망: 국가 및 사회수준과 개인 수준을 중심으로」. ≪국제정치논총≫,제64권 1호, 7~41쪽.
전재성. 2024.「AI 기반 자율무기체계, 인지전의 발전과 군사안보질서의 변화」. ≪EAI 스페셜리포트: AI 신문명표준: 군사도전≫(9월 6일).
차정미. 2024.「기술은 전쟁을 어떻게 변화시키는가: 우크라이나 전쟁을 통해 본 기술혁신과 미래 전쟁」. ≪국가미래전략 Insight≫, 제115호(12월 9일). https://nafi.re.kr/new/report.do?mode=download&articleNo=9332&attachNo=7260 (검색일: 2025.1.20)

Abraham, Yuval. 2024. "Lavender: The AI Machine Directing Israel's Bombing Spree in Gaza." *+972 Magazine* (April 3) https://www.972mag.com/ lavender-ai-israeli-army-gaza/ (검색일: 2024.10.10)
Albon, Courtney. 2024. "Palantir Wins Contract to Expand Access to Project Maven AI Tools." C4ISRNET (May 31) https://www.c4isrnet.com/artificial-intelligence/2024/05/30/palantir-wins-contract-to-expand-access-to-project-maven-ai-tools/ (검색일: 2025.2.22)
Allen, Gregory C. and Isaac Goldston. 2024. "The Department of Defense's Collaborative Combat Aircraft Program: Good News, Bad News, and Unanswered Questions." CSIS (Aug. 06) https://www.csis.org/analysis/department-defenses-collaborative-combat-aircraft-program-good-news-bad-news-and (검색일: 2025.2.20)
Bergengruen, Vera. 2024. "How Tech Giants Turned Ukraine Into an AI War Lab." *TIME* (Feb. 08) https://time.com/6691662/ai-ukraine-war-palantir/ (검색일: 2025.1.12)
Biddle, Stephen. 2023. "Back in the Trenches: Why New Technology Hasn't Revoultionized Warfare in Ukraine." *Foreign Affairs*, Vol.102, No.5, pp.153~164.
CBO. 2021. "Usage Patterns and Costs of Unmanned Aerial Systems." (June) https://www.cbo.gov/publication/57260 (검색일: 2025.3.10)
Collins, Lian. 2021. "Rapid and Radical Adaptation in Counterinsurgency: Task Force 714 in Iraq." Modern War Institute (August 28) https://mwi.westpoint.edu/rapid-and-radical-adaptation-in-counterinsurgency-task-force-714-in-iraq/ (검색일: 2025.3.24)
DoD Directive 3000.09. 2012. "Autonomy in Weapon System." (Nov. 21) https://www.esd.whs.mil/portals/54/documents/dd/issuances/dodd/300009p.pdf (검색일: 2025.1.20)
DoD Instruction 5000.02. 2020. "Operation of the Adaptive Aqusition Framework." (June 23) https://www.esd.whs.mil/Portals/54/Documents/DD/issuances/dodi/500002p.PDF (검색일: 2025.2.20)
DoD. 2001. "Quadrennial Defense Review Report 2001." (Sep. 30) https://history.defense.gov/Portals/70/Documents/quadrennial/QDR2001.pdf?ver=AFts7axkH2zWUHncRd8yUg%3D%3D (검색일: 2025.3.17)
_____. 2018a. "Summary of the 2018 DoD AI Satrategy: Harnessing AI to Advance Our Secur-

ity and Prosperity." (Feb.) https://media.defense.gov/2019/feb/12/2002088963/-1/-1/1/summary-of-dod-ai-strategy.pdf (검색일: 2025.1.20)

_____. 2018b. "DoD Cloud Strategy." (December) https://media.defense.gov/2019/feb/04/2002085866/-1/-1/1/dod-cloud-strategy.pdf (검색일: 2025.1.20)

_____. 2018c. "Digital Engineering Strategy." (June) https://man.fas.org/eprint/digeng-2018.pdf (검색일: 2025.1.12)

_____. 2019. "DoD Digital Moderniation Strategy." (Jul. 12) https://media.defense.gov/2019/jul/12/2002156622/-1/-1/1/dod-digital-modernization-strategy-2019.pdf (검색일: 2025.1.12)

_____. 2020. "DoD Data Straegy." (Sep.30) https://media.defense.gov/2020/Oct/08/2002514180/-1/-1/0/DOD-DATA-STRATEGY.PDF (검색일: 2025.1.20)

_____. 2022a. "DoD Software Modernization Strategy." (Feb. 01) https://media.defense.gov/2022/feb/03/2002932833/-1/-1/1/department-of-defense-software-modernization-strategy.pdf (검색일: 2025.1.20)

_____. 2022b. "National Security Strategy." (Oct.) https://bidenwhitehouse.archives.gov/wp-content/uploads/2022/11/8-November-Combined-PDF-for-Upload.pdf (검색일: 2025.2.13)

_____. 2023a. "Data, Analytics, and Artificial Intelligence Adoption Strategy." (June 27) https://media.defense.gov/2023/Nov/02/2003333300/-1/-1/1/DOD_DATA_ANALYTICS_AI_ADOPTION_STRATEGY.PDF (검색일: 2025.03.10)

_____. 2023b. "National Defense Science and Technology Strategy 2023." https://media.defense.gov/2023/May/09/2003218877/-1/-1/0/NDSTS-FINAL

Downey, Anthony. 2023. "Algorithmic Predictions and Pre-emptive Violence: Aritificial Intelligence and the Future of Unmanned Aerial Systems." *Digital War*, Vol.5, pp.123~133. https://doi.org/10.1057/s42984-023-00068-7

_____. 2024. "Algorithmic Predictions and Pre-emptive Violence: AI and the Future of Unmanned Aerial Systems." *Digital War*, No.5, pp.123~133.

DSB. 2012. "Task Force Report: The Role of Autonomy in DoD Systems." (July) https://apps.dtic.mil/sti/pdfs/ADA566864.pdf (검색일: 2025.1.20)

DSD(Deputy Secretary of Defense) Memorandum. 2017. "Establishment of an Algotithmic Warfare Cross-Functional Team(Project Maven)" (Apr. 27) https://www.govexec.com/media/gbc/docs/pdfs_edit/establishment_of_the_awcft_project_maven.pdf (검색일: 2015.2.12)

Dunnmon, Jared. 2025. "The Real Threat of Chinese AI: Why the US Needs to Lead the Open-Source Race." *Foreign Affairs* (Feb. 28) https://www.foreignaffairs.com/china/real-threat-chinese-ai (검색일: 2025.3.17)

Gentile, Gian et al. 2021. "A History of the Third Offset, 2014-2018. Santa Monica: RAND Cooperation." (Mar. 31) https://www.rand.org/pubs/research _reports/RRA454-1.html (검색일: 2025.3.20)

Gertler, Jeremiah. 2012. "US Unmanned Aerial Systems." CRS Report (Jan. 03) https://www.

congress.gov/crs-product/R42136 (검색일: 2025.3.17)

Goldfarb, Avi and Jon R. Lindsay. 2021/22. "Prediction and Judgement: Why Artificial Intelligence Increases the Importance of Humans in War." *International Security*, Vol.46, No.3, pp.7~50.

González, Roberto J. 2023. "Militarising Big Tech: The Rise of Silicon Valley's Digital Defense Industry." (Feb. 07) https://www.tni.org/en/article/militarising-big-tech (검색일: 2025.1.24)

______. 2024. "How Big Tech and Sillcon Valley are transforming the Military-Industrial Complex." Watson Institute for International and Public Affairs (April 17) https://watson.brown.edu/costsofwar/papers/2024/SiliconValley (검색일: 2024.12.20)

Guarasci, Dario and Mario Pianta. 2025. "Digital Technologies: Civilian vs. Military Trajectories." LEM Workinmg Paper (March) https://www.econstor.eu/bitstream/10419/315181/1/1920848150.pdf (검색일: 2025.3.17)

Hoehn, John R, Michael E. DeVine and Kelley M. Sayler. 2022. "Unmanned Aircraft Systems: Role, Missions, and Future Concepts." CRS R47188. (July 18) https://www.congress.gov/crs-product/R47188 (검색일: 2025.3.17)

Hoehn, John R. and Paul K. Kerr. 2022. "Unmanned Aircraft Systems: Current and Potential Programs." CRS R47067 (July 28) https://sgp.fas.org/crs/weapons/ R47067.pdf (검색일: 2025.3.20)

Hogue, Simon. 2021. "Project Maven, Big Data, and Ubiquitous Knowledge: The Impossible Promiese and Hidden Politics of Algorithmic Security Vision." in Alex Zavrsnik, Vasja Badalic (eds.). *Automating Crime Prevention, Surveillance, and Military Operations*. Switzerland: Springer.

Hollenbeck, Neil et al. 2025. "Calculating the Cost-Effectiveness of Russia's Drone Strikes." CSIS (Feb. 19) https://www.csis.org/analysis/calculating-cost-effectiveness-russias-drone-strikes (검색일: 2025.3.10)

Karp, Alexander C. 2023. "Our Openheimer Moment: The Creation of AI Weapons." *The New York TImes* (July 25) https://www.nytimes.com/2023/07/25/opinion/karp-palantir-artificial-intelligence.html (검색일: 2025.1.20)

Keane, John F. and Stephen S. Carr. 2013. "A Brief History of Early Unmanned Aircraft." *Johns Hopkins APL Technical Digest*, Vol.32, No.3, pp.558~571.

King, Antony. 2024. "Digital Targeting: Artificial Intelligence, Data, and Military Intelligence." *Journal of Global Security Studies*, Vol.9, No.2, pp.1~16. https://doi.org/10.1093/jogss/ogae009 (검색일: 2024.12.20)

Larson, Jacob et al. 2024. "The Evolution of AI Spending by the US Government." Brookings Research (March 26) https://www.brookings.edu/articles/the-evolution-of-artificial-intelligence-ai- spending-by-the-u-s-government/ (검색일: 2024.10.10)

Leese, Bryan. 2023. "The Cold War Computer Arms Race." *Journal of Advanded Military*

Studies, Vol. 14, No. 2, pp. 102~120.

OUSD. 2024. "Program Acquisition Cost by Weapon System: DoD Fiscal Year 2025 Budget Request." (March) https://comptroller.defense.gov/Portals/45/Documents/defbudget/FY2025/FY2025_Weapons.pdf (검색일: 2025. 3. 10)

Peterson, Becky. 2019. "Palantir Grabbed Project Maven: Defense Contract after Google Left the Program." Business Insider (Dec. 11). https://www.businessinsider.com/palantir-took-over-from-google-on-project-maven-2019-12 (검색일: 2025. 2. 22)

Pettyjohn, Stacie. 2024. "Evolution Not Revolution: Drone Warfare in Russia's 2022 Invasion of Ukraine." (Feb. 08) https://www.cnas.org/publications/reports/evolution-not-revolution (검색일: 2025. 2. 25)

Samus, Mykhailo. 2024. "Russia's War in Ukraine: Drone-Centric Warfare." International Center for Defense and Security (Jan. 15) https://icds.ee/en/russias-war-in-ukraine-drone-centric-warfare/ (검색일: 2025. 1. 20)

Sayler, Kelley, M. 2024. "DoD Replicator Initiative: Background and Issue for Congress." (Dec. 02) CRS. https://www.congress.gov/crs-product/IF12611 (검색일: 2025. 2. 20)

Scharre, Paul. 2024. "The Perilous Coming Age of AI Warfare: How to Limit the Threat of Autonomus Weapons." *Foreign Affairs* (Feb 29). https://www.foreignaffairs.com/ukraine/perilous-coming-age-ai-warfare?check_logged_in=1 (검색일: 2024. 10. 10)

Shah, Raj M. and Christopher Kirchhoff. 2024. *Unit X: How the Pentagon and Sillcon Valley are Transforming the Future of War.* New York: Scribner.

Shultz, Richard. 2016. Military Innovation in War: It Takes a Learning Organization. MacDill, FL: Joint Special Operations University.

Shultz, Richard H. and Rechard D. Clarke. 2020. "Big Data at War: Sepcial Operations Forces, Project Maven, and Twenty-First-Century Warfare." Modern ar Institute (Aug. 25) https://mwi.westpoint.edu/big-data-at-war-special-operations-forces-project-maven-and-twenty-first-century-warfare/ (검색일: 2025. 3. 22)

SoD. 2014. "Unmanned Systems Integrated Roadmap, FY 2013-2038." (Jan.) https://apps.dtic.mil/sti/pdfs/ADA592015.pdf (검색일: 2025. 1. 20)

Stanford IHAI(Standford Institute for Huma-centered AI). 2024. "Artificial Intelligence Index Report 2024." https://aiindex.stanford.edu/ (검색일: 2025. 1. 12)

Thomas, M.A. 2020. "Time for a Counter-AI Strategy." *Satrategic Studies Quarterlty,* (Spring), pp. 3~8.

9 인공지능 글로벌 규제 거버넌스의 국제정치

경쟁과 협력의 다층적 지형

이수연 | 서울대학교

1. 들어가며

2022년 11월 오픈 AI가 공개한 생성형 인공지능Generative AI인 챗 GPT는 기존의 AI 기술과 달리, 전 세계적인 반향을 일으켰다. 무료 버전 공개로 일주일 만에 100만 명이 넘는 사용자를 확보하면서 AI 기술 개발 열풍이 시작되었다. 마이크로소프트의 빙Bing, 구글의 바드Bard 등이 잇달아 챗 GPT와 경쟁하기 위해 등장하였다. 이후 오픈 AI가 2023년 3월, 더 정교한 문장을 생성하는 버전을 출시함에 따라 일종의 챗 GPT 쇼크가 정점을 찍었다. AI 기술의 급속한 발전과 가열된 개발 경쟁은 식을 줄 모르고 현재까지도 진행 중이며, 이를 주도한 것은 미국이었다. 하지만 이러한 구도에 변화를 줄 만한 사건이 발생했는데, 바로 2025년 중국발 '딥시크DeepSeek 쇼크'이다. 냉전기에 미국과 소련이 우주 경쟁을 벌였을 때 등장한 용어인 스푸트니크 쇼크에 빗대어, 딥시크 쇼크를 'AI 분야에서의 스푸트니크 쇼크'라고 부르기도 한다. 오픈소스 방식과 저렴한 저성능 반도체를 활용하여 획기적인 수준으로 비용을 절감했다는 점에서 주목받은 사건이며, 이에 따라 일각에서는 미국 최첨단 반도체 수출규제의 무용론이 제기되기까지 하였다.

일련의 사례에서 확인할 수 있다시피, 최근 일어나는 AI 기술의 급격한 발전은, 이를 주도하는 국가가 패권을 차지하기 위해 여러 방면에서 전략경쟁 중인 미국과 중국이라는 점에서, 단순히 기술적 사안으로 받아들여지지 않고 있으며, 지정학적 시각이 지배적인 상황이다. AI 기계학습의 기초를 확립하여 2024년에 노벨물리학상을 수상한 제프리 힌턴Geoffrey Hinton 교수가 AI 기술의 위험성에 대해 경고했음에도 불구하고(Kleinman and Vallance, 2023.5.2), AI 기술 그 자체가 전 인류에 대해 보편적으로 일으킬 수 있는 문제는 AI 글로벌 규제 거버넌스의 강력한 동인이 되지 못하고 있는 것이다. 오히려 지정학적 동기에 의해 규제 여부가 논의됨에 따라, 파편적 형태로 거버넌스가 제안되고 있다(Csernatoni, 2024).

글로벌 규제 거버넌스가 파편화되는 것도 문제일 수 있지만, 어쩌면 더 큰 문제는 거버넌스에 대한 논의가 적극적으로 이루어지지 않는 것일지 모른다. 하지만 다행히 최근 글로벌 규제 거버넌스 구축 논의는, 여러 이해관계에 의해 다양하게 입장이 나뉠지라도, AI 기술 개발 및 활용 전반에 걸쳐 활발하고 역동적으로 진행되고 있다. 복잡한 기술력이 요구되는 AI를 규제하는 것은 개별 국가의 독자적 노력만으로 한계가 있기 때문에, 글로벌 공조의 필요성이 발생하는 것이다. 2023년부터 AI 규제 거버넌스 관련 굵직한 국제회의가 여러 차례 열리면서 이러한 흐름이 두드러지게 나타났다. 대표적으로 일본의 히로시마에서 열린 G7 정상회의, 영국에서 열린 AI 안전 정상회의AI Safety Summit, 이탈리아에서 개최된 G7 정상회의, 네덜란드와 한국에서 열린 인공지능의 책임 있는 군사적 이용에 관한 고위급회의REAIM, 한국이 주최한 AI 서울 정상회의 등이 있다. 2025년 2월에도 프랑스 파리에서 AI 행동 정상회의가 열리면서 AI 거버넌스 구축을 위한 글로벌 노력이 이어지고 있다.

이러한 AI 규제 거버넌스는 글로벌 차원에서 크게 경쟁과 협력의 양상을 동시에 보이면서 구축되는 과정에 있다. 그리고 경쟁과 협력의 구도는 어떠한 기준으로 바라보느냐에 따라 국가들이 다르게 묶일 수 있다. 주요 행위자별로 미국, 중국, 유럽연합, 주요 중견국, 민간기업으로 나눌 수도 있고, 행위자의 중심성에 따라 미국 중심(Five Eyes, AUKUS, QUAD, G7, NATO 등), 중국 중심BRICS으로 구분할 수도 있을 것이다. AI 기술 수준에 따라 기술 선도 국가, 후발 국가, 비개발 국가 또는 소비 국가(시장), 행위자 수에 따라 양자, 소다자, 다자, 규제 거버넌스의 성격에 따라 비구속적 규제와 구속적 규제, 이슈에 따라 군사적 활용, 공급망, 표준, 데이터 등 다양하게 구성해 볼 수 있다. 본 연구는 다양한 렌즈를 통해 AI 글로벌 규제 거버넌스가 어떻게 경쟁과 협력 구도를 형성하고 있는지에 초점을 맞추어 진행한다. 앞서 언급한 대로, AI 기술을 개발하고 혁신하는 민간기업 역시 AI 글로벌 거버넌스에서 핵심적인 역할을 하는 것은 사실이지만, 지정학적 경쟁이 두드러지는 시기에는 국가가 주로 안보적 차원에서 강력한 통제력을 유지하려는 경향이 나타나기 때문에, 민간기업은 인공지능 '규제' 거버넌스에 있어서 주체보다는 그 대상이 되는 경향이 있다. 따라서 본 연구에서는 국가 혹은 국가 협의체를 중심으로 논의를 전개하고자 한다.

2. 인공지능 규제 거버넌스의 글로벌 경쟁 구도

1) 패권국 vs. 도전국 vs. 균형자

AI 글로벌 거버넌스를 장악하는 것은 AI 기술에 대한 지배력과 우위를 공고히 하는 데 도움이 된다. 국력을 구성하는 첨단기술인 AI 기술에서 지배력을 확보한다면 이는 구조적 현실주의에서 말하는 국제체제 내 힘의 배분 상태distribution of power 혹은 극성polarity이라고 할 수 있는 국가의 권력 구도에 영향을 줄 것이다. 이에 따라, 현재 AI 규제 거버넌스는 기존의 패권국인 미국과 이에 도전하는 국가인 중국, 어느 쪽에도 편승하지 않고 독자적 노선을 가고자 하는

그림 9-1 2023년 국가별 주목할 만한 머신러닝 모델 수(단위: 개)

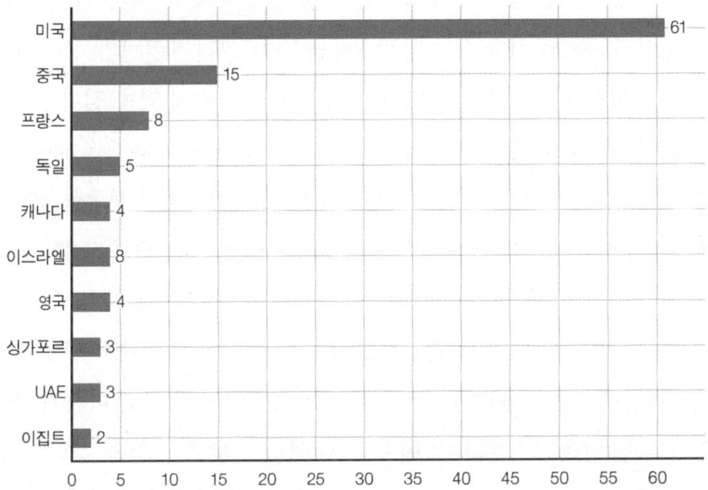

자료: HAI(2024a)

유럽연합으로 경쟁 구도가 형성되어 있다. 미국과 중국은 AI 기술에 있어 명확한 선도 그룹이고, 유럽연합은 이들의 기술에 의존하지 않고 기술 주권을 확보하기 위해 노력 중이다. 미국은 기본적으로 자율 규제 문화를 가지고 있으며, 중국은 국가에 의한 규제가 강력한 편이고, 유럽연합은 규범 형성을 통한 규제에 집중한다. 이렇듯, 기술 수준, 규제 문화 등에서 서로 다른 이해관계를 가지고 있는 세 행위자(Krasodomski et al., 2024: 4)는 글로벌 규제 거버넌스를 삼분한 후 여러 경로를 통해 자신들의 거버넌스가 더 적합하다는 것을 국제사회에 발신하는 중이다. 다시 말해, 자신들이 추구하는 규제 거버넌스를 확산하기 위하여 미국, 중국, 유럽연합은 외교 경쟁에 집중하고 있는 것이다(Mok, 2023.11.7).

그림 9-1에서 확인할 수 있다시피, 패권국인 미국은 AI 기술에서 가장 우월한 위치에 있다. 오픈 AI, 마이크로소프트, 구글의 딥마인드 등에 의해 빠르게

발전하고 있는 AI 모델이나 엔비디아의 AI 반도체, AWS의 클라우드 등 AI 인프라 측면에 있어서는 중국의 추종을 불허하는 미국이다. 하지만 특허 수, 출판된 논문의 수 등 AI 기술 수준을 측정하는 다른 여러 지표에서 중국이 앞서기도 하는 상황이 발생하면서 과연 미국이 압도적 우위에 있는 것이 맞는지에 대한 의문이 제기되고 있다(Bernstein, 2024.8.28; Castro and McLaughlin, 2021).

트럼프 1기 행정부가 2017년 발표한 「국가안보전략」에서 중국을 경쟁자로 인식하고 있음이 명확히 보이며, 바이든 행정부 들어 처음 발표된 2022년 「국가안보전략」에서도 중국과의 경쟁에서 우위를 점해야 함을 강조하였다(The White House, 2017; 2022). 미국은 군사, 경제 등 다양한 영역에서 도전국인 중국에 추격당하는 것을 우려하고 있는데, AI 기술에 대해서도 마찬가지이다. 중국의 추격을 따돌리기 위하여 미국은 AI 관련 규제를 시행하고 있다. 가장 대표적인 것은 반도체 수출통제이다. 2022년 10월 7일 미국에서 생산된 첨단 AI 반도체가 중국의 군사 현대화에 활용되는 것을 막기 위해 광범위한 수출통제 조치를 발표했다. 1년 후인 2023년 10월에는 이전의 수출통제 조치에서 부족한 부분을 보완하였고, 2024년 12월에 다시 한 번 수출통제 조치를 부과하였다. 바이든 행정부 때 진행된 세 차례의 수출통제는 모두, AI 첨단 반도체에 대한 중국의 접근성을 제한함으로써 중국이 AI와 고성능 컴퓨팅HPC의 미래에 다가가지 못하도록 막는 것, 대체재를 확보하거나 국내에서 자체적으로 생산하는 것을 방지하는 것, 저성능 반도체에 대해서는 중국에 수출하는 것을 허용함으로써 미국 산업이 입을 타격을 완화하는 것 등 세 가지 기조를 유지하였다(Allen, 2024: 2). 미국이 선점하고 있는 첨단 반도체 기술을 무기 삼아 중국의 AI 기술 발전 속도를 억제하는 데 전력을 다하고 있는 것이다. 이에 따라 미국의 정책 방향은 기존의 필수 분야에 대한 높은 규제small yard, high pence 방식에서 넓은 분야에 대한 높은 규제large yard, high pence 방식으로 변화하였다.

수출통제 조치와 별개로 2023년 미국은 '인공지능의 안전하고 안심되며 신뢰할 수 있는 개발과 활용에 대한 행정명령Executive Order 14110'을 발표하였다. 행정명령의 목적은 미국의 안보·경제·사회를 위해서 AI 분야에서 주도권을 유지하는 데 있다. 여기서 여덟 가지 원칙guiding principles과 우선순위를 제시하고, 이에 따라 국가가 어떻게 AI의 개발과 활용을 촉진하고 관리할 것인지에 대하여 자세하게 다루고 있다. 원칙 여덟 개 중 일곱 개가 국내 거버넌스의 재정비에 관한 것이며, 이는 치열한 경쟁에 대비하여 기반을 다지기 위한 작업을 의미하는 것으로 볼 수 있다. 마지막 원칙은 동맹국 또는 협력국들과 함께 AI의 위험을 관리하는 것과, 경쟁국이 AI를 통해 피해를 발생시키지 않도록 대화와 협력을 주도하겠다는 내용인데(The White House, 2023), 이 부분에서도 주도권을 상실하지 않으려는 미국의 의지를 확인해 볼 수 있다.

2023년의 행정명령에 담긴 요구에 따라, 2024년 10월에는 '미국의 AI 리더십 발전, 국가안보 목표 달성을 위한 AI 활용, AI의 안전, 안보, 신뢰성 증진을 위한 각서'라는 제목의 「국가안보각서National Security Memorandum」를 발표하였다. 이 각서는 2022년 챗 GPT 쇼크로 인해 중요성이 급증한 프런티어 AI 모델[1]에 초점을 맞추고 있으며, 기본적으로 핵이나 우주와 같이 AI 기술을 국가안보와 밀접하게 연결된 분야로 바라보고 있다. 미국이 주도하는 AI 생태계를 만들고 유지하기 위하여 동맹국과 협력국이 해야 할 역할, 경쟁자를 이기기 위한 방법 등이 포함되어 있다(Allen and Goldston, 2024). 또한 행정명령에 따라 미국 국립표준기술연구소는 2024년 「생성형 AI의 위험을 관리하기 위한 프레임워크Artificial Intelligence Risk Management Framework: Generative Artificial Intelligence Profile」를 발표하였으며, 미국 상무부 주도로 AI 안전연구소 컨소시엄이 출범하기도 하였다. 이러한 움직임들은 모두 안보에 악영향을 미칠 수 있는 위험을 관리함으로써 안전하고 신뢰할 수 있는 AI에 초점을 맞추고 있다.

1 「인공지능 국가안보각서」는 프런티어 모델에 대하여 "널리 인정되는 공개적으로 사용할 수 있는 기준, 즉 추론, 과학, 전반적인 능력에 대한 유사한 평가로 측정되는 최첨단 성능에 가까운 범용인공지능 시스템"이라고 공식적으로 정의한다(Allen and Goldston, 2024).

미국이 중국의 추격을 강력하게 저지하기 위해 다양한 방법을 동원하고 있는 가운데, 중국은 AI 개발에 있어 이미 미국 중심으로 형성된 글로벌 생태계에서 실질적으로 배제되어 있고, 고립되어 있다. AI 기술 개발에서 핵심적인 반도체 분야에서의 대중 수출규제 조치는 미중 사이의 글로벌 AI 거버넌스의 분화에도 결정적으로 중요한 요인이 된다(Herscovitch, 2024.3.27). 2023년 11월 시진핑 국가주석에 의해 제창된 '글로벌 AI 거버넌스 구상Global AI Governance Initiatives'은 미국에 대항하는 차원에서 글로벌 AI 거버넌스를 구축하려는 노력 중 하나로서 핵심적 위상을 차지하고 있다. 다음 구절은 중국이 구상하는 글로벌 AI 거버넌스가 무엇을 의미하는지 정확하게 보여준다.

> 우리는 이념적인 선을 긋거나 배타적 집단을 구성하여 다른 국가들의 AI 개발을 방해하는 것에 반대한다. 우리는 또한 기술적 독점과 일방적 강압 조치를 통해 장벽을 만들고 글로벌 AI 공급망을 교란하는 것에도 반대한다. (⋯) 우리는 공정성과 비차별의 원칙을 준수해야 하며, (⋯) 글로벌 AI 거버넌스에서 개발도상국의 대표성과 발언권을 높이고, AI 개발과 거버넌스에서 모든 국가에 대하여 동등한 권리, 동등한 기회, 동등한 규칙을 보장해야 한다. AI 그 자체와 AI 거버넌스 역량에 대한 격차를 해소하기 위해 개발도상국과 국제적 협력을 수행하고 그들에게 지원을 제공하는 노력이 필요하다. 우리는 유엔 프레임워크 내 논의를 지지한다(Xi, 2023a).

여기서 확인할 수 있다시피, 중국은 미국 중심으로 구축되고 있는 글로벌 AI 거버넌스에 대한 대항적·대안적 제도 구축의 논리로 평등성, 비배제성(비차별성), 포용성 등을 강조하고 있다. 중국의 구상에는 글로벌 사우스로 대변되는 신흥국 혹은 개발도상국의 AI 격차 문제를 해소하기 위한 적극적 대응 의지도 분명하게 드러나 있다. 중국은 미국을 위협적으로 추격할 수 있는 기술 수준과 기반 역량을 가지고 있는 국가라는 측면에서 글로벌 사우스와는 확연히 구분되는 위상을 갖추었음에도, 마치 자신이 글로벌 사우스와 비슷한 처지인 것처럼 꾸미고, 글로벌 사우스 국가들의 리더 혹은 방패막이를 자처하는 것처럼 보이게 만듦으로써 자신을 지지할 세력을 마련하여 미국과의 대항 구도를 명확히 하고 있다. 다시 말해, 중국이 추구하는 글로벌 AI 거버넌스의 방향은 미국이 제시하는 거버넌스에 대한 대항적·대안적 성격이 강하다.

중국이 추구하는 글로벌 AI 규제 거버넌스의 또 다른 특징은 국가 중심의 통제적 거버넌스와 국가 주권에 대한 존중이다. 중국이 국가 주권에 대한 존중을 내세우는 이유는, 국가 중심의 통제적·권위주의적 거버넌스 형태를 추구하는 것에 대해 서방국가들의 비판과 이를 명분으로 한 규제 조치들이 취해지는 것에 대응하기 위함이다. 2017년 7월에 발표한 「차세대 인공지능 발전 계획A Next Generation Artificial Intelligence Development Plan」에는 "사회주의 체제의 장점을 최대한 활용하여" 국가가 계획적으로 AI 기술의 육성을 주도하겠다는 내용이 담겨 있으며, "집단 인지 및 심리적 변화를 적시에 파악"하는 데 AI를 활용함으로써 사회의 안정성을 유지하는 데 AI가 주요한 역할을 할 것이라는 언급도 존재한다(State Council, 2017). 이는 국가가 AI 기술을 국민의 여론 변화나 정서적 혹은 인지적 변화 모니터링 및 탐지에 활용하겠다는 뜻으로 이해할 수 있으며, 이러한 기술을 개발하는 데 국가가 적극적으로 개입하겠다는 것을 의미한다. 이를 통해 중국이 국내적으로 국가 중심의 통제적 거버넌스의 형태를 추구한다는 것을 확인할 수 있다. 통제적 거버넌스를 추구하는 중국의 방향성은 2022년의 '인터넷 정보 서비스 알고리즘 추천 관리 규정', 2023년의 '인터넷 정보 서비스 딥페이크 관리 규정' 등에도 꾸준히 녹아 있는 것이 발견된다.

정리하자면, 중국은 AI 규제 거버넌스에 있어 이중적인 접근two-level approach을 취하고 있다. 대내적으로는 국가가 중심이 되어 통제하는 규제 거버넌스를 구축하면서 동시에 대외적으로는 AI 기술을 독점하고 경쟁국을 배제하려는 미국에 대항하며 공정한 경쟁, 글로벌 사우스에 대한 포용적 자세를 강조하고 있다. 즉, 국내적으로는 권위주의적 거버넌스의 형태를, 글로벌 차원에서는 민주적 거버넌스의 형태를 주장하는 일부 모순된 행태를 보인다.

유럽연합은 브래드포드Anu Bradford가 말했던 것처럼 '브뤼셀 효과Brussels Effect', 즉 규범 권력을 강점으로 가지고 있다. 유럽연합이 추구하는 글로벌 AI 규제 거버넌스의 방향성은 역내에서 생성된 규제 혹은 규범을 글로벌 차원으로 확산시키는 일종의 규제/규범 수출 전략이 핵심이다. 이러한 이유에서 다른 어떤 국가보다도 먼저 선제적으로 AI에 대한 법제화를 시도하였고, 그 결과물이 바로 유럽연합의 '인공지능법The AI Act'이다. 유럽연합의 '인공지능법'은 유럽연합 집행위원회EC가 2021년 법안을 제안하면서 논의가 시작되었고, 2023년 12월에 정치적 합의를 도출했다. 2024년 3월과 5월 각각 유럽의회의 최종 채택과 유럽연합 이사회의 최종 승인이 이루어짐에 따라 2024년 8월 발효와 함께 순차적으로 시행되기 시작하였으며, 전면적으로 시행되는 것은 2026년이다. 이 법은 최근 AI 기술 경쟁에서 핵심적인 위치를 차지하고 있는 생성형 AI를 규제하는 조항도 포함하고 있다. 2021년 초안에는 생성형 AI나 대규모언어모델LLM을 다루는 직접적인 규정이 존재하지 않았지만 한창 입법을 위한 검토가 진행되고 있던 2023년에 챗 GPT 쇼크를 경험하게 되면서 신속하게 별도의 규제를 도입하여 법안을 수정하게 된 것이다(안성원 외, 2024).

유럽연합의 '인공지능법'은 위험 수준에 따라 네 단계로 나눠서 규제의 강도를 달리하는 위험 기반 접근법을 취하고 있다. 예를 들어, 중국이 AI 기술을 통해 개인의 행동, 심리 상태 등을 모니터링하고 이 데이터를 공공의 안전을 이유로 개인의 등급을 매기는 데 활용하는 소셜 스코어링social scoring은 가장 높은 단계의 위험도(레벨 1)에 해당하는 '허용할 수 없는 위험'으로, 전면 금지 대상이다. 이와 달리 AI를 활용한 딥페이크 기술은 '제한된 위험'을 가진 것(레벨 3)으로 분류되며, 이 경우에는 투명성 의무가 준수된다면 AI 시스템의 공급이 가능하다(안성원 외, 2024). 이 법은 27개의 유럽연합 회원국을 대상으로 전면 수용된다는 점에서 규범 확산을 위한 기반을 마련하는 데 이점이 있다고 할 수 있으며, 여기에서 유럽연합의 규범 권력이 시작된다고 할 수 있다.

미국이 반도체의 수출을 통제함으로써 상대의 발전을 저지하거나 중국이 국가의 자원을 집중시켜 기술력을 따라잡으려는 것과 다르게, 유럽연합은 AI 기술에 대한 직접적인 경쟁이 아닌, 규범을 선도적으로 만들고 해당 규범에 부합하지 않은 기술을 활용한 제품이나 서비스의 공급을 제한하는 방식을 취하는 것이다. 이러한 유럽연합의 규범 권력은 미국의 기술에 의존하면서도 견제하는 기능을 동시에 수행할 수 있게 해주며, 중국과의 관계에서도 실리적으로 대응할 수 있는 공간을 마련해 준다. 이런 점에서 유럽연합은 AI 규제 거버넌스에서 미국과 중국 사이의 균형자 혹은 중재자의 역할을 할 가능성이 있다. 하지만 유럽연합의 규범 권력이 기술력에 의해 뒷받침되지 못한다면 오히려 미국과 중국 모두로부터 배제될 우려도 있으므로 유럽연합 역내 국가들의 기술 추격을 위한 노력 역시 뒤따라 올 필요가 있다.

미국, 중국, 유럽연합이 AI 글로벌 규제 거버넌스를 어떻게 삼분하고 있는지 살펴보았다. 종합해 봤을 때, 이들은 각자 자신의 강점을 이용하여 거버넌스를 무기화하는 경향이 있다. 미국은 자국의 기술력을 통한 규제 거버넌스를 추구하고, 중국은 권위주의적 통제력과 대항 세력을 통한 규제 거버넌스를, 유럽연합은 규범력을 통한 규제 거버넌스를 제시하는 것이다. 여기에는 모두 상대를 저지하고 억지하기 위한 목적이 강하게 반영되어 있다고 할 수 있다. 하지만 경쟁을 주도하는 세 행위자 간 거버넌스 격차가 유발하는 긍정적 효과도 분명 존재한다. 자신의 거버넌스를 설득력 있게 만들기 위하여 자체적인 정책 혁신을 촉진하기 때문이다(Krasodomski et al., 2024: 4).

2) 기술 선도 국가 vs. 후발 국가 vs. 비개발 국가

1항에서 국제 체제의 극성을 기준으로 하여 경쟁 구도를 살펴보았다면, 이 항에서는 기술 역량에 따른 경쟁 구도를 확인해 보고자 한다. 기준의 변화에 따라 국가 간 경쟁 구도도 변화하는 것을 확인할 수 있다. 기술 역량에 따른 국가 분류는 현재의 AI 기술 수준, 투자 규모, AI 기업 보유 수, 공급망에서의 중

그림 9-2 AI 관련 주요 국가

자료: HAI(2024b)

요도 등을 기준으로 진행해 볼 수 있다.

그림 9-2에는 스탠포드대학 인간중심 인공지능 연구소Stanford University Institute for Human Centered Artificial Intelligence에서 발간한 「2025년 인공지능 지수 리포트The 2025 AI Index Report」의 분석 결과에 따라 순위가 매겨진 AI 관련 주요 국가들이 나와 있다. 이 보고서의 분석에 따르면, 미국은 세계에서 가장 압도적인 AI 생태계를 가지고 있다. 특히 AI에 대한 민간투자 규모의 측면에서 미국이 672억 달러, 중국이 78억 달러로 엄청난 격차를 내고 있으며, 주목할 만한 기계학습 모델 수에서도 미국이 61개, 중국이 15개로 확실한 우위를 점하고 있다. 하지만 중국은 특허에 있어서 미국을 능가하여 충분히 미국을 추격할 만한 잠재력을 가진 국가임을 증명하고 있다(HAI, 2024b). 다른 기관에서 행한 분석(**그림 9-3**)에서도 2021년부터 2024년까지 미국과 중국만 순위의 변동 없이 1, 2위를 유지하고 있어 두 국가가 다른 국가들과 차별화되는 선두 그룹이라는 것을 알 수 있다(Mostrous et al., 2024.9.19).

기술 수준을 기준으로 했을 때, 기술 선도 국가로서의 이해관계를 반영한 글로벌 규제 거버넌스를 창출한다고 하면 오히려 앞서 치열하게 경쟁하던 미

그림 9-3 연도별 인공지능 지수 상위 10개국

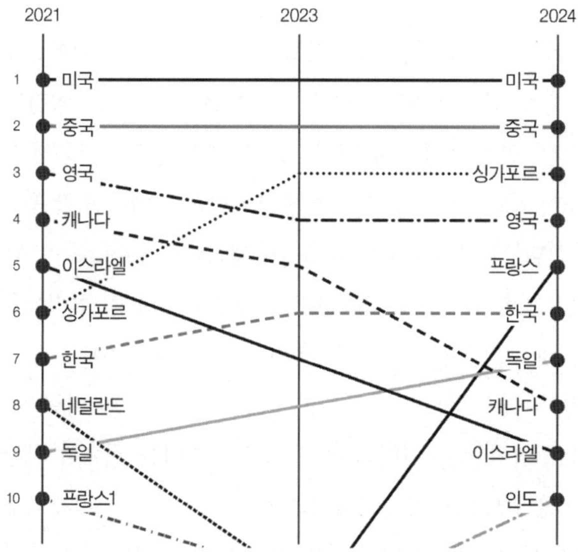

자료: Mostrous et al.(2024.9.19)

국과 중국이 목적을 공유하는 상황이 발생하게 된다. 자국에서 개발한 AI 기술을 소비하는 국가는 늘려서 사실상의 표준을 선점하고, AI 기술 개발의 진입장벽은 높여서 신규 경쟁자가 유입되지 못하게 하는 전략이라고 할 수 있다. 미국이 반도체 기술력이나 AI 기반 모델을 활용하여 자국의 AI 기술에 다른 국가들이 의존하게 하는 것과 중국이 일대일로에 참여하는 국가들에 중국이 강점을 지닌 AI 감시 기술이나 권위주의적 통제 거버넌스 등을 수출하고, 인프라 건설과 AI 기술의 수출을 연동하여 진행함으로써 자연스럽게 중국 기술에 종속될 수밖에 없게 하는 점이 기술 선도 국가로서 보이는 공통점이다. 즉, 미국과 중국이 서로 누가 AI 기술에 있어 주도권을 쥐게 될 것인가를 두고 경쟁하는 관계인 것은 사실이지만, 구조적으로 보았을 때는 후발 국가들이 기술을 발전시키고 시장에 진입할 기회를 사전에 차단하고 자국의 기술에 의존하

고 종속되게 만들려 한다는 점에서 '사다리 걷어차기'와 같은 공유 이익이 존재하는 것이다.

조지프 나이Joseph S. Nye Jr.는 AI 글로벌 규제 거버넌스가 핵확산 금지 레짐의 사례를 참고할 수 있다고 주장하였다(Nye, 2024.7.31). 이는 냉전기 강대국 주도하에 형성되었던 글로벌 규제 거버넌스가 AI 분야에도 적용될 수 있음을 의미하며, 미중이 치열하게 경쟁하고 있는 오늘날 양국이 협력할 수 있는 부분이 있음을 암시한다. 키신저Henry A. Kissinger와 앨리슨Graham Allison이 AI 무기 통제라는 사안에서 미중 협력을 강조하는 것도 냉전기 미소 간 협력에 따라 구축된 핵 레짐의 사례로부터 영감을 얻은 것이다(Kissinger and Allison, 2023.10.13).[2] 나이, 키신저, 앨리슨 등의 주장은 AI 기술의 인류에 대한 위험성을 강조하며 미국과 중국이 협력할 수 있다는 데 초점을 맞췄다는 점에서 의미가 있지만, 결국 기술을 이미 보유한 강대국이 주도하는 거버넌스를 전제로 하고 있다는 점에서는 고민이 필요해 보인다. 이는 가진 자와 그렇지 못한 자의 구조를 공고히 하는 것을 의미하기 때문이다. 20세기에도 미국은 현재 중국과 전략경쟁을 하는 것과 마찬가지로 소련과 전략적 경쟁 관계에 놓여 있었다. 핵무기 기술을 선도하던 미국이 처음에는 기술을 독점하려 했고, 소련에 의해 추격을 당하게 되자 양국은 경쟁하는 동시에 비슷한 이해관계에 놓이게 되는 아이러니한 상황에 직면하게 되었다. 결국 미국과 소련이 공유하는 이익에 따라 핵무기에 대한 거버넌스는 핵무기 역량을 가진 국가들과 그렇지 않은 국가들을 구분하고, 후발 국가들에 대하여 사다리를 걷어차 버리는 방향으로 흘러갔다. AI 기술 선도 국가들의 이익에 따른 글로벌 규제 거버넌스의 방향을 전망하는 데 있어 핵 거버넌스 사례는 좋은 통찰을 제공한다.

일반적으로 중국이 여전히 미국보다 많이 뒤처진다고 평가되는 것은 사실

2 랜드(RAND)연구소의 베르미르(Michael Vermeer)도 AI 글로벌 규제 거버넌스를 위해 핵 거버넌스를 참고할 필요가 있다는 연구를 진행한 바 있다(Vermeer, 2024).

이지만, 적어도 미국이 견제의 필요성을 느끼고 대응하고 있다는 점에서 중국은 **그림 9-2**와 **그림 9-3**에 등장하는 다른 주요 국가들과 분명히 다른 수준에 놓여 있음을 확인할 수 있다. 따라서 미국과 중국을 기술 선도 국가로 분류하고 나면, **그림 9-2**와 **그림 9-3**의 국가 중 나머지 국가들은 자연스럽게 후발 국가로 분류할 수 있게 된다. 후발 국가들은 기술적인 측면에서 선도 국가들을 쉽게 따라잡기가 불가능하므로, 파운데이션 모델과 같은 원천기술에 집중하기보다는 대체로 기술을 적용하는 분야에 투자하거나 강점을 두는 경향이 있다. 즉, 모델 자체의 개발보다는 기술 선도 국가가 개발해 놓은 파운데이션 모델을 활용해서 특정 산업 부문에 적용하고 최적화하는 데 집중하는 경향이 있는 것이다(Mostrous et al., 2024.9.19). 선도 국가가 기술의 외연을 넓힌다면 후발 국가들은 넓혀진 공간을 세분화해서 채우는 역할을 한다고 볼 수 있다. 비슷한 맥락에서 거버넌스 역시 선도 국가가 표준의 영역에 몰두하는 것과 달리, 후발 국가들은 선도 국가가 빠르게 기술을 개발해 나가면서 놓칠 수 있는 기술의 안전성, 신뢰성 문제에 집중하는 모습을 보인다. 후발 국가 중 이러한 AI 글로벌 규제 거버넌스에서 활발한 행보를 보이는 국가로는 영국, 한국, 프랑스, 일본 등이 있다. 이는 2023년 일본 히로시마 G7 정상회의, 영국에서 세계 최초로 열린 AI 안전 정상회의, 2024년 한국의 AI 서울 정상회의와 REAIM, 2025년 프랑스 파리 AI 행동 정상회의를 통해 확인할 수 있다(HAI, 2024b). 미국과 중국이 각각 자신이 추구하는 거버넌스 모델을 확산시키려는 가운데, 후발 국가인 영국, 한국, 프랑스, 일본 등은 거버넌스 구축 과정에서 선도 국가가 간과하는 부분에 주목하고 이러한 영역에서 주도권을 확보하거나 주체적으로 참여하는 모습을 보인다는 점에서 공통점이 존재한다.

단순히 기술을 소비하는 국가들 혹은 기술 선도/후발 국가의 시장이 되는 국가들로는 주로 글로벌 사우스로 칭해지는 아시아, 중남미, 아프리카 국가들이 있다. 이 국가들은 자체적으로 AI 기술을 개발할 수 있는 역량이 부족하다는 의미에서 비개발 국가로 명명해 볼 수 있다. 또는 기술 선도 국가인 미국과 중국이 서로 경쟁하며 AI 인프라를 구축하거나 서비스를 제공하는 국가들이므로 AI 기술의 소비 국가라고도 할 수 있다. 중국은 일대일로의 일환인 디지털 실크로드 정책을 통해 케이블, 데이터 센터 등 AI를 위한 인프라를 동남아시아와 아프리카 국가들에 건설하고 있으며, 미국도 구글이 가나에 AI 연구센터를 세우거나 마이크로소프트가 남아프리카공화국에 데이터 센터를 연 것과 같이 민간기업 주도로 글로벌 사우스 내 영향력을 확대하고 있다(유현정, 2020: 99~100). 다만 미국과 중국은 비개발 국가에 대한 인프라 투자는 적극적으로 하지만, 정작 이들과의 기술협력에는 큰 관심이 없다.

비개발 국가군의 대부분을 차지하는 글로벌 사우스 국가들은 대체로 자본이 부족하고, 국내 소득 불평등이 심각한 경우가 많고, 반복되는 내부 갈등으로 인해 국가의 통제력이 낮은 편이며, 심각한 인재 부족을 경험하고 있다는 공통점이 있다. 국가 내부 사정으로 인하여 AI와 같은 첨단기술의 최신 흐름을 따라가지 못하는 경우가 많으며, 외부에서 수입하는 AI 기술에 강하게 의존할 수밖에 없고, 이에 따라 AI 기술을 개발하는 데서 얻는 혜택은 거의 누리지 못한다. 오히려 비개발 국가들은 AI 기술의 도입으로 인해 국민의 일자리를 위협받을 수 있고, AI를 활용한 무기가 도입되면 지금보다 더 많은 국내 불안이 유발될 수도 있다. 국내 소수 지도 계층에 의해 AI 기술이 국내 사회를 감시하고 통제하는 데 활용될 가능성도 크다(Abungu et al., 2024). 이러한 이유에서 글로벌 사우스 국가들을 포함한 비개발 국가들은 인류 보편의 관점에서 AI 규제 거버넌스에 접근하려는 경향성을 보인다.

글로벌 사우스 국가들 중 중남미와 아프리카의 국가들은 글로벌 규제 거버넌스의 핵심 무대로 유엔이나 유네스코를 선호하는 것으로 보인다. 2023년 10월, 칠레 산티아고에서 아르헨티나, 브라질, 멕시코를 포함한 라틴아메리카와 카리브해 지역의 20여 개 국가가 참여하는 인공지능 윤리에 관한 고위급회의가 개최되었다. 이 회의에서 채택된 「산티아고 선언Declaracion de Santiago」은 AI 글로벌 규제 거버넌스에서 남미 국가들을 대변하게 된다는 점에서 의미가 있다.

회의 개최 국가인 칠레는 역내에서 처음으로 AI 정책을 시행한 국가 중 하나로, 리더십을 인정받고 있다. 칠레의 과학기술지식혁신부 장관은 글로벌 노스가 지금까지 AI 개발을 주도해 왔지만, 남미의 문화나 언어가 반영된 데이터도 고려할 수 있게 만드는 것이 중요하다고 강조하며, 글로벌 사우스 국가들이 협력하여 하나의 목소리를 내야 할 필요성을 역설하였다. 「산티아고 선언」은 유네스코의 '인공지능 윤리 권고'를 반영하고 있다(UNESCO, 2023.10.18; Invest-Chile, 2023.10.25). 아프리카 국가들은 아프리카연합AU을 중심으로 하여 2024년 「대륙 인공지능 전략Continental AI Strategy」을 채택했는데, 이 과정에서 유네스코가 기술적·재정적 지원을 제공한 바 있으며, 유엔 역시 전략 수립 과정에 참여했다. 2023년 유엔이 발표한 「인류를 위한 AI 거버넌스Governing AI for Humanity」는 글로벌 사우스 국가들이 기대하는 포용성, 공평성 원칙과 역량 구축 지원 등의 내용을 담고 있어(오연주, 2024: 73~74), 앞선 유네스코의 지역 차원 협력 지원과 함께 글로벌 사우스 국가들이 AI 글로벌 규제 거버넌스 형성에 참여할 수 있는 창구가 되어주고 있다.

글로벌 사우스 국가들이 유엔, 유네스코와 같은 국제기구를 선호하는 것은 기술 선도 국가인 미국을 중심으로 한 G7이나 디지털 실크로드 정책을 통해 AI 기술, 인프라 등을 수출하는 중국을 통하는 방법이 자신들의 AI 역량 강화에 현실적으로 도움이 되지 않는다는 고민에서 나오는 것으로 보인다. 이는 아직 글로벌 사우스 국가들을 포함한 비개발 국가들이 미국이나 중국 중심의 AI 글로벌 규제 거버넌스 어디에도 완전히 포섭되지 않는 상황임을 보여준다. 중국이 글로벌 사우스 국가들과 긴밀한 연대를 끊임없이 모색하며 미국에 대항하는 대안적 형태의 AI 글로벌 규제 거버넌스를 형성하려 하고 있지만, 그럼에도 아직 글로벌 사우스 국가들이 중국과 긴밀한 연대를 구축해서 글로벌 규제 거버넌스를 완벽히 양분화하고 있는 것으로 판단하기는 이르다고 할 수 있다.

AI 글로벌 규제 거버넌스가 어떻게 형성되느냐에 따라 AI를 중심으로 한 국제 체제가 월러스틴Immanuel Wallerstein의 세계체제론에서 설명하는 중심-반주변부-주변부로 명확하게 구분될 가능성이 존재한다. 사다리 걷어차기가 전제된 규제 거버넌스는 철저한 계층화 혹은 계급화를 불러일으킬 수 있다는 점에서 기술 후발 국가와 비개발 국가가 AI 글로벌 규제 거버넌스 형성에 적극적으로 참여하려는 노력이 중요하다.

3. 인공지능 규제 거버넌스의 협력 구도

1) 동맹 중심 양자 협력: 미-영, 미-일

제2절에서 AI 글로벌 규제 거버넌스가 구축되는 과정 속 경쟁 관계가 어떻게 형성되어 있는지 살펴보았다면, 제3절에서는 글로벌 규제 거버넌스 형성 과정에서 나타나는 협력 관계를 조명하고자 한다. 협력의 형태도 다양하게 나타나는데, 이 항에서는 동맹을 중심으로 한 양자 협력에 대해서 다룬다. 미국과 영국, 미국과 일본, 이렇게 크게 두 개의 협력을 대표적으로 꼽을 수 있다.

먼저, 미국과 영국 간에 나타나는 협력이다. 양국의 협력은 AI에 대한 글로벌 규제 거버넌스 중 규범적 영역에서 드러난다. 영국이 주도한 2023년 AI 안전 정상회의에서 채택된 「블레츨리 선언Bletchley Declaration」과 이후 미국과 영국 간에 이루어진 「양해각서MOU」 체결이 이를 잘 보여준다. 정상회의 당시 미국을 포함한 29개 국가가 서명하고 2024년 10월 뉴질랜드가 추가로 참여하면서 30개 국가가 참여하게 된 「블레츨리 선언」은, ① 인간 중심적이고 신뢰할 수 있으며 책임 있는 AI의 보장, ② 위험과 이익의 균형을 맞추는 규제 프레임워크 채택, ③ 개발도상국에서의 AI 확산을 강화하기 위한 국가와 부문 간 협력, ④ 프런티어 AI 개발자들에게 안전 테스트, 평가, 투명성, 책임성에 전념하도록 촉구, ⑤ 공유된 관심에 대한 안전 위험 식별 등 다섯 가지의 주요 원칙을 담고 있다(UK Government, 2025.2.13; Frank, 2023). AI가 일으킬 수 있는 위험에 대비할 수 있는 거버넌스를 구축함으로써 안전한 AI 기술을 추구하는 데 초점을 맞추고 있다.

미국은 영국에서 AI 안전 정상회의가 열리기 이틀 전인 10월 30일, 「인공지능 안전에 관한 행정명령EO 14110」을 발표하였으며, 정상회의에 해리스 당시 부통령이 참석하여 선언문에 서명하였다. 이후 영국과 미국은 각각 AI 안전연구소 설립을 발표하였고, 안전한 AI 기술 개발 등을 위해 협력할 의사가 있음을 확인하였다. 공동의 목표를 가진 양국은 목표의 효과적인 달성을 위해 2024년 4월 양해각서를 체결하였다. 양해각서에 따르면, 미국과 영국은 AI 안전연구소를 통하여 AI 모델 평가에 대한 접근법을 공유하며 개발하고, 정책의 조정 등에 대해서도 서로 정보를 공유하기로 합의하였다(UK Government, 2024. 4. 2).

다음은 미국과 일본의 협력이다. 앞선 미국과 영국의 협력이 규범적 측면에 초점을 맞추고 있다면, 미국과 일본의 협력은 기술과 공급망 측면에서 강하게 나타난다. 미국이 중국을 견제하기 위하여 칩4를 구성했을 때도 일본은 네 개의 구성 국가 중 하나였다. 미국이 중국과 AI 기술을 두고 경쟁할 때 중요한 전략 자산으로 생각하는 반도체에 대하여 일본이 협력을 제공하고 있는 것은, 미국이 주도하는 글로벌 규제 거버넌스에 영향을 미칠 수밖에 없다. 칩4를 통한 협력 외에도 일본은 미국과 '미일 경쟁력 및 회복력 파트너십U.S.-Japan Competitiveness and Resilience (CoRe) Partnership', 「미일 정상 공동성명: 미래를 위한 글로벌 파트너United States-Japan Joint Leaders' Statement: Global Parters for the Future」 등에서 AI 기술 그 자체뿐만 아니라, AI 기술과 연관된 다른 기술들, 예를 들어 반도체, 5G/6G, 우주, 양자컴퓨팅, 사이버 부문 등에서의 다양한 협력을 약속하고 있다(The White House 2021; 2024a). 미국의 대표적인 AI 관련 기술 기업인 엔비디아, 아마존, 마이크로소프트 등은 일본의 기업 컨소시엄과 자금을 공동으로 마련하고, 미국 워싱턴대학과 일본 츠쿠바대학, 미국 카네기멜런대학과 일본의 게이오대학 간에 1억 1,000만 달러 규모의 AI 파트너십을 구축하기도 하였으며, 양자기술에 대한 협력을 위하여 미국의 국립표준기술연구소NIST와 일본의 산업기술종합연구소AIST 간 양해각서가 체결되기도 하였다. 이러한 협력은 기술을 연구하고 개발하는 과정 중에 거버넌스의 내용이 자연스럽게 담긴다는 점에서 단순히 기술협력으로만 치부해서는 안 된다.

미국과 일본의 협력 관계는 기술적 측면에만 그치지 않고, AI의 필수 자원인 데이터 거버넌스에서도 강하게 나타난다. 2019년 일본 오사카에서 열린 G20 정상회의에서 일본은 일명 '오사카 트랙'이라고 불리는 데이터 거버넌스 방향을 제시하였다. 오사카 트랙의 핵심 중 하나는 '신뢰에 기반한 데이터의 자유로운 이동Data Free Flow with Trust: DFFT'이다. 이는 일본의 이익을 대변한다기보다는 데이터를 기반으로 하는 미국 기업들의 이해관계가 반영된 것이라고 할 수 있다. 이는 오사카 트랙이 제안된 후 몇 개월 지나지 않은 2019년 10월, 미국과 일본 간 디지털무역협정이 체결된 것을 통해서 확인할 수 있다. 한미 FTA가 디지털 무역을 처음으로 다룬 자유무역협정이었고, 미국이 멕시코, 캐나다와 새로 체결한 자유무역협정인 USMCA는 미국이 원하는 정도의 자유화 수준을 약속하고 있지만, 무역협정의 일부를 구성할 뿐 미일 디지털무역협정과 같이 별도의 협정을 두지는 않았다(이효영·박설믜, 2021: 12). 이러한 점에서 미일 디지털무역협정은 그 자체로 의미가 있으며, 오사카 트랙에서 일본이 주창했던 신뢰를 기반으로 하는 데이터의 자유로운 이동을 담고 있다는 점에서도 주목할 만하다. 이 협정에서는 데이터의 자유로운 이동을 방해하는 데이터 현지화data localization 조치를 금지하고 있으며, 소스코드 및 알고리즘에 대한 강제 공개도 금지하게 되어 있다. 이를 통해 미국과 일본 양국은 세계를 선도하는 기업들을 지원하기 위한 규칙을 공유하기로 합의한 것이다(Office of the United States Trade Representative, 2019). 사실상 이 분야에서 아직 세계 선도 기업을 보유하고 있지 않은 일본이 이러한 협정을 체결한 것은, 미국이 원하는 거버넌스에 협력하겠다는 의미를 담고 있다고 할 수 있다. 2023년 일본의 히로시마에서 열렸던 G7 회의에서는 AI 관련 트랙이 출범했다. '히로시마 AI 프로세스'

로 불리는 이 트랙은 생성형 AI에 초점을 맞추고 있으며, 기회와 혁신 가능성을 강조하고 있다. 하지만 위험을 간과하지는 않으며 위험을 법으로 관리하고 민주주의라는 가치를 중심에 둔 원칙에 따라 관리하고자 한다. 이러한 거버넌스의 방향성 제시 역시 미국의 입장을 강하게 반영하고 있다고 할 수 있다.

기존 동맹을 중심으로 한 양자 협력은 자신이 추구하는 글로벌 규제 거버넌스를 효과적으로 투사할 수 있다는 점에서 미국이 선호하는 방식이라고 할 수 있다. 특히, 글로벌 규제 거버넌스 형성 과정에서 중국과 경쟁하는 미국이 직접 나서지 않고 영국이나 일본을 대리자로 내세움으로써 경쟁 구도를 흐리는 효과도 낼 수 있다는 점에서 강점이 있다. 영국이 주도했던 AI 안전 정상회의에 중국이 참여하여 블레츨리 선언에 동참했다는 사실이 이를 잘 보여준다.

2) 가치 공유 소다자 협력: G7과 BRICS

미국을 중심으로 한 서방 선진국의 AI 글로벌 규제 거버넌스 구축 노력은 2023년 히로시마에서 열린 G7 정상회의를 계기로 G7이 중심이 되어 진행되고 있다. 2023년 5월 히로시마 G7 정상회의에서는 생성형 AI에 관한 국제적인 규칙을 검토하기 위한 히로시마 AI 프로세스 출범이 합의되었고, 같은 해 9월 'G7 디지털-기술 각료급 회의'와 10월 교토에서 열린 인터넷 거버넌스 포럼Internet Governance Forum: IGF 중 이루어진 '다자간 고위급회의' 등을 거쳐 10월 30일 「히로시마 AI 프로세스에 관한 G7 정상 선언문G7 Leaders' Statement on the Hiroshima AI Process」이 발표되었다. 「히로시마 AI 프로세스에 관한 G7 정상 선언문」에서는 AI를 위한 포용적인 거버넌스 구축의 필요성을 강조하고, AI 개발의 국제 가이드라인 원칙과 국제 행동강령을 환영하는 원칙을 표명하였다. 선언문은 개방성, 안전성, 신뢰성 등을 강조하면서 미국이 사용해 온 "안전하고 안심되며 신뢰할 수 있는 AI"라는 표현을 고스란히 담아내고 있다. 물론 "개발도상국과 신흥 경제국을 포함하여 전 세계에서 디지털 격차를 해소하고 디지

털 포용을 달성할 것을 기대"한다는 내용도 포함되어 있으나, "안전하고 안심되며 신뢰할 수 있는 AI 시스템이 설계, 개발, 배포되고 기술의 이점을 극대화하는 동시에 위험을 완화하는 데 사용"된다는 관점을 AI 격차 해소보다 우선하고 있음은 분명해 보인다(広島AIプロセス, 2023). 앞 절에서 미국과 유럽연합이 AI 규제 거버넌스에 있어 다른 접근 방법을 채택함으로써 경쟁하는 모습을 포착했었다. 이를 고려해 보았을 때, '히로시마 AI 프로세스'는 미국과 유럽연합 사이의 상이한 국내 제도를 가치 공유라는 큰 틀에서 일치시키는 이질동형상 isomorphism이라 볼 수 있다(문용일, 2024).

다음은 브릭스BRICS의 사례다. 브릭스가 구성된 계기가 서구에 대한 대안 구축이었다는 점에서 확인할 수 있듯이, 브라질, 러시아, 인도, 중국, 남아프리카공화국 등 브릭스를 구성하는 국가들이 추구하는 가치는 서구와 우선순위가 다르다. 2024년에 이집트, 에티오피아, 이란, 사우디아라비아, 아랍에미리트, 인도네시아 등 6개국이 추가로 가입하면서 브릭스의 규모가 확대되었다. 11개의 브릭스 구성국은 세계경제 규모의 4분의 1 이상, 인구로는 전 세계의 절반 가까이를 차지할 정도이다(Ferragamo, 2024). 따라서 이들이 협력해서 내는 목소리는 AI 글로벌 규제 거버넌스에서도 상당한 영향력이 있을 것으로 보인다. 브릭스 국가들이 공유하는 가치는 기본적으로 발전과 포용이라고 할 수 있다. AI 거버넌스에서도 이러한 가치들을 중심에 두고 있다는 것이 확인된다.

2023년 남아프리카공화국 요하네스버그에서 개최된 브릭스 정상회의에서 중국 시진핑 주석은 '인공지능 연구 그룹AI Study Group'의 설립을 제안했다. 그는 브릭스 국가들끼리 핵심 이익과 관련된 문제에 대하여 서로 지원해 주며 전략적 파트너십을 공고히 해야 한다고 주장하면서, 새로운 발전 분야로서 AI를 바라보고, 정보 교환, 기술협력 등 AI에 대한 협력을 더욱 확대하도록 촉구하였다. 안전하고 신뢰할 수 있으며 통제 가능하고 공평한 AI 기술을 개발하기 위한 노력과 거버넌스를 위한 프레임워크의 개발 필요성도 강조하였다(Xi, 2023b). 그가 제안한 AI 연구 그룹은 이를 지원하기 위한 것이라 볼 수 있다. 발전이라는 가치를 내세워 브릭스 국가들의 협력을 유도하고 AI 거버넌스에까지 연결하려는 모습을 확인할 수 있다. 2025년 4월 브라질 리우데자네이루에서 열린 회의에서도 AI에 대한 언급이 있었다. 브릭스의 AI 거버넌스를 "사회적 포용을 위한 협력 및 개발Cooperation and Development for Social Inclusion"로 정의하였는데, 데이터 인프라를 통한 연결성에 투자하고, 성공 경험을 공유함으로써 AI가 불평등을 줄이는 데 활용되어야 한다는 내용이 이 회의의 핵심이라고 할 수 있다 (Blanchet, 2025). 의장 선언문에서 사회경제적 발전과 포용적 성장을 촉진하는 데 AI가 중요한 역할을 한다는 점을 강조하고 있으며, 디지털 및 데이터 격차 극복과 같은 글로벌 사우스의 요구를 충족하는 AI 거버넌스가 필요하다는 데 회원국이 모두 동의하고 있음을 밝히고 있다. 규제 거버넌스가 유엔의 틀 안에서 이루어져야 하며, 주권을 존중해야 한다는 내용도 담겨 있다(BRICS, 2025). 신흥 경제 국가들로 구성된 브릭스는 서구와는 다른 가치를 추구하면서도 비개발 국가들과의 공감대는 늘리는 방향으로 AI 규제 거버넌스를 구축하고 있는 것으로 보인다.

3) 포괄적 다자 협력: 제도적/비제도적 차원

AI 글로벌 규제 거버넌스 구축 과정에서 동맹을 중심으로 혹은 가치를 중심으로 분열되지 않는 포괄적 형태의 다자 협력이 발생하는지 살펴보는 작업은 매우 중요하다. 서두에서 문제 제기한 것처럼 현재는 지정학으로 점철된 시대적 분위기 속에서 AI 거버넌스 역시 AI 자체의 위험성을 완화하거나 해결하기 위해서보다는 경쟁국을 저지하기 위한 수단으로 활용되고 있기 때문이다. 이 항에서는 AI 규제 거버넌스가 앞으로 글로벌 수준에서 모두를 포괄해 나갈 수 있을지 그 가능성을 확인해 보고자 한다. 포괄적 형태의 다자 협력은 제도적 차원과 비제도적 차원에서 나타나는 협력으로 구분해 볼 수 있다. 제도적 차원에서 나타나는 협력은 통합적 글로벌 규제 거버넌스가 형성되는 데 가장 긍정적인 전망을 제시해 줄 수 있지만 그만큼 쉽게 이루어지지 않으며, 그 깊이 또한 깊지 못하다. 비제도적 차원에서의 포괄적 다자 협력은 일반적으로 명확한 중심성을 가지고 있는 집단이 타 집단을 포섭해 가는 형태로 이루어지며, 제도적 차원의 다자 협력으로 이어지는 것을 목표로 한다. 이 글에서는 제도적 차원의 다자 협력으로 유엔 총회 결의를, 비제도적 차원의 다자 협력으로 히로시마 AI 프로세스 프렌즈 그룹을 살펴본다.

먼저, 제도적 차원에서의 다자 협력이다. 2024년 유엔 총회에서 중국 주도로 발의된 「인공지능 역량 구축에 관한 국제협력 강화Enhancing International Cooperation on Capacity-building of Artificial Intelligence」에 대한 결의안은 미국을 포함한 만장일치의 찬성 속에 통과되었다(United Nations General Assembly, 2024a). 중국과 글로벌 사우스 국가들의 주도로 초안을 작성했음에도 미국, 영국, 프랑스, 한국, 일본 등이 모두 결의안 채택에 찬성하였다는 점에서 의미가 있다. 이 결의에서는 AI가 초래할 수 있는 도전과 위험 가능성을 인식하고, 안전하고 신뢰할 수 있도록 해야 하며, 인간 중심적이고 윤리적이어야 함을 강조한다. 이 결의안이 제도적 틀 안에서 미국, 중국, 러시아, 글로벌 노스, 글로벌 사우스 등 모두의 참여를 끌어냈다는 점에서 큰 의미가 있음에도 불구하고, 비군사적인 영역에서의 AI 역량 강화를 위한 국제 협력만을 다루고 있다는 점에서 분명한 한계가 존재한다(United Nations General Assembly, 2024b). 의견 대립이 분명하게 존재하는 AI의 군사적 활용에 대해 다룰 수 없었던 것은 다수의 참여를 유도하기 위해 치러야 하는 기회비용인 것이다.

다음은 비제도적 차원의 다자 협력이다. 앞 항에서 가치를 공유하는 국가들 간에 이루어진 소다자 협력의 사례로 다룬 G7의 히로시마 AI 프로세스는 그들만의 협력으로 끝내지 않고 그 저변을 확대하려는 노력을 시도하고 있다. 2024년 5월 2일, 당시 일본 총리였던 기시다는 히로시마 AI 프로세스 프렌즈 그룹의 출범을 선언하였다. 이는 AI 글로벌 규제 거버넌스 형성 과정에서 나타난 제도화되지 않은 다자 협력의 사례로 볼 수 있다. 히로시마 AI 프로세스

프렌즈 그룹에는 2024년 12월 기준, 55개 국가가 참여하고 있다. 미국, 영국, 프랑스, 독일 등 나토 회원국의 주요 국가는 물론이고, 루마니아, 체코, 헝가리 등 동유럽 국가, 인도, 싱가포르, 호주, 뉴질랜드 등 인도-태평양 국가, 태국, 베트남, 브루나이 등 동남아 국가, 튀르키예, 아랍에미리트 등 중동 국가, 멕시코, 아르헨티나, 칠레, 콜롬비아 등 남미 국가, 케냐, 나이지리아 등 아프리카 국가가 참여하고 있다. 물론 한국도 참여 중이다(広島AIプロセス, 2024). 히로시마 AI 프로세스 프렌즈 그룹은 전 세계 다양한 국가들이 참여한다는 점에서 상당한 포괄성을 가지고 있는 것은 사실이지만, 글로벌 거버넌스 형성에 있어 미국과 경쟁 중인 중국과 러시아 등이 빠져 있다는 점에서 한계가 있다. 러시아의 배제는 러시아-우크라이나 전쟁을 고려하면 당연할 것일 수 있지만, AI 개발 및 활용에서 미국 다음으로 세계적 경쟁력을 가지고 있는 중국이 참여하지 않은 것은 여전히 AI 글로벌 규제 거버넌스가 양분될 가능성이 있음을 보여준다.

그럼에도 최근 AI 글로벌 규제 거버넌스에 대한 국제 협력은 국제 무대에서 원칙적으로 강조되고 있으며, 따라서 미국과 중국이 일부 협력하는 모습을 보이기도 한다. 2023년 11월 영국에서 열린 AI 안전 정상회의에서 발표된 「블레츨리 선언」은 AI 글로벌 규제 거버넌스 협력에 있어 중요한 이정표 중 하나이다. 이 선언은 인권 보호, 투명성, 설명 가능성, 공정성, 책임성, 인간 감독, 편견 완화, 프라이버시 및 데이터 보호와 같은 AI 거버넌스에 있어 놓칠 수 없는 중요한 측면을 모두 담고 있으며, 이러한 내용에 대해 현재까지 30개국이 지지를 표하며 협력의 가능성을 보여주고 있기 때문이다. 여러 다양한 이해관계로 인해 거버넌스 측면에서 협력하기 어려웠던 미국, 중국, 글로벌 사우스 국가 등이 공감대를 형성하며 이 선언의 높은 포괄성을 보여줄 수 있었던 것은, AI의 위험성에 대한 공유된 관심사를 전면에 내세운 덕분이다.

4. 인공지능 규제 거버넌스의 이슈별 경쟁과 협력

1) 인공지능의 군사적 활용

자율살상무기체계Lethal Autonomous Weapon System: LAWS에 대한 규제 논의는 AI 기술 전반에 대한 어떤 규제 논의보다도 먼저 시작되었지만, 여전히 국제규범과 제도 형성에 있어 초기 단계에 머물러 있다. 기술의 발전 속도에 맞지 않게 거버넌스에 대한 논의가 잘 진전되지 않고 있는 이유는, 러시아-우크라이나 전쟁, 이스라엘-하마스 전쟁 등에서 이미 AI가 탑재된 무기들이 실전 투입되어 사용 중이기 때문이다. 가장 대표적인 사례는 AI 기술이 탑재된 드론의 활용이다. 기존에 사용하던 드론의 경우, 표적을 맞추기 위한 전 과정에 인간의 개입이 필요했다. 재밍 공격 등에 의해 신호 발신과 수신 기능이 무력화되면 인간의 조종이 불가능해지므로, 임무에 투입되었던 드론은 사전에 입력해 둔 좌표로 복귀하거나 그대로 추락하여 쓸모를 다할 수밖에 없었다. 하지만 러시아-우크라이나 전쟁에 새롭게 투입된 드론에는 AI 기술이 탑재되어 있어, 인간이 조종하기 어려운 상황이 발생하더라도 드론이 AI 기술을 통해 적을 알아서 식별하고 공격까지 수행한다. 우크라이나군의 AI 드론이 자체 판단으로 러시아군 전차를 공격하여 무력화한 사례도 있다(≪동아일보≫, 2024.3.31). 전 세계는 러-우 전쟁, 이-하마스 전쟁 등에서 AI의 군사적 활용을 직접적 혹은 간접적으로 경험하고 있다. AI가 무기로 활용될 때 어느 정도의 파괴력을 지니며, 어떤 부분에서 문제가 발생할 수 있는지, 자국의 이익에 어떠한 영향을 미칠 수 있는지 등 효용성에 대해 학습하는 것이다. 국가들은 상황을 관망하며 일반적인 무기 개발 과정에서 할 수 없는 실험을 대리로 진행하고 있는 것이라고 볼 수 있다. AI의 군사적 활용을 자행하고 있는 당사자들은 전쟁으로 인해 거버넌스를 위한 논의에 제대로 참여하기 어렵고, 다른 국가들도 상황을 주시하기만 할 뿐이어서 AI 규제 거버넌스에 대한 논의의 진전이 실질적으로 일어나지 않는 것이다.

전쟁 비용이 감소함에 따라 전쟁의 발생 가능성이 높아지고, 전쟁이 오래 지속될 수 있다는 주장은 오래전부터 있어 왔기에, 2010년대부터 유엔 총회의 주도하에 자율살상무기체계 규제에 대한 논의가 이루어져 왔다. 2017년에는 특정재래식무기금지협약CCW의 당사국들이 참여하는 정부전문가그룹GGE에서 LAWS를 위한 GGE LAWS를 별도 설치하였고, 2019년에는 GGE에서 LAWS의 사용과 개발을 위한 11가지 지침 원칙들guiding principles을 발표하였는데, 책임성, 위험 완화, 인도주의적 법률 준수, 기술혁신 등과 같은 개념을 LAWS와 연결한 것들이었다. GGE에서의 논의가 모두 원칙 수준에 머무를 뿐, 실질적인 규제를 위한 거버넌스를 제안하지 못하는 이유는, 각 국가들이 이해하는 LAWS의 개념, 특징 등이 모두 다르기 때문이다. 어떤 국가는 아직 실현되지 않은 무기로 보고 LAWS를 제한하거나 금지해야 할 이유가 없다고 지적하기도 하며, 다른 어떤 국가는 적극적으로 LAWS를 제한하고 금지해야 한다고 주장하기도 한다(유준구, 2019; Bhatt and Bharadwaj, 2024).

AI의 군사적 활용에 대한 규제 거버넌스 관련하여 GGE가 제대로 된 성과를 내지 못하자 UN 외부에서 논의를 이어가려는 시도들이 나타나기 시작했다. 가장 대표적인 협력 플랫폼은 '인공지능의 책임 있는 군사적 이용에 관한 고위급회의REAIM'이다. 한국과 네덜란드의 공동 주최로 2023년에는 네덜란드의 헤이그에서, 한국, 네덜란드, 싱가포르, 케냐, 영국의 공동 주최로 2024년에는 서울에서 열린 REAIM 회의에서는 AI의 군사적 활용과 관련하여 각각 「행동 촉구Call to Action」와 「행동을 위한 청사진Blueprint for Action」이라는 성과를 냈다. 「행동을 위한 청사진」에는 핵무기에 대한 인간의 통제 유지에 관한 내용을 추가하였으며, 「행동 촉구」에 기반하여 AI의 책임 있는 군사적 이용을 위한 조치들에 대해서 나열하고 있고, 군사 영역에서 사용되는 AI에 대한 거버넌스 구상도 제시하고 있다(REAIM, 2024). 이는 1차 회의보다 실효성을 강화하고자 했다는 점에서 한 걸음 더 나아간 성과로 평가할 수 있다(윤정현, 2024). 역량

개발 및 거버넌스 구축에 있어서 개발도상국의 참여 촉진을 강조하고 있다는 점에서는 강대국, 기술 선진국의 이익만을 반영해서는 안 된다는 데 대한 합의도 어느 정도 이루어졌다고 볼 수 있다(REAIM, 2024). 하지만 미국이 REAIM 회의를 적극적으로 지지하는 모습을 보인 것과 달리, 중국은 2023년의 「행동 촉구」에는 서명하고 2024년의 「행동을 위한 청사진」에는 서명하지 않았다는 점을 보았을 때, 여전히 AI의 군사적 활용에 있어 주요하고 주된 역할을 하는 행위자 간 의견 대립이 존재한다는 것을 보여주기도 한다(Government of the Netherlands, 2023; REAIM, 2024).

2023년 네덜란드에서 열린 제1차 REAIM 회의에서 미국은 「행동 촉구」와 별개로 「인공지능과 자율성의 책임 있는 군사적 이용에 관한 정치적 선언」 프레임워크를 공개하였다. 이 '선언'은 국제인도법의 기본적인 원칙들을 포함하여 적용할 수 있는 국제법에 부합해야 하며, 책임성을 담보하기 위하여 인간의 통제하에 있어야 하고, 해당 기술이 생애주기 동안 철저히 관리되어야 한다는 내용을 포함하고 있다. 또한 방위 인력이 감사할 수 있는auditable 투명한 방법론으로 개발되어야 하고, 명시적이고 명확하게 용도가 규정되어야 한다는 내용도 담고 있다(US Department of State, 2023a; 2023b). 이 정치적 선언에는 2024년 11월 기준 58개국이 지지를 표했으며, 여기에 중국과 러시아는 포함되어 있지 않다(US Department of State n.d.).

2024년 11월에는 미국의 바이든 대통령과 중국의 시진핑 주석이 페루에서 만나 다양한 이슈에 대해 건설적인 논의를 나누었는데, 그중 하나가 AI에 관련된 것이었다. AI의 위험성을 해결하기 위한 국제적 노력에 협력하기로 한 데 더하여, AI의 군사적 활용의 일부라고 할 수 있는 핵무기와 AI에 관한 의견도 교환하였다. 두 정상은 핵무기 사용 결정을 인간의 통제권에 둘 필요가 있음에 동의하였고, 군사 분야에서의 AI 활용 문제 역시 잠재적 위험을 신중하게 고려하여 접근해야 한다는 데 의견이 일치하였다(The White House, 2024b). 다자 회의에서 미국과 중국의 의견이 일부 대립하는 부분이 있으며, 특정 회의에서는 서로를 배제하기도 하지만, 양국 정상이 만나 다시 한 번 AI의 군사적 활용에 대한 일치하는 견해를 확인한 점은 앞으로의 논의 과정을 위해 매우 의미 있는 행보였다고 평가해 볼 수 있을 것이다. 우크라이나 등에서 실전 투입되는 LAWS를 보면서 AI의 오펜하이머 모멘트Oppenheimer's Moment에 대한 언급이 곳곳에서 나오고 있다. 이런 시기에 세계를 이끌어 가며 경쟁하는 두 강대국이 조금씩 의견을 일치시키고 협력에 관해 이야기하는 모습을 보이는 것은 다른 국가들의 행위에도 영향을 미칠 수 있기에 중요하다.

2) 인공지능과 데이터

AI 기술이 빠르게 진화하면서 AI 모델의 자원이 되는 데이터가 AI 규제 거버넌스에서 중요한 축을 이루게 되었다. AI 기술 개발을 위한 학습 데이터를 활용할 때 개인정보가 유출되는 경우가 많았기 때문에 익명 처리를 통한 데이터의 활용 등 다양한 극복 노력이 이루어지고 있다. 개인 데이터의 프라이버시를 잘 보호하면서 윤리적으로 사용하는 것은 AI에 대한 신뢰성을 제고하는 데에도 큰 영향을 미친다. 따라서 AI 규제 거버넌스는 데이터 거버넌스와 함께 구상되어야 한다.

데이터 거버넌스는 데이터가 생성되고, 수집·저장·이동·분석·공유되는 모든 과정에 대한 관리를 어떻게 하느냐를 다룬다. 글로벌 차원에서 데이터 거버넌스는 개인정보 보호, 데이터 유통 등을 중심으로 논의가 이루어져 왔다. 개인정보 보호 문제는 주로 유럽연합이 주도하였는데, 유럽연합에서 제정한 '일반정보보호규정General Data Protection Regulation'을 전 세계로 확산시키는 데 중점을 두고 있다. 유럽연합의 '인공지능법'은 데이터의 처리·활용 등에 있어 'GDPR'에서 규정하는 의무에 영향을 미쳐서는 안 된다고 정하고 있다. 직접적으로 연결되는 'GDPR'의 조항으로는 개인정보 처리 원칙으로 적법성, 공정성, 투명성, 목적 제한, 데이터 최소화 등을 규정하고 있는 제5조, 인종, 민족, 정치적 신념,

생체 정보 등 민감 정보의 처리를 제한하는 제9조, 정보 제공 의무를 담고 있는 제13조와 제14조, 프로파일링을 포함한 자동화된 의사결정을 거부할 권리를 규정한 제22조, 시스템이 설계될 때부터 데이터 보호 의무를 부과하는 제25조 등이 있다(European Union n.d.). 특히 제9조의 민간 정보 처리, 제22조의 프로파일링 등은 '인공지능법'에서 고위험 AI로 분류하는 것과 연관되어 있다. 이렇듯 유럽연합은 AI에 대한 규제 거버넌스에 앞서 미리 정립해 두었던 데이터 규제 거버넌스를 연동하며, 전 세계로 자신들의 거버넌스를 확산시키려 노력하고 있다. 'GDPR'이 시행되고 난 뒤 유럽에서 문제없이 사업 등을 수행하기 위해서는 유럽연합과 비슷한 수준으로 데이터를 보호하고 있음을 인증해야 하는 적정성 결정(제45조)을 통과해야 했기에, 많은 국가가 자국 내 데이터 보호를 위한 법안을 정비하였다. 국내 법제의 개선 등을 통해 유럽연합의 적정성 결정을 통과한 국가의 수는 GDPR 시행 이후 통과한 한국, 일본, 영국을 포함하여 총 14개국이다. 하지만 '인공지능법'에 대해서는 유럽연합 내에서도 인공지능 기술혁신을 저해할 수 있다는 비판의 목소리가 나오고 있기 때문에 여러 국가로 확산되는 양상이 두드러지게 나타나지는 않는 것으로 보인다.

유럽연합은 데이터 보호가 적절하게 이루어지고 있다는 것만 확인되면 데이터의 자유로운 이동을 거부하지 않는 입장이다. 데이터의 자유로운 이동에 대한 조건부 동의라고 할 수 있다. 미국은 유럽연합과 달리 기본적으로 데이터의 자유로운 이동이 보장되어야 한다고 주장하며, 문제가 생기게 되면 그에 맞는 조치를 취하면 된다는 쪽에 속한다. 이러한 미국의 의견이 강하게 반영된 것이, 2019년에 일본 오사카에서 열린 G20 정상회의의 결과라고 할 수 있다. 당시 의장국은 일본이었으나 일본은 미국의 견해를 적극 수용하여 의제를 설정하였고, '오사카 트랙'이라고 불리는 성과물을 내게 되었다. 앞 절에서도 언급한 바 있듯이, 오사카 트랙의 핵심은 '신뢰에 기반한 데이터의 자유로운 이동DFFT'이다. DFFT는 2019년 초 세계경제포럼에서 아베 신조 총리가 새로운 글로벌 데이터 거버넌스 모델로서 처음 제안한 개념이다. 이는 '경제 성장을 위한 데이터의 자유로운 이동'과 '개인정보 보호, 지식재산권 보호'라는 상충되는 가치를 조화시키는 것을 목표로 한다. 이후 2019년 「G20 오사카 정상회의 정상 선언문G20 Osaka Leaders' Declaration」에 DFFT를 담은 일본은 2021년 영국에서 열린 G7 정상회의에서 로드맵의 형태로 발전시켰다(Arasasingham and Goodman, 2023). 「신뢰에 기반한 데이터의 자유로운 이동DFFT 협력을 위한 G7 로드맵G7 Roadmap for Cooperation on Data Free Flow with Trust」에서는 데이터 현지화, 규제 협력, 정부의 데이터 접근, 우선순위 부문에 대한 데이터 공유 등 네 가지 영역에서의 공동 행동 계획을 제시하고 있다(G7, 2021).

유럽과 미국이 비슷한 듯 다른 데이터 거버넌스를 추구하면서도 협력하는 모습을 확인할 수 있었다. 한국, 일본, 영국, 호주 등 다른 선진국 그룹 국가들은 대체로 유럽과 미국 사이의 어딘가에 놓여 있다. 하지만 확연히 다른 거버넌스를 보이는 국가도 있다. 대표적인 국가가 브라질, 러시아, 인도, 중국, 남아프리카공화국, 즉 브릭스와 같은 신흥 경제 국가들이다. 이 국가들의 데이터 거버넌스의 핵심은 강력한 데이터 현지화data localization에 있다.[3] 중국은 "국가의 데이터에 대한 주권, 관할권, 거버넌스에 대한 존중"을 반복적으로 강조해 왔다(He, 2023). 브뤼셀 효과에 대응하여 '베이징 효과Beijing effect'라고도 불리는 중국의 데이터 거버넌스 모델은, 데이터의 국경 내 저장에 더하여 데이터의 해외 이전을 위해서는 권한 있는 당국의 보안 검토와 승인을 요구한다. 중국과 마찬가지로 러시아는 강력한 통제권을 주장해 왔다. 디지털 경제의 특징 중 하나가 물리적 사업장을 반드시 전제하지 않는다는 것인데, 러시아는 이러한 사업자들을 단속했으며, 데이터의 이동 자체를 막지는 않지만, 데이터의 저

3 데이터 현지화(data localization), 데이터 레지던시(data residency), 데이터 주권(data sovereignty) 등의 개념이 혼용되고 있는데, 데이터 현지화는 데이터의 저장 및 처리, 데이터 레지던시는 데이터가 저장되는 위치, 데이터 주권은 데이터에 대한 법적 관할권에 관한 것으로, 엄밀하게 말해 세 가지 용어는 동의어가 아니며, 개념 간 겹치는 부분이 존재한다(Brook, 2024.3.18). 의미상으로는 데이터 현지화가 데이터 레지던시와 데이터 주권을 대체로 포함한다고 볼 수 있다.

장은 러시아의 국경 안에서 물리적으로 이루어져야 한다고 강제한다. 브라질도 데이터 현지화를 위한 개정을 통해 브라질에 물리적으로 데이터를 저장하고 유지하도록 의무를 부과하였다. 인도는 민감 데이터sensitive personal data에 대해서는 연성 현지화soft localization를, 핵심 데이터critical personal data에 대해서는 경성 현지화hard localization를 요구하는 등 다양한 현지화 접근법을 선택하고 있다(Yayboke et al., 2021). 인도는 남아프리카공화국, 인도네시아 등과 함께 2019년 「디지털 경제에 대한 오사카 선언Osaka Declaration on Digital Economy」에 서명하지 않기도 하였다(G20, 2019). 데이터가 지니는 자원적 중요성, 특히 최근 모두가 관심을 가지는 AI 기술을 개발하는 데 있어 데이터의 확보 혹은 제공이 주는 의미가 무엇인지 인식하게 되면서 권위주의 국가와 민주주의 국가 모두에서 데이터 현지화에 대한 논의가 나오고 있기는 하다. 하지만 일각에서는 중국, 러시아와 같은 권위주의 국가들이 데이터 현지화를 주장하는 것에 민주주의 국가와는 다른 의도가 숨겨져 있다고 설명한다. 국가가 궁극적으로 국민에 대한 감시와 검열을 강화하기 위해서 데이터 현지화를 옹호한다는 것이다(Yayboke et al., 2021).

데이터 현지화 혹은 데이터 이동에 대한 제한이 서방국가들에서 일어나지 않는 것은 아니다. 최근에는 수집한 데이터를 어떤 용도로 활용하느냐에 대한 신뢰가 부족하다는 이유에서 적대국 혹은 잠재적 적대국에 대한 데이터 흐름을 차단하려는 움직임이 나타나고 있으며, 군사적 동맹국과 같이 신뢰할 수 있는 파트너들을 중심으로 하여 데이터의 자유로운 이동을 추구하는 경향이 두드러지고 있다. 미국은 기본적으로 AI 기술의 비약적 발전이 있기 전부터 이미 자국 플랫폼 기업들의 이익을 위해 데이터의 자유로운 이동을 적극적으로 지지해 왔으며, AI 경쟁이 첨예하게 일어나는 현재에는 데이터의 자유로운 이동을 방해하는 행위에 대해 비판하고 개방하도록 요구하기도 한다. 데이터의 자유로운 이동을 적극적으로 주장하는 미국이지만 한편으로는 화웨이 장비 사용 금지, 틱톡 금지 등과 같은 조치를 시행하기도 한다. 이는 안보를 위협할

그림 9-3 글로벌 AI 거버넌스 지형

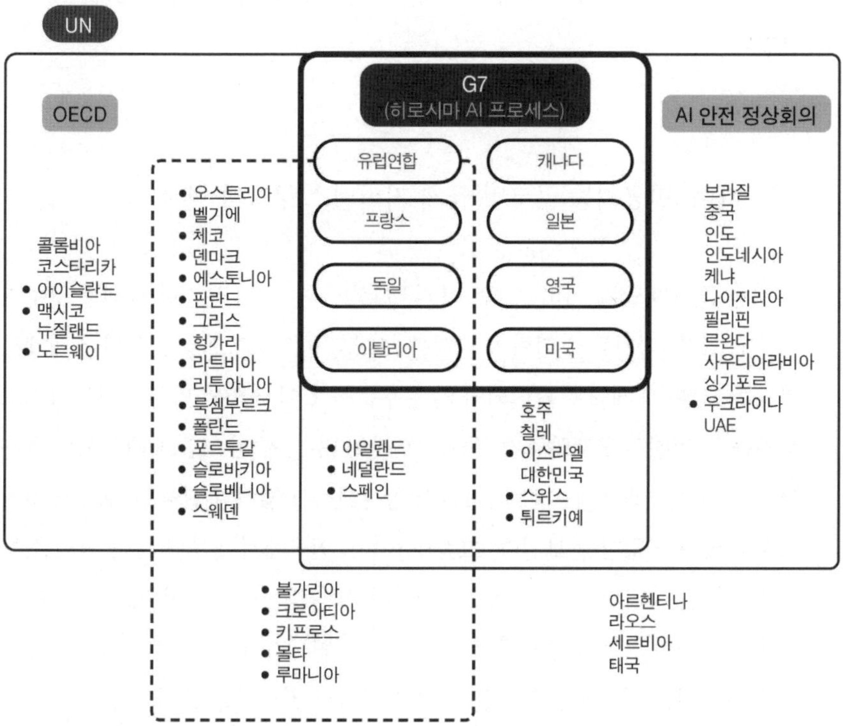

자료: Habuka and de la Osa(2024: 6)

수 있는 잠재적 적대국으로 데이터가 이동하는 것을 데이터 유출로 판단하고 차단하고자 하는 행위로, 데이터 이동에 대한 기존의 태도와 모순된 측면이 존재한다. 이러한 현상은 수집해 간 데이터를 어떻게 활용할지 신뢰할 수 없어서 발생하는 것이다. 또 다른 사례로, 일본은 라인야후 사태를 통해 한국의 데이터 센터에 저장되어 있던 자국민 데이터를 자국으로 이전하도록 만들었다. 미국과의 동맹을 통해 간접적 동맹, 즉 준동맹 관계로 인식되기도 하는 한국과 일본이지만, 일본은 데이터 이동과 관련하여 한국을 신뢰할 수 있는 국가로 보지 않기 때문에 데이터 현지화를 요구한 것이다. 이렇듯 AI 규제 거버넌스의 중요한 부분을 차지하는 데이터 규제 거버넌스는 복잡하게 얽혀 있는 양상을 보인다.

5. 나가며: 인공지능 글로벌 규제 거버넌스 구축과 한국

AI를 둘러싼 규제 거버넌스는 아직 글로벌 수준에서 온전한 형태를 갖추지 못하고 있다. 국가들이 협력의 의지를 보이고자 의도적으로 논의에서 배제하기도 하고, 아직 제대로 확인되지 않은 부분이 있어 논의의 범위를 확정하지도 못하는 등 여전히 구체화하지 못하는 부분이 많다. 주된 이슈에 대해서도 국가들의 여러 이해관계에 따라 거버넌스 형성에서의 협력과 갈등 관계가 중첩적으로 나타나는 경향을 보인다. **그림 9-3**이 이 연구에서 설명한 모든 지형을 보여주는 것은 아니지만, 이와 비슷하게 다층적인 양상이 나타난다는 것은 앞 절들에서의 논의를 통해 확인해 볼 수 있다. 이 연구가 AI 글로벌 규제 거버넌스 구축 과정에서 형성되는 복잡한 협력과 경쟁의 지형도를 보이고자 한 궁극적인 이유는 한국이 AI 거버넌스에서 어디에 위치할 수 있는가에 대해 고민해 보기 위해서이다. 인공지능 글로벌 규제 거버넌스의 지형을 심하게 단순화한다면 미국과 중국의 두 갈래 길로 나뉠 것이다. 이 경우 한국이 할 수 있는 선택은 현실적으로 사실상 미국에 편승하는 전략으로 귀결될 가능성이 크다. 하지만 한국이 중국과의 네트워크를 완전히 끊어내는 것은 한국의 국익을 생각했을 때 불가능한 일이다. 따라서 미국이냐 중국이냐를 두고 딜레마 속에서 고뇌하지 말고, 단순화된 지형을 좀 더 다각적으로 분석한 뒤 한국이 연결할 수 있는 틈새가 어디에 있을지 고민해 보아야 한다. 이러한 고민 후에 선택한 길은 상대적으로 균형적일 것이고 국익도 이전보다 극대화할 수 있을 것으로 생각한다.

한국은 자체적인 AI 기술 역량을 가지고 있는 국가이지만 미국이나 중국만큼의 규모를 가지고 있지는 못하기 때문에, 처음부터 독자적이고 주도적인 거버넌스 방향으로 나아가기에는 무리가 있다. 이미 형성되어 있는 플랫폼을 활용하여 자국이 가진 역량을 기반으로 목소리를 점점 키워가는 전략이 적절해 보인다. 최근 진행되는 인공지능 글로벌 규제 거버넌스 구축의 국제정치에서 한국이 취할 수 있는 노선은 일단 히로시마 AI 프로세스의 파트너 국가로서 적극적 역할을 하는 것이다. 현실적으로 전 세계 AI 기술개발은 미국이 주도하고 있다. 최근 10년간 AI 기술개발 투자에서 미국은 규모상 2위인 중국의 40배를 넘는 압도적 위상을 보여준다. 중국이 추격하고 있다고는 하지만, AI 기술개발에서 미국은 여전히 글로벌 헤게모니 국가의 위상을 확고히 하고 있다. 이러한 상황에서는 한국의 AI 역량 강화 및 효과적 활용 체계 구축과 관련하여 아직은 미국과의 협력이 아닌 다른 대안이 존재한다고 보기는 어려운 것이다. 따라서 미국이 구축해 놓은 플랫폼 위에서 역량을 강화하면서 한국이 연대하기 좋은 파트너를 찾아야 한다.

다만, 현재 G7이 주도하여 이루어지는 AI 글로벌 규제 거버넌스 구축 과정은 한국의 입장이 잘 반영될 수 있는 구조는 아니다. 파트너 국가로서 편승하는 전략은 글로벌 규제 거버넌스에서 한국의 입장 반영에 충분하지 않은 것이다. 이 지점에서 AI 기술 역량이 상대적으로 매우 더딘 일본이 G7 의장국의 위치를 활용해서 글로벌 거버넌스 구축에 있어 자국의 위치 권력을 상승시킨 사례를 주목할 필요가 있다. AI 분야뿐만 아니라 사이버 안보 등의 여러 신흥 정책 분야에서 G7 플랫폼의 중요성이 상승하고 있는 가운데, 한국이 G7의 협력국을 넘어 G7 프레임에 직접 참여할 수 있는 제도적 모색은 인공지능 분야뿐만 아니라 여러 분야에서 한국의 외교적 위상을 제고할 수 있는 핵심 연결 고리가 될 수 있다.

한편, AI 기술개발에서 압도적 위상을 지니는 미국이 기업들의 자발적 규제 중심의 제도 구축을 시도해 온 반면에 유럽은 법적 규제를 시도한 바 있다. 단언하기는 어렵지만, 히로시마 AI 프로세스 이후 AI 글로벌 규제 거버넌스는 미국의 자율 규제를 중심으로 수렴될 가능성이 높다. 국내 규제 제도 모색에서 기업의 AI 개발 및 활용에의 지원과 그 과정에서 등장할 수 있는 위험성에 대한 규제 사이의 균형점을 찾는 과정은 현재 한국의 인공지능 전략에서 중요한 미래 결정 사항일 것이다. 유럽의 법적 규제 프레임을 핵심 모델로 고려하기보다는 히로시마 AI 프로세스의 방향성에 대한 면밀한 검토 속에서 지원과 규제의 균형점 모색이 더 긴요해 보인다.

하지만 한국의 AI 거버넌스 외교에서 히로시마 AI 프로세스에의 적극 참여와 협력만으로는 충족되지 못하는 부분들이 분명 존재할 수밖에 없다. 트럼프 2기 행정부가 들어서고 이전 정부의 행정명령을 철회하는 등 미국의 거버넌스 방향이 새로운 국면에 접어드는 양상이 나타나고 있다. 이러한 급변하는 상황에서도 글로벌 규제 거버넌스 무대에서 안정성을 유지하기 위해서는 역시 미국이냐 중국이냐 하는 양자택일의 선택지를 배제할 필요가 있다. 즉, 미국에 편중된 소다자 협의체인 G7 외에도 유엔과 유네스코 등 다자 협력에서의 적극적 관여도 꾸준하게 진행해야 할 것이다. AI 분야를 포함한 여러 신흥안보 분야에서 중국과의 긴밀한 협력 관계 구축이 당장은 쉽지 않은 일이다. 하지만 미중 전략경쟁 시대 전방위 외교적 관점에서 글로벌 사우스 국가를 대상으로 하는 적극적 외교가 필요하다. 냉전기 한국은 진영 대립의 최전선에 서 있었기 때문에 비동맹 국가와의 외교 다변화를 비롯한 전방위 외교를 할 수 없었다. 지금도 한국은 미중 경쟁의 중간에 끼어 있는 상황이다. 과거의 경험을 교훈 삼아 이제는 한국의 외교를 다각화할 필요가 있다. 미중 전략경쟁 시대 한국 외교가 보다 다각화되는 데 글로벌 사우스 국가들이 지니는 중요성은 크다. 인공지능 분야를 비롯한 신흥안보 영역에서 유사 입장 국가와 글로벌 사우스 국가 사이의 가교 역할을 할 수 있는 대전략 구상이 필요한 시점이다.

문용일. 2024.「수렴인가? 이질동형상(isomorphism)인가?: EU, 미국, 중국의 데이터 프라이버시 법제 비교분석」. ≪국제지역연구≫, 제28권 2호, 29~47쪽.

안성원·박강민·장진철. 2024.「유럽연합 인공지능법(EU AI ACT)의 주요내용 및 시사점」. ≪ISSUE 1≫, 제124호, 소프트웨어정책연구소.

오연주. 2024.「AI 거버넌스의 글로벌 지형: AI 선도국 및 글로벌 사우스 국가의 거버넌스 전략 탐색」. ≪FOCUS 2≫, 제124호, 소프트웨어정책연구소.

유준구. 2019.「자율살상무기(LAWS)체계 규범 창설 논의의 쟁점과 시사점」. ≪IFANS 주요국제문제분석≫(2019-54).

유현정. 2020.「중국의 디지털 실크로드: 목표·전망 그리고 한국의 대응」. ≪INSS 연구보고서≫(2020-13), 국가안보전략연구원.

윤정현. 2024.「제2차 REAIM 고위급회의 서울 개최의 의미와 시사점」. ≪이슈브리프≫, 제600호, 국가안보전략연구원.

이효영·박설믜. 2021.「디지털 무역 규범 어떻게 형성되고 있나」. ≪여시재 미래디자인 시리즈≫, (2021.2.17).

≪동아일보≫. 2024.3.31. "인류 역사상 AI가 인간 살상한 첫 전투 벌어졌다". http//www.donga.com/news/Inter/article/all/20240331/124238975/1

広島AIプロセス. 2023. "広島AIプロセスに関するG7首脳声明." 2023年10月30日.

_____. 2024. "広島AIプロセス·フレンズグループに参加する国." Updated December 2024. https://www.soumu.go.jp/hiroshimaaiprocess/supporters.html.

Abungu, Cecil, Marie Victoire Iradukunda, Raqda Sayidali, Aquila Hassan, Duncan Cass-Beggs. 2024. "Global South Countries Have No Choice but to Care About Advanced AI." Centre for International Governance Innovation, 9 December 2024. https://www.cigionline.org/articles/global-south-countries-have-no-choice-but-to-care-about-advanced-ai/

Allen, Gregory C. 2024. "Understanding the Biden Administration's Updated Export Controls." CSIS, 11 December 2024.

Allen, Gregory C. and Isaac Goldston. 2024. "The Biden Administration's National Security Memorandum on AI Explained." CSIS, 25 October 2024.

Arasasingham, Aidan and Matthew P. Goodman. 2023. "Operationalizing Data Free Flow with Trust (DFFT)." CSIS, 13 April 2023. https://www.csis.org/analysis/operationalizing-data-free-flow-trust-dfft?utm_source=chatgpt.com

Bernstein, Drew. 2024.8.28 "Who Is Winning The AI Arms Race?" *Forbes*, 28 August 2024. https://www.forbes.com/sites/drewbernstein/2024/08/28/who-is-winning-the-ai-arms-race/

Bhatt, Charukeshi and Tejas Bharadwaj. 2024. "Understanding the Global Debate on Lethal Autonomous Weapons Systems: An Indian Perspective." Carnegie Endowment for International Peace, 30 August 2024. https://carnegieendowment.org/research/2024/08/ understanding-the-global-debate-on-lethal-autonomous-weapons-systems-an-indian-perspective?lang=en

Blanchet, Atahualpa. 2025. "Artificial Intelligence Governance in BRICS: Cooperation and Development for Social Inclusion." BRICS Brasil 2025, 11 April 2025. https://brics.br/en/news/articles/artificial-intelligence-governance-in-brics-cooperation-and-development-for-social-inclusion

BRICS. 2025. "Chair's Statement of the Meeting of Ministers of Foreign Affairs/International Relations of BRICS Member Countries." BRICS Brasil 2025.

Brook, Chris. 2024.3.18. "What Is Data Residency? How It Affects Your Compliance." Fortra, 18 March 2024. https://www.digitalguardian.com/blog/what-data-residency-how-it-affects-your-compliance

Castro, Daniel and Michael McLaughlin. 2021. "Who is winning the AI race: China, the EU, or the United States?" Center for Data Innovation, January 2021.

Csernatoni, Raluca. 2024. "The AI Governance Arms Race: From Summit Pageantry to Progress?" Carnegie Europe, 7 October 2024. https://carnegieendowment.org/research/2024/10/the-ai-governance-arms-race-from-summit-pageantry-to-progress?lang=enandcenter=europe

European Union. n.d. "General Data Protection Regulation." https://gdpr-info.eu/

Ferragamo, Mariel. 2024. "What Is the BRICS Group and Why Is It Expanding?" Council on Foreign Relations, 12 December 2024. https://www.cfr.org/backgrounder/what-brics-group-and-why-it-expanding#chapter-title-0-2

Frank Michael. 2023. "UK AI Summit Debrief Par 2: The State of International AI Safety Governance." CSIS, 7 December 2023. https://www.csis.org/analysis/uk-ai-summit-debrief-part-2-state-international-ai-safety-governance

G20. 2019. "Osaka Declaration on Digital Economy." G20, 28 June 2019.

G7. 2021. "G7 Roadmap for Cooperation on Data Free Flow with Trust." G7 Digital and Technology Track, Annex 2.

Government of the Netherlands. 2023. "REAIM 2023 Call to Action." 16 February 2023.

Habuka, Hiroki and David U. Socol de la Osa. 2024. "Shaping Global AI Governance: Enhancements and Next Steps for the G7 Hiroshima AI Process." CSIS, 24 May 2024.

HAI. 2024a. "Intelligence Index Report 2024." Stanford University Human-Centered Artificial Intelligence.

_____. 2024b. "Global AI Power Rankings: Stanford HAI Tool Ranks 36 Countries in AI." Stanford University Human-Centered Artificial Intelligence, 21 November 2024. https://hai.stanford.edu/news/global-ai-power-rankings-stanford-hai-tool-ranks-36-countries-in-ai

He, Alex. 2023. "State-Centric Data Governance in China." CIGI Papers 282, Centre for International Governance Innovation, September 2023.

Herscovitch, Benjamin. 2024.3.27. "China and the great global AI governance divide." the interpreter, The Lowy Institute, 27 March 2024. https://www.lowyinstitute.org/the-interpreter/china-great-global-ai-governance-divide

InvestChile. 2023.10.25. "Chile leads regional initiative on ethical Artificial Intelligence." InvestChile, 25 October 2023. https://blog.investchile.gob.cl/chile-ethical-artificial-intelligence.

Kissinger, Henry A. and Graham Allison. 2023.10.13. "The Path to AI Arms Control." *Foreign Affairs*, 13 October 2023. https://www.foreignaffairs.com/united-states/henry-kissinger-path-artificial-intelligence-arms-control

Kleinman, Zoe and Chris Vallance. 2023.5.2 "AI 'godfather' Geoffrey Hinton warns of dangers as he quits Google." *BBC*, 2 May 2023. https://www.bbc.com/news/world-us-canada-65452940.

Krasodomski, Alex, Arthur Gwagwa, Brandon Jackson, Elliot Jones, Stacey King, Mira Lane, Micaela Mantegna, Thomas Schneider, Kathleen Siminyu and Alek Tarkowski. 2024. "Artificial intelligence and the challenge for global governance: Nine essays on achieving responsible AI." Research Paper, Chatham House, June 2024.

Mok, Charles. 2023.11.7 "Global Competition for AI Regulation, or a Framework for AI Diplomacy?" The Diplomat, 7 November 2023. https://thediplomat.com/2023/11/global-competition-for-ai-regulation-or-a-framework-for-ai-diplomacy/

Mostrous, Alexi, Serena Cesareo and Joe White. 2024.9.19. "The Global Artificial Intelligence Index 2024." Tortoise, 19 September 2024. https://www.tortoisemedia.com/2024/09/19/the-global-artificial-intelligence-index-2024

Nye, Joseph S. Jr. 2024.7.31. "AI and National Security." Project Syndicate, 31 July 2024. https://www.project-syndicate.org/commentary/ai-national-security-some-benefits-and-many-risks-by-joseph-s-nye-2024-07

Office of the United States Trade Representative. 2019. "FACT SHEET on U.S.-Japan Digital Trade Agreement." October 2019. https://ustr.gov/about-us/policy-offices/press-office/fact-sheets/2019/october/fact-sheet-us-japan-digital-trade-agreement

REAIM. 2024. "Blueprint for Action." 11 September 2024.

State Council. 2017. "A Next Generation Artificial Intelligence Development Plan." translated by New America, 20 July 2017.

The White House. 2017. "National Security Strategy of the United States of America." December 2017.

The White House. 2021. "Fact Sheet: U.S.-Japan Competitiveness and Resilience (CoRe) Partnership." Statements and Releases, 16 April 2021. https://bidenwhitehouse.archives.gov/briefing-room/statements-releases/2021/04/16/fact-sheet-u-s-japan-competitiveness-and-resilience-core-partnership/

The White House. 2022. "National Security Strategy." October 2022.
______. 2023. "Executive Order 14110 of October 30, 2023: Safe, Secure, and Trustworthy Development and Use of Artificial Intelligence." Federal Register, 88(210).
______. 2024a. "United States-Japan Joint Leaders' Statement: Global Partners for the Future." Statements and Releases, 10 April 2024. https://bidenwhitehouse.archives.gov/briefing-room/statements-releases/2024/04/10/united-states-japan-joint-leaders-statement/
______. 2024b. "Readout of President Joe Biden's Meeting with President Xi Jinping of the People's Republic of China." 16 November 2024. https://bidenwhitehouse.archives.gov/briefing-room/statements-releases/2024/11/16/readout-of-president-joe-bidens-meeting-with-president-xi-jinping-of-the-peoples-republic-of-china-3/
UK Government. 2024.4.2. "Collaboration on the safety of AI: UK-US memorandum of understanding." Notice, 2 April 2024. https://www.gov.uk/government/publications/collaboration-on-the-safety-of-ai-uk-us-memorandum-of-understanding/collaboration-on-the-safety-of-ai-uk-us-memorandum-of-understanding
______. 2025.2.13. "The Bletchely Declaration by Countries Attending the AI Safety Summit, 1-2 November 2023." Policy Paper, Updated 13 February 2025. https://www.gov.uk/government/publications/ai-safety-summit-2023-the-bletchley-declaration/the-bletchley-declaration-by-countries-attending-the-ai-safety-summit-1-2-november-2023
UNESCO. 2023.10.8. "Authorities from 24 Countries to Participate in the 1st Forum of High Authorities on the Ethics of Artificial Intelligence in Latin America and the Caribbean." News, 18 October 2023. https://www.unesco.org/en/articles/authorities-24-countries-participate-1st-forum-high-authorities-ethics-artificial-intelligence-latin
United Nations General Assembly. 2024a. "Draft Resolution: Enhancing international cooperation on capacity-building of artificial intelligence." 25 June 2024.
______. 2024b. "Resolution: Enhancing international cooperation on capacity-building of artificial intelligence." Resolution adopted by the General Assembly on 1 July 2024.
US Department of State. 2023a. "Building Consensus on the U.S. Framework for a Political Declaration on the Responsible Military Use of Artificial Intelligence and Autonomy." 16 February 2023. https://2021-2025.state.gov/building-consensus-on-the-u-s-framework-for-a-political-declaration-on-the-responsible-military-use-of-artificial-intelligence-and-autonomy/
______. 2023b. "Political Declaration on Responsible Military Use of Artificial Intelligence and Autonomy." 9 November 2023. https://www.state.gov/political-declaration-on-responsible-military-use-of-artificial-intelligence-and-autonomy-2/
______. 2024. "Political Declaration on Responsible Military Use of Artificial Intelligence and Autonomy." Updated 27 November 2024. https://www.state.gov/bureau-of-arms-control-deterrence-and-stability/political-declaration-on-responsible-military-use-of-artificial-intelli

gence-and-autonomy.

Vermeer, Michael J. D. 2024. "Historical Analogues That Can Inform AI Governance." Research Report, RAND.

Xi, Jinping. 2023a. "Global AI Governance Initiative." October 2023.

_____. 2023b. "Seeking Development Through Solidarity and Cooperation and Shouldering Our Responsibility for Peace." At the 15th BRICS Summit, Johannesburg, 23 August 2023. http://in.china-embassy.gov.cn/eng/zgxw/202308/t20230823_11130928.htm#:~:text=BRICS%20countries%20have%20agreed%20to,information%20exchange%20and%20technological%20cooperation

Yayboke, Erol, Carolina G. Ramos and Lindsey R. Sheppard. 2021. "The Real National Security Concerns over Data Localization." CSIS, 23 July 2021. https://www.csis.org/analysis/real-national-security-concerns-over-data-localization

10 인공지능 위험에 대한 국제규범과 다자외교

송태은 | 국립외교원

1. 문제 제기

인공지능AI 기술은 아직 완성된 단계에 이르지 않은 미완성 기술이므로 AI가 세계 안보와 경제·산업 및 정치에 끼치는 영향에는 아직 알려지지 않은 회색 지대가 존재한다. 인류의 삶에 전방위로 영향을 끼치고 있는 현대 AI 기술은 아직까지 기술 위험의 성격과 규모가 알려지지 않은 '불확실한uncertain' 기술이자 급속도로 발전하고 있지만 어느 수준까지 발전할 것인지 알 수 없는 '예측 불가한unpredictable' 기술이다. 차량의 급가속 문제가 종종 보도되고 있음에도 불구하고 운전을 기피하는 사람은 거의 없는 것은 자동차라는 기계의 작동이 불확실하거나 예측 불가능하다고 여기지 않기 때문이다.

하지만 AI 기술이 적용된 자율 드론이 이미 현대 전장에서 인간 대신 광범위하게 살상을 수행하는 등 완성되지 않은 AI 기술이 야기할 수 있는 위험이 관리되기도 전에 가장 위협적인 군사 활동에 동원되고 있는 것이 현실이다. AI 기술이 끼칠 영향의 성격과 범위의 불확실성에 대한 예측의 어려움은 특히 기술을 개발하거나 소유하지 않은 주체의 불안과 염려를 불러일으킨다. 기술

개발 경쟁과 기술혁신의 효과에 집중하고 있는 국가와 기업보다 개인과 시민사회는 국가와 기업처럼 AI 기술의 직접적인 사용자이기도 하지만 동시에 인공지능 알고리즘의 기계학습machine learning: ML을 위한 정보 수집의 직접적인 대상이기 때문이다.

중요한 것은 AI 기술의 위험을 관리하는 다양한 거버넌스 논의가 기술 자체의 혁신과 발전을 저해하지 않으면서 인류에 위협이 될 부분을 시의적절하게, 탄력적으로 운용할 수 있는 내용을 담아야 한다는 점이다. AI 기술에 대해 경직된 원칙과 현실성이 떨어지는 교조주의적 규제가 강요될 경우, 규범에 대한 이탈은 빈번해질 수밖에 없다. 지키기 어려운 규범은 규범 자체에 대한 기업이나 정부 기관의 관련 부처들의 저항감을 초래할 수 있고, 사회 전체에 규범의 회의론, 무용론을 확산시킬 수 있기 때문에 결과적으로는 미래의 거버넌스 구축 노력에도 부정적인 영향을 끼친다.

특히 심화되는 미중 경쟁과 함께 격화되고 있는 지정학적 갈등, 그리고 두 개의 전쟁이 장기화되고 있는 현재의 세계 안보 상황에서 군사 부문의 AI에 대한 규제는 기술 강국과 당장의 전쟁에서 적을 상대하고 있는 국가에게는 다양한 딜레마를 발생시킨다. 특히 전장에 이미 광범위하게 투입되고 있는 AI의 군사적 사용에 대한 규범을 논의하는 데 있어서 이분법적 접근법, 즉 무작정 군사 분야 AI의 위험을 강조하고 군축 논의를 펼치는 식의 이분법적 문제 해결 방식을 추구할 경우, 위협적인 군사 AI 기술을 보유한 AI 강국들이 국제규범으로부터 대거 이탈하게 되는 결과를 초래할 수 있다.

특히 미국은 군사 AI를 비롯하여 세계 최고의 AI 기술을 보유하고 있기 때문에 미국이 AI 기술 규제에 대해 어떤 입장과 접근법을 취하는지는 AI 국제규범에 결정적인 영향을 끼친다. 트럼프 행정부 2기의 AI 전략은 바이든 행정부 시기에 비해 규제와 규범보다 기술의 개발과 혁신에 훨씬 큰 무게를 두고 있다. 트럼프 대통령은 취임 3일 만에 미국 기업의 AI 안전성 테스트 보고 의무를 명시한 바이든 행정부의 2023년 'AI 행정명령2023 Executive Order 14110 on the

Safe, Secure, and Trustworthy Development and Use of AI'을 폐기하고(White House, 2025. 1.23), '미국의 AI 리더십 장애 제거 행정명령Executive Order 14179 on "Removing Barriers to American Leadership in Artificial Intelligence"'에 서명했다.

미국의 달라진 기조는 AI 기술이 인류에 제공하는 기회와 유익만큼이나 '알려지지 않은 위험'이 빠른 기술혁신에 여전히 방해가 될 수 있다는 것을 '전적으로' 부인한 선언이라고 볼 수는 없지만, 최근 국제사회가 진전시키려 하는 AI 국제규범 구축에 어떤 영향을 끼칠지 불분명하다. 다만, 기술의 위험을 지속적으로 관리하며 대중의 신뢰를 지속적으로 견인하는 것도 이윤 창출에 기여하기 때문에 트럼프 행정부에 있어서도 AI 기술을 관리할 규범의 중요성은 사라지지 않는다. 다만 트럼프 행정부는 EU의 과도한 규제를 지양하는 탈중화된 접근법을 선호하고 대중의 AI 기술에 대한 신뢰를 담보하기 위해 AI 기술의 안전조치safeguards는 강화하는 방식을 추구할 것으로 보인다.

미국의 AI 규범에 대한 새로운 접근법에도 불구하고 국제사회는 그동안의 AI 국제규범에 대한 논의를 지속할 것이다. UN에서는 그동안 AI와 같은 신기술 이슈를 다뤄온 사무총장 기술특사실Office of the Secretary-General's Envoy on Technology이 2024년 9월 열린 미래정상회의Summit of the Future에서 채택한 '글로벌디지털협약Global Digital Compact'의 제안을 따라 2025년 1월 1일부로 '디지털신기술유엔사무소UN Office for Digital and Emerging Technologies: ODET'로 변신했다. ODET는 글로벌디지털협약을 지원하고 협약이 담고 있는 AI 거버넌스와 관련된 UN의 결정들을 이행하는 역할을 담당한다. ODET이 설치된 사실은 UN 헌장을 비롯하여 인권과 지속가능한 성장 등 UN이 강조하는 어젠더가 강조하는, 조율되고, 포용적인 다중이해당사자multistakeholders 접근법이 기술 거버넌스에서 중요하게 인식되고 있음을 반영한다(United Nations, 2025.1.1).

현실적으로 AI 국제규범 구축을 위한 국제사회의 다자외교는 미국의 AI 규제완화 방침에 따라 표류할 가능성이 상당히 크다. 미국은 AI 안전이 아니라 AI 안보에 집중하고 있고, 영국도 비슷한 접근법을 취하고 있으며, 미국과의

AI 기술협력을 본격화하려는 미국의 우방국들은 AI 규범에 있어 미국의 입장과 상충되는 노선을 선택하는 것을 회피하게 될 뿐만 아니라 오히려 그러한 상황을 AI 기술개발에 유리하게 여길 가능성이 크다. 이러한 맥락에서 이 글은 AI 국제규범 구축에 부정적이든 긍정적이든 가장 막강한 영향력을 끼칠 세계 최고의 AI 기술력을 보유한 미국의 트럼프 행정부 2기의 AI 규제완화 정책이 어떻게 나타나고 있는지 AI 기술혁신과 AI 위험관리 차원에서 살펴본다. 또한 이 글은 이러한 트럼프 행정부 2기의 AI 기술 정책의 변화의 맥락에서 국제사회가 AI 기술혁신과 AI 위험관리 간 긴장 속에서 어떤 정책적 갈등과 입장의 변화를 경험할 것인지 살펴본다. 더불어, 격화되는 미중 간 AI 기술경쟁 속에서 한국은 국내외적으로 AI 규범 관련 어떤 다자외교를 펼쳐야 할 것인지 논하는 것으로 이 글을 마무리한다.

2. AI 기술 혁신과 AI 안보

AI 기술은 그동안 현대 과학이 풀어내지 못했던 인간과 자연에 대한 수많은 의문에 대한 답을 주며 그동안 인류가 추구하거나 추진할 수 없었던 일들, 정책을 가능하게 만든다. AI는 인터넷상의 수많은 디지털 데이터 및 인간과 생물의 육체에서 일어나는 특별한 현상이나 육상·해상·공중·우주에서 일어나는 모든 일들을 각종 디지털 기기, 센서와 사물인터넷 등 전방위로 연결된 사이버 공간을 통해 데이터로 수집하고 실시간으로 분석해 낼 수 있다. 그 결과는 생태계의 신비를 풀어내 자연을 보호할 정밀한 정책 구축을 가능하게 해주고, 장애인의 수화를 텍스트로 만들며, 토지 이용이나 기반 시설에 대한 수요를 예측하여 최적의 도시계획을 가능하게 하는 등 데이터 수집이 가능한 관찰 대상에 대한 '즉각적인 문제 해결'이다. 즉 AI는 모든 현상에 대한 퍼즐을 푸는 즉시 문제 해결의 답까지 제공할 수 있는 '분석자analyzer', '해석자interpreter', '해결자solver'

로서 기능하고 있다.

AI 기술의 이러한 유익을 최대화하는 것을 방해하는 것은 데이터의 수집과 처리 및 사용에 대한 다양한 규제이다. AI 기술의 선도 국가인 미국의 경우, 각 주states마다 서로 다른 규제 레짐에 대한 개선이 필요하다는 목소리가 산업계에서 꾸준히 있어 왔다. 2023년 말부터 미국의 오픈 AIOpenAI와 마이크로소프트Microsoft는 뉴욕타임스New York Times, 시카고트리뷴Chicago Tribune을 비롯하여 여덟 개 신문사로부터 저작권 문제로 소송을 당했고, 이들 언론사들은 오픈 AI와 마이크로소프트가 소셜미디어 플랫폼의 개인 정보를 오용했다고 주장했으나 기각되었다(Brittain, 2024.5.25). 트럼프 행정부 2기가 시작되기 직전 이미 메타Meta의 최고경영자 마크 저커버그Mark Zuckerberg는 유럽의 규제에 대해 보복관세가 필요하다는 주장을 펼쳤고, 2025년 1월 초 메타는 소셜미디어 플랫폼에서 확산되는 오정보를 걸러내는 '제3자 팩트체크the third-party fact-checking 프로그램'을 종료해 버렸다(Isaac and Schleifer, 2025.1.7). 구글Google은 AI 모델에 대한 규제에 있어서 모든 주에 적용되는 통일된 국가 프레임워크가 필요하다고 주장하며 각 주마다 서로 다른 규제가 중국과의 AI 기술경쟁에서 미국의 리더십을 심각하게 훼손한다고 주장했다(Meyer, 2025.3.18). 이런 일들이 중국에서는 일어나지 않는 상황을 고려할 때 AI 기술을 다루는 기업에 대한 다양한 규제가 중국과의 경쟁에서 이들 기업을 '구조적으로' 불리한 위치에 놓이게 하는 것이다.

최근 2025년 2월 10일 프랑스 파리에서 열린 'AI 행동 정상회의AI Action Summit'에서 미국은 미 부통령 밴스J.D. Vance는 "AI의 미래는 '안전safety'에 대해 안전부절못하는 태도hand-wringing로는 이길 수 없다"라고 발언했다. 이 회의에 참여한 60개국은 2024년 5월 AI 서울 정상회의가 제시한 '안전', '혁신', '포용'의 세 가지 가치에 기반을 두고 '공익public interest'과 '지속가능성sustainability'을 추구하기 위해 구체적 행동action을 시작하자는 의지를 담은 「인류와 지구를 위한 포용적이고 지속가능한 AI에 대한 선언문」을 발표했다. 하지만 미국은 이 선언문에 서명하지 않았고, 밴스 부통령은 AI의 안전을 논의하기 위한 이 회의에 오지 않았고, 오히려 'AI의 기회'에 대해 언급했으며, 미국은 적들이 AI 역량을 갖춰 미국인들을 위협하는 것을 막아내야 한다고 발언했다. 즉 밴스 부통령은 국제 무대에서 트럼프 행정부가 'AI 안전'이 아니라 'AI 안보'에 국가 기술전략의 방점을 두고 있음을 공개적으로 명확히 밝힌 것이다.

EU 인공지능법EU AI Act을 마련하면서까지 AI 기술을 과도하게 규제한다는 유럽 테크기업들의 비판에 직면해 온 EU와 프랑스는 이번 회의를 통해 AI 산업 발전을 위해 규제를 완화하겠다고 밝혔다. 유럽의 지도자들은 이번 파리 회의 이후 AI 규제에 대한 유럽의 그동안의 접근법을 계속 유지할 것인지 재고할 계기가 생긴 것이다. 프랑스 마크롱 대통령은 "AI의 미래는 주권과 전략적 자율성strategic autonomy을 중심으로 한 정치적 이슈"라고 언급하며 프랑스가 미국과 중국에 대해 균형을 잡기 위해conterbalance 미국과 중국이 아닌 제3의 AI 파워 축pole과 제3의 길a third way을 갈 수 있다는 다소 급진적인 발언을 했다. 마크롱이 언급한 제3의 축은 아랍에미리트 연합국United Arab Emirates, 캐나다, 인도와 같은 국가를 일컫는 것으로, 프랑스의 이러한 반응은 단지 미국의 AI 국제규범에 대한 달라진 태도뿐 아니라 중국의 딥시크 개발에 의한 충격도 영향을 끼쳤다(Chavez, 2025. 2. 13). 미국과 마찬가지로 선언문에 서명하지 않은 영국은 자국의 AI 안전연구소AI Safety Institute: AISI의 이름을 'AI 안보연구소AI Security Institute: AISI'로 바꿔 이 회의에 참가함으로써 영국의 AI 규제에 대한 시각이 미국과 동일함을 간접적으로 드러냈다(Bristow, 2025. 2. 14).

2025년 여름까지 발표되기로 한 트럼프 행정부의 「AI 실행계획AI Action Plan」은 그동안 소극적이긴 했으나 AI 국제규범 논의에 참여해 온 바이든 행정부의 접근법을 과감히 탈피할 것으로 보인다. 2025년 3월 18일 미국 워싱턴 D.C.에서 열린 '아메리칸 다이내미즘 서밋American Dynamism Summit'에서 밴스 부통령은 트럼프 행정부가 기술산업에 대한 자율성을 중시하는 AI 규제완화 기조를 재확인했다. 해외 노동력이 대신하고 있는 인간의 반복 노동을 AI가 대신할 수 있으므로 미국 기업은 자국에서 인재를 찾고 국내에 투자해야 한다고도 언급했다. 미국의 AI 기술 규범과 관련하여 달라진 이러한 기조는 현재 미국 각 주와 연방정부가 제안해 온 700개가 넘는 법안이 미국 AI 기업의 혁신을 얼마나 방해했는지를 감안하면 원래의 미국다운 접근법으로 돌아갔다고 볼 수 있다. 역사적으로 미국은 기술이 가져올 수 있는 위험에 대해 보다 관대한 접근법, 즉 '탈중앙화된 규제 모델decentralized regulatory model'을 취해왔기 때문에 빠른 기술혁신이 가능했다(Saeed, 2025.3.13).

규제 레짐의 변화를 예고한 트럼프 행정부는 2기의 시작과 함께 백악관 과학기술정책실Office of Science and Technology Policy: OSTP은 오픈 AIOpenAI, 마이크로소프트Microsoft, 메타Meta, 앤트로픽Anthropic 등 IT 기업들로부터 트럼프 행정부가 발표할 「AI 행동계획AI Action Plan」에 반영되길 원하는 요청 사항이 담긴 프로포절을 제출하도록 했다(White House, 2025.2.25). 미국 각 주의 산만한 규제 레짐이 기업들의 혁신에 장애가 되고 있다는 문제의식은 이미 미 의회에서도 있어왔다. 새 행정부가 들어서기 직전 시점인 2024년 12월 미 하원이 발표한 「하원 양당 AI 태스크포스 보고서Bipartisan House Task Force on Artificial Intelligence」는 AI 정책에 대해 융통성 있는 점진적 접근법을 취한 것으로 평가되고 있다. 특히 이 보고서에서 공화당 의원 제이 오버놀트Jay Obernolte가 강조한 몇 개 포인트는 트럼프 행정부 2기의 접근법과 유사하므로 주목할 필요가 있다. 오버놀트는 미국의 AI 거버넌스에 대한 접근법이 '정부의 기술에 대한 통제'와 '지식의 반민주화anti-democratization'가 아니라 '자유'의 가치와 '기업가정신entrepreneurship'이어야 함을 강조했다. 정부의 AI 정책이 알고리즘에 투입되는 것을 통제하기보다 실제 결과물과 현실적으로 나타나는 폐해에 초점을 두어야 한다는 것이다. AI 기술이 급속도로 진화하며 우리의 예상과 다른 방향으로 발전할 수 있으므로 미국의 AI 정책은 EU와 달리 보다 민첩하고agile, 융통적이며flexible, 반응적responsive이어야 한다는 것이다(118th Congress, 2024.12.24).

3. AI 위험관리와 AI 안전

트럼프 행정부 2기의 접근법은 그동안 AI 기술에 대해 광범위하고 엄격한 규제 레짐에 집중해 온 EU식 AI 규범에 적대적이다. 그러나 연방정부 차원에서의 이러한 접근법에 대해 모든 주states가 동조할지는 아직 불확실하다. 바이든 행정부의 AI 행정명령은 50개 이상의 연방정부에게 AI 안전과 보안 관련 지침을 이행할 것을 지시하는 것이었고, 현재도 많은 주 정부가 고객 정보의 보호나 허위조작정보 문제, 그리고 고용, 주거, 의료 분야에서 AI에 의한 편견으로 차별당하지 않도록 하는 법들을 제정하고 있기 때문이다(Fitzgerald, 2025.3.24).

이미 2024년에만 미국의 31개 주가 AI의 위험을 관리하기 위한 법들을 제정하거나 행정조치들을 취했다. 2025년 3월 유타Utah에서는 정신병을 앓고 있는 환자가 AI 챗봇chatbots과 대화하는 것을 금지하는 법이 제정되었다. 콜로라도와 버지니아는 상당히 포괄적인 AI 법을 통과시켰고, 많은 주에서 딥페이크를 이용한 범죄를 예방하는 AI 법들을 제공했다. 무엇보다도 '고위험 AI 시스템high-risk AI system'에 대한 법적 조치는 기술에 대한 근거 없는 두려움에 의한 것이 아니며, 이미 피해가 발생했거나 그러한 피해가 일어날 것이 충분히 예상되기 때문에 이루어졌다. 더군다나 각 주 정부는 유권자들의 AI 기술에 대한 우려나 요구를 무시할 수 없고 적극적으로 응해야 하기 때문에 EU식의 과도한 규제에 이르지는 않을지라도 이러한 흐름은 지속될 수밖에 없다(Ibid.).

대중이 AI 기술이 적용된 다양한 서비스나 제품을 두려워하며 신뢰하지 않게 되어 사용하기를 꺼린다면 그 피해는 AI 기술을 개발하는 기업의 평판 훼손과 이윤 창출의 감소로 이어질 것이다. 다만 미국은 EU식의 규제를 교조주의적인 '재앙'으로 인식하고 있다. AI 기술에 대해 대단히 엄격한 하향식top-down 규제를 요구하고 있는 EU의 AI 정책은 기술의 광범위한 잠재적 문제를 선제적으로 식별하려는 접근법을 취한다. 미국이 보기에 유럽의 접근법은 유럽의 기술혁신과 투자, 인재 발굴과 글로벌 경쟁력에 막대한 비용을 부과한 고압적인 정책으로 여겨지고 있다. 2024년 말 미 하원이 발간한 AI 보고서는 기술 규제는 EU의 AI 규제처럼 광범위한 접근법보다 특정 섹터별로 규제를 마련하는 것이 급속도로 발전하는 AI 규제에는 더 적합하다고 언급했다(Thierer, 2024. 12.18).

현재 미국 국내적으로 AI 기술과 관련하여 가장 강력한 규제가 이루어지고 있는 이슈는 딥페이크와 같은 허위조작정보를 이용한 범죄에 대한 부분이다. 2025년 2월 상원에서 통과된 법안인 '테이크잇다운 법안The Take It Down Act'은 AI로 제작한 콘텐츠를 포함하여 촬영에 동의하지 않은 성적 콘텐츠의 이미지와 영상을 대중에 공개하는 것은 연방 법 차원의 범죄이므로 주요 온라인 플랫폼은 피해자들이 이러한 피해 사실을 고지하고 그러한 이미지와 영상을 제거할 것을 요구하는 내용을 담고 있다. 대중으로부터도 초당적 지지를 얻고 있는 이 법안은 미 하원 에너지통상위원회House Energy and Commerce Committee에도 회부되어 있다. 트럼프 행정부는 이 법안이 상하원에서 모두 통과될 시 서명할 것을 약속한 바 있다(Shapero, 2025.3.25).

인간과 상호작용하며 대화하고 인간이 필요로 하는 적절한 서비스를 미리 예측하고 제공할 수 있는 AI는 기술의 사용자가 선호하는 정보 커뮤니케이션 환경, 정신적·물리적 환경, 의사결정과 정책 환경을 구축해 줄 수 있다. 개인은 자신이 선호하는 사회적 네트워크, 정치적 콘텐츠, 오락 콘텐츠, 정보지식 환경을 스스로 만들 수 있고, 다양한 정치사회 이슈에 대해 자신의 어젠다와 프로파간다를 전파하며 동조자들을 동원하는 것도 가능하다. 국가는 이념이나 체제가 다른 국가의 콘텐츠에 자국 시민들이 접근하지 못하게 할 수도 있고, 또는 은밀한 방식으로 사회 전체를 개조하거나 세뇌하는 것도 가능하다. 그것이 진실이건 조작된 음모론이건 인간은 자신이 원하는 세상 속에 자율적으로 갇혀 사는 것이 가능하다. 요컨대 오늘날 AI 기술은 마치 사람처럼 설정자setter, 전파자diffuser, spreader, 선동자propagandist로서의 역할도 수행하고 있는 것이다.

중국이 출시한 생성형 AI 프로그램 딥시크DeepSeek가 미국 오픈 AI가 출시한 챗 GPTChatGPT에 성능 수준이 밀리지 않음에도 불구하고 국제사회가 딥시크의 사용을 자제하는 이유는 딥시크의 기술표준이 중국의 정치체제를 닮았기 때문이다. 딥시크는 개인정보의 수집 및 활용을 거부하는 '옵트아웃opt-out' 제도를 사용자에게 제공하지 않는다. 2021년 중국 정부가 제정한 '데이터보안법'에 의하면 기업이나 조직, 개인은 국가안보와 범죄 수사의 필요가 있을 시 국가기관이 요구하는 정보 제공에 협조할 의무를 규정하고 있다. 그런데 딥시크가 수집한 정보는 중국에 위치한 서버에 저장되므로 개인정보 보호에 관심이 없는 중국 기업의 외국인 개인정보 유출 우려는 클 수밖에 없다. 딥시크가 사용자마다 다른 키보드 타자 패턴 정보까지 수집하는 것은 서비스 질의 증진을 위한 것이 아니라 다른 정보들과 조합하여 사용자를 특정하기 위한 목적이거나 사용자의 비밀번호를 알아내기 위한 목적으로 의심되고 있다(이선욱, 2025. 2.7).

이렇게 AI 기술이 개인과 사회를 둘러싼 모든 물리적·비물리적 환경에 전방위적으로 적용되고 있는 현실은 곧 기술이 사용하고 있는 기술표준이 개인과 사회의 환경을 설정하고 있음을 말해준다. 즉 어떤 기술표준을 선택하는 일은 곧 어떤 정치·경제·군사·문화 환경에 개인을 넘어 우리 사회 전체가 놓일 것인지를 결정하는 일이고 개인의 프라이버시와 같은 인권 보호 수준을 결정하는 일이기도 하다. 트럼프 대통령은 개인의 프라이버시, 재정적 안정성stability, 국가 주권을 침해할 수 있는 '중앙은행디지털화폐Central Bank digital currency: CBDC'를 금지하는 행정명령을 내려 중국과 EU가 디지털 화폐 분야에서 세계적 영향력을 끼칠 수 있는 가능성이 커졌다.[1] 미국은 모든 개인의 금융 활동과 자금의 흐

1 "Trump's digital dollar ban leaves China and Europe to lead CBDC race", DigWatch (January 30, 2025). https://dig.watch/updates/trumps-digital-dollar-ban-leaves-china-and-europe-to-lead-cbdc-race

름을 추적할 수 있는 CBDC를 민주주의의 가치에 반하는 기술로 인식한 것이다.

모든 국가가 AI 기술이 적용된 국가적 감시체계를 운용하지만 수집된 개인에 대한 정보를 기반으로 그 개인이 누릴 수 있는 자유의 수준에 차별을 둘 수 있다. 개인과 사회에 대한 감시정보가 범죄와 치안 등 국가안보를 위한 목적이 아니라 정치적 탄압의 근거로 사용될 수도 있다. 특정한 정치적 가치와 신념도 인터넷 공간에서 알고리즘을 통해 지속적으로 주입되거나 걸러질 수 있다. 요컨대 기술은 가치와 정치체계에 직접적으로 영향을 끼치므로 더 이상 정치적으로 중립적이지 않다. 따라서 민주주의 국가가 사용하는 기술표준과 권위주의 국가의 기술표준은 정치적으로 상호 호환성이 떨어진다. 기술표준이 규범, 가치, 이념, 정치체제와 직결되기 때문에 성능이 동일한 기술이라고 해도 유사한 기술로 수집한 정보를 어떤 목적으로 사용할 것인지는 그 기술의 소유자가 국가와 갖는 관계에 의해 결정된다.

민주주의 국가이건 권위주의 국가이건 목표로 삼는 기술 수준을 달성하기 위해 광범위한 데이터를 수집한다. 하지만 그 데이터를 처리·관리하는 방식은 기술의 개발자가 속한 국가의 법과 제도의 영향을 받기 때문에 어떤 국가의 기술표준은 곧 기술규범과 국제적 기술 거버넌스에도 영향을 주는 사안이다. 사이버, 인공지능, 데이터, 우주 규범 전부가 서로 긴밀하게 연결되어 있기 때문에 기술정책에 대한 국가의 독자적 운신의 폭은 제한된다. 과거의 기술과 달리 AI 기술은 누구의 AI 기술을 택하는지의 문제가 곧 그 기술을 만든 국가의 가치와 이념, 정치체제에도 동의하는 문제와 이어진다. 따라서 국가 간의 기술협력이나 공동연구는 국가 주권과 안보의 문제로 직결된다. 기술을 소유한 국가와의 협력과 교류의 강도가 깊어질수록 자국의 안보와 주권은 기술 소유국에 대해 취약해지기 때문에 국가는 기술협력 상대를 지정학적 전략에 따라 결정하는 것이 국익 안보에 유리한 것이다. 따라서 AI 기술의 경우 '협력을 위한 협력'은 위험하다. 협력의 결과가 자국의 안보 증진이 아니라 반대의 결과를 초래할 수 있기 때문에 자국과의 협력을 통해 자국의 안보를 위협할 가능성이 있는 국가가 제공하는 좋은 성능과 낮은 비용의 기술은 종국적으로 오히려 자국에 국가 위기를 초래할 수 있다.

2025년 2월 AI 행동 정상회의를 주최한 프랑스의 마크롱 대통령은 이번 회의에서 미국과 중국과 같은 AI 기술 강자에 대한 기술적 의존보다 기술 자율성을 추구하겠다는 의미에서 'AI 주권AI Sovereignty'의 개념을 강조했다. 마크롱 대통령이 프랑스가 인도와 같은 국가와 AI 기술협력을 추구하며 미국이나 중국에 대해 기술적 독립성을 증진시키는 제3의 길을 갈 수 있을 가능성은 불분명하다(Chavez, 2025.2.13). 트럼프 행정부 2기가 시작되자마자 미 국방부는 신속한 군사계획과 군사작전 등 군사적 의사결정에 AI를 사용할 수 있도록 하는, '썬더포지Thunderforge'로 불리는 군의 주력 프로그램에 착수했다. 국방부는 이 프로젝트를 위해 스타트업 기업 '스케일 AIScale AI'와 계약한 상황이다(Nazzaro, 2025.3.5). 이와 같은 기술 선도국의 움직임에 대해 프랑스가 인도나 캐나다와 기술협력을 강화한다고 해서 미국에 버금가는 AI 무기를 전장에 즉각 투입할 수 있는 수준으로 대규모로 생산해 낼 수 있을지는 불확실하다.

4. AI 규범 다자외교와 국가안보 간 긴장

전 세계 각국이 처한 서로 다른 안보환경과 AI 기술 발전 수준으로 인해 각국의 AI의 군사적 사용에 대한 시각과 입장은 서로 상이하다. 특히 전장에서의 전략적 우위를 추구하는 국가 및 비국가 행위자들은 새로운 첨단 AI 무기 사용을 추구하고 전장에 신속하게 투입하는 데 집중하기 때문에 AI 군비경쟁은 사실상 불가피한 측면이 있다. 중요한 것은 AI 군비경쟁이 각국의 의도와는 상관없이 통제 불가능한 방향으로 치닫는 상황을 국제규범이 관리할 수 있어야 한다는 점이다. 따라서 다양한 각국의 입장을 반영한 열린 거버넌스를 가

동시키기 위해서는 개발도상국의 AI 역량 구축을 우호적인 관계의 강대국이 지원할 수 있는 협력 관계가 전제되어야 한다. 국가 간 AI에 대한 지식의 격차가 좁혀져야 규범 구축 논의에 실질적으로 참여할 수 있기 때문이다.

그러한 개방적 합의 및 기술 강자의 약자에 대한 역량capability 지원의 중요성을 강조한 다자외교 사례는 최근 한국이 주최한 '인공지능의 책임 있는 군사적 이용에 대한 고위급 회의Responsible AI in the Military Domain Summit', 즉 'REAIM' 회의였다. REAIM 회의는 군사 분야의 AI 국제규범을 직접적으로 다루는 유일한 국제회의로서 2024년 9월의 2차 회의에는 전 세계 96개국, 전 세계 장차관급 36명이 참석했고, 61개국이 20개 항목의 「행동을 위한 청사진Blueprint for Action」을 채택했다. 발표된 청사진은 ▲ 자국과 다른 국가들의 AI 기술의 군사화 수준을 서로 확인할 수 있는지의 여부를 강조했고, ▲ 군의 상황인식과 정보 분별 증진 및 평화 구축에의 기여 등 아직 완성되지 않은 AI 기술이 세계평화와 안보에 끼치는 긍정적 영향을 인정하는 동시에, ▲ 군사 용도의 AI 기술의 위험에 대한 현대 국제사회의 이해와 예측이 불완전하고, ▲ AI에 의한 대량살상무기WMD의 확산 방지와 핵과 관련된 AI의 사용에 있어서 인간의 통제와 개입이 유지될 것, ▲ AI가 군축과 비핵화와 같은 국제사회의 노력에도 기여해야 함을 강조했다.[2] 즉, REAIM은 군의 정보 수집과 관리, 감시정찰, 상황인식, 지휘통제, 군사훈련과 병참 등 AI의 군사적 유익을 인정하면서 AI의 인도주의적·법적·사회윤리적 차원에서의 위험과 도전 요소, 군사 AI를 둘러싼 군비경쟁과 적의 AI 사용에 대한 오판, AI와 대량살상무기Weapons of Mass Destruction: WMD와의 결합에 의한 군사적 긴장의 고조 가능성 등을 지적했다.

2 REAIM 회의가 발표한 「행동을 위한 청사진(Blueprint for Action)」 전문과 이 성명을 지지한 국가 명단은 다음을 참고. https://reaim2024.kr/home/reaimeng/board/bbsDetail.do?encMenuId=4e57325766362f626e5179454e6d6e4d4a4d33507a773d3dandencBbsMngNo=366e794c7a644d756342425668444f393053755142673d3dandencBbsNo=6f784e4542386f7735767465766a6531556f4b6149413d3dandctlPageNow=1andschKind=bbsTtlCnandschWord=

개방성을 중요시하는 다자외교는 구속력 있는 규범을 구축하는 데에 어려움이 있기 때문에 사이버 안보를 포함한 신흥기술과 관련된 국제규범 구축에 있어서 항상 그 효과와 효용성에 있어서는 한계를 갖고 있다. 그럼에도 불구하고 이러한 다자외교는 회의 결과물에 대한 채택 여부 등 각국의 기술에 대한 입장을 드러내는 효과를 가져온다. 1회와 2회 모두 참여하려 한 러시아의 참여가 공동 개최국의 반대로 거부되거나 참여는 했으나 회의 결과 문건 채택은 거부한 중국의 사례는 이들 권위주의 국가의 AI 기술에 대한 정치적·군사적 입장이 국제사회의 방향과 다르다는 것을 명확히 드러냈다. 중국이 2023년 11월 영국에서 열린 'AI 안전 정상회의AI Safety Summit'에서 한국, 미국, 영국, EU를 포함한 20여 개국과 함께 「브레츨리 선언Bletchley Declaration」에 서명했고, 프랑스와는 2023년 4월에 이어 2024년 5월에 AI 거버넌스에 대한 공동선언을 발표한 것과 달리 REAIM의 군사 분야 AI 청사진 채택에는 참여하지 않은 것은 중국이 군사 분야에서는 다른 원칙을 추구하고 있음을 보여준다.

AI 국제규범 논의의 개방성이 갖는 효과는 문제의 진원지origin를 드러내는 '지목하여 망신 주기naming and shaming'를 집단적으로 취할 수 있는 데에 있다. 예컨대 세계 전체가 우려하는 군사 분야 AI의 경우 AI의 위험과 위협을 관리하는 데에 누가 방기하거나 이탈하고 혹은 오히려 부추기는지를 집단적으로 지목하는 것은 정치적·외교적 압력을 가함과 동시에, 이후 유사입장국like-minded countries 간의 TTXTable Top Exercise나 군사훈련 및 역량 구축 지원과 같이 국제규범 이탈국이 원하지 않는 실질적인 움직임이 이루어지게 하는 근거가 될 수 있다. 다시 말해, 개방적 다자외교에 참여한다고 해도 참여국의 문건 채택에 동참하지 않는 이탈국들은 규범의 원칙에 동의하는 유사입장국들의 실질적인 정책적 움직임에 의한 외교적·군사적·경제적 손해를 경험하게 된다.

사이버 안보의 경우에도 '사이버 공간에서의 책임 있는 국가 행동responsible state behavior in cyberspace'에 대한 국제규범이 UN 정부전문가그룹Group of Governmental Experts: GGE 및 개방형워킹그룹Open-Ended Working Group: OEWG을 중심으로 각

각 2004년 이후, 2019년 이후 논의되어 왔음에도 불구하고 전혀 줄어들지 않고 오로지 증대하기만 하는 사이버 위협의 진원지는 여전히 러시아와 중국이다. 그 결과는 러시아와 중국이 배제된, 전 세계 민주주의 우호국 간의 양자, 소다자, 다자 사이버 훈련과 합동작전 수행의 본격화다. 이러한 연대는 단순히 외교안보 차원에서만 강화되는 것이 아니고 경제와 산업의 영역에서도 중국과 러시아산 정보통신 장비의 수입과 사용이 배제되거나 수출통제가 광범위하게 이루어지는 등 본격적인 후속 조치로 이어지고 있다.

요컨대 실질적 안보 강화의 효과로 이어질 것으로 기대하기 어려웠던 국제규범을 논의하는 개방적 다자외교가 사이버 안보 분야에서 이후 우호국과 유사입장국 간의 본격적인 사이버 안보 협력과 군사훈련으로 이어진 것은 앞으로 군사 분야 AI에 있어서도 재현될 가능성이 크다. 따라서 당장의 실효가 즉각적으로 나타나지 않는다고 해도 군사 분야 AI 국제규범 구축을 위한 다자외교에서 각국은 어떤 국가와 기술협력과 안보협력을 추구할 수 있고, 어떤 국가와는 그러한 협력을 적극적으로 기피해야 할 것인지를 식별할 수 있는 기회를 갖게 된다. 특히 군사 분야 AI에서 동일한 규범을 추구하는 것이 국가 간 군사협력의 전제가 될 수 있는 것은 군사 분야 AI 관련 국제규범은 각국의 작전 개념, 국방 투자, 타국과의 군사적 조약 체결, 미래전 개념에도 영향을 주기 때문이다. 또한 군사 AI에 대한 국제규범은 국가 간 국방 기술개발 협력이나 군사훈련에도 영향을 끼치기 때문에 각국의 외교 부처뿐 아니라 군도 AI 규범 관련 국제 추세를 지속적으로 예의 주시하며 선제적으로 군사 AI 시스템에 대한 국가적 프레임워크와 원칙을 마련할 수 있어야 한다.

5. 결론: 민간이 참여하는 AI 다자외교

AI 규범 구축에 있어 최근 전 사회, 전 섹터의 참여를 강조하는 추세는 군사

AI에서도 예외가 아니다. 예컨대 REAIM 제1차 회의의 최종 산물인 행동계획Call to Action과 2차 회의의 청사진Blueprint for Action은 모두 일관되게 AI의 군사적 활용에 대해 궁극적으로 기술개발 주체인 민간 영역에 대해서도 국가가 져야 하는 책임과 부담을 똑같이 요구하고 있다. 즉 각국이 AI 규범과 원칙, 법적 조치 및 국가정책을 세워나가고 군사 분야 AI 규범을 구축하는 데 있어서 정부기관, 산업계, 학계와 시민사회가 모두 AI의 군사적 사용과 관련된 프레임워크를 개발하고 관련 논의를 함께 진전시킬 것을 문건 전체에서 반복적으로 강조하며 주문하고 있다. 이러한 요청은 향후 군사 분야에 대한 AI 국제규범 구축 과정에 민관의 공조가 더욱 중요해질 것을 말해준다.

이러한 '전 사회적 접근법whole-of-society approach'은 최근 세계경제포럼World Economic Forum이 발간한 AI 거버넌스 백서white paper, 『생성형 인공지능 시대의 거버넌스: 회복력 있는 정책과 규제를 위한 360도 접근법Governance in the Age of Generative AI: A 360° Approach for Resilient Policy and Regulation』에서도 나타난다. 이 백서는 AI 규범을 만드는 데에 있어서 관련 산업, 시민사회, 학계의 기존의 이해당사자들과 아울러 새롭게 진입한 이해당사자들도 포함하여 협업해야 하고, 서로 다른 섹터 간 지식 공유를 통해 학제 간interdisciplinary 이해를 고양하는 문화가 만들어져야 함을 주요 어젠다로 내세웠다. 특히 다양한 민간 섹터가 규범 형성에 참여해야 하는 이유 중 하나는 과도한 규제와 과소한 규제over- and under-regulation 모두를 피하기 위해 중요한 조건이 된다. 서로 다른 섹터가 갖는 각기 다른 AI 위험, 산업의 성숙도maturity, 공급망에서 AI의 위치 등에 따라 각각의 섹터가 당면하는 규범적 도전이 다르기 때문에 전 사회적 접근과 섹터 간 지식과 의견 교환은 적절한 규범 형성을 위해 필수적이다(World Economic Forum, 2024).

G20, 경제협력개발기구Organization for Economic Cooperation and Development: OECD, AI 안전 정상회의AI Safety Summit, REAIM, 세계경제포럼WEF, UN 등 AI 규범 구축을 위한 국제회의의 장에 민간의 이해당사자들이 참여하는 것이 중요한 것은 기술 관련 지식에 있어서 민간이 정부보다 우위에 있기 때문이고, AI의 위

험, 기회, 도전 요소를 각각의 섹터에 따라 다른 시각이나 입장을 가지고 있을 수 있으므로 이들의 참여가 없이 만들어지는 AI 규범은 이후 효과가 없거나 혹은 위험할 수도 있기 때문이다.

이러한 맥락에서 세계경제포럼의 AI 거버넌스 백서는 표준 설정, 안전safety, 위험risks, 금지 사항prohibitions, 지식 공유knowledge-sharing, 데이터 기반 시설 이슈와 관련해서 국제협력을 위한 다자외교의 중요성을 강조했다. 표준 설정은 추상적인 AI 관련 원칙을 '실천 가능하게' 만들어주고, 규제보다도 더 신속하게 행동으로 옮겨질 수 있고 상호운용성interoperability도 높이기 때문에 글로벌 회복력resilience 증진에 실질적으로 기여한다. 안전한 AI 기술개발과 발전을 위해서 국가 간 유사한 기관 간 협력은 국가가 갖고 있는 제한된 자원을 최대로 활용하게 하는 데에 기여할 수 있다. 이러한 AI 안전과 위험을 다루는 각국 연구기관이나 감독 기관 간 네트워킹과 국제협력을 도모한 2024년 5월 한국에서 열린, 한국, 미국 호주, 캐나다, 유럽연합, 프랑스, 독일, 이탈리아, 일본, 싱가포르, 영국이 참가한 'AI 서울 정상회의AI Seoul Summit'는 그러한 바람직한 사례로 평가되고 있다.

더불어, AI 규범 구축을 위한 국제협력에 있어서 AI 규범의 기술적·법적·윤리적 차원에서의 모범 사례와 다양한 수단을 이해당사자들 간에 공유할 수 있는 지식 공유가 가능한 플랫폼의 구축은 전 세계적인 디지털 역량 증진에 긍정적으로 기여할 것이다. AI 기술 역량에 있어 서로 격차가 있는 국가 간에 데이터, 모델, 모범 사례, 악의적 행위자 등과 관련된 전문 지식과 자원을 서로 공유하거나 지원하는 협력도 성공적인 AI 거버넌스를 위해 반드시 필요한 다자외교 활동이다.

이선욱. 2025.2.7. "'챗GPT엔 있고 딥시크엔 없는 것?' 정부가 딥시크 차단에 나선 이유". ≪BBC 코리아≫. https://www.bbc.com/korean/articles/cpwxpv8vnrjo

Bristow, Tom. 2025.2.14. "Britain dances to JD Vance's tune as it renames AI institute." Politico https://www.politico.eu/article/jd-vance-britain-ai-safety-institute-aisi-security/

Brittain, Blake. 2024.5.25. "OpenAI, Microsoft defeat US consumer-privacy lawsuit for now." Reuters. https://www.reuters.com/legal/transactional/openai-microsoft-defeat-us-consumer-privacy-lawsuit-now-2024-05-24/

Chavez, Pablo. 2025.2.13. "France Pursues an AI "Third Way"." CEPA. https://cepa.org/article/france-pursues-an-ai-third-way/

Fitzgerald, Madyson. 2025.3.24. "As the Trump administration loosens AI rules, states look to regulate the technology" Virginia Mercury. https://virginiamercury.com/2025/03/24/as-the-trump-administration-loosens-ai-rules-states-look-to-regulate-the-technology/

Isaac, Mike and Theodore Schleifer. 2025.1.7. "Meta Says It Will End Its Fact-Checking Program on Social Media Posts." *New York Times*. https://www.nytimes.com/live/2025/01/07/business/meta-fact-checking

Meyer, David. 2025.3.18. "American AI companies have very different ideas about regulation and how best to thwart China." *Fortune*. https://fortune.com/2025/03/17/us-ai-action-plan-proposals-openai-anthropic-google-microsoft/

Nazzaro, Miranda. 2025.3.5. "Pentagon signs AI deal to aid military decision-making." The Hill. https://thehill.com/policy/technology/5178088-pentagon-signs-ai-deal-to-aid-military-decision-making/

Saeed, Ferial. 2025.3.13. "The Uncertain Future of AI Regulation in a Second Trump Term." Stimson Policy Memo. https://www.stimson.org/2025/the-uncertain-future-of-ai-regulation-in-a-second-trump-term/

Shapero, Julia. 2025.3.25. "Advocacy groups urge House panel to pass anti-deepfake porn bill." The Hill. https://thehill.com/policy/technology/5211624-advocacy-groups-urge-house-panel-to-pass-anti-deepfake-porn-bill/

Thierer, Adam. 2024.12.18. "The House AI Task Force Report: Positive Steps, but One Big Problem." Medium. https://medium.com/@AdamThierer/the-house-ai-task-force-report-positive-steps-but-one-big-problem-65b023454799

United Nations. 2025.1.1. "A new UN Office for Digital and Emerging Technologies." Press Release. https://www.un.org/digital-emerging-technologies/content/press-release-new-un-office-digital-and-emerging-technologies

White House. 2025.1.23. "Fact Sheet: President Donald J. Trump Takes Action to Enhance America's AI Leadership." https://www.whitehouse.gov/fact-sheets/2025/01/fact-sheet-pre

sident-donald-j-trump-takes-action-to-enhance-americas-ai-leadership

_____. 2025.2.25. "Public Comment Invited on Artificial Intelligence Action Plan." https://www.whitehouse.gov/briefings-statements/2025/02/public-comment-invited-on-artificial-intelligence-action-plan/

World Economic Forum. 2024. "Governance in the Age of Generative AI: A 360° Approach for Resilient Policy and Regulation" White Paper. https://www.weforum.org/publications/governance-in-the-age-of-generative-ai/

118th Congress. 2024.12.24. "Bipartisan House Task Force on Artificial Intelligence." https://www.speaker.gov/wp-content/uploads/2024/12/AI-Task-Force-Report-FINAL.pdf

찾아보기

◆ 찾아보기는 한글 단어 이후에 영문 단어를 수록하였다

◆ 한글 ◆

가

사

아

자

◆ 영문 ◆

(A)

서울대학교 미래전연구센터

서울대학교 미래전연구센터는 동 대학교 국제문제연구소 산하에 서울대학교와 육군본부가 공동으로 설립한 연구기관으로, 4차 산업혁명 시대 미래전과 군사안보의 변화에 대하여 국제정치학적 관점에서 접근하는 데 중점을 두고 있다.

김상배

서울대학교 정치외교학부 교수이다. 서울대학교 외교학과를 졸업하고, 동 대학원에서 정치학 석사학위를, 미국 인디애나대학교에서 국제정치학 박사학위를 받았다. 서울대학교 국제문제연구소 소장과 한국국제정치학회·한국사이버안보학회 회장직을 역임하였다. 단독 저서인 『아라크네의 국제정치학: 네트워크 세계정치이론의 도전』은 2014년도 한국국제정치학회 학술상을 수상하였다. 현재 서울대학교 국제문제연구소 미래전연구센터장, 정보세계정치학회 회장을 맡고 있으며, 신흥안보와 사이버·AI·우주 안보, 디지털 경제, 국방혁신 등의 주제를 연구하고 있다.

이원태

국민대학교 특임교수(정보보호·AI 정책)이다. 한국인터넷진흥원(KISA) 원장, 정보통신정책연구원(KISDI) 연구위원, 대통령직속 정책기획위원, 한국인공지능법학회 부회장, 한국인터넷윤리학회 부회장, 아주대학교 사이버보안학과 연구교수 등을 역임하였다. 서강대학교에서 정치학 박사학위를 취득하였으며, 주요 저·역서 및 논문으로 "The Asia-Pacific Region(APAC)'s AI Technology Proliferation and Cybersecurity Cooperation Strategies"(2024), 『인공지능과 법』(공저, 2019), 『제4차 산업혁명과 한국의 미래전략』(공저, 2017), 『미디어와 현대성: 미디어의 사회이론』(공역, 2010), 『디지털 시대의 민주주의』(2007), 『인터넷 시대 정치권력의 변동』(2007) 등이 있으며, AI의 지정학, AI와 사이버 보안, AI 안전 및 AI 윤리 가이드라인 등 인공지능 관련 정책연구에 많은 관심을 갖고 있다.

유인태

단국대학교 정치외교학과 조교수이다. 일본 와세다대학 방문연구원, 전북대학교 조교수, 연세대학교 연구교수를 역임했다. 한국정치학회와 한국국제정치학회 이사, 한국사이버안보학회 사이버경제안보 연구실장, 서울대학교 미래전연구센터 기술안보연구실 연구위원, 한국인터넷진흥원 인터넷거버넌스 연구협의회 운영위원이다. 신흥기술 전략산업, 경제(공급망) 안보, 사이버안보, 인터넷거버넌스 등에 관한 국제정치(경제)를 연구해 왔다. 최근 연구로는 「인공지능과 미·

중 전략 경쟁의 국제정치: 글로벌 AI 반도체 공급망과 미국의 경제적 강압을 중심으로」(2025), 「글로벌 첨단기술 공급망과 수출통제의 국제정치: 우주기술 부문을 중심으로」(2024), 「한국의 사이버안보」, 「사이버 억지 전략의 발전: 미국의 거부, 복원력, 징벌의 사이버 작전」(2024), 「경쟁적 사이버 안보 다자주의의 출현: 2004년 유엔 정부전문가 그룹부터 2021년 개방형 작업반까지의 분석」(2022) 등이 있다. *Global Governance: A Review of Multilateralism and International Organizations, Journal of Information Technology & Politics, International Relations of the Asia-Pacific, Journal of Political Science Education, Asian Perspective, Pacific Focus, Korea Observer, International Environmental Agreements: Politics, Law and Economics* 등의 저널에 논문을 게재하였다.

이승주

현재 중앙대학교 정치국제학과 교수이며, 사회과학대학 학장이다. 싱가포르국립대학(National University of Singapore) 정치학과 교수를 역임했다. 현재 동아시아연구원(East Asia Institute) 무역기술변환연구센터의 센터장, 양자전략위원회 민간위원, 외교부 경제안보외교자문위원회 위원, UC Berkeley APEC Study Center Senior Research Affiliate, Visiting Fellow at Centre for Emerging Technology and Security (CETaS) at the Alan Turing Institute으로 활동하고 있다. 편저서로 『미중 경제전쟁과 한국: 경제안보의 부상, 위기와 기회』(공편, 2024), 『패권의 미래: 미중 전략 경쟁과 새로운 국제 질서』(공저, 2022), 『지경학의 기원과 21세기 전환』(2021), 논문으로 "U.S.-China Technology Competition and the Emergence of Techno-Economic Statecraft in East Asia: High Technology and Economic-Security Nexus"(2024), "South Korea's Economic Statecraft in a Risky High-Tech World"(2022) 등이 있다. 미국 캘리포니아 버클리대학(University of California at Berkeley)에서 정치학 박사를 취득했다.

윤정현

현재 국가안보전략연구원(INSS) 연구위원으로 재직 중이며 전(前) 과학기술정책연구원(STEPI) 선임연구원, 전(前) 국가과학기술자문회의 전문위원으로 활동하였다. 서울대학교에서 외교학 박사를 취득했으며 전문 분야는 AI 등 신흥기술안보와 경제안보, 미래 리스크 연구이다. 주요 저서·논문으로 「우주 사이버 위협의 난제와 한국의 대응 방안」(2024), 「양자과학기술의 국가안보적 의미와 대응전략」(2023), 「신흥안보 시대의 사이버 평화」(2023), 「생성형 AI 시대의 국가안보 리스크와 대응 시사점」(2023), 「기술지정학 시대의 반도체 공급망 재편과 대응전략」(2022), 「국방 분야의 인공지능 활용성 제고 방안과 시사점」(2021) 등이 있으며, 과학기술과 인문사회를 아우르는 학제 간 융합 연구에 많은 관심을 갖고 있다.

이종진

서울대학교 통일평화연구원(IPUS) 선임연구원이다. 서울대학교 국제문제연구소(IIS) 미래전연구센터 연구위원, 정보세계정치학회(KAWPI) 사이버·우주 분과위원장, 한국사이버안보학회 ≪사이버연구≫ 편집위원, 비영리기구 SCAI Founder & CEO로 활동하고 있으며, 서울대학교 국제문제연구소 주임연구원을 역임하였다. 서울대학교 정치외교학부에서 「미국 사이버 안보 전략의 형성: 오바마 행정부 시기의 안보화 과정과 사이버 공간의 변환」으로 외교학 박사를 취득했으며, 주요 저서와 논문으로 『사이버 안보 사전』(공저, 2022), 『사이버 안보의 국가전략 3.0』(공저, 2019), 『사이버 안보의 국제정치학적 지평』(공저, 2018) 등이 있다. 주요 연구 분야는 사이버-AI 안보 복합 넥서스, 인공지능과 사이버 안보, 남북한 사이버-AI-핵 넥서스 등이며, 이와 관련하여 발표 및 연구를 지속적으로 수행하고 있다. 또한 사이버 안보의 국가 전략과 인공지능, 우주 안보, 영향력 작전 등 첨단 핵심 기술이 인간 사회와 맺는 갈등과 협력·관계를 탐구하고 있다.

정헌주

연세대학교 행정학과 교수이며, 연세대학교 항공우주전략연구원(ASTI) 원장을 맡고 있다. 미국 펜실베니아대학에서 정치학 박사학위를 취득하였으며, 미국 인디애나대학교(블루밍턴 캠퍼스)에서 조교수로 재직한 이력이 있다. 주요 저서와 논문으로는 「미중 전략경쟁과 우주 상업화의 역설: 왜 미국은 중국과의 對아프리카 우주외교 경쟁에서 고전하는가?」(2025), 「뉴스페이스 시대 우주 안보와 데이터 안보 연계의 동학」(2024), 「우주 환경 안보의 국제정치: 우주잔해 국제협력에 대한 국제정치학적 접근」(2024), 「우주와 국제개발협력: 우주기술을 활용한 지속가능발전목표 달성에 대한 탐색적 분석」(공저, 2022), 「미국과 중국의 우주 경쟁과 우주안보딜레마」(2021) 등이 있다. 주요 관심 분야는 국제안보, 항공우주력, 국제정치경제, 국제개발협력(ODA), 공공외교, 기억연구 등이다.

윤대엽

대전대학교 군사학과 교수 및 정치·경제·철학(PPE) 전공 교수로 재직하고 있다. 연세대학교에서 비교정치경제를 전공으로 정치학 박사학위를 취득하고 일본 게이오대학, 대만국립정치대학, 북경대학 국제관계학원에서 방문학자로 연구하였다. 정치경제 시각에서 동아시아의 상호의존, 분단체제, 군비경쟁, 군사혁신 및 안보문제를 연구하고 있다. 최근 논문으로 「국방 인공지능 전환과 디지털 군사혁신: 메이븐 프로젝트와 러우전쟁의 교훈」(2025), 「핵무장한 약소국 북핵신화와 불안정-불안정 딜레마」(2025), 「인공지능의 무기화 경쟁과 인공지능 군사혁신」(2024), 「한국과 일본의 데이터 규제와 통상정책: 디지털 상호의존의 정치경제」(2024) 등이 있다.

이수연

서울대학교 정치외교학부에서 박사과정을 수료하였다. 이화여자대학교를 졸업하고, 「플랫폼 기업의 데이터 권력과 유럽연합(EU)의 대응: 페이스북(Facebook)과 일반정보보호규정(GDPR)을 중심으로」로 서울대학교에서 석사학위를 취득했으며, 주요 논문으로는 「미일 동맹과 일본의 구조적 공백 모색: 사이버-우주 넥서스로서의 데이터 안보」(2023), 「사이버 공간의 평화 개념 모색과 실천적 접근 방향」(공저, 2024) 등이 있다. 현재는 서울대학교 국제문제연구소 미래세계정치센터의 연구원이자, 정보세계정치학회(KAWPI)의 기획 간사로 활동하고 있다. 데이터, 사이버, 인공지능, 우주 등 신흥·첨단기술이 국제정치에 미치는 영향 전반에 관심이 있으며, 최근에는 주로 일본의 전략을 중심으로 연구하고 있다.

송태은

국립외교원 국제안보통일연구부 조교수이다. 현재 사이버작전사령부 자문위원, 한국국제정치학회 신기술·사이버안보연구분과 위원장, 정보세계정치학회 외교연구분과 위원장, 한국사이버안보학회 사이버외교안보연구실장이며, 국군방첩사령부의 자문위원을 역임하였다. 서울대학교에서 외교학 박사학위를, University of California, San Diego(UCSD)에서 국제관계학 석사학위를, 성균관대 정치외교학과에서 학사학위를 받았다. 국립외교원에서 사이버전, 정보전·인지전·영향공작, 하이브리드전을 비롯하여 인공지능의 국제정치적 영향, 데이터 안보, 우주안보 등 신흥안보 분야와 전략커뮤니케이션(SC)과 과학기술외교를 강의, 연구하고 있다. 단독 저서 『인지전, 뇌를 해킹하는 심리전술』(2025)과 공저서 『데이터 안보의 복합지정학』(2025), 『사이버안보의 국제정치학』(2024), 『국가 위기관리의 스펙트럼』(2025), 『인공지능과 국제정치』(2024), 『신흥기술·사이버안보의 국가전략』(2023), 『미래전의 도전과 항공우주산업』(2023) 등을 출간했다.

한울아카데미 2607
서울대학교 미래전연구센터 총서 12

인공지능과 국제정치 전환

지정학적 경쟁과 신질서의 창발

엮은이 김상배

지은이 김상배·이원태·유인태·이승주·윤정현·이종진·정헌주·윤대엽·이수연·송태은

펴낸이 김종수 | **펴낸곳** 한울엠플러스(주) | **편집** 정은선

초판 1쇄 인쇄 2025년 10월 1일 | **초판 1쇄 발행** 2025년 10월 20일

주소 10881 경기도 파주시 광인사길 153 한울시소빌딩 2층

전화 031-955-0655 | **팩스** 031-955-0656 | **홈페이지** www.hanulmplus.kr

등록번호 제406-2015-000143호

Printed in Korea.

ISBN 978-89-460-7607-5 93340

※ 책값은 겉표지에 표시되어 있습니다.